文史知識

与历史对话　与时代同行

陈尚君

著

我认识的

唐朝诗人

中华书局

图书在版编目（CIP）数据

我认识的唐朝诗人／陈尚君著. —北京：中华书局，2023.3
（2024.10重印）
ISBN 978-7-101-16055-0

Ⅰ.我… Ⅱ.陈… Ⅲ.诗人-人物研究-中国-唐代
Ⅳ.K825.6

中国版本图书馆 CIP 数据核字（2022）第 244433 号

书　　名	我认识的唐朝诗人
著　　者	陈尚君
责任编辑	孙永娟
装帧设计	刘　丽
责任印制	管　斌
出版发行	中华书局
	（北京市丰台区太平桥西里 38 号　100073）
	http://www.zhbc.com.cn
	E-mail:zhbc@zhbc.com.cn
印　　刷	北京盛通印刷股份有限公司
版　　次	2023 年 3 月第 1 版
	2024 年 10 月第 5 次印刷
规　　格	开本/920×1250 毫米　1/32
	印张 11⅞　插页 2　字数 240 千字
印　　数	23001-27000 册
国际书号	ISBN 978-7-101-16055-0
定　　价	56.00 元

目　录

自序：每个诗人都有活生生的人生

本书收入我从2019年年初起在《文史知识》所开专栏"我认识的唐朝诗人"撰写的三十篇文章（成书时标题及顺序有所变动）。大多是一人一篇，或节取大诗人生命中的一段经历来写；也有一篇里写到几位诗人，如《乔驸马家的儿女》谈及驸马乔师望的三子一女，《述桐庐三章》介绍祖籍桐庐的章八元、章孝标、章碣三人，《说甘露四相》讲述李训、王涯、贾𫗧、舒元舆四人（其中李训无诗留存），《述修行杨家》讲到杨发、杨收、杨乘、杨凝式为代表的这一家族的发达与成就，《唐代的夫妻诗人》述及五对夫妻的存世诗歌（唐太宗太有名而从简，徐惠、上官婉儿身份是妾），《欧阳詹的生死情恋》也说到他所痴心眷恋且有一首诗保留的太原妓。实际叙及五十余人，希望借此展开唐代诗人真实人生的画卷，介绍各自不同的生命历程和诗歌成就，就各自走过的悲欢人生解说他们的作品。

我长期从事唐代文学与历史基本文献的校订与研究工作，虽然非常赞同文学即人学的主张，在某次《文学遗产》召开的治学方法座谈会上，也曾谈到今人之多数文学研究无法写出古人鲜活人生的遗憾，但一直也没有做写作的准备。十多年前，受到意外的刺激，发愿以个人力量从事全部唐诗的重新写定。此前已经有过与人合作失败的教训，深知此一工作宜追求的目标，一是全面占有文献，所涉文献且务必利用存世最好文本，在此基础上逐一备校，记录异同；二是理清所有唐代诗人的人生记录，重新编写小传，理清所有唐诗篇章之流传轨迹，追溯源头，记录歧互，甄辨真伪，求真求全；三是充分吸取从唐代至今学者研究、引录、分析、考辨唐诗的意见，折中群言，务求允洽。这当然是很高的学术目标，也深知自己实在没有能力来承担完成。但有以往的经历，没有选择，也没有退路，无可奈何地立志完成。完成且要达成上举标格，所有工作只能一手一力地落实完成，不敢借手他人，甚至无法请学生协助。或正因如此，得缘为有一句以上诗歌存世的诗人重新写了小传，所有存世唐诗都因校勘各本而读过五到十遍，所有涉及唐诗的互见、依托、舛讹、传说，以及文本之存逸、完残、是非，皆曾逐一加以分析条理，考订取舍。上述工作，着眼于一代基本文献之建设，即希望为所有从事相关学术研究者提供可以取资信任的文本，一切表达和取舍都追求冷静客观，避免个人感情，力戒一己好恶。然而人毕竟是有感情的动物，无数个夜晚独居斗室，面对电脑，据善本校勘诗歌，口诵心念，目验心会，体会唐人在诗中倾诉的人生喜怒哀乐，内心不能不受到深深的触动。我曾在回忆赵昌平先生的文章中写道，2018年5月20日晚，也就是他去世的那一晚，我据宋蜀本柳集对读柳宗元诗，忽然感受诗人长期贬谪的内心绝望与痛苦，不觉悲动于心，泪水涌出。这样的感受，我在读校唐诗过程中，曾经无数次碰到。

　　2017年到2018年，在《文史知识》以"唐人佚诗解读"为题，写了二十四篇文章，随后结集。责编孙永娟女史问我，是否愿意续写，我认真考虑后，决定用"我认识的唐朝诗人"为总题，继续写专栏。其实意思就是我对唐朝诗人的认识，颠倒一下语序，给人以特别的印象。开写之初，有一节破题文字："五万多首唐诗，近四千作者，每篇皆曾阅读校写五到十遍，每人皆穷搜文献，务知始末，名家固得了然于心，仅存单篇只句者亦未敢轻忽。朝兴夜寐，行坐餐息，萦怀挂念，何曾或忘。读其诗知其为人，识其人更参悟其诗。韩愈云：'夜梦多见之，昼思反微茫。'恰是我今日写照。"至今写了将近四十篇，所幸我始终坚守这一原则。在这三四年中，我的主要精力一直在做《唐五代诗全编》的校定工作，既承编辑与读者厚爱，专栏文章也希望能保持水准，新鲜可读，更希望尽量不重复自己与他人的见解。自述感受，有许多篇写出来，似乎读懂了古人的心声，内心愉快而畅达。以下略举些例子。

所写李山甫，今人似乎很少选他的诗，但司空图曾有诗称"谁似天才李山甫？牡丹属思亦纵横"（《偶诗五首》其二），读其诗可以感受他的个性极其强烈。宋人曾多次称许他的《崇徽公主手痕》诗，其诗集中此诗题作《阴地关崇徽公主手迹》，其中"谁陈帝子和番策？我是男儿为国羞"二句，可说是千古咏和亲诗之绝唱。他咏史之"南朝天子爱风流，尽守江山不到头"，也极其强烈。梳理这位诗人之人生轨迹，更看到他久历科场之绝望，失意而往河北叛镇寻找出路，甚至策划了对旧相王铎一行拦截灭杀之暴行。天才诗人人生绝望到居然堕落与盗匪为伍，能不让人感喟叹息吗？

欧阳詹是中唐古文运动的名家，更是闽中文学之奠基者。中年遽亡，韩愈作《欧阳生哀辞》，称赞他"事父母尽孝道，仁于妻子，于朋友义以诚"，近乎道德完人。根据同时人孟简和同乡后学黄璞所述，他往太原游历期间，私恋一官妓，无法宣示于公众，乃约以后期。当他有能力去迎请该女时，此女已因病而亡，欧阳詹得知消息，情动五内，昏迷数日而卒。整合文献，相信孟、黄所叙是事实，韩愈为朋友办理后事，顾惜其身后名，难免会有所掩饰。孟简则认为其对爱情之执着，与《古诗为焦仲卿妻作》《华山畿》中的男女主人公一样，具有感动天地之真情。

今人谈初唐文学，多赞颂陈子昂之醇儒品格与改革文学之努力，而鄙夷与其同时代者杜审言、崔融、宋之问等人的人品与诗文的思想成就。我则试图指出，陈子昂出身蜀中豪家，从仕以后对朝中人事变化及政治权变，体会极其敏锐，对武后之擅权称帝及废移唐祚，曾努力迎合，以窥机缘，但他有底线，遭排挤，内心仍多痛苦。而杜、崔、宋等人，痛苦也都有，姿态可以放得更低，境况改变时也能将内心感受写出。与陈子昂有关联之乔知之、卢藏用，前者生在驸马家，却因眷恋婢女而不婚，更因遭强权欺压而殒亡；后者以隐居求宦达，人品似可讥，但忠于友道，为亡友编定文集，予以揄扬，能不给以肯定吗？

唐代一流大家，仅述及杜甫与韩愈生命中的关键节点。

杜甫传记出版过许多种，似乎无法说清楚他为何离蜀？为何滞峡？出峡后又为何奔走荆湘？《杜甫的大历三年》一篇，承我以前数文之余说，指出杜甫出峡前与江陵幕府诸人及弟杜观有过多次联系，似乎有了双保险方出峡，但在江陵则出了许多状况，倍受冷遇，只能离开，以此揭示《登岳阳楼》所谓"亲朋无一字"，确实走投无路了。

韩愈治潮州七个月，前人言之详矣，宋人斥其无气节，今人多认为他谏佛骨之浩然正气贯穿于南行及刺潮始末。我通读相关诗文，肯定韩谏佛骨之锐于进言，也赞同韩文之不善说理，以此篇为突出，更注意到他南行途上不断自我反省，抵潮诗文努力改变宪宗对自己之印象，以求脱离险境。写《韩愈在潮州》之初，也想显斥他的昨是今非，批评《潮州刺史谢上表》之谄媚无耻，写的过程中则原谅了他的一切。写韩、柳友谊那篇，认为韩、柳可能初识于宣城是我以前的发明，认为二人在诸多方面见解有分歧，友谊则终生不变，从柳临终以后事与文集拜托韩愈与刘禹锡二人，可得证明。君子和而不同，在韩、柳二人身上表现得特别强烈。我更体会到二人写诗之好古好奇，功力悉敌，从未联句，很少唱和，是所可惜。

唐五代名臣诗歌，本书谈到武元衡、裴度、令狐楚、李绅、高骈诸人，且希望从各人之事功与文学结合起来谈。

今人因肯定永贞革新，对武元衡不免常加贬低，其实他是严维的弟子，张为《诗人主客图》以他为瑰奇美丽主，武元衡之治蜀与讨叛皆努力有所作为，且为叛镇所刺杀，为政为诗都有成就。

裴度是中兴名臣，诗名为政声所掩。他在平淮西后，初看一身系天下安危逾二十年，其实因人望太高，难有作为，也忌于政途险恶，避免干涉朝政。读懂他在绿野堂之享受与闲趣，更可理解他的苦闷与无奈。

令狐楚是"牛党"大佬，他与李逢吉的友谊更常被视为权奸勾结，其实二人诗文可见彼此关系之坦荡。令狐楚在甘露事变后坚守大臣风节，拒绝朝会，临终进表言事，尤为难得。

今人知李绅，多因《悯农二首》，其实他是新乐府最早的倡导者，《莺莺歌》如果全篇得存，歌行更足与元、白鼎足而三。他在治家或为政方面皆疾恶如仇，内心却极其柔软，对嫂子崔氏与对政敌张又新皆如此。他是李党仅次于李德裕的党魁，有趣的是牛僧孺热忱招待他，居然叫出备受诽谤的真珠妓劝酒佐欢，高层政治的境界毕竟与群氓起哄不同。

高骈晚镇扬州，史家对其保持实力而坐放黄巢渡淮北上颇多不满，口和间更与唐廷纷争，因内乱而败亡。我因读到明胡震亨《唐音统签》对《桂苑笔谈》中有关甘露寺鬼的一段隐情揭发，对他有新的认识。他是出身神策军家的诗人，在安南、天平、剑南、荆南皆著政声，唐末名臣中诗声最高。他在扬州七八年，是非真很难判断，而他之笃信道教，则始终如一，最终败亡，不免咎由自取。他的诗歌，则颇有可肯定者。

其他各篇也力求有所新意，读者可细心体会，在此不一一说明。由于刊物面对中等文化以上程度读者的定位，文章必须深入浅出，波澜起伏，曲折生动，但又不能做任何的虚构，可以有联想与判断，但不能任意发挥，不着边际。对我来说，这尤其是应该遵循的原则。唐诗流传之初的唐代，就已经有许多名家名篇的八卦故事，后代更多牵强附会，不加摧陷廓清，自己也不免会陷在其间。好在我已经有四十多年从事文献考订的积累，大多能逐渐接近真相，当然无法释读的传闻仍多。用现在人比较通达的立场来说，学者可以尽可能地科学分析，客观论证，读者不妨姑妄言之信之，毕竟传播变异也是文学流传的常见现象。当然，就我对自己的要求来说，尽可能地接近真相，还原诗人真实的生命历程和独特的性格禀赋，是应该努力达到的目标。

当然，首先最重要的还是全面占有并仔细阅读文本。近年不少学者呼吁重视经典，重视文本，我十分赞同，但立场稍微有些差异，即经典极少数是作者一经发表，即获广泛认同的，如李白《蜀道难》与白居易《长恨歌》，大多则是在后人阅读、称赏和拟写中形成的，后人之理解与作者之本意间常存在巨大的落差。任何诗人所写，一定是他所经所感，表达真实的心情（当然人际交往中的作品会有特殊的要求），读者应抱理解之同情，方能深入其内心所思及作品之所欲言。孤立地看一篇作品，当然会得到部分认识，但如果将全部相关作品联系起来阅读，就会有更深刻的了解。比方杜甫大历三年存世诗歌很多，部分是场面上的应酬，其间甚至有肉麻的吹捧，也有一些是他有求三人写的请托诗，能真实记录他心境的还是《秋日荆南述怀》一类诗。再如欧阳詹身亡的真相，韩愈《欧阳生哀辞》提供了一种面向，为朋友盖棺论定，很动真情，但毕竟有所讳饰。孟简、黄璞记录了友朋间流传的真相，结合欧阳詹存世诗歌，可以澄清事实。至于评价，自可言人人殊。

其次，坚持文史融通的立场。其实，古人生活在真实的历史环境中，他们的出生受限于不同地位的家族，他们的成长必须面对社会给以的机遇与自己的努力，仕宦则难免抗尘走俗，不仕又必须解决生计困境，各种意外的事变不可避免地改变他的人生轨辙和写作兴趣，诗人科举或仕宦上的成功当然带来人生的快意，而在严峻政治氛围挤迫下的诗人，其创作的局促变形，乃至人生困境，穷途末路，也常非他本人可以决定。我在写本书诸文时，始终坚持文史融通，在特定环境、特定事件、特定交往中评价人物与作品，希望对所有诗人有不同立场而大体公允的认识。比方甘露事变，是改变唐代国势的重大事件，本书有几篇文章谈到。《说甘露四相》讲李训，用到近年新见他为母亲所撰墓志，揭示其家世与人生历程，特别关注李逢吉党人在事变中之卷入；讲舒元舆之抱负、忮刻与才华，揭示他与李训之相知，两人之志大术疏，加上入相不久就想有惊天动地的大动作，不败也难；王涯、贾𬭚可能没有参与诛杀宦官的密谋，连坐族灭，连带他们的作品也很少流传。从时人诗文中勾稽他们的政事与文学，可以有一个大体的轮廓。还有两文也或多或少写到事变之影响。一是令狐楚，近代谈牛李党争似乎对他评价不高，但在甘露事变后不久，他拒绝参加上巳曲江会宴，认为"新诛大臣，不宜赏宴"，因此称疾不赴。次年临终上表，希望施恩天下，为亡者昭雪。上表执笔者就是李商隐，李对甘露事变大量激烈批评的诗作，未必不受令狐立场的影响。在讲裴度晚年那篇中，特别说到裴对事变之毫无反应。从表面看，裴在平定淮西后地位崇高，且与各军镇都有复杂之关联。但其实他位尊而无权，且深知皇权操于内臣之手，他难有作为，不免动辄得咎，于是高卧绿野堂，终日流连风物，戏谑友朋，内心掩藏极深。

再次，坚持现代传记文学的立场。这里所云现代传记文学，特指本师朱东润先生因特别推崇英国传记文学，而从二十世纪四十年代倡导，以《张居正大传》为代表的中国现代传记文学。我曾在多篇文章中谈到朱先生的见解，这里作最简明的说明。朱先生认为英国传记文学的特点是真实全面而生动地写出传主一生之经历和事功，他的时代、他的家族、他的交往、他的言谈，不允许任何的虚构，也不作刻意的掩饰和拔高。在英国古典的时期，这类著作都附有极其繁重的文献与复杂的鉴别，进入现代，这一做法得以延续，全面的文献搜集与繁复的甄辨考订仍不可少，但未必全部加以展示。朱先生中年后专诣于此，一本二十多万字的传记一般都会写上三到五年。往年曾在海外广泛翻书，近年更读到许多翻译过来的西方名人传记，相信这一传统在海外长期占据主流图书市场。相比较起来，当前似乎更流行虚构历史小说与歌颂类的传记书写，朱先生的主张响应者不多。我相信这绝不是朱先生的误判。我年轻时曾饱闻师说，心向往之，虽才力不逮，加上近十年困于唐诗校定，难以集中时间专治一家，所幸利用余暇，不断写作，希望有一些所得，各篇是否能达到这一目标，可请读者甄别。在细节叙述方面，则力求从可靠文献的反覆比读中提出见解。比方我说李绅性格偏激而内心柔软，证据一是他为兄嫂所撰墓志，兄李继去世时，他痛骂嫂崔氏之失德，但读崔氏志，则可知他照顾孀嫂逾二十年，亲为其操办后事；二是他在敬宗即位初贬官端州，在《趋翰苑遭诬构四十六韵》痛骂李逢吉、张又新等人，待到他晚年镇守扬州，恰遇张又新罢温州任北归，途遇覆舟，狼狈不堪，来找他帮忙。他说前嫌从来不忘，但对你的遭遇深表同情，甚至还有一段赠妓的传说。另说陈子昂迎合而有底线，说韩愈南贬后之深悔自责，也都在综合分析文献后作出认知。

曾有某名家说道，如果我们觉得鸡蛋好吃，为何一定要知道是哪只母鸡下的蛋呢？今人常据以认为纯文学之研究可以忽略作者及其时代，对此我深不以为然。因为诗歌毕竟是有七情八欲、有喜怒悲欢的活生生的诗人投入全部的热情和血泪留下来的记录，古人说知人论世，言志缘情，今人讲真情实感，言为心声，都希望努力准确地理解诗人，读懂诗歌。我曾在某次讲座中将本书各文的致力方向概括为以人为中心的唐诗研究，希望这样的研究有更多的学者给以理解与关心。

必须说明的是，本书诸文皆是在从事唐诗全面校订期间，利用余暇写出，且一月一篇，到时交稿，仓促疏误，在所难免，敬请读者指正。本文引诗大多以尚未刊布的拙辑《唐五代诗全编》为依据，部分文字与通行本稍有不同，又未能逐一备注，也请读者鉴谅。

中华书局三事诸公支持本书出版，谨此一并表示由衷感谢！

春夏间，上海疫情严峻，校园封闭管理，今为恢复正常之第一天，感慨系之。

陈尚君　2022年6月27日

杜审言的生平与诗歌

杜审言（约648—708）是初唐著名诗人，列名文章四友，更为后世所知的，他是诗圣杜甫的祖父。杜甫为有这位先祖而感到荣耀，既说"诗是吾家事"（《宗武生日》），又说"吾祖诗冠古"（《赠蜀僧闾丘师兄》），得意之情溢于言表。就今存诗来说，杜审言仅有四十多首诗传至今日，在初唐四杰稍后的一二十年间，足成一家，但稍逊于同时的陈子昂和沈佺期、宋之问，要说冠绝古今，确实夸张了。据说杜审言临终，有"久压公等"的大言，今人多视为小说家言而不信，其实朋友之间说些随意夸大的话本属正常，病危的诗人以此化解朋友来看望的尴尬亦属可能。不管如何，如若杜审言看到冢孙（杜甫是长房长孙）的成就，说吾孙诗冠古，当没有任何非议，他的临终大言，也因杜甫而实现。这是文学史上很有趣的场景。

一　早年经历与诗歌成熟

杜氏先世，可以追溯到汉魏，其称京兆杜氏，是西汉已然，至东晋南迁，杜逊居襄阳，为此房之始祖。审言之父依艺，可能在隋，入唐历任雍州司法参军、洛州巩县令，因而迁居巩县。从杜甫诗看，他的早年生活主要在偃师，其间虽相去不远，何时迁家则至今不明。杜审言生年不能准确确定。闻一多《唐诗大系》定在贞观二十二年（648），陈冠明《杜审言年谱》认为偏晚，据李峤《酬杜五弟晴朝独坐见赠》一诗，推测杜较李年轻一岁，定在贞观二十年，或得其实。审言二十左右即往京城应进士试。他有《春日京中有怀》诗云："今年游寓独游秦，愁思看春不当春。上林苑里花徒发，细柳营前叶漫新。公子南桥应尽兴，将军西第几留宾？寄语洛城风日道，明年春色倍还人！"陈冠明据诗中"独游""愁思"等语，以及于季子《早春洛阳答杜审言》有"分明寄语长安道，莫教留滞洛阳才"句，怀疑是乾封、总章间审言下第之作，可以成立。

这是审言存世最早的诗，也是唐人编年七律中较早的作品。次句"愁思"之"思"读去声，因而显露二、三句及六、七句间之失粘。全诗不呆板，较流动，失落与愁绪都淡淡说出，足见诗人的才能。

审言于咸亨元年（670）登进士第，这年最多二十五岁，在唐人属于早成名者。尽管那时对进士科之重视还远不如中唐以后，但至少获得仕宦的资格。审言到吏部铨选，很快得授汾州隰城尉。汾州属于河东，其地离京洛不远。审言有《经行岚州》诗："北地春光晚，边城气候寒。往来花不发，新旧雪仍残。水作琴中听，山疑画里看。自惊常远役，艰险促征鞍。"岚州在汾州北境，很可能就是此一期间所作。早春到邻州行役，路途稍感艰难，其时花还未开，残雪尚在，写出气候寒冷。"水作琴中听，山疑画里看"两句写景，简洁中看到诗人的审美观感。更难得的是，此诗通篇粘对合辙，显示近体诗形式的成熟。

隰城以后，杜审言曾入蜀为官。王勃名篇《送杜少府之任蜀州》："城阙辅三秦，风烟望五津。与君离别意，同是宦游人。海内存知己，天涯若比邻。无为在歧路，儿女共沾巾。"少府就是县尉，杜少府为何人，向无确解。陈冠明认为即杜审言，依据一是王勃较审言年轻四岁，有作诗赠行之可能；二是两《唐书》本传说审言自隰城"累转洛阳丞"，蜀州县尉或即累转之一任；三则审言有《秋夜宴临津郑明府宅》，陶敏《全唐诗人名汇考》据独孤良弼《路太一神道碑》、卢兼爱《郑温球墓志》，考定郑明府为郑方乔。临津时属始州，先天二年（713）改为剑州，因剑阁得名，足证审言曾入蜀为官。必须说明的是，此诗在唐代并不特别受重视，原因可能是此诗模仿曹植《赠白马王彪》的痕迹太深，在唐代人皆熟读《文选》、熟读曹植的语境下，此点可以理解。

　　高宗调露元年（679），礼部尚书裴行俭任定襄道大总管，再征突厥，以诗人苏味道为管书记。时杜审言已经回到洛阳，有《赠苏管记》（题据《搜玉小集》，《杜审言诗集》题作《赠苏味道》）云："北地寒应苦，南庭戍不归。边声乱羌笛，朔气卷戎衣。雨雪关山暗，风霜草木稀。胡兵战欲尽，虏骑猎犹肥。雁塞何时入，龙城几度围？据鞍雄剑动，插笔羽书飞。舆驾还京邑，朋游满帝畿。方期来献凯，歌舞共春晖。"诗凡八韵，已属排律，是初唐边塞诗的力作。可能作于苏味道将行之际，设想边庭生活之艰苦，并预祝早日奏凯归来。首二句表示关切，其下二联写边塞生活之场景，虽属设想，很是真切。接下去两联写与突厥之战况，既说攻战之不易，也表胜利之可期。"据鞍雄剑动，插笔羽书飞"两句，契合苏味道之书记身份，写他随军草檄之英姿。最后设想胜利归来之盛况，是送行出塞诗的应有之意。杜审言还有一首《赠苏绾书记》，《万首唐人绝句》卷四题作《赠苏管记》，与前诗是否同时所作，还可再酌。诗云："知君书记本翩翩，为许从戎赴朔边。红粉楼中应计日，燕支山下莫经年。"赠人赴边，写行者之风度翩翩，为国慷慨从戎。后两句说，家中红粉楼上有人在想你，分分秒秒地为你计算行程，盼着你早些回来，你应该想到她，尽早回家与心爱的人会聚。

以上为杜审言在高宗时期的经历与诗作，是他人生的第一时期。生平事迹可知者不多，从存诗看到他写作的一些痕迹。其中如《经行岚州》《赠苏管记》在近体声律方面已很成熟，今人一般认为此点普遍为诗人采纳在圣历至景龙（707—710）期间，杜审言写作时间在此前约二十多年，他对近体诗律完成的贡献，应该肯定。

二　"慷慨嗣真作"的文本解读

从高宗晚年到武后称帝期间近十年，杜审言的行迹不甚清晰。他存诗有《大酺》，明人于题下注："永昌元年（689）。"按诸史实，似大致不错，陈冠明认为诗中称及火德，在武周革命后，又有"毗陵震泽""海上""江东"等语，应作于任常州江阴县丞时，不是永昌间所作。要证明他在永昌、天授之间已经回到京城，最重要的还是下列长诗。天授元年（690）九月九日，武后革命称帝，寻发十道存抚使存抚天下，其中右肃政御史中丞、知大夫事李嗣真受命存抚河东，合朝有诗送行，其中杜审言、崔融、苏味道等皆有所作，结集为《存抚集》十卷。此次赠行诗仅杜审言所作保存至今，《集》中题作《和李大夫嗣真奉使存抚河东》，诗题有些疑问，即诗为送李，而非和李诗。《诗式》卷二题作《送李大夫抚巡河东途临汾晋》，似乎更接近原题。此诗当时极负盛誉。杜甫天宝初到北海拜访前辈李邕，李邕特别赞赏此诗。杜甫晚年作《八哀诗·赠秘书监江夏李公邕》有云："例及吾家诗，旷怀扫氛翳。慷慨嗣真作（自注：和李大夫），咨嗟玉山桂。钟律俨高悬，鲲鲸喷迢递。"李邕应曾结识杜审言，也曾经历武后至中宗时期的政治风云，曾作《六公咏》述狄仁杰与五王力挽狂澜之伟业。就杜诗推测，当他自报家门，顺势就谈到审言的诗作。

以下厂句皆据李邕所谈写出，即杜审言胸怀旷达，在特殊政治氛围中尤称难得，称此诗慷慨磊落，如"玉山桂"般之高洁芬馥。"钟律俨高悬"是说声律严谨，此诗长达四十韵，为前此所未有；"鲲鲸喷迢递"也就是杜甫所说"胡为慕大鲸，辄拟偃溟渤"（《自京赴奉先县咏怀五百字》）的宏伟志向，是"鲸鱼跋浪沧溟开"（《短歌行》）的阔大景象，借李邕之口，极赞先祖诗作。李嗣真，《旧唐书》卷一九一列入《方伎传》，称其"博学晓音律，兼善阴阳推算之术"，曾先后预言贺兰敏之与章怀太子李贤之败。曾著《明堂新礼》十卷、《孝经指要》及《诗品》《书品》《画品》各一卷，今仅《画品》存世，习见有《画品丛书》本。武后称帝当月即发十道使存抚天下，目的在收拾人心，招揽人才，挽回垂拱、永昌以来重用酷吏屡兴大狱的局面。李嗣真其时以御史中丞主持御史台事，而也本人在此前后曾上疏反对重用酷吏，其后并被酷吏反噬而长流岭南。所遣有十道使，而朝贤专为李嗣真送行，且规模如此之大，一时士风之趋向可以明白。

　　杜审言的诗很长，这里无法全录及做详尽分析，只能说其要点。诗作于武后称帝不久，场面上必须歌颂圣德，因此有"讴歌移火德，图谶在金天。子月开阶统，房星受命年"之类歌颂革命的意思。但河东是大唐龙兴之地，诗有"姑射聊长望，平阳遂宛然。舜耕余草木，禹凿旧山川。昔出诸侯上，无何霸业全。中军归战敌，外府绝兵权"等句，追念当年王业艰难。当然，这些句子用在武家也说得过去。对李嗣真之出使，更有许多期待，如云："雨霑鸿私洽，风行睿旨宣。惸嫠访疾苦，屠钓采贞坚。人乐逢刑措，时康洽赏延。"即要鸿宣帝旨，更要访问孤苦，发现人才，刑赏得当，推助时康。最后更表达自己对李嗣真为人为政的歌颂，以及自己希冀援引的期待。这首诗长达四十韵，前无所见，在唐诗史上是一创格，似乎不太可能所有作者皆作如此长诗，杜审言所作当是一特殊选择。在非常时期，对特殊人物，要表达的内容曲折丰富，意思的解读可以更复杂多元，排律于此最为合适。

杜甫最喜欢作这样的长诗，元稹称颂杜诗也最推重此体作品，原因即在于此。祖孙之间的文学传授，于此也最为明显。

三　江阴、洛阳、吉州：起伏的宦途

长寿二年（693），杜审言任常州江阴丞。其间最有名的诗作，是《和晋陵陆丞早春游望》："独有宦游人，偏惊物候新。云霞出海曙，梅柳渡江春。淑气催黄鸟，晴光转绿蘋。忽闻歌古调，归思欲沾巾。"此诗另作韦应物诗，主要书证是南宋初吴曾著《能改斋漫录》卷一一引唐顾陶《唐诗类选》。《唐诗类选》编成于唐宣宗大中间，是唐人选唐诗中规模宏大的一种，原书虽不存，知唐时已有别说，不容忽略。对此，前人多有考说，我所见唐宋时期多数书证皆云杜作，其中最重要的是唐僧皎然《诗式》卷四引"云霞出海曙，梅柳渡江春"二句，题作"杜审言《早春游望》"。皎然与韦应物同时人，其说应可信凭。此诗因邻县陆丞有《早春游望》诗而和作，写初春的感受。起句说诗人宦游在外，对气候的变化，感受特别强烈，春天来了，感到了周遭的一切景象都发生可喜的变化。其下四句写景，"云霞"两句气象阔大。江阴在长江边，出海不远，曙光从东方的大海出现，很快就朝霞满天，是季节转换中崭新一天的开始。南方春早，梅柳已经抽条开花，春光渡江北上，正见到春光之移动，在江边的江阴感受特别明显。淑气即温暖的气息，大地回暖，小鸟感觉最快，黄鹂鸣春，是最典型的春事。晴光万里，万物更新，这里只写池塘中的绿，以其在春光中最见精神。万物如此美

好，作者的欣喜之情可以体会，结尾则以听闻古调歌诗，触动自己的思乡愁绪作结。悲喜迅速转换，是流连春光，喜其普惠大地，更为不能居乡娱亲而感到遗憾。这样的诗，确实能显示近体诗艺术表现之魅力。

神功元年（697），苏味道以天官（即吏部）侍郎掌铨选，杜审言被选为洛阳丞。洛阳是东都附郭县，即便县丞，也属要职。苏味道与审言本是旧友，更是宽厚长者，故乐于相助。据说杜审言试判时，曾有苏味道"见吾判即当羞死矣"（《太平广记》卷二六五引《谭宾录》）的大言，今人多以为不可信。其实《谭宾录》所引多出国史、实录，与一般小说不同，杜、苏至交，说些游戏话并无大碍，至少苏味道对此并不介意。

到第二年，杜审言即遭贬为吉州司户参军。被贬的原因，陈子昂《送吉州杜司户审言序》云："秉不羁之操，物莫同尘；含绝唱之音，人皆寡和。群公爱祢衡之俊，留在京师；天子以桓谭之非，谪居外郡。"说他有不羁之操，绝唱之音，且如祢衡一般之狂妄而有俊才，群公爱之而留居京师，恰可证前云苏味道对他的关照，不计较他的轻佻。陈冠明认为所谓"桓谭之非"，指东汉桓谭因斥言光武帝多信谶言而遭贬官，武后称帝前后，宵小之人多献《大云经疏》一类图谶，以求进官，杜审言很可能触犯了此类忌讳，大约可信。审言将行，赠诗者多达四十五人，陈子昂为作序。今存宋之问一首："卧病人事绝，嗟君万里行。河桥不相送，江树远含情。别路追孙楚，维舟吊屈平。可惜龙泉剑，流落在丰城。"明言因病不及至河桥相送，但为遭贬而伤惜。以孙楚、屈平为喻，可见时人的态度。丰城在吉州北，称杜为龙泉之才，沦落遭贬，用一事而贴切如此。

杜审言在吉州时间不长，因一起轰动全国的大案而引起广泛关注。他到吉州，或许仍因他的大言而与群官不谐，《大唐新语》说"司马周季重（《杜并墓志》作童）与员外司户郭若讷共构之，审言系狱，将因事杀之"。武后时期很容易因言得罪，如果涉及政治，更让人无以自解。审言次子杜并，时年十六，乃"伺季重等酬宴，密怀刃以刺季重。季重中刃而死，并亦见害"。其时在圣历二年（699）七月十二日。周季重临死，感叹："吾不知杜审言有孝子，郭若讷误我至此！"杜并是杜甫的叔父，未成年即为父报仇而死，唐代又是崇孝尚侠的时代，为父报仇而至殒身遇难，立即引起舆论普遍同情。杜审言的冤情因此得解，但他也遭到免官的处分。杜并墓志近代出土，由著名文学家苏颋撰文，是有关杜甫家族史的重要文物。

四　两次在朝及远贬安南

杜审言赋闲三年，得到武后特别召见，将加擢用。据说武后问："卿欢喜否？"审言蹈舞作《欢喜诗》上献，得授著作佐郎，次年迁膳部员外郎。这一行为当然不太光彩，好在《欢喜诗》没有存下来。文人寄迹篱下，有不得已处，是可谅之。此间审言成为随驾的文学侍从，写过一些应制诗，可以见到技巧上的成熟，文学价值并不高。神龙元年（705）初，五王政变，中宗复辟，杜审言则因为武后起用随驾的这段经历，"坐与张易之兄弟交往"而遭远贬峰州。峰州地属安南，在今越南河内西北，距长安七千六百多里，大约属于唐代诗人被贬最远之处了。当时在朝的文人几乎全部被逐，各自在贬黜中留下特别的作品。

杜审言从湘江南行过岭，于路有《渡湘江》："迟日园林悲昔游，今春花鸟作边愁。独怜京国人南窜，不似湘江水北流。""昔游"指他初贬吉州时也曾沿湘南行，春暖花开之际，自己则贬往极边之地，能不怀愁？湘水北流，逐臣南行，更感到自己无法把握命运的悲哀。他过大庾岭时，有《过岭》诗，不存，沈佺期有《遥同杜员外审言过岭》："天长地阔岭头分，去国离家见白云。洛浦风光何所似，崇山瘴疠不堪闻。南浮涨海人何处，北望衡阳雁几群。两地江山万余里，何时重谒圣明君？"从沈诗可以揣度杜诗的原作，也是这样宣泄远贬之愤，又极其流动畅达的七律。经广州西行，在端州（今广东肇庆）留有诗作，原作也不存，今存宋之问《至端州驿见杜五审言沈三佺期阎五朝隐王二无竞题壁慨然成咏》，诗云："逐臣北地承严谴，谓到南中每相见。岂意南中多歧路，千山万水分乡县。云摇雨散各翻飞，海阔天长音信稀。处处山川同瘴疠，自怜能得几人归。"四人同时远贬，都经过端州。宋诗透露，诸人同贬，曾有约希望到岭南经常见面，但到了岭南，方感到地域广阔，山川险恶，生命孤危，人生艰危，更为能否北归而感到殷忧。杜审言在这群诗人中的核心地位，也于此可见。

安南古称交州，自汉、晋以来向为中国领土，在唐设都护府，至五代末方脱离中国自立。虽然也有唐之士人如姜公辅、廖有方称为交州人，但他们都成长在中原，安南本土文学罕有可称。唯有贬黜到安南的文人留下一些珍贵的诗歌。杜审言的朋友沈佺期贬在驩州，存诗较多。杜审言有关诗仅有两三首，也很可贵。其一为《旅寓安南》："交趾殊风候，寒迟暖复催。仲冬山果熟，正月野花开。积雨生昏雾，轻霜下震雷。故乡逾万里，客思倍从来。"他写到安南特殊的风物，即四季如春，寒天很少，冬天结山果，正月野花开，雨后雾气蒸腾，入冬微有霜寒，常伴有震雷。他的描述还不够细致，因为他的立意在表述离家太远，因而思乡情切。其二《南海乱石山

作》："涨海积稽天，群山高巃地。相传称乱石，图典失其事。悬危
悉可惊，大小都不类。乍将云岛极，还与星河次。上耸忽如飞，下临
仍欲坠。朝暾艳丹紫，夜魄炯青翠。穹崇雾雨蓄，幽隐灵仙闼。万寻
挂鹤巢，千丈垂猿臂。昔去景风涉，今来姑洗至。观此得咏歌，长时
想精异。"陈冠明认为诗中"昔去景风涉，今来姑洗至"两句，知为
归途写于广州，乱石山则在广州蒲涧。可备一说。诗中所写似为从今
海防一带渡海归粤之所见，晚唐高骈所开天威径，即从河内、海防到
今广西防城港之海上孔道。杜审言所讲"涨海"，肯定指今南海，"乍
将云岛极，还与星河次"云云，很像渡海的叙述。杜审言于神龙三年
北归，拜国子监主簿。次年五月，加修文馆直学士。其时苏颋有《和
杜主簿春日有所思》："朝上高楼上，俯见洛阳陌。摇荡吹花风，落
英纷已积。美人不共此，芳好空所惜。揽镜尘网滋，当窗苔藓碧。
缅怀在云汉，良愿暌枕席。翻似无见时，如何久为客。"似为杜有诗
写春情，有所思而不见，或别有寄意，可惜原作不存，仅能据苏诗申
述加以揣测。李峤有《和杜学士江南初霁羁怀》《和杜学士旅次淮口
阻风》二诗，似乎杜审言此年五月任学士后还曾有江淮之行，杜诗不
存，具体已难究诘。可知者，审言七月七日曾参与两仪殿应制，是他
最后的文学活动。

五　临终狂言与身后哀荣

杜审言卒于景龙二年（708）秋，具体日期不详，仅知十月十日
宋之问等共护审言灵柩归葬，之问并作有《祭杜学士审言文》。审言
临终还有一段故事。据说宋之问、武平一等前往看望，时审言已"病
甚。宋之问等候之，答曰：'甚为造化小儿相苦，尚何言！然吾在，
久压公等。今且死，固大慰，但恨不见替人云'"（《太平广记》卷

二六五），前句说自己病重，接着则继续大言，高自抬举，"我在，久压诸公，我将死，你们可以大为安慰了，很可惜我还没见到谁可以接续我的成就"。似乎太过分了，今人多加辨伪，我则认为可能真有其事。这段话，我怀疑最早的来源是武平一的《景龙文馆记》，全书十卷，完整记录中宗景龙年间的诗歌唱和，末附诸学士小传。平一为武后之疏从子孙，在武家集权时远遁避祸，玄宗时做了大量文献工作。审言卒后，李峤请加赠官，平一上表，称审言"获登文馆，预奉属车。未献长卿之辞，遽启元瑜之悼"。获赠著作郎。宋之问作《祭杜学士审言文》，称"君之将亡，其言也善，余向十旬，日或再展。君感斯意，赠言宛转。识金石之契密，悔文章之交浅。命子诚妻，既恳且辨"。从审言发病到去世有十旬，即百日之久，之间几乎每天去看两次，所谈也极多，祭文列举者都是场面上的话。祭文还说："自予与君，弱岁游执，文翰共许，风露相沮，况穷海兮同窜，复文房兮并入。"二十岁就认识，经历了许多磨难，彼此也有相知之感。因为关系太好，彼此言谈无禁忌，审言讲几句朋友间的戏言，为自己不幸将逝增加一些悲壮色彩，至少宋之问、武平一都没有生气，且将此记录下来，以备文人逸事。朋友间的私下谈笑与场面上的庄重表达是不同的，学者应理解于此。

六　余说

杜甫出生于审言卒后第五年，没有见到这位有才气、有个性的祖父。他是长房长孙，祖父的文稿循例应由他父亲继承。审言初婚薛氏，生三男三女，包括甫父杜闲；续婚卢氏，生一男二女。卢氏卒于天宝三载（744），杜甫代其父作《唐故范阳太君卢氏墓志》，称审言卒后，杜家诸事皆卢氏主之。时杜甫三十三岁矣，他因此而得备读先祖遗作，备知先祖遗事。从一定意义上来说，因为有了杜审言的成就，才有杜甫的后出转精，卓然挺出，伟大诗人不可能脱离他的时代、家族、朋友。杜甫诗法多得自乃祖，今人论之详矣，兹不复絮及。

崔融：困扰在天后罗网中的人生

　　初唐百年，就文学言，可分两个时期。前一时期五十年，齐梁文风未衰，变化也如初春之莽原，星星点点间肇示新时代即将来临；后一时期以武后擅权到篡夺、神龙中兴到玄宗初政为标识，跌跌撞撞、曲折回环地开始彻底的变化。生活在后一时期里的每个人都很不容易，从皇亲国戚到平民仆隶无不如此，文人更常天人交战，不知所从，依违人生理想与现实残酷间：风雅的精神与道德之完美谁都知道，然而生存与发展更为现实与迫切。其间，我们看到四杰的人生歧途，看到沈宋的依附起落，也看到李峤、苏味道的渊默通显，看到乔知之的为爱抗争、血洒法场，看到陈子昂的迎合与坚持、为恶吏困辱至死。今人好谈文学史，尤喜从纯文学立场来评判，高雅纯情，精当得很，又有多少人能从一个时代的作品中品味到血腥残酷与生死挣扎？今天回看崔融，也是如此，他的人生轨迹与前举几位有同有不同，他的一生起点与终点都与那位高高在上的女皇有关，当然距离很远，尽了捧场的责任，换得几句赞美，以及生存的机缘，这些都以他放弃最初的人生预设为代价。

一　幽闲疏放、志存高远的文学才俊

　　崔融（653—706），齐州全节（今山东历城东北）人。他出身于门第第一的清河崔氏，但周隋以来，他这一支并不显达。他的祖父崔君实，官至许州治中（即司马）。父崔悬解，官至宜君丞。叔父崔悬黎，曾官桂坊太子司直。崔融少通辞章文史，才学卓著，到二十四岁应辞殚文律科高中，一举成名，前途一片大好。此后几年，他一边在吏部候选，一边参加其他科目的考试。唐人记载说他曾连举八科，整个唐代都很罕见，具体过程已经无法复原。

　　崔融入仕也很顺利，登科第二年即授绛州夏县尉。名声渐大，年长他五六岁、其时也崭露头角的诗人李峤主动写信愿与他交结，崔融也回信披露自己的人生志向。这两封信都得保存。李峤《与夏县崔少府书》说："仆窃不逊，仰希古人，以为天下襟期，四海兄弟，款平生于千载，感气义于一言。"又说："若下官者，落拓无系，支离少合，何尝效一艺于友朋，关一奇于卿相？形沦散冗，名弃草泽，通人未曾接赏，谈士不以挂言，行为消累，动成嗤鄙。然敢献区区之心者，徒以萤烛之光，不逮日月，而禀照之理同；涓滴之水，无弃江河，而体润之原一也。故辄布之于左右，以为魏蜀两俊，可复生于今；吴郑两贤，不独美于古。"两人虽未见面，李峤却感到崔融可成为他一生的朋友，可以在文学上互通声气，共开伟业。李峤附上自己的新作，让崔融评判："顷者关塞羁游，风尘旅泊，抒情歌事，略有短篇。未足追踵词人，亦以言其所志。窃不自外，思简知音。"崔融当时恰好寄居他处，隔年见信，立即作《报三原李少府书》，乐与结交："且仆之于君，早钦风素，子未知仆，载劳翰墨，同声相应，可谓知言，庸讵知哉，是何言也？善乎东方生有言曰：'士大夫相知，何必垂发齐年，拊手尘游。'仆每览此，嘉其旨气，重其达识，斯可谓之知言矣！"可作一生的朋友。又自述性格禀赋："仆志尚幽闲，体业疏放，自拘文墨，屡学栖迟。院草侵阶而不践，惜其十步有芳也；庭树当轩而不徙，重其一枝可巢也。素琴委箧，弦上之声勿取也；道书盈架，物外之情足征也。"是有品格、有矜持之态度。对李峤赞誉他为傲吏、为高人，虽不敢自承，心有戚戚也。如果在一个昌明的时代，相信两人可以写就各自的辉煌。

二　战战兢兢地两度侍奉太子

仪凤三年（578），崔融二十六岁，迁东宫左春坊宫门丞。官品不高，地位却很特殊。太子是后来追谥章怀太子的李贤，高宗与武后所生第二子，也是高宗所立第三个太子。第一个太子李忠，高宗长子，后宫刘氏生，在位三年被废。次立太子李弘，武后所生第一子，三岁得立，可惜父喜母失欢，二十四岁暴亡，真相不明。高宗受打击很大，追谥其为孝敬皇帝，亲撰《睿德记》刻石。再立太子李贤，学问与才分都好，就是无法讨母亲喜欢，他也一直心怀恐惧。据说他曾撰《黄台摘瓜词》："种瓜黄台下，瓜熟子离离。一摘使瓜好，再摘令瓜稀，三摘犹尚可，四摘抱蔓归。"又组织门下编注《后汉书》，即今存之章怀太子注本。崔融入东宫初期，太子就是李贤，今存他为太子所撰大量表文，陈冠明《崔融年谱》认为仅《代皇太子贺石龟负图表》《贺封祥表》两篇是为李贤作。

调露二年（680）春，高宗与武后、太子及群臣巡幸嵩山，特意谒拜少姨庙与启母庙，并命崇饰立碑，让杨炯撰《少姨庙碑》，崔融撰《启母庙碑》。杨炯仅比崔融年长三四岁，以神童成名，侪身四杰，名满天下。崔融入仕不久，文名尚晦，执笔此碑，是对他文学能力之肯定。二碑今皆存全文，至今仍很少有人作深度解读，在此也无法展开。应该看到，此次巡行刻碑，名义上是高宗亲行，但政在武氏已清晰宣示。宋赵明诚曾得二碑拓本，撰长跋述二庙始末，斥二庙祀为"俚俗所立淫祀""浅陋尤甚"，并引《淮南子》云："禹治鸿水，通轘辕山，化为熊。涂山氏见之，惭而去。至嵩高山下化为石，方生启。禹曰：'归我子。'石破北方而启生。"旧传禹死而其子启嗣立，《淮南子》说禹治水而化为熊，自属神话传说，续云其妻涂山氏走避嵩高山，化为石而孕启，石破而启生，也属传说。到汉武帝时则信其事为真，乃下诏刊石，渐次建庙。少姨传为涂山氏之妹，更属不经。二碑之立，就当年情事分析，主导者为武后而非高宗，且明确宣示在高宗身后，身为天后*且与高宗并称二圣多年的武氏，对掌控未来政局有着强烈的欲望。杨、崔二人承命撰碑，文章并不好做，居然都能胜任。崔融此碑，据说多年后武后行幸嵩山，还曾读到，犹且"深加叹美"（《旧唐书·崔融传》）。

太子李贤对此似乎没有体会，或者他坚持《后汉书》所表达的强烈的士人风烈，无意于向母后屈节，嵩山之行后不足半年，就以"怀逆谋"的罪名被废为庶人，寻迁巴州，于高宗死后被杀。李贤的东宫旧人，或杀或贬，皆为崔融所亲见。他因前有撰碑之劳，又得名相薛元超之表荐，得以续留东宫，追随第四位太子李哲（后改名显，即中宗），官加兼崇文馆直学士。政治之冷酷无情，大起大落，他参与其间，感受之强烈，当可想见。初仕时的超遥出世，自负清高，此时应该清醒了。他为太子李哲作《代皇太子请给庶人衣服表》云："庶人不道，徙窜巴州，臣以兄弟之情，有怀伤悯，昨者临发之日，辄遣使看，见其缘身衣服，微多故弊，男女下从，亦稍单薄。有至于是，虽自取之，在于臣心，能无愤怆？""特乞流此圣恩，霈然垂许：其庶人男女下从等，每年所司，春冬两季，听给时服。"庶人指李贤，被废次年流巴州，连随身衣服皆不备，凄凉如此。崔融仅是执笔者，然亲历所见，能无感触于内心乎，能不始终心怀畏惧、战战兢兢乎！

三　两度从军边塞，存诗苍茫悲壮

经历了太子废立的风波，崔融的才干得到高宗末年名臣薛元超（622—683）的赏识，为崔融荐官。元超去世，杨炯撰行状，有传世文本；崔融撰墓志，二十世纪七十年代方在乾陵出土。此志篇幅宏大，按年叙述元超之性格与事功，逐篇散行，为唐前期墓志中的杰作，也可读出崔融的感德之情。录元超与高宗君臣相谈一段如下：

> 帝尝机务余，语及人间盛衰事，不觉凄然，顾谓公曰："忆昔我在春宫，髭犹未出，卿初事我，须亦未生。倏忽光阴卅余载，畴昔良臣之将，并成灰土，唯我与卿白首相见。卿历观书记，君臣偕老者几人？我看卿事我大忠赤，我托卿亦甚厚。"公感咽稽首，谢曰："先臣攀附文帝，委之心膂。微臣多幸，天皇任以股肱。父子承恩，荣被幽显，誓期煞身奉国，致一人于尧舜。窃观天仪贬损，良以旰食宵衣。唯愿遵黄老之术，养生卫寿，则天下幸甚。"

"先臣"指元超父薛收，太宗十八学士之一。高宗回顾一生，不胜沧桑之感，元超述许身奉国，以高宗多病、天下安危为虑，有不尽之意在其间。墓志末对元超一生功业之评价，列举天下之人对其为地、为貌、为文、为学、为量、为言、为贤、为相之评价，更是难能可贵的史料，见其为人之知恩怀报。

崔融在李贤被废后，复在东宫近五年，方出为泾州从事，又从吏部尚书韦待价为安息道行军掌书记，远行西北，他的诗风因远窥塞垣而顿具风骨，经历生死而饱含感情。在泾州有《哭蒋詹事俨》，写对曾关心自己的前辈之哀悼，诗稍长，录最后一节："昔余参下位，数载忝牵羁。置榻恩逾重，迎门礼自卑。竹林常接兴，黍谷每逢吹。逸翰金相发，清谈玉柄挥。不轻文举少，深叹子云疲。遗爱犹如在，残编尚可窥。即今流水曲，何处俗人知？"说自己昔居下位，多蒙提携，蒋偯讲究礼数，从未因自己位卑而失礼。"竹林"用七贤故事，"黍谷"用邹衍故事，都说对自己的关照。虽年辈有差，无论诗文相和，挥麈清谈，都意气相投，感情深厚。"不轻"两句，自比孔融，不因年少而被轻视，比蒋为扬雄，渐见其老而深表伤叹。最后说蒋之身后，虽遗爱犹在，遗篇可读，然高山流水般的知音之感，又有几人能够体会呢？写出无尽的哀恸。

崔融西行，留下几首边塞诗，如《西征军行遇风》，《搜玉小集》题目如此，但《文苑英华》卷一九九题作《从军行》，可以看到从述行诗到乐府诗的变化。另一首《从军行》曰："穹庐杂种乱金方，武帐神兵下玉堂。天子旌旗过细柳，匈奴运数尽枯杨。关头落月横西岭，塞下凝云断地荒。漠漠边尘飞众鸟，昏昏朔气聚群羊。依稀蜀杖迷新竹，仿佛胡麻识故桑。临海旧来闻骠骑，寻河本自有中郎。坐看战壁为平土，近待军营作破羌。"《拟古》诗曰："饮马临浊河，浊河深不测。河水日东注，河源回西极。思君正如此，谁为生羽翼。日夕大川阴，云霞千里色。所思在何处？宛在机中织。离梦当有魂，愁容定无力。夙龄负奇志，中夜三叹息。拔剑斩长榆，弯弧射小棘。班张固非拟，卫霍行可即。寄谢闺中人，努力加餐食。"这些都是初唐边塞诗的杰作，足以开盛唐之风气，读者可以细心体会。

崔融最好的一首边塞诗，是《关山月》："月出西海上，气逐边风壮。万里照关山，苍茫非一状。汉兵开郡国，胡马窥亭障。夜夜闻悲笳，征人起南望。"前四句气象雄浑，苍茫悲壮，写尽边塞风光之广阔无垠。"汉兵"两句，揭示边塞永无安宁之根本所在。最后两句，更写征人闻笳、悲恸南望的思乡愁情。全篇八句，浩茫雄壮，感慨遥深，是不可多得的佳作。几年前台湾淡江大学吕正惠教授来复旦大学讲李白诗成就，讲到崔融此诗已经达到空前的成就，但遇到天才诗人李白，沿其意而另成新篇，居然完全另成气象。李白《关山月》是这样："明月出天山，苍茫云海间。长风几万里，吹度玉门关。汉下白登道，胡窥青海湾。由来征战地，不见有人还。戍客望边色，思归多苦颜。高楼当此夜，叹息未应闲。"从结构与用语来说，吕教授认为李白显然受到崔融的启发，尤其前四句，真是神来之笔，当得起"天才英丽"的时评。但就后半段来说，似乎崔诗更为精彩隽永。

武后万岁登封元年（696），崔融自魏州司功参军迁著作佐郎，从梁王武三思东征，为掌书记。陈子昂作诗作序赠行，录诗如下："金天方肃杀，白露始专征。王师非乐战，之子慎佳兵。海气侵南部，边风扫北平。莫卖卢龙塞，归邀麟阁名。"可知是秋日出征，原因是契丹南侵，威胁北平安危，陈子昂提醒防控或夺取卢龙塞是决胜关键，预祝出征大捷。杜审言也有《送崔融》诗："君王行出将，书记远从征。祖帐连河阙，军麾动洛城。旌旗朝朔气，笳吹夜边声。坐觉烟尘扫，秋风古北平。"意思差不多，但就个人关系言，杜审言似乎与崔融更亲密一些。此次赠行，还有第三首诗存于伪本《戴叔伦集》中，诗题《送崔融》："王者应无敌，天兵动远征。建牙连朔漠，飞骑入胡城。夜月边尘影，秋风陇水声。陈琳能草檄，含笑出长平。"几首诗比较，都押同一韵部，内容也可互读，尤以这一首写得最好，因被送者为掌书记崔融，预祝胜捷之际特别强调书记之作用，最为切题。很怀疑是沈佺期或宋之问的佚诗，殆二人集或残或亡，明前期尚得见，伪造戴集者据以取资，无意间保存了真的佚诗，文献流传诡异如此。

四　武周时期之与世沉浮

武后于天授元年（690）称帝，改国号周，自称圣神皇帝，后来还称金轮皇帝，民间或称圣母神皇。武周历时十五年，崔融曾两度居外，一为绵州魏城令，二为婺州长史，时间都不长。在婺州有《登东阳沈隐侯八咏楼》："且登西北楼，楼峻石墉厚。宛生长定间，俯压三江口。排阶衔鸟衡，交疏过牛斗。左右会稽镇，出入具区薮。越岩森其前，浙江漫其后。此地实东阳，由来山水乡。隐侯有遗咏，落简尚余芳。具物昔未改，斯人今已亡。粤余忝藩左，束发事文场。怅不见夫子，神期遥相望。"沈隐侯是南朝齐梁间文坛领袖沈约，八咏楼因他曾作八诗而著名。崔诗写登楼所见，从近景写到越中形胜，从读诗想到其人其文，无限向往，最后写到自己之怅望与失落，在追怀沈约时也在以自己做比况，从少年就混迹文场，也算有追求，但能够达到沈约的成就吗？追怀古人，隐隐为自己感到悲哀。

按陈冠明《崔融年谱》之考证，崔融在武周十五年间的经历大体如下。天授元年，自魏州司功参军擢授著作佐郎。万岁通天二年（697），兼行右史，散官为朝散大夫。圣历初，除著作郎，寻迁凤阁舍人，三年（700），预修《三教珠英》。久视元年（700），坐忤张昌宗意，左授绵州魏城令，寻改婺州长史。长安元年（701），归朝为春官郎中、知制诰事，续修《三教珠英》，二年书成，再任凤阁舍人。不久，兼修国史，似乎主要负责武后时期的实录编纂。长安四年，除司礼少卿，仍知制诰及修史。也就是说，从三十七岁到五十二岁的十五年间，崔融在他文学或学术能力最好的期间，多数时间参与朝廷文告的起草、类书与实录的编纂，真正属于他自己的著作时间并不多。其间，一些文士的群体活动，如杜审言独享声名的《和李大夫嗣真奉使存抚河东》长律，崔融也有作，但没有保存下来；郭元振因《宝剑篇》获知于武后，后遍示群臣，崔融有和作："宝剑出昆吾，龟龙夹采珠。五精初献术，千户竞沦都。匣气冲牛斗，山形转辘轳。欲知天下贵，持此问风胡。"拟作的痕迹太露，远逊郭诗之草莽英雄气。《太平御览》卷三四四收作梁崔鸿诗，误甚。

武后时的一些大型活动，有时还要劳动崔融之大手笔。如武后临嵩山，封神岳，禅少室，见朝觐坛，让李峤撰《大周降禅碑》，崔融撰《朝觐坛碑铭》，这是武后称帝正当性的重大宣示，二碑承担如此责任，重要可知，可惜李碑文存而崔碑文亡。

崔融生活在武氏时期，不能不随时与世浮沉。《太平广记》卷二四〇引张鷟《朝野佥载》："唐天后梁王武三思为张易之作传，云是王子晋后身，于猴氏山立祠。词人才子佞者为诗以咏之，舍人崔融为最。后易之赤族，佞者并流岭南。"唐末孟棨《本事诗》云：

> 开元中，宰相苏味道与张昌龄俱有名。暇日相遇，互相夸消。昌龄曰："某诗所以不及相公者，为无'银花合'故也。"苏有《观灯》诗曰："火树银花合，星桥铁锁开。暗尘随马去，明月逐人来。"味道云："子诗虽无'银花合'，还有'金铜钉'。"昌龄《赠张昌宗》诗曰："昔日浮丘伯，今同丁令威。"遂相与拊掌大笑。

苏是崔融同时人，对当时士风之堕落尤多愤慨，语最激烈。孟棨几乎晚了两个世纪，一切都成笑谈，记载错误也多。苏味道与张昌龄皆死于开元前，张昌龄为太宗时文士，所引二句诗则为崔融作，全诗见《文苑英华》卷二二七，题作《和梁王众传张光禄是王子晋后身》。梁王即武三思，武后兄子，是武氏亲族中最知政治权变者。张光禄即武后面首张昌宗，时方得宠，连武三思都要巴结他。崔融曾是武三思的掌书记，又在昌宗下修书，众人皆迎合谄谀，岂能沉默，于是写下这首无耻文学的杰作："闻有冲天客，披云下帝畿。三千上宾去，千载忽来归。昔偶浮丘伯，今同丁令威。中郎才貌是，柱史姓名非。祗召趋龙阙，承恩拜虎闱。丹成金鼎献，酒至玉杯挥。天仗分旄节，朝容间羽衣。旧坛宫处所，新庙坐光辉。汉主存仙要，淮南爱道机。朝朝缑氏鹤，长向洛城飞。"用了大量精致而稳妥的故实，文辞极其华美，涉及历代仙事，谀颂而不露痕迹，所以一时推最。苏味道的《观灯》诗，大约作于崔融亡后，其为人厚道谨慎，未必出言批评涉及高层隐私的谀诗。所谓"子诗虽无银花合，还有金铜钉"，大约是当时流传隐约讥讽之传遗。当然，如果能够理解武后时期政治之残酷，对崔融也不必过于指责。对任何人来说，生存总是最重要的。

其间崔融曾做过两项在文学史上有意义的工作。

一是编选《珠英学士集》五卷。此书唐宋记述较多。《新唐书·艺文志》有注："崔融集武后时修《三教珠英》学士李峤、张说等诗。"《玉海》卷五四所引作："崔融集学士李峤、张说等四十七人诗，总二百七十六首。"衢本《郡斋读书志》卷二〇云："唐武后朝，尝诏武三思等修《三教珠英》一千三百卷，预修书者凡四十七人。崔融编集其所赋诗，各题爵里，以官班为次，融为之序。"虽有些差异，相信南宋时此书尚存，所收为修书学士四十七人诗，总二百七十六首，以人录诗，各题里籍及官爵，以官品高低为次第，崔融作序。此书久不为世所知，值敦煌遗书出，居然有两个残本，即伯三七七一及斯二七一七，为该书卷四、卷五残卷。经徐俊整理，收入《唐人选唐诗新编》（中华书局，2014），存十三人诗五十五首，其中三人缺名，存者确以官班高低为序。就今存唐人编选唐诗来说，这是最早的一种，虽属残本，仍弥足珍贵。崔融序不存，较难明白此书之编选宗旨。就残本之阅读感受，可以肯定所选皆修书学士的作品，并不以修书时所作为限。所选各体皆有，多者如沈佺期选十首，崔湜选九首，王无竞选八首，能见到诸人当时文学地位。其中有许多优秀作品。如沈佺期诗中有二首七律，即《驾幸香山寺应制》与《古意》，后者为万代选家特别推重。崔湜下收《暮秋书怀》，为合辙之五律，尤具骨力，此集发现前，曾长期作为唐初魏征的代表作。同人《酬杜麟台春思》，首二句"春还上林苑，花满洛阳城"，曾纷传天下。崔融与诸人为同事，入集诗或曾与作者商定，可以代表公元700年前后这个诗人群体的水平。

二是著成《唐朝新定诗体》一卷，专论调声、声病、属对及修辞，《日本国见在书目》著录，《文镜秘府论》征引较多。从四杰、沈宋到崔融列名的文章四友，均曾为齐梁以来的新体诗向唐初近体诗声律之完成定型做过努力，仅有崔融为之作了理论与技法上的深入探讨（世传李峤《诗格》不足据）。他本人作品，对此也非常讲究，如《夏日游石淙侍游应制》："洞口仙岩类削成，泉香石冷昼含清。龙旗画月中天下，凤管披云此地迎。树作帷屏阳景翳，芝如宫阙夏凉生。今朝出豫临玄圃，明日陪游向赤城。"（据嵩山石刻拓本校录）是成熟合格的七言律诗。

五　为粉饰女主之功过，用思过度而辞世

神龙元年（705）初，中宗复辟，武后逊位。武后时期曾依附二张的文臣，多遭贬逐，如沈、宋皆远贬岭南。崔融似乎所涉较轻，仅贬袁州刺史。寒食日，他经蕲州黄梅县临江驿，看到宋之问的留诗："马上逢寒食，途中属暮春。可怜江浦望，不见洛阳人。北极怀明

主，南溟作逐臣。故园肠断处，日夜柳条新。"立即作《宋司金上巳日寒食题临江驿篇见而有感率尔同作》诗应和："春分自淮北，寒食渡江南。忽见浔阳水，疑是宋家潭。明主阍难叫，孤臣逐未堪。遥思故园陌，桃李正酣酣。"（据《古今岁时杂咏》卷一一）此诗曾有多人唱和，极一时之盛，仔细品味，都是怨而不怒的好诗。

崔融在袁州不足半年，即受召还朝，归途经庐山，作《游东林寺》诗："昨度匡山下，春莺晓弄稀。今来溢水曲，秋雁晚行飞。国有文皇召，人惭谪传归。回行过梵塔，历览遍吴畿。杏树栽时久，莲花刻处微。南溪雨飒飒，东岘日辉辉。瀑溜天童捧，香炉法众围。烟云随道路，鸾鹤远骖骓。远上灵仪肃，生玄谈柄挥。一兹观佛影，暂欲罢朝衣。"（据宋本《庐山记》卷四）说自己春天经此，秋日又来，此度皇家召还，又荣又惭。述游寺之感慨，关键是最后四句。"远"是慧远，莲宗初祖，坚守沙门不拜王者之底线，得到生前身后无数法众之景仰。"生"指道生，提出一阐提人即恶贯满盈之人也具佛性之学说，遭世责难，无所畏惧，坚持始终，方得证明。这两位，都是高德有守的名僧。崔融说："一兹观佛影，暂欲罢朝衣。"明镜在前，自己真想脱离朝籍，出世相随。可能只是特定场景的套话，但也不能说他没有一点对自己沉浮宦海的憬悟。

可惜崔融已经没有未来。入朝半年多，即一病而卒。史书上说是因受命撰《则天大圣皇后哀册文》，用思过度而亡，应该是一种解释。从帝系说，武后是中宗、睿宗的母亲，玄宗皇帝的祖母，都是一家人，从皇统国法来说，连国号正朔都改了，如果这还不算大逆，还有什么可以算违法？但皇家的事就是国法，臣子的责任就是设法将无聊无耻的事情尽量讲圆，讲得灿烂圆满更好。五王逼武后退位时，朝廷颇想拨乱反正，提出神龙中兴的口号。中兴是东汉初的提法，承认皇脉曾断绝，中兴就是光复皇脉。但随着五王被贬，武三思重起，立即叫停中兴的说法。武氏只要从圣母神皇、金轮皇帝退回到则天皇后即可，身后之归葬乾陵、与大帝高宗合葬，礼仪一点都不能或减。这就是崔融受命撰《哀册文》的困境，不是说他自己的话，是要代嗣皇帝讲话，这就难了。崔融因此而用思过度，很值得同情。

崔融去世后谥文，这是历代文人的最高荣誉，终唐一代得此美谥者也仅权德舆、韩愈、白居易几人而已，但就文学史上留下的成就来说，崔融确实相差较远。从他撰《启母庙碑》成名到撰《哀册文》去世，女皇给过他奖励，让他一生多数时间在朝为官，但他的文学道路，也被女皇所裹挟、所困扰。他似乎一直没有找到人生的定位，可为浩叹。

*本文题目用"天后"而不用女皇，殆因天后是麟德元年（664）武氏与高宗并称二圣时的自誉。她称帝改名曌，取日月临空意，她最喜欢的帝号应该是金轮皇帝，相当于法国路易十四自称太阳王。当然，政归中宗后，中宗让她重回后位，送个则天大圣皇后的美谥。这是今称武则天的来由，其实都是今人乱拼，不合礼法及姓名习俗。崔融初见武氏时她是天后，为她送葬时她又回归皇后，那就这样吧。

宋之问：侍臣的悲哀

宋之问（约656—712）是唐前期的一流诗人。他最终被玄宗下诏赐死，时间与原因都不甚清楚。据说他临死时态度很不好，很挣扎，说要与家人交代后事，尽量拖延时间，见面又语无伦次。这当然留下笑柄。但如从宋之问的立场来说，谁做皇帝，我就跟着玩，既没有参与机密，更没有弄权害人，你皇帝不断换，干嘛要我用生命来赔偿？

死前不久，宋之问曾给史家吴兢去信，说自己贬在南方，"心凭神理，实冀生还；关号鬼门，常忧死别"，一直求生畏死，希望能活着北还。这一愿望，最终没有实现。

一　宋之问的家世与早期声名

宋之问出生在一个官宦豪富之家。父亲宋令文，在高宗朝官左骁卫郎将、东台详正学士，官不算高，中年后即热衷修道。据说他有三大超能力，能文章，工草书，力气大。尽管至今没有见到他的诗文与书迹，但《旧唐书·经籍志》有其集十卷，张怀瓘《书断》以其草书入能品，传说应可信。令文有之问、之悫、之悌三子，据说各得其父一种能力，二位仁弟表现仍欠缺，但之问诗文名重一时，海内共知。之问有陆浑别业，还有辋川山庄，若承袭自父亲，家族富有也可遥想。

　　宋之问登进士第时大约二十岁，此前诗名已很盛。骆宾王大约年长之问二十岁，存诗有《在兖州饯宋五》："淮尼泗水地，梁甫汶阳东。别路青骊远，离尊绿蚁空。柳寒凋密翠，棠晚落疏红。别后相思曲，凄断入琴风。"今人据骆之行迹分析，写此诗时之问虚岁十九，骆已引为知己，曾同游齐鲁，兖州分别，说别后会将情思写入伤感的琴曲户。骆宾王还有长诗《在江南赠宋五之问》，录最后几句："夛路少知音，丛台富奇士。温辉凌爱日，壮气惊寒水。一顾重风云，三冬足文史。文史盛纷纶，京洛多风尘。犹轻五车富，未重一囊贫。李仙非易托，苏鬼尚难因。不惜劳歌尽，谁为听《阳春》？"引为知己，遗憾告别，告诉京城多风尘，要善自珍重，充满前辈的关切。初唐诗家中，骆宾王颇有豪杰之气，《在狱咏蝉》见其不自轻贱，从徐敬业起兵扬州更见他之反抗与胆量。扬州举兵后，骆下落不明，那年宋之问二十八岁，他们之间的来往都在此以前。

　　宋之问在前期的另一位关系密切的朋友是陈子昂。子昂北征幽州，中途有《东征至淇门答宋参军之问》："南星中大火，将子涉清淇。西林改微月，征旆空自持。碧潭去已远，瑶华折遗谁？君问辽阳戍，悠悠天际旗。"应该是宋先有诗对子昂北征表示关心，子昂回诗以最好的朋友相视，最后说到军情，只说眼前看到无边的军旗，间接传达内心之忐忑。这时是武后圣历（698—700）前后，之问与子昂及卢藏用、赵贞固形成很密切的朋友圈。赵去世，子昂作《昭夷子赵氏碣颂》，宋之问为洛州参军，梦见赵，作诗述梦赠卢、陈二位。宋诗没有传世，但子昂作《同宋参军之问梦赵六赠卢陈二子之作》："晚雾望嵩岳，白云半岩足。氛氲含翠微，宛如嬴台曲。故人昔所尚，幽琴歌断续。变化竟无常，人琴遂两亡。白云失处所，梦想暖容光。畴昔疑缘业，儒道两相妨。前期许幽报，追此尚茫茫。晤言既已失，感恨情何一。始应携手期，云台与峨眉。达兼济天下，穷独善其时。诸君推管乐，之子慕巢夷。奈何苍生望，卒为黄绶欺。铭鼎功未立，山林事亦微。抚孤一流恸，怀旧且暌违。卢子尚高节，终南卧松雪。宋侯逢圣君，骖驭游青云。而我独蹭蹬，语默道犹屯。征戍在辽阳，蹉跎岁再黄。丹丘恨不及，白露已苍苍。远闻山阳赋，感涕下沾裳。"这首诗最能见出陈、卢、宋、赵四人之惺惺相惜和人生理想。诗之前半写对赵之追思，赞赵兼知儒道，有管、乐之才，而"达兼济天下，穷独善其时"则是诸人共同的处世原则。赵去世后，子昂北上随军，卢则高卧终南，宋任洛州参军，因为武后时的政治中心在洛阳，得有机会数蒙女皇之垂青。最后说"远闻山阳赋，感涕下沾裳"，是说宋诗如同向秀《思旧赋》对七贤同游之怀想，使自己感伤下泪，襟裳尽湿。

数年后，陈子昂死于非命，卢藏用据前之宋、陈唱和，作《宋主簿鸣皋梦赵六予未及报而陈子云亡今追为此诗答宋主簿兼贻平昔旧游》，其中重点是对陈子昂一生成就的评价，更为朋友凋零殆半而伤怀。其中云："荣哉宋与陆，名宦美中州。存亡一暌阻，歧路方悠悠。自予事山海，及兹人世改。传闻当世荣，皆入古人名。无复平原赋，空余邻笛声。"恭维之问仕途顺畅，名宦双美。然人事迁变，自己也会改变处世的态度，祸福则难预知。邻笛之声传来，亡友更值得追想。这是这群朋友的哀歌。亡者已矣，存者还得继续苟且偷生。后死的卢、宋都对得起朋友，但各自的前途又在哪里？

这里只说宋之问。

二　宋之问在武后时期的沉浮

宋之问进士登第后，待选的时间很长，也可能他本就没有多少做官的热情。到三十五岁，方为习艺馆学士，与杨炯分直于洛城西。到四十一岁任洺州参军，四十四岁任司礼主簿，官仅从七品上。但得缘参加《三教珠英》的编纂，得以结交许多文学俊彦，同时也参加皇家的一些游宴庆会，他的才华引起女皇的关注。

一次是武后幸龙门，"命群官赋诗，先成者赏以锦袍。左史东方虬诗先成，设拜赐，坐未安，宋之问诗后成，文理兼美，左右莫不称善，乃就夺锦袍衣之"（《广卓异记》三引《小说》）。龙门在洛阳南，伊水畔，沿山凿窟龛无数，为北魏以来的名区。武后权盛时，更命净土高僧善导开凿大龛，按自己形象立卢舍那大像。武后此次巡幸时间不详，东方虬诗不存，无法与宋诗做比较分析。之问诗题作《驾幸龙门应制》，是杂言歌行长篇。先写雨后龙门景色："河堤柳新翠，苑树花初发。"然后写"天子乘春幸凿龙"。较精彩的一节是写伊阙佛窟的景色："山壁崭岩断又连，清流澄澈俯伊川。塔影遥遥绿波上，星龛奕奕翠微边。层峦旧长千寻木，春壑初飞百道泉。"将不容易写好的佛窟景色，写得如此清新流动。接写鸾驾巡幸的盛况，有"千乘万骑銮舆出，水静山空严警跸。郊外喧喧引看人，倾都南望属车尘"等句，气氛渲染很到位。最后写与民同乐，时雨助顺："先王定鼎山河固，宝命乘周万物新。吾君不事瑶池乐，时雨来观农扈春。"先王指太宗、高宗父子，"宝命乘周"更写女皇称帝之正统传接，最后说巡幸是来考察农事，不是贪图享受，可谓会说善颂。难怪武后读后激赏，夺回已颁出的锦袍，赐给宋之问。

另一次是之问作《明河篇》，七言歌行，写八月仲秋的银河，穿插鹊桥牛女的故事，最后说："明河可望不可亲，愿得乘槎一问津。更将织女支机石，还访成都卖卜人。"既写对银河的向往歆羡，欲乘浮槎往访，又抱卖卜人（即严君平）知足之心，能识天上的织女支机石。诗的寄意，当然是作者希望政治上得到进一步的重用，但内心又抱高洁之志，无意苦争。诗传到武后那里，女皇完全读懂了，但回答是："吾非不知之问有才调，但以其有口过。"《本事诗·怨愤》讲这一故事，解释是"之问患齿疾，口常臭故也"，当然是一种解释。口过也可解释是漏泄言语，皇家对此特别忌讳。进一步说，武后称帝，需要鼓吹手，但所择大多非人。若宋之问诗中所述，既想投靠，又希望身段不要太难看，女皇哪愿用这样的人。口过，也算一种托词吧。

可以称道的倒是宋之问参与了多次朝廷组织的诗歌唱和，文学价值不大，但在诗律上做着认真的探讨。如《三阳宫石淙侍宴应制得幽字》："离宫秘苑胜瀛洲，别有仙人洞壑幽。岩边树色含风冷，石上泉声带雨秋。鸟向歌筵来促曲，云依帐殿结为楼。微臣昔忝方明御，今日还陪八骏游。"除二、三句间尚有失粘，大体之声律已很完整。此诗作于久视元年（700），几年后之景龙唱和，大多诗篇已经粘对合辙。这是宋之问与沈佺期的共同贡献，也是文学史上最没有争议的成就。

武后久视间（700—701），之问以司礼主簿为左奉宸内供奉，也就是说他当了武后晚年幸臣张易之（时任奉宸令）的属官。据说张易之兄弟雅爱之问才学，之问也倾心依附。与二张兄弟来往的文人，还有沈佺期、阎朝隐等人，不仅为其写诗赋，还为之捧尿壶。长安年间（701—704），之问官迁尚方监丞，有许多迎合时事的作品。比如中宗李显又归为太子，他的女儿安乐郡主嫁给武三思的儿子武崇训，一时捧场文人都赋《花烛行》以贺。时移境迁，大多没有保存下来，宋之问所写，则在明初人编《诗渊》中意外被发现，诗如下："帝城九门乘夜开，仙车百两自天来。列火东归暗行月，浮桥西渡响奔雷。龙楼锦帐连连出，遥望梁台如昼日。梁台花烛见天人，平阳宾从绮罗春。共迎织女归云幄，俱送常娥下月轮。常娥月中君未见，红粉盈盈隔团扇。玉尊交引合欢杯，珠履共蹑鸳鸯荐。漏尽更深斗欲斜，可怜金翠满庭花。宸花灼灼歌秾李，此夕天孙嫁王子。结褵初出望园中，和鸣已入秦箫里。同心合带两相依，明日双朝入紫微。共待洛城分曙色，更看天下凤凰飞。"这里写一场婚礼，所谓天孙指安乐郡主，王子则武三思封梁王，武崇训也得封高阳郡王。武后之孙女与娘家人结婚，好不热闹。其间的政治意味，以及之问倾意捧场之主旨，也十分明显。得意无比，欢乐有余，乾坤扭转后都要清算。

三　宋之问初贬泷州

神龙元年（705），武后病甚，张柬之等人乘机发动政变，逼武后退位，杀二张兄弟，迎立中宗，史称神龙复辟。依附二张诸文人皆遭贬窜，宋之问被贬泷州参军，其地在今广东罗定南，唐代是极远及蛮荒之地。

从宋之问诗中，可以考知他的南行路线，即从洛阳南行，经蕲州黄梅，过洪州，溯赣水南下，度大庾岭，经韶州、端州，沿泷州江方至泷州。路途虽然艰辛，但在之问的诗中却出现全新的面貌。

《初到黄梅临江驿》："马上逢寒食，途中属暮春。可怜江浦望，不见洛桥人。北极怀明主，南溟作逐臣。故乡肠断处，日夜柳条新。"二月从洛阳出发，到黄梅恰逢寒食，应该是亲人团聚的时候，他也以洛阳为故乡，有无限感慨。"北极"两句，深得人臣分寸。怀乡而仅想象柳条新绽，怀不尽之意。此诗流传一时，文本也颇窜乱，此所录最为可信。

《登大庾岭北驿》："阳月南飞雁，传闻至此回。我行殊未已，何日复归来？江静潮初落，林昏瘴不开。明朝望乡处，应见岭头梅。"大庾岭为五岭之一，在今赣、粤两省交界处。中原人视为极远之处，因有回雁之传说。距离要去的泷州还有很远的路，真感叹是否还有北归的机会。"江静"两句，写南方景物如画。最后两句，含思蕴藉，即明日怀乡，能见岭梅为幸，今日不必怨愤。

《端州驿见杜审言王无竞沈佺期阎朝隐壁有题慨然成咏》："逐臣北地承严谴，谓到南中每相见。岂意南中歧路多，千里万里分乡县。云摇雨散各分飞，海阔江长音信稀。处处山川同瘴疠，自怜能得几人归？"诸人皆同时被贬者，端州是必经之地，都留下了题咏。此诗没有被贬的艾怨，仅仅希望遭厄运的朋友们，在南方倘能经常见面，也算一种补偿。然而岭南广阔而多歧路，山川险峻，气候恶劣，真不知有无生还的机缘。此诗是古体，意思酣畅淋漓，可以见到之问真正的诗才。

好在这次南贬仅一年多即得召回，归途有《渡汉江》："岭外音书断，经冬复历春。近乡情更怯，不敢问来人。"诗意很简单。南行经年，家人久无音讯。渐要到家，更为胆怯，不知道家中发生了怎样的变故。怯问来人，其实内心是急切希望知道，越急切则越不敢问。后来杜甫写亲情，最喜欢这一写法。

有一件事必须澄清。《旧唐书·文苑传》云之问"未几逃还，匿于洛阳人张仲之家。仲之与驸马都尉王同皎等谋杀武三思，之问令兄子发其事以自赎。及同皎等获罪，起之问为鸿胪主簿，由是深为义士所讥"。南贬而逃还，复卖友以赎罪，其人品实在不堪。陶敏、易淑琼著《沈佺期宋之问集校注》附二人年谱，已考明造成王同皎之死的告密者，是之问弟之逊，与之问无关。之问是遇赦北归，有《初承恩旨言放归舟》述得归心情，沿途也都有诗纪行，包括前举之《渡汉江》，从容得很，哪有逃归之心虚胆怯。

四　宋之问与景龙文馆唱和

宋之问回到长安，已经是神龙三年末，朝廷情况发生巨大变化。中宗既立，宣布中兴的同时，复辟的功臣不久就遭贬死，韦皇后带着女儿开始做新的女皇梦，武三思重新回到权力中枢。中宗久在母亲的淫威下生存，习惯了，太太与女儿要控权，就避让吧。中宗也很特别，他也不闲着，大约有两年半的时间，隔三岔五地组织满朝文士寻访古迹，参观寺庙与园林，一起写诗，有时还组织评比，皇上成了"诗词大会"的总领队。宋之问北归，恰逢其盛，理所当然地成为诗会的重要人物。

景龙三年（709）正月晦日，中宗率群臣游昆明池。这是周、汉以来长安的名园，据说汉武帝曾在池中训练水军。这次游宴规模宏大，早知皇帝要到，便张灯结彩以待。从官百余人，中宗兴致大好，要求所有从官都要写诗，挑选最好的一篇，皇上要亲自谱曲歌唱。群官当然助兴，纷纷交稿。由谁来评定呢？上官婉儿，她祖父是大诗人上官仪，此时的身份是昭容，也就是中宗的宠妃，够权威吧。婉儿高居台上，估计坐皇帝旁边，逐篇阅读，好者留下，次者抛落，作者认名取回。最后仅剩沈佺期、宋之问两篇，久而不定。许久，抛下一篇，是沈佺期的。沈不服，要婉儿说出理由来。婉儿说："二诗工力悉敌，沈诗落句云：'微臣雕朽质，羞睹豫章材。'盖词气已竭。宋诗云：'不愁明月尽，自有夜珠来。'犹陟健举。"（《唐诗纪事》卷三）据说沈服输不敢复争。这是婉儿裁量天下文士的有名故事，雅事的背后当然因有皇帝为她撑腰，谁敢与争。这两首诗都保存至今，不妨并录于下。宋诗："春豫灵池会，沧波帐殿开。舟凌石鲸度，槎拂斗牛回。节晦蓂全落，春迟柳暗催。象溟看浴景，烧劫辨沉灰。镐饮周文乐，汾歌汉武才。不愁明月尽，自有夜珠来。"沈诗："法驾乘春转，神池象汉回。双星遗旧石，孤月隐残灰。战鹢逢时去，恩鱼望幸来。岸花缇骑绕，堤柳幔城开。思逸横汾唱，歌流宴镐杯。微臣雕朽质，羞睹豫章材。"二诗都涉及昆明池的历史传说与典故，中宗巡游的盛况与池苑的景物，再加各自的观感，还应考虑声律与辞章方面之妥适，读者可细心体会。

这次归京，之问历官户部员外郎、修文馆学士，寻改考功员外郎，知贡举。据说他知贡举，得人颇盛，除了几位诗人，最有名的是韦述，盛唐最著名的历史学家。今日能完整了解唐前史事，正因为他在安史乱中冒死保存了国史实录。

这次回朝，其实仅两年不到。其间他依附韦后、安乐公主、武三思、上官婉儿，都有具体诗文可以证明。但景龙文馆唱和尚未及半，因得罪太平公主，被摭拾罪失，外贬为越州长史。

五　从越州到桂州：宋之问的不幸结局

越州即今浙江绍兴，是唐之东南重镇，设大都督府，以亲王兼领，并不到职，长史就是最高长官。其地更是山灵水秀，文化发达。对宋之问来说，这不同于贬官，更近似一次文化盛游。其间他写诗很多，如《登北固山》《谒禹庙》《游禹穴回出若耶》《游法华寺》《宿云门寺》，在在皆有名篇。

之问在越中，最负盛名，且带来不朽故事的，则是《题杭州天竺寺》。诗云："鹫岭郁岩峣，龙宫隐寂寥。楼看沧海日，门听浙江潮。桂子月中落，天香云外飘。扪萝登塔远，刳木取泉遥。霜序花更发，冰溪叶未凋。凤岭尚遐异，搜对涤烦嚣。会入天台里，看余渡石桥。"此诗诗题与诗句，异文极多，这里所录为《文苑英华》卷二三三的文本。诗是往越州经杭州时作。天竺寺在杭州北山，有上、中、下三寺，灵隐寺即属下天竺寺。灵隐有飞来峰，传说从印度灵鹫山前飞来。宋之问采信了此一传说，讲鹫岭深藏于群山间，寺庙所在更幽远寂寥。登寺所见，则沧海日出，钱塘潮回，皆可睹可闻。垂拱间（685—688），曾有月桂子降于临海十余日，诗中据以录入，与云外天香为对，写灵隐一带之佛禅风味。其后几句写寺庙周围之景色和观感，皆生动而具体。继而说自己从小喜欢遥远而奇异的事物，搜尽枯肠也难加以措摹，现在这一切居然都在眼前。最后说对浙中山水兴趣大增，还想到天台山去亲走石梁飞瀑。真是难得的好诗，好事者为此编造了许多有趣的故事。如《本事诗·征异》说宋之问写出前二句后，第二联搜尽奇思，终不如意。有老僧称他为少年，为续后二句，之问方得终篇。寺僧说老僧即骆宾王，兵败后隐居于此。其实骆、宋二人早就熟悉，何必如此编造。《封氏闻见记》卷四说宋之问此诗作于台州，将诗用今典，等同于作诗本事。南宋人著《五总志》说骆宾王早年庸作于杭州梵天寺，得老僧指点而成此诗，更属离奇。凡此皆可见民间对骆宾王遭遇与宋之问诗歌之认识，事虽不足信，也可得别样理解。

景龙四年六月中宗暴卒，韦后拥立幼帝，改元唐隆。临淄郡王李隆基与太平公主联手，发动政变，诛韦后一党，拥立睿宗即位。当月即以谄附武、韦的罪名，流之问于钦州。此次赴贬所，之问为北渡吴江，溯长江到荆州，再溯湘江过岭，沿途多纪行诗。比较特别的经历，是在韶州手谒六祖慧能，并有长诗叙晤谈情况。经年余方到贬所，其间似乎并没有感到有很大危险。不久他就改居桂州，与都督王晙多有唱和。作《登逍遥楼》诗云："逍遥楼上望乡关，绿水泓澄云雾间。北去衡阳二千里，无因雁足系书还。"仍然关心亲人的消息。

其间他还游历了梧州、广州、清远等处，留下诗作。他的被杀，似乎是到了太平公主败死、玄宗亲政以后，至今不知道他在什么问题上犯了玄宗的大忌，必欲诛杀。

之问死后，他的诗文由武平一编次成集。平一曾参与景龙文馆唱和，是武后的一位远房侄孙。武后权势熏赫之际，平一采取远避的态度，在神龙至先天间的数次大清洗中，没有受到牵连。在宋之问存世诗文中，也看不到二人有很亲密的来往。之问的这部原集，明初还存，待嘉靖、万历间（1522—1620）刊布唐诗时，原集已经无从寻觅，只能另行搜辑。正因如此，在明初编集的《永乐大典》《诗渊》等书中，尚存之问大量佚诗。

宋之问是唐前期一位才分很高的诗人。他曾是骆宾王、陈子昂最好的朋友，有自己的立场与追求。他没有像骆宾王那样选择反抗，也没有像陈子昂那样既有迎合，也有坚守。他存世诗文中涉及时政的议论很少。对经历的政治剧变，他更多采取了随顺的态度，仅仅因为他的才分，所作显然比同人略优一等。他曾两度远贬，最好的作品多产生于这些时期，无论游历山水、寻访寺院、思念亲人、感慨命运，都另有一番气象。他的弟弟曾得识李白，可惜他五十七八岁就死于非命，没有见到盛唐时代的到来。这是他的不幸，也是时代的不幸。

陈子昂的孤寂与苦闷

前不见古人，后不见来者。念天地之悠悠，独怆然而涕下。

这首家喻户晓的唐诗，文本的最早来源是陈子昂友人卢藏用为他编文集时所作《陈氏别传》，现在一般题作《登幽州台歌》。我在几年前曾撰文《〈登幽州台歌〉献疑》（《东方早报》2014年11月24日），认为诗题为明人杨慎所拟，原诗则为卢藏用据陈子昂《蓟丘览古》组诗檃栝而成。虽然与通行说法有所不同，诗中传达的是陈子昂的孤独与苦闷，应该没有什么疑问。那么，陈子昂为何如此寂寞悲苦呢？那就应该了解陈子昂的时代，他的家世、经历与抱负，以及他的人生不幸。

一 从西蜀大豪之家步入京洛

陈子昂（659—700）是蜀中射洪人，出生在一个世居蜀地的豪富之家。他的祖父陈嗣、父亲陈元敬的碑志都是子昂亲撰，存于其文集。陈嗣（608—692），一生未仕，"避人养德，退耕求志"，子昂说他可与古隐士庞德公、郑子真等并称"五人"，自是过誉之辞。陈元敬（626—699），年轻时明经及第，拜文林郎，很快就退隐不仕，修德一生。子昂写他容貌为"河目海口，燕颔虎头"，绝对英姿瑰伟，子昂应亦一表人才。元敬"性英雄而志尚玄默，群书秘学，无所不览"。民间有狱讼，不取州县之命，唯元敬之言为断，一时有"西南大豪"之称。虽然长居乡里，长期修道，"饵云母以怡其神"，且长期揣摩"玄图天象"，规摩天道往复的机会。子昂的出而求仕，就是他加以鼓励，认为"天意其将周复乎"，出图辅圣之业。陈家富甲一方，遇岁时饥馑，元敬出粟万石周济，不求任何名声。

子昂继承了父亲所有禀赋与追求，英伟尚气，好道尚侠，"弋博自如"，骑射、弈博皆精熟。二十一岁，秉父命首度入京，游太学。进入的第一个文学圈子，是老书家高正臣领衔，高家子侄为主，许多闲散文人参与的，在高氏园林举办的定期雅集。北宋宋绶编《岁时杂咏》保存了四次雅集的诗作。子昂四次都有诗作，其中《晦日宴高氏林亭》且由子昂作序，知他的才能得到圈内认可。与会者二三十人，流品很杂，看不清明确的文学宗旨。可注意者有二人。一是陈嘉言，两《唐书》载其神龙中兴后，被定为子孙永不录用的酷吏，但子昂曾为他作《申宗人冤狱书》，称他"有至忠之诚，抱徇公之节，执法不挠，为国殄仇"，本人却受诬下狱，"幽穷诏狱，吏不见明，肝血赤心，无所控告"。真相不甚明了，陈嘉言之"执法不挠"当指对反武后人士之追究，自己下狱则为酷吏政治之必然。理解于此，可知子昂对酷吏冤狱了解之深入具体。二是解琬，较子昂年长二十多岁，是武后到玄宗初期的名将，也即子昂《修竹篇序》所称"一昨于解三处见明公《咏孤桐篇》"的解三，引解君云："张茂先、何敬祖，东方生与其比肩。"认为东方虬成就可与西晋张华、何劭比美，可信是子昂倡导文学复古的盟友，其事功更足令子昂向往。

《独异志》载，子昂在京名声未振，乃市买价值百万之胡琴，约次日到宣阳里听他演奏。至则举琴而碎之，自称有文百篇，不为人知，琴乃贱工之役，何以重琴而轻文？"一日之内，声华溢郡"。今人或有质疑，我则愿意相信真有其事，符合陈家父子的性格。子昂科举虽稍有波澜，二十四岁就进士高第，次年得到武后召见，赐笔札令于中书省条上利害，可谓机遇大好。

二　对武后政治的随顺与坚守

子昂凭什么得到武后青眼相看呢？事情绝非砸一张名琴那么简单。直接原因应该是他此前自称"梓州射洪县草莽愚臣"所上《谏灵驾入京书》和《谏政理书》，引起武后的兴趣。

子昂步入政治之初，高宗重病已久，政柄为武后掌控。按近人陈寅恪的说法，唐前期政治中心是关中集团本位，武后代表对立的集团，因此久居洛阳，高宗也病死在那里。关中乾陵经营已久，因高宗山陵事宜，势必归葬，武后稍感进退失据。陈子昂虽年轻，但久研天道，对此何等敏感。他提出三辅饥馑，无从供给返灵西京之千乘万骑。如果过分调发近畿，将有不测之祸。更说天子以四海为家，"舜葬苍梧，禹葬会稽"，何况洛阳为周及东汉陵寝所在，又有祝融、太昊之故丘，地有江南、太原供给之便。这里都是刻意揣摩、有意迎合，可以见到他的敏锐。事虽不行，武后自以奇才视之。《谏政理书》则建议"调元气，睦人伦，跻俗仁寿，兴风礼让"，提出建明堂、立太学、得贤臣、兴礼乐等举措。这时名义上的皇帝是睿宗，权在武后。子昂当然明白，他提出一些有利于政局长期稳定发展的举措，其中明堂之建，成为武后时期的重大事件，陈子昂是最初提出者之一。

垂拱元年（685）十一月十六日，武后召见子昂，让他条上政见利害，子昂作《上军国利害事三条》，细目为出使、牧宰、人机。子昂信心满满，《答洛阳主人》诗有"方谒明天子，清宴奉良筹。再取连城璧，三陟平津侯。不然拂衣去，归从海上鸥"，似乎封侯进爵在望。然而他对武后运移唐祚、母后称帝之追求，还是缺乏想象，更没有迎合。此后几年，他的官位变化不大，虽然也上奏议，大多属于细节建议。

子昂不是宋以后的迂儒，没有捍卫李唐皇权牺牲生命的冲动。对武后从文明到永昌间的作为，他有随顺，也有坚守。随顺的显例，是在武后称帝时，立即上《大周受命颂》，"媚悦"（《新唐书》本传）武后，所谓"正皇典，恢帝纲，建大周之统历，革旧唐之遗号"，以及"天命神凤，降祚我周"，"惟我有周，实宝天德"。次年作《为赤县父老劝封禅书》，所谓"陛下仰顺天意，允答神休"，"勒成嵩岳，大显尊名"。首唱未必在他，也属颂谀迎合行为。但他仍有坚持，即清明政治应该有某些基本的规矩与追求。其中最重要的有以下几篇。一、《答制问事八条》，细目是：一措刑，二官人，三知贤，四去疑，五招谏，六劝赏，七息兵，八安宗子。八条皆有现实针对性，又似乎与武后之现实目标相去太远了。二、《谏用刑书》《谏刑书》，皆针对垂拱、天授间重用酷吏、屡兴大狱、诛杀过滥而言，子昂希望借民间议论与天象示警，宽刑全活，与民生息。

现实政治远比子昂期待的要残酷得多。高宗在世，武后弄权，别人不好说什么。高宗逝后，情况就不同了。继位的中宗刚有些想法，就被逐离皇座。睿宗就乖了，愿怎么玩就怎么玩吧，随便。然而唐室旧臣与宗室，未必愿意接受女主移唐祚，于是举兵反抗。反抗很快平灭，武后感到存在的敌意，于是重用酷吏，屡兴大狱。垂拱以后七八年间，大约是中国历史上最黑暗的时期，武后所作，一是置匦鼓励告密，造成人人自危。二是诛杀宗室与大臣，宰相如走马灯似地换，官员朝忧夕惕。三是重用从薛怀义到张昌宗兄弟等一批幸臣，将武家子侄拉进权力核心。女主称帝是历史上没有过的事情，武后一方面组织人编造伪经，为称帝制造舆论，另一方面不择手段地肃清反对行为。所谓武后新字的出现，总觉不在于文字有什么讲究，更多是让民间人人知惧，无条件服从，违背就是大逆。

上述陈子昂的政见诉求，放在武周政治环境中，就很清楚了。所谓措刑或谏刑，是不赞成武后不择手段暴力镇压臣下；去疑，是针对武后鼓励告密，用特务手段和酷吏锤炼制造冤狱；安宗子，要武后善待李唐子孙，不要罗织杀尽；知贤，则针对武后多用小人，不识何为贤人，希望从用人上改良政治。这些，似乎都触动了武后敏感的神经。

三　酷吏政治与《大云经疏》的隐情

陈子昂对酷吏的反感，前面举到陈嘉言是一例，更触动他的应是友人乔知之之死。上一文已述及，在此不赘述。乔知之死后，子昂集中没有悼乔知之的文字，也不涉及其死，但此案哄传一时，二人又亲密如是，对子昂触动之大，可以想知。子昂本人，也在延载元年（694）前后，因"误识凶人，坐缘逆党"，陷狱几至于死，得武后宽免，他也表示愿意"束身塞上，奋命贼庭"以赎罪。

对于女主称帝，幸臣弄权，在子昂集中没有直接批评的文字，并不是他没有所见。陈寅恪读《陈伯玉集》札记中，敏锐地发现《感遇》其九："圣人秘元命，惧世乱其真。如何嵩公辈，诙谲误时人。先天诚为美，阶乱祸谁因。长城备胡寇，嬴祸发其亲。赤精既迷汉，子年何救秦。去云桃李花，多言死如麻。"所讽为薛怀义辈伪造《大云经疏》事。嵩公，当指北周术士卫元嵩。《大唐创业起居注》卷三云李唐建立时谶言，就有"蜀郡卫元嵩周天和五年闰十月作诗"，有

"桃源花□□，李树起堂堂。只看寅卯岁，深水没黄杨"的预言，是李唐代杨隋的合法依凭。武氏欲称帝，又有妖人炮制卫元嵩谶："两角麒麟儿，世民皆不识。长大威仪成，献者得官职。贤臣今在朝，竖子去君侧。能善作分别，永隆安社稷。"（斯二六五八、斯六五〇二《大云经疏》，参林世田等《敦煌佛典的流通与改造》第四章录文）薛怀义解读："神皇外氏杨也，羊有两角，故曰'两角麒麟儿'。"释末二句云："永隆之始，庶人贤作乱，神皇以至公驭物，不私于子，善能分别，徙之巴州，故言'永隆安社稷'也。"整部《大云经疏》，既编造佛典女主当帝之谎言，又包含几十则荒唐无稽的谶言，如"陇头一丛李，枝叶欲雕疏。风吹几欲倒，赖逢鹦鹉扶"，疏云："鹦鹉者，应圣氏也。言诸丑作逆，几倾宗社，神皇重安三圣基业，故言'赖逢鹦鹉扶'也。"为神皇即武后登基张目，不顾宗社将倾全赖鹦鹉扶之类的设喻有多丑陋。子昂深明是非，难以斥言，故写得很晦涩。所谓"先天诚为美，阶乱祸谁因"，即斥行事得合先天谶言，自属美事，然而贻祸家国，又该由谁负责？秦汉的种种祸败，还不该引起警觉吗？桃李子为隋唐间流传的谶言，子昂借喻武周时的谶言，表达内心忧危之感。清陈沆《诗比兴笺》卷三，结合唐初"女武王者"之谣言，谓此诗言图谶"虽有前知之美，适为阶乱之资""章末故为隐语，言今之以口语取祸者，死多如麻矣"。稍得接近真相。

四　幽州从征与《蓟丘览古》的悲怆

万岁通天元年（696）九月，子昂从建安王武攸宜讨契丹。将行之际，有《东征答朝达相送》："平生白云意，疲薾愧为雄。君王谬殊宠，旌节此从戎。接绳当系虏，单马岂邀功。孤剑将何托？长谣塞上风。"心情颇好，觉得是君王的信任，也是建立功勋的机缘。此次出征的背景，是五月间营州契丹首领李尽忠举兵反，武周所遣多支征讨军先后败北，武攸宜以亲王出征，已经感到了危机。此间崔融、宋之问也先后从军，彼此颇通声息，子昂为武攸宜草拟文书，存留十五六篇，不难还原从军的过程。《陈氏别传》载，"军次渔阳，前军王孝杰等相次陷没，三军震慑"，已是次年三月事。子昂进谏，原文没有保存，但《别传》载录颇详，所见为"比量智愚众寡，勇怯强弱，部校将帅之势，然后可合战求利，以长攻短"，似乎也没有必胜的高见，武攸宜因子昂"素是书生"而不纳。据说数日后又进谏，仍遭谢绝，因而失望至极。'因登蓟北楼，感昔乐生、燕昭之事，赋诗数首"，这就是著名的《蓟丘览古》七首，完整的诗题是《蓟丘览古赠卢居士藏用七首》，有序说明卢时在终南。其中《燕昭王》："南登碣石馆，遥望黄金台。丘陵尽乔木，昭王安在哉？霸图怅已矣，驱马复归来。"《乐生》："王道已沦昧，战国竞贪兵。乐生何感激，仗义下齐城。雄图竟中夭，遗叹寄阿衡。"《燕太子》："秦王日无道，太子怨亦深。一闻田光义，匕首赠千金。其事虽不立，千载为伤心。"《郭隗》："逢时独为贵，历代非无才。隗君亦何幸，遂起黄金台。"所咏的核心是燕昭求贤，郭隗有幸，乐毅得用，兼及燕丹、田光、荆轲故事，前者讲君臣遇合，成就功名，后者讲士感知己，生死相酬。这里都可以看到子昂今不如古、遇合无缘的失望。其中如果说仅是对武攸宜不纳己见的失望，显然是说小了，诸诗也没有这样的指向。我更愿意相信，这里所包含的是英雄失路的悲怆，是时无明君了解自己的困惑，《登幽州台歌》四句的意思，在这七首里都有了，四句是子昂自撰，还是卢藏用代拟，见仁见智，容有不同，但将幽州用军所见不合，登临古迹之逞臆之感，提升到牢笼古往今来、天地六合的士不遇时之悲怆，还是十分成功的。

武攸宜没有采纳陈子昂的建议，但却大获全胜，他的办法，《陈氏别传》说是"方求斗士"，子昂代武作《上军国机要事》云"臣欲募死士三万人，长驱贼庭，一战扫定"。历史经常就是这样诡异。

五　《感遇》：从个人命运到天道难违的悲哀

陈子昂更多的孤寂与痛苦，写在《感遇三十八首》中。这组诗规摩阮籍《咏怀》、庾信《拟咏怀》，所涉更为广阔深沉。阮籍身处魏晋易代前夕，内心痛苦而明白，又无可奈何，既可以领衔劝进，也可以数月轰醉而逃避。庾信相对简单一些，更多是留北不归的孤寂怀土之感。子昂的内心要复杂得多，他所处时代更加剧了他的孤独寂寞感。这里仅能稍举几首加以说明。其二："兰若生春夏，芊蔚何青青！幽独空林色，朱蕤冒紫茎。迟迟白日晚，袅袅秋风生。岁华尽摇落，芳意竟何成？"历代选家最重视这首，士秉美德而不为世知，终至零落的意思也很显豁。其十七："幽居观天运，悠悠念群生。终古代兴没，豪圣莫能争。三季沦周赧，七雄灭秦嬴。复闻赤精子，提剑入咸京。炎光既无象，晋虏纷纵横。尧禹道已昧，昏虐势方行。岂无当世雄，天道与胡兵。咄咄安可言，时醉而未醒。仲尼溺东鲁，伯阳遁西溟。大运自古来，旅人胡叹哉！"所谓举目天地，冥念群生，细数历代，皆战乱无象，昏虐方行。即便有"豪圣"或当世英雄，有孔丘、老聃这样的圣贤命世，天运方屯，举时昏醉，也难有作为，更不必感叹了。其十九："圣人不利己，忧济在元元。黄屋非尧意，瑶台安可论。吾闻西方化，清净道弥敦。奈何穷金玉，雕刻以为尊。云构山林尽，瑶图珠翠烦。鬼功尚未可，人力安能存。夸愚适增累，矜智道逾昏。"讽刺统治者乐于夸侈兴建，穷奢极欲，实质是始终不知民为邦本，何曾思及民生，违背了古圣昔哲的治道。南唐李后主曾亲书此诗，宋人将手迹刻入《汝帖》。其二十五："玄蝉号白露，兹岁已蹉跎。群物从大化，孤英将奈何。瑶台有青鸟，远食玉山禾。昆仑见玄凤，岂复虞云罗。"以玄蝉、孤英、青鸟、玄凤入诗，极写群物孤危无奈之状。其三十八："仲尼探元化，幽鸿顺阳和。大运自盈缩，春秋迭来过。盲飙忽号怒，万物相纷劘。溟海皆震荡，孤凤其如何？"天地运转，万物枯萎，圣人与幽鸿采取的方式不同，但都无从改变自然规律。

六　卢藏用对陈子昂克尽友道

子昂在幽州从军的次年，即以父老为由解官，回乡侍养，旋以父亡而在乡守制。他在四十二岁时被县令段简迫害致死，真相至今不明。他死得太早，没有看到李唐中兴鼎盛的变化，十分可惜。贺知章其实比他还年长三岁，活到八十多岁，今人常有错觉，觉得贺是子昂后辈，其实仅因享年长短不同。

子昂冤死，他的朋友卢藏用恪尽朋友之谊，为他编次文集，撰写别传，也有祭文留存，更在第一时间写诗对子昂的成就做出评价。这首诗题作《宋主簿鸣皋梦赵六予未及报而陈子云亡今追为此诗答宋主簿兼贻平昔旧游》，很长，常为今人忽略。宋侯指宋之问，赵六是赵贞固，卒于子昂幽州行前，子昂有《同宋参军之问梦赵六赠卢陈二子之作》和宋诗。从赵卒到子昂卒，其间至少有五年，卢藏用始终没有和宋诗，至此一并悼念，知作于子昂卒后未久。诗中有言："鸣皋初梦赵，蜀国已悲陈。感化伤沦灭，魂交惜未申。冥期失幽报，兹理复今晨。前嗟成后泣，已矣将何及！"述己伤友人沦逝而悲怀至极。述陈一节云："陈生富清理，卓荦兼文史。思绪巫山云，调逸岷江水。铿锵哀忠义，感激怀知己。负剑登蓟门，孤游入燕市。浩歌去京国，归守西山趾。幽居探元化，立言见千祀。埋没经济情，良图竟云已。"写出他的学问胸怀，慷慨英雄，忠义为国，感激待友，探赜造化，立言不朽，良图未展，经济无成。可以说，后人对陈子昂的评价，在这里已经定下了基调，卢藏用无愧是子昂一生最好的、可以开布心迹的朋友。正史写卢藏用，有终南捷径的投机，有奢侈纵欲的丑行，终因依附太平公主而被杀，似乎很不堪，但他对子昂存友道始终如此，值得后人立体多维地对他有所认识。

杜甫的大历三年

唐代宗大历三年（768），杜甫五十七岁，年初离开居住两年的夔州，东下江陵；居住半年后，秋间徙居稍南的小城公安；年末离开，到达岳阳。他的行程为什么这样，是行前安排好的吗？他到底要往哪里去？其间存诗不少，有场面上的应酬，也有内心痛苦的交战，更有前途无望的困惑。读懂这些诗，对理解晚年杜甫的人生和作品都很重要。

一 离开夔州前的准备和安排

杜甫在永泰元年（765）春离开成都。旧说认为严武死而蜀中将乱，他避地离开。笔者的《杜甫为郎离蜀考》（《复旦学报》1984年第1期）认为严武亡于四月末，杜甫春间已经成行，两者之间并无关系。他先入剑南幕府为节度参谋，经严武奏请为检校工部员外郎，出行目的是赴京就职。途经渝州（今重庆），有《渝州候严六侍御不到先下峡》："闻道乘骢发，沙边待至今。不知云雨散，虚费短长吟。山带乌蛮阔，江连白帝深。船经一柱观，留眼共登临。"他在渝州稍作停留，目的是约严六同行。等而不到，他决定先走，并告知严，会在江陵稍作停留，希望严可即跟上，那样的话，二人仍有机会一起参访江陵一柱观。此诗说明，杜甫直到渝州，仍没有在峡中停留的计划，只是准备直下三峡，"千里江陵一日还"。滞留峡中的云安半年、夔州近两年，都是临时决定，原因是他旧病骤发，几乎危及生命，只能居峡静养（参笔者《〈客堂〉：杜甫生命至暗时刻的心声》,《古典文学知识》2018年第6期）。夔州景色壮丽，民风淳朴，在他的诗里都有反映，但他心情不好，因此也不断诅咒穷山恶水，书写郁闷无奈。病情稍痊、行走无碍时，他急切要离开夔州。此时蜀中已经大乱，回是回不去了，峡中也非久留之地，只有向前走，先考虑东下江陵。

杜甫在夔州，最挂念的地方是京城，如果不是因生病，早就可以立朝为官，在生命忧危与入京奉职之间，只能选择先养病。《客堂》结尾所说："尚想趋朝廷，毫发裨社稷。形骸今若是，进退委行色。"正见他的无奈与痛苦。夔州后期，他仍多次托人与朝廷联系，但绝无消息，只能选择较可行的办法，即与江陵幕府中友人取得联系，特别优先的是李之芳与郑审二人。

李之芳是唐宗室，出蒋王房。天宝初为齐州司马，这时杜甫父亲杜闲是邻郡的兖州司马。杜甫那时小有诗名，偶游邻郡，有《暂如临邑至鹊山湖亭奉怀李员外率尔成兴》赠李，诗意很浅，但有"暂游阻词伯"句，知李亦能诗，于杜甫为前辈。李在安史乱间从范阳自拔归京，曾任工部侍郎、剑南节度采访使。广德间（763—764）出使吐蕃，被留二年，归后获任礼部尚书、太子宾客，不久退归江陵。他虽曾地位很高，但这时客居江陵，并无多少实权。

郑审是杜甫好朋友郑虔的从侄，当时也有诗名。更具体地说，郑虔的父亲镜思，与郑审的祖父进思是兄弟，杜甫因此认识郑审，交谊并不密切。郑审于开元二十五年（737）已任监察御史，安史乱前曾任谏议大夫，肃宗时任袁州刺史，代宗大历初任秘书监，不久贬居江陵，后任少尹。杜甫作《八哀诗》述及郑虔，末云："百年见存殁，牢落吾安放？萧条阮咸在，出处同世网。他日访江楼，含凄述飘荡。"自注:"著作与今秘书监郑君审,篇翰齐价,谪江陵,故有'阮咸''江楼'之句。"称郑审为阮咸,是就郑虔而言,郑虔长杜甫二十多岁,二人是忘年交,估计郑审年龄仍大杜甫不少。杜甫感慨旧友零落,前途渺茫,他说自己与郑审一样,都被世俗之网所困,他希望到访江陵,与郑审共叙往事。分寸很清楚,可以造访,未能托付。

李、郑二人毕竟是自己在江陵认识的可以信任的朋友,杜甫希望两人给自己以爱手,但似乎又无法直说,他对两人可以给予怎样的帮助,其实没有信心。好在那是他一生创作精力最旺盛的时候,他来了个大动作,写下长诗《秋日夔府咏怀奉寄郑监(按:即郑审)李宾客(按:即李之芳)一百韵》,这是中国诗歌史上第一首百韵长诗,两人都是诗家,应该可以读懂诗中的由折用意。杜甫先说自己在"孤城白帝边"暂住,得病"消渴已三年",处境不好。接着说自己的遭际:"两京犹薄产,四海绝随肩。幕府初交辟,郎官幸备员。瓜时犹旅寓,萍泛苦夤缘。药饵虚狼藉,秋风洒静便。"两京薄产,是指在长安城南少陵原和洛阳远郊土娄村还略有产业。幕府交辟指入严武剑南幕府,郎官备员指有检校工部员外郎之除授。"瓜时"指职位交接之时,但自己困在旅途无法到任,只能萍泛漂泊。其后有注说"郑在江陵,李在夷陵",夷陵即今宜昌,离汇陵不远。然后夸二人之成就:"郑李光时论,文章并我先。阴、何尚清省,沈、宋欻联翩。律比昆仑竹,音知燥湿弦。风流俱善价,恓当久忘筌。置驿常如此,登龙盖有焉。虽云隔礼数,不敢坠周旋。"他将二人比作阴铿、何逊、沈佺期、宋之问,有名当时,且居我先,且说二人暂时困顿,今后仍有登龙机会,也承认自己与二人礼数有隔,但不敢失礼。最后说到自己的行迹:"风期终破浪,水怪莫飞涎。他日辞神女,伤春怯杜鹃。淡交随聚散,泽国绕回旋。本自依迦叶,何曾藉偓佺。炉峰生转盼,桔井尚高褰。东走穷归鹤，南征尽跕鸢。"前几句说早晚要离开峡中，后几句说行方不定，东去庐山，南下郴州（桔井在其境内），甚至到交趾（用马援故事），都有可能。可怜的杜甫，既有求于人，又不方便说出来，绕了如此大的弯子，不就是一句我也不知要到哪里去吗？如果方便，帮我则个。

杜甫兄弟五人，他居长，其次为颍、观、丰、占。次弟杜观在杜甫居峡期间，取得联系，辗转经江陵到峡中看望长兄，使杜甫感到意外的惊喜。《得舍弟观书自中都已达江陵今兹暮春月末行李合到夔州悲喜相兼团圆可待赋诗即事情见乎词》："尔到江陵府，何时到峡州？乱离生有别，聚集病应瘳。飒飒开啼眼，朝朝上水楼。老身须付托，白骨更何忧！"这是得到杜观即到的确信，杜甫"悲喜相兼"，觉得"团圆可待"，更想到如果自己客死异方，弟弟可以将自己遗骨带回故土。再作《喜观即到复题短篇二首》，录之一："巫峡千山暗，终南万里春。病中吾见弟，书到汝为人。意答儿童问，来经战伐新。泊船悲喜后，款款话归秦。"见面在即，杜甫设想兄弟间有许多话要说，末句"款款话归秦"，不仅是说杜观归秦，而是说一起归秦。峡中后期，杜甫始终没有放弃入京的计划。然而兄弟见面，杜观其实别有考虑。《舍弟观归蓝田迎新妇送示两篇》："汝去迎妻子，高秋念却回。即今萤已乱，好与雁同来。东望西江水，南游北户开。卜居期静处，会有故人杯。""楚塞难为路，蓝田莫滞留。衣裳判白露，鞍马信清秋。满峡重江水，开帆八月舟。此时同一醉，应在仲宣楼。"唐人所说新妇，即今媳妇意。杜观说明来意，拟先到蓝田（在长安以南）接妻子，似乎也无意接杜甫同行归秦，杜甫也无从改变他的计划。杜观似乎告诉兄长，自己会快去快回，回归的地方仍是江陵。杜甫没有选择，只能同意。诗说"高秋念却回"，又说"蓝田莫滞留"，他仍冀望自己出峡后有弟弟的接纳，且算出时间很紧张，因此请羔弟在蓝田不要多留，秋日即返回。杜观没有违背对兄长的承诺，不久来告已经回到江陵，杜甫很高兴，有《舍弟观赴蓝田取妻子到江陵喜寄三首》，录其三："庾信、罗含俱有宅，春来秋去作谁家？短墙若在从残草，乔木如存可假花。卜筑应同蒋诩径，为园须似邵平瓜。比年病酒开涓滴，弟劝兄酬何怨嗟？"杜甫已经将杜观的家设想成自己的家，景色、朋友，还有兄弟间的诗歌酬和。因病久不饮酒，此时也稍沾涓滴，以为庆贺。

杜观回到江陵，多次来信催促兄长起行，杜甫也因此确定行程。《续得观书迎就当阳居止正月中旬定出三峡》："自汝到荆府，书来数唤吾。颂椒添讽咏，禁火卜欢娱。舟楫因人动，形骸用杖扶。天旋夔子国，春近岳阳湖。发日排南喜，伤神散北吁。飞鸣还接翅，行序密衔芦。俗薄江山野，时危草木苏。冯唐虽晚达，终觊在皇都。"此诗可解读的内容很多，一是往江陵的最终决定，是杜观的催促，而杜观给杜甫安排的住处，则在当阳——江陵西北的小城，以前三国古战场之所在。二是此时杜甫身体还没有完全好，但冬末春初是长江的枯水期，行船会相对便利，杜甫不愿放弃这个机会。三是有此消息，杜甫感觉一切都变得更美好了，江山壮好，草木苏荣。不过他没有对当阳的安排加以发挥，而是说自己的终极目标仍是入京。诗里提到岳阳湖，似乎仅为作诗顺便写到，并无南行规划。

杜甫在夔州，还与施州、归州的刺史，江陵幕府中的军将，以及其他各式人等保持联系，在此不一一叙述。

二　在江陵半年

杜甫临发夔州，有诗《大历三年春白帝城放船出瞿塘峡久居夔府将适江陵漂泊有诗凡四十韵》，诗实为四十二韵，太长，不能细说。他说"入舟翻不乐，解缆独长吁"，又说："丘壑曾忘返，文章敢自诬。此生遭圣代，谁分哭穷途？卧疾淹为客，蒙恩早厕儒。"这里看到他的犹豫，看到他的迷茫。他坚信自己的诗文是这个时代最好的，他也感到朝廷对自己有恩德，时代也不算太差，怎么自己就无路可走了，仅仅用"卧疾"说得通吗？

舟经巫山、峡州、松滋，都有人接待。将到江陵，有诗《行次古城店泛江作不揆鄙拙奉呈江陵幕府诸公》："老年常道路，迟日复山川。白屋花开里，孤城麦秀边。济江元自阔，下水不劳牵。风蝶勤依桨，春鸥懒避船。王门高德业，幕府盛才贤。行色兼多病，苍茫泛爱前。"诗写得很客气，称赞节度使，更夸奖幕府多才贤，还说自己习惯奔走于道路，在船上也住得很好，不需要诸公特别的帮助。

这时的荆南节度使是卫伯玉，早年从军安西，安史乱间屡立大功，封城阳郡王，大历元年（766—779）出镇江陵。《旧唐书》本传说他的丑行是母忧而不愿受代。杜甫有诗《奉贺城阳郡王太夫人恩命加邓国太夫人》，称赞"济时瞻上将，锡号戴慈亲"，将军因功而回锡尊号于慈母。又说："奕叶班姑史，芬芳孟母邻。义方兼有训，词翰两如神。"拉出班昭、孟母来为卫母助兴，且说因早得慈教，卫伯玉有教养，工词翰，文武兼资。此诗作年有争议，似乎应作于客幕时，那样说杜甫乐于为卫王助兴。近人邓之诚《骨董三记》卷三云见宣城蒋氏藏黄庭坚跋本，诗题为《贺城阳郡王太夫人加寿邓国夫人》，署"广德元年冬十月"，即在剑南幕府期间所作，甚或是代严武所作，那么卫与杜甫早有交接，也未可知。卫不服母忧在此以后，与杜甫无关。江陵期间，杜甫有诗《江陵望幸》，是为卫伯玉助兴之作，殆安史乱后，江陵相对平静，久有迁幸之说。又有《江陵节度城阳郡王新楼成王请严侍御判官赋七字句同作》，是与幕府诸人一并作诗，为卫之营建新楼捧场。杜甫另作《又作此奉卫王》："西北楼成雄楚都，远开山岳散江湖。二仪清浊还高下，三伏炎蒸定有无。推毂几年唯镇静，曳裾终日盛文儒。白头授简焉能赋，愧似相如为大夫。"说到新楼，不仅可得登高临远之壮阔，更是炎天避暑的地方，这一切都因卫治理有方，荆楚静谧，幕府得人，最后两句自谦，言下之意是说自己乐于在幕府久留。

其间杜甫有《乘雨入行军六弟宅》："曙角凌云罢，春城带雨长。水花分堑弱，巢燕得泥忙。令弟雄军佐，凡才污省郎。萍漂忍流涕，衰飒近中堂。"六弟为杜位，时为荆南行军司马，有较大实权。杜甫在天宝间有《杜位宅守岁》，认识甚早。在成都有《寄杜位》，前四句云："近闻宽法离新州，想见怀归尚百忧。逐客虽皆万里去，悲君已是十年流。"知杜位此前流新州十年，是很严厉的处罚，杜甫对他很关心。其后在剑南幕府，两人曾同事。杜甫在夔州有诗《寄杜位（自注：顷者与位同在故严尚书幕）》："寒日经檐短，穷猿失木悲。峡中为客恨，江上忆君时。天地身何往，风尘病敢辞。封书两行泪，沾洒裹新诗。"话说得很直接，并不似对郑审、李之芳般地客气，也许因为较熟悉吧。杜位此时是有实权的，但给予杜甫多少帮助，一下子也看不到。

更令人感到意外的，是早已答应要迎接兄长到江陵并安排到当阳居住的杜观，在杜甫江陵诗里再没有出现。前文已录杜观到夔省兄，杜甫送其往蓝田接妻，以及出峡前杜甫对他的殷切期待，但此时确实毫无着落。杜甫《登岳阳楼》说"亲朋无一字"，也应该包括杜观吧。但在杜诗中也读不到对杜观的谴责。至今可以肯定杜观有所爽约，杜甫又不肯对亲弟表示不满，这就造成了今人认识之迷局，不知道兄弟间发生了什么变故。可以确认的是杜甫临离峡时的殷忧，这时确实发生了。

李之芳这时回到江陵，与杜甫、郑审唱和频繁。杜甫《暮春陪李尚书李中丞过郑监湖亭泛舟》，是同游郑审园林，二李为主，杜甫作陪。《夏夜李尚书筵送宇文石首赴县联句》，这时李之芳送宇文赴石首，与崔彧、杜甫联句送行，这也是杜甫存世唯一的联句诗。其后重泛郑监前湖，是郑审邀请。《宴胡侍御书堂》，自注"李尚书之芳、郑秘监审同集"。《书堂饮既夜复邀李尚书下马月下赋绝句》："湖水林风相与清，残尊下马复同倾。久判野鹤如霜鬓，遮莫邻鸡下五更。"这次是杜甫"复邀"，很尽兴，几乎彻夜尽欢。这年夏天江陵很热，杜甫偶有不适，也拒绝过李之芳的邀请。《多病执热奉怀李尚书之芳》："衰年正苦病侵凌，首夏何须气郁蒸。大水淼茫炎海接，奇峰崿兀火云升。思沾道暍黄梅雨，敢望宫恩玉井冰。不是尚书期不顾，山阴野雪兴难乘。"火云炽烈，热得气闷难受，希望下场雨，更渴望有人造冰，尚书虽有相约，也只好多谢了。

然而入秋，李之芳遽然辞世，让杜甫特别伤心。他作《哭李尚书（按：即李之芳）》，有"相知成白首，此别间黄泉"句，知此段江陵交游促成彼此间更深的理解。《重题》更动情："涕泗不能收，哭君余白头。儿童相顾尽，宇宙此生浮。江雨铭旌湿，湖风井径秋。还瞻魏太子，宾客减应刘。"杜甫感到哭李也是在哭自己，早年朋友相顾将尽，他更加感到孤独和无助。

三　在江陵的屈辱感受

以上所引杜甫在江陵的交游酬唱，都是场面上人际交往的作品，不尽能表达其内心的真实感受。只有《秋日荆南述怀三十韵》将心灵深处的感受和盘托出。诗有些长，仍抄录如下：

> 昔承推奖分，愧匪挺生材。迟暮宫臣忝，艰危衮职陪。扬镳随日驭，折槛出云台。罪戾宽犹活，干戈塞未开。星霜玄鸟变，身世白驹催。伏枕因超忽，扁舟任往来。九钻巴噗火，三蛰楚祠雷。望帝传应实，昭王问不回。蛟螭深作横，豺虎乱雄猜。素业行已矣，浮名安在哉？琴乌曲怨愤，庭鹤舞摧颓。秋水漫湘竹，阴风过岭梅。苦摇求食尾，常曝报恩鳃。结舌防谗柄，探肠有祸胎。苍茫步兵哭，展转仲宣哀。饥藉家家米，愁征处处杯。休为贫士叹，任受众人咍。得丧初难识，荣枯划易该。差池分组冕，合沓起蒿莱。不必伊周地，皆登屈宋才。汉庭和异域，晋史坼中台。霸业寻常体，宗臣忌讳灾。群公纷戮力，圣虑窅徘徊。数见铭钟鼎，真宜法斗魁。愿闻锋镝铸，莫使栋梁摧。盘石圭多翦，凶门毂少推。垂旒资穆穆，祝网但恢恢。赤雀翻然至，黄龙讵假媒。贤非梦傅野，隐几凿颜坏。自古江湖客，冥心若死灰。

诗从少年抱负写起，虽有澄清天下之志，也曾立身朝列，但时光推移，升平无望，自己也一事无成。“伏枕因超忽”以下，写出蜀后因病迟留，久历变故，而强者雄猜，世乱不已。“秋水漫湘竹”以下述在荆南感受。“苦摇求食尾”喻己如乞食之犬，遇恩舍者则摇尾致谢。“常曝报恩鳃”，从涸泽之鱼为喻，偶得赐水者不免鼓腮报恩。“结舌防谗柄，探肠有祸胎”两句，总感觉他在江陵因言引起是非，遭致谗言，也留下祸胎。至少在这里看到他的畏谗惧祸，深怀警惕。“苍茫步兵哭”以阮籍自喻，因道路多歧而迷失，只能痛苦而返。“展转仲宣哀”以汉末王粲为比，说自己的悲哀与之相同。“饥藉家家米，愁征处处杯"二句，写生计无着，饿了要家家求米，借酒浇愁，酒也得向人索要。"休为贫士叹，任受众人咍。得丧初难识，荣枯划易该"四句，检讨自己离蜀或者出峡的选择，最初似乎即缺乏正确的判断，最后导致一切困境。杜甫说你们不要为我感叹，这一切都是我自己造成的，一切都是我活该。最后两句，"自古江湖客，冥心若死灰"，真是到了山穷水尽、冥心死灰的绝境。

这里说到杜甫的遭遇，必然要问，他遭遇了哪些非礼、哪些欺凌？是什么原因使他如此绝望。是他的弟弟吗？前诗中没有提出。兄弟毕竟已分家，杜观要为长兄安排一切，是他的善意，但他有能力吗？他的新妇会如何看？他是否遇到了不可抗拒的意外，也无从知道，至少杜甫不想说起，这是杜甫的厚道，也可能有杜观不得已的原因。卫伯玉有责任吗？当然他不是柏茂琳，没有为杜甫招呼安排一切，他与杜甫的关系也只是方镇节帅与一位清客擦肩而过而已。那么杜位呢？我们也只看到杜甫从直呼其名到称其为六弟的变化。李之芳是尽了友人之责的，但他在江陵的资源有限，而且年迈病亡。郑审是有地位、有园林的，杜甫离开江陵时，有《舟出江陵南浦奉寄郑少尹审》：

更欲投何处？飘然去此都。形骸元土木，舟楫复江湖。社稷缠妖气，干戈送老儒。百年同弃物，万国尽穷途。雨洗平沙净，天衔阔岸纡。鸣鷖随泛梗，别燕起秋菰。栖托难高卧，饥寒迫向隅。寂寥相煦沫，浩荡报恩珠。溟涨鲸波动，衡阳雁影徂。南征问悬榻，东逝想乘桴。滥窃商歌听，时忧卞泣诛。经过忆郑驿，斟酌旅情孤。

仔细推敲，显然对郑有许多不满。离开江陵，我也不知道要到哪里去。天下战事纷扰，老儒已成人间弃物。写景的几句很是落寞。他更说明，自己本只想栖托高卧，但饥寒交迫，走投无路。而"寂寥相煦沫，浩荡报恩珠"二句，恰好是前引"苦摇求食尾，常曝报恩鲥"二句的改写。我很怀疑，杜甫很可能在与李、郑的谈话中，对卫伯玉之荆南为政有私下之议论，且因此有较多的是非褒贬。前称郑审为郑监，是他贬江陵前在朝廷的职位，此称少尹，则成为卫伯玉最重要的辅佐。杜甫是迫于某种压力或是非离开江陵的，其间郑审似乎有一些责任。不过还没到撕破脸或危及生命的程度，因此暂居公安，以定进退。

四　杜甫在公安的点滴记录

公安在江陵稍南，仅隔一江，县城离江陵也仅三四十里。杜甫在公安留居数月，意外遇到一些特别的人物。

杜甫意外遇到其后的天才诗人李贺的父亲李晋肃，有诗《公安送李二十九弟晋肃入蜀余下沔鄂》："正解柴桑缆，仍看蜀道行。樯乌相背发，塞雁一行鸣。南纪连铜柱，西江接锦城。凭将百钱卜，飘泊问君平。"二十二年后李贺出生，与杜甫相遇时李晋肃即便才二十多岁，李贺出生时他也该四十多岁了。在李贺的后来世界里只有母亲，估计父亲没有看到他成年。从杜诗看，李晋肃是离开江州（柴桑所在），将入蜀中，路经公安，意外见到杜甫，以前未必认识。杜甫告诉李晋肃，他将东下沔鄂，即今沔阳、武昌，至此还没有决定南下湘楚。杜甫除了赠诗晋肃，是否还录示其他作品，不太清楚。今人方管（即舒芜）曾撰文《杜甫与李贺》（刊《杜甫研究论文集》），认为李贺的冷艳诗风，杜甫已开先例，所举也有作于江陵者，如《荆南兵马使太常卿赵公大食刀歌》："翻风转日木怒号，冰翼雪淡伤哀猱。镌错碧罂鹭鹈膏，铓锷已莹虚秋涛。鬼物撇捩辞坑壕，苍水使者扪赤绦。龙伯国人罢钓鳌，芮公回首颜色劳，分阃救世用贤豪。"

遇到诗僧太易。太易或作大易。《留别公安太易沙门》："隐居欲就庐山远，丽藻初逢休上人。数问舟航留制作，长开箧笥拟心神。沙村白雪仍含冻，江县红梅已放春。先踏炉峰置兰若，徐飞锡杖出风尘。"这里杜甫说想去庐山，特别高兴遇到懂诗的高僧。"数问"句是说太易几度造访杜甫所居之船，且有留诗，杜甫也打开诗箧与他谈诗。最后说自己也有出家之想，大约仅属应酬之言。太易活到贞元间，与诗人司空曙联系更密切。

遇到著名书家顾诫奢。他作《醉歌行赠公安颜少府请顾八题壁》："神仙中人不易得，颜氏之子才孤标。天马长鸣待驾驭，秋鹰整翮当云霄。君不见东吴顾文学，君不见西汉杜陵老。诗家笔势君不嫌，词翰升堂为君扫。是日霜风冻七泽，乌蛮落照衔赤壁。酒酣耳热忘头白，感君意气无所惜，一为歌行歌主客。"少府是县尉，同时邀请杜、顾两位，一诗一书，当代可称绝配。杜甫心情不错，酒酣耳热，也忘了头白衰惫，一气呵成，顾也乘兴挥毫，一挥而就。顾以八分隶书名震当时，稍晚杜甫与他分别，作《送顾八分文学适洪吉州》，称赞他在开元间与韩择木、蔡有邻为天下三绝，至此更老成杰出。

在公安还有一首《移居公安敬赠卫大郎钧》，首称"卫侯不易得，余病汝知之"，是卫钧对他患病多有关切。又说："入邑豺狼斗，伤弓鸟雀饥。"隐喻在江陵之不快。最后说："交态遭轻薄，今朝豁所思。"江陵受到的种种委屈，因为卫钧对自己的好，一切也就释然了。如果推测不错，卫钧应是卫伯玉之子侄，杜甫从这位年轻人身上得到了宽慰。

五　世事已黄发，残生随白鸥：从公安到岳阳

公安是小地方，不便久留。距岳阳不远，当时舟行最多三四天。但离开时已经是冬暮，杜甫仍留下一些记录。《晓发公安（自注：数月憩息此县）》："北城击柝复欲罢，东方明星亦不迟。邻鸡野哭如昨日，物色生态能几时。舟楫眇然自此去，江湖远适无前期。出门转眄已陈迹，药饵扶吾随所之。"这里看到诗人的迷失。一年就要过去，一切都没有变化。孤舟将行，药饵随身，目的地仍然不明确，随水飘零吧！

到岳阳应该已近新年。《泊岳阳城下》："江国逾千里，山城仅百层。岸风翻夕浪，舟雪洒寒灯。留滞才难尽，艰危气益增。图南未可料，变化有鲲膨。"离开长江主航道，取道湘江到岳阳，即下定了到湖南投靠湖南观察使韦之晋的决心。他与韦早年相识，在夔州听到韦赴湖南，有《奉送韦中丞之晋赴湖南》相赠，有"王室仍多故，苍生倚大臣"的勉励，更有"还将徐孺榻，处处待高人"的期待。不过当时他并无湖南一行的计划。前诗"图南未可料，变化有鲲鹏"，他对自己的选择，一点把握都没有。

名篇《登岳阳楼》："昔闻洞庭水，今上岳阳楼。吴楚东南坼，乾坤日夜浮。亲朋无一字，老病有孤舟。戎马关山北，凭轩涕泗流。"忧国忧民如此强烈，但更应该释读出的是他对自己前途的无奈。"亲朋无一字"透露，他在公安、岳阳盘桓良久，是在等待确切愿意接待他的亲朋的消息，然而一点都没有。江东的弟妹、江陵的杜观，湖南的韦之晋，都没有消息，他只能盲目而行，先找目标大的朋友，这就是韦之晋吧！

还有一首诗必须提出。《去蜀》："五载客蜀郡，一年居梓州。如

何关塞阻，转作潇湘游？世事已黄发，残生随白鸥。安危大臣在，不必泪长流！"这首是宋人在杜集以外的后补诗，在杜集系统中没有编年的线索。清以后多作离蜀初期诗，但没有人考虑，江陵以前杜甫想到过往湖南吗？这首诗应是《登岳阳楼》前后的作品，是决心南行后所作。这时的杜甫对前途已经不抱太多的希望。"安危大臣在"是话外有话，国事我哪管得到，我连自己都管不好。泪还是流，路也不见有，命运已不复为自己所掌控，漂到哪里算哪里吧！

　　大历三年，从出峡始，到岳阳终，杜甫写诗不少，人生道路则越走越窄。"我在路中央，生理不得论"（《客居》，作于夔州）两句，可做概括吧。

韦应物在苏州

韦应物（737—792）是唐代师法陶渊明最得其风神的诗人。其人生态度平和而温厚，越老而越见其彻悟人生，诗境亦更高妙。苏州是他人生的最后一站，在不到三年的时间内存诗颇多，记录他在刺史任内的生活和交游。其间没有任何惊心动魄的故事，所有的诗歌都平淡而真诚，是文学史上很特殊的一页。

一　轰动一时的郡斋宴集诗

苏州在唐代是江南大州，产业富庶，文化发达。领地上，西达无锡，与常州接壤，东领今上海全境，南则含今浙江嘉兴等地。安史之乱后，中原士人南奔，苏州地位更显突出。韦应物早年为三卫，后折节读书，进入仕途后长期担任州县官，大多为京畿之职，估计仍与他的好出身有关。德宗即位后的十来年，他从比部员外郎出守滁、江二州，入为左司郎中，地位逐次提升。他出守苏州，大约在贞元五年（789）春，这时他已经五十三岁，今人说还属壮年，唐时已近迟暮。丘丹为韦应物撰墓志，说他在苏州"下车周星，豪猾屏息，方欲陟明，遇疾终于官舍"，似乎在政治上颇有作为，但就他的存世诗文来说，还没有办法得到证明。说他是一位廉明、谦慎、有品位的地方官，则绝无问题。

刘禹锡夸白居易任苏州刺史云"苏州刺史例能诗，西掖今来替左司"（《白舍人曹长寄新诗，有游宴之盛，因以戏酬》），这个例是从韦应物开始的。韦应物到任不久，就作名篇《郡斋雨中与诸文士燕集》：

> 兵卫森画戟，宴寝凝清香。海上风雨至，逍遥池阁凉。烦疴近消散，嘉宾复满堂。自惭居处崇，未睹斯民康。理会是非遣，性达形迹忘。鲜肥属时禁，蔬果幸见尝。俯饮一杯酒，仰聆金玉章。神欢体自轻，意欲凌风翔。吴中盛文史，群彦今汪洋。方知大藩地，岂曰财赋强。

郡斋指州府衙门，刺史大人办公兼起居之地。因为是衙门，当然警卫森严，闲人莫入。刺史在这里生活，无论宴宾处还是寝处，都非常舒适而安静。江南雨多，这里更言明是海上风雨骤至，就算是台风吧，风雨过后，一片清凉，更让人觉得惬意。很可能作者早与友人有约，风雨虽增加一些意外，但雨后初凉，旧约不变，嘉宾一个不缺，诗人与客人一样感到烦暑遽退，旧疾不再，心情大为欣悦。其后几句自我检点，觉得身为一州长官，对民生未能全面了解。能有客人光顾，忽略地位身份的差异，将所见所思所虑无所顾忌地与刺史交流，这样岂不是放开是非，忽略行迹，同悟大道吗？诗人接着说明，刺史请客也不能破例，屠牛宰羊已再三禁止，招待以果蔬为主，客人应可以体谅。接着说与客人共同饮酒作诗，既欣赏到金石声般的佳作，更体会饮酒后浑身舒畅的快意。估计韦应物的酒量也不算太好，稍饮即醉，醉则有仙人翩翩若举之感觉，当然是饮酒最舒适的境界。最后四句，韦应物说苏州是大藩，不仅因为财力雄厚，赋税富盛，经济发达，更重要的标志是文化昌盛，群贤毕集。诗人任刺史，更看重文化建设。这首诗写刺史招宴，坦率真诚，自然流丽，更难得的是主宾之间相得无间的友谊，诗人虽身为长官，也不拘俗礼，风神朗然。

当时在会并留下和诗的，是比韦应物年长十岁的苏州人顾况。顾诗题作《奉同郎中韦使君郡斋雨中宴集之什》："好鸟依佳树，飞雨洒高城。况与二三子，列坐分两楹。文雅一何盛，林塘含余清。府君未归朝，游子不待晴。白云帝城远，沧江枫叶鸣。却略欲一言，零泪和酒倾。寸心久摧折，别离重骨惊。安得凌风翰，肃肃宾天京。"从这次宴集的另一角度叙述，客人三四人，分坐两楹，雨后雅集，别有风味。刺史虽真率，客人还是有些拘谨。顾况在朝地位不高，官至著作佐郎，这时更坐事贬为饶州司士参军，心情并不好。"寸心久摧折，别离重骨惊。"两句，是他心情的写照。他本是一位奇崛恣肆的诗人，这时当然已应和主人的诗风。最后两句更借主人的吉言，期待有重新归京的机会。

这首诗传到临近的杭州、睦州，刺史房孺复与韦某皆有和诗，可惜没有保存下来。顾况往饶州应职，路经信州（今江西上饶），见到刺史刘太真。太真早年是萧颖士的门人，久有诗名，得韦诗大为欢喜，立即致书韦应物云："顾著作来，以足下《郡斋燕集》相示，是何情致畅茂，遒逸如此？宋、齐间，沈、谢、何、刘，始精于理意，缘情体物，备诗人之旨。后之传者，甚失其源。惟足下制其横流。师挚之始，《关雎》之乱，于足下之文见之矣。"刘太真从诗史立场，说韦诗得到沈约、谢朓、何逊、刘孝绰诗的真传，情致畅达遒劲，尤善缘情体物，得古诗人之精神。刘的和诗题目很长，标点如下："顾十二左迁过韦苏州、房杭州、韦睦州，三使君皆有《郡中燕集》诗，辞章高丽，鄙夫之所仰慕。顾生既至，留连笑语，因亦成篇，以继三君子之风焉。"知道顾况携韦诗一路行来，诸州刺史皆有和诗。刘比韦年长十二岁，以礼部侍郎主掌贞元四年、五年贡举，所放进士中有后来的中兴名臣裴度。可惜当时秉政者看不到他为国抢才的眼光，以贡举任情的罪名贬守信州。刘诗说自己到了宠辱不惊的程度，也不在意贬官的罪名。前日登楼怀远，无限遐想，读到韦与杭、睦三守的诗，旷然销忧。刘诗还说名胜佳境，也属难得，飞札三守，敬希见酬。韦应物和诗题作《酬刘侍郎使君》，说到往日在朝中二人的友情，更感谢刘和己诗，说到当时作诗时："风雨飘海气，清凉悦心神。重门深夏昼，赋诗延众宾。方以岁月旧，每蒙君子亲。"雨后心情舒畅，借诗会友，感叹岁月更迭，更感宾朋情重。

那年白居易刚近成年，常往来于苏、杭二州，年事尚浅，无缘预会，对韦应物郡斋燕集之盛况，特别是大州刺史之尊崇，感受特别强烈。他那时发誓，应该做像韦应物那样的诗人与太守。等到他晚年历守杭、苏二州，回想往事，在苏州郡斋立石刻韦诗，撰文《吴郡诗石记》，写出当年向往之忱。

二　韦应物在苏州期间的朋友

韦应物是喜欢交友的诗人。以诗人而为苏州刺史，当然更乐意交结各路朋友。以下试说与他有诗歌来往的主要友人。

1.顾况与刘太真

二人已见第一节所述。二人均年长于韦应物，官职与诗名有幸有不幸。顾况长期沉沦下僚，诗名颇甚，晚年出家为道，活到九十四岁，存诗亦多，为中唐前期著名诗人，于风气转变颇为有力。刘太真因萧颖士之推挽，成名甚早，官亦显达，身后有文集，顾况为之作序，可惜没有传世。

2.房孺复

房孺复（756—797），名相房琯的幼子，安史之乱发生后方出生，性狂疏傲慢。因家世缘故，先后入淮南、浙西二大镇为从事，贞元四年为杭州刺史，年仅三十三岁。韦应物守苏，二人十分相投。白居易《吴郡诗石记》说二人"皆豪人也。韦嗜诗，房嗜酒，每与宾友一醉一咏，其风流雅韵，多播于吴中，或目韦、房为诗酒仙"，相互唱和甚多。那时白应见到房的诗集，所说应有根据。现在仅能从《窦氏联珠集》中见到房的一首存诗，而韦致房的诗，亦仅存《送房杭州》一首："专城未四十，暂谪岂蹉跎。风雨吴门夜，恻怆别情多。"据《旧唐书》卷一一一《房琯传》所载，房孺复因其妻杖杀侍儿，即妻杀妾，坐累失于齐家，因而贬连州司马。对于友人之蹉跌，韦应物很同情。房孺复赴贬所，路经苏州，韦作诗为别。前两句是宽慰，你还年轻，四十岁不到已坐领大州，暂时贬谪，蹉跎不会太久，对前途要有信心。后两句难掩伤痛，此度别后，不知何时再见。风雨吴门，临歧情伤，感情很沉痛。

3.丘丹

丘丹是韦应物在苏州最好的朋友。丘丹是苏州嘉兴人，居住在临平（今属浙江杭州）。其兄丘为是王维挚友，诗名也更大。丘丹生年不详，估计比丘为年幼二十到三十岁，这在唐时很正常，即未必一母所生，但也比韦应物年长。丘丹今存诗十多首，既有代宗初年的浙东唱和，有无锡寻访湛茂之故居的诗什，也有温州题石门瀑布之作，近年更在日本发现他赠送日人淡海三船，即为鉴真东渡作传者的诗作。知他兴趣广泛，游历丰富。韦应物莅苏期间，恰好在临平闲居，因有较多闲暇与韦交往。

韦应物到苏州不久，除郡衙所居，也在永定寺西斋借有房屋，丘丹这时曾协助他整理。后来丘丹多次往返于苏州、临平之间，韦频有赠诗。《送丘员外还山》："长栖白云表，暂访高斋宿。还辞郡邑喧，归泛松江渌。结茅隐苍岭，伐薪响深谷。同是山中人，不知往来躅。灵芝非庭草，辽鹤委池鹜。终当署里门，一表高阳族。"说丘习惯山林，不耐烦城市的喧嚣，因此拜辞归山。韦理解他的高节，并说像他这样的真隐士，应该旌表门闾。《重送丘二十二还临平山居》："岁中始再觏，方来又解携。才留野艇语，已忆故山栖。幽涧人夜汲，深林鸟长啼。还持郡斋酒，慰子霜露凄。"再次到郡斋造访，来了不久就想念故山。诗的后半段与韦应物名篇《寄全椒山中道士》语义相近，是韦对丘之看法，与对全椒道士高风亮节之认识相同。

此后，又有《赠丘员外二首》，其一云："高词弃浮靡，贞行表乡间。未真南宫拜，聊偃东山居。大藩本多事，日与文章疏。每一睹之子，高咏遂起予。宵昼方连燕，烦痾亦顿袪。格言雅诲阙，善谑矜数余。久局思游旷，穷惨遇阳舒。虎丘惬登眺，吴门怅踌躇。方此恋携手，岂云还旧墟。告诸吴子弟，文学为何如？"这时丘丹之员外郎为检校官，韦应物说既然不是真拜，那就不必赴官，还是成就东山高卧之节吧。更说自己困于政务，疏忘文学，但与丘相见，每每引起高咏之兴，一切鄙俗之烦恼也都可以解脱。"虎丘惬登眺，吴门怅踌躇"两句，写出两人浏览苏州名胜之欢悦。他希望丘丹告诉吴中子弟，文学应该追求怎样的境界。其二云："迹与孤云远，心将野鹤俱。那同石氏子，每到府门趋。"是说丘丹的心迹恰如孤云野鹤，非世俗可以羁绊，更无任何俗态。两人虽一官一隐，丘丹全不介意，更没有任何趋附之行为。《复理西斋寄丘员外》，应该作于贞元七年春天，这时韦应物已经在考虑自己去职后的休憩之处，因此有再理西斋之举："前岁理西斋，得与君子同。迨兹已一周，怅望临春风。始自疏林竹，还复长榛丛。端正良难久，芜秽易为功。援斧开众郁，如师启群蒙。庭宇还清旷，烦抱亦舒通。海隅雨雪霁，春序风景融。时物方如故，怀贤思无穷。"时闰在春天，来苏州已经第三年。韦应物想到初到苏州时丘丹对自己的帮助，告诉他自己退归的打算，告诉丘丹西斋景观与当时一样，更增加了对丘丹的思念。

韦应物去世后，丘丹为撰墓志，自述是受应物子韦庆复的委托，应该也是韦应物的遗愿。志云："余，吴士也，尝忝州牧之旧，又辱诗人之目，登临酬和，动盈卷轴。公诗原于曹、刘，参于鲍、谢，加以变态，意凌丹霄，忽造佳境，别开户牖。"说到两人相知之深，酬唱之丰。丘丹认为韦诗源出曹植、刘桢，融参鲍照、谢灵运，而能变化姿态，自开意境，给以极高评价。丘丹没有提到陶渊明，是那时对陶的评价还没有后代那么高。这时丘丹已经即真为祠部员外郎，不知是否出自韦应物的推荐。

上举韦应物赠丘丹各诗，丘丹和诗皆附韦集而传，限于篇幅，不能一一罗列。

4.皎然

皎然（720—798？）较韦应物年长大约十八岁。他俗姓谢，自称谢灵运十世孙，世居湖州。代宗时，颜真卿为湖州刺史，与皎然分别组织了多次大型诗歌盛会，是江南诗人事实上的领袖人物。所著《诗式》，更是那时少有的诗学理论著作。他重视作诗技巧与方法，标举意境，条辨风貌，开以禅谕诗之先河。因为取径有别，前此与韦应物并无来往。韦既领苏州，与湖州相邻，主动作《寄皎然上人》诗相赠："吴兴老释子，野雪盖精庐。诗名徒自振，道心长晏如。想兹栖禅夜，见月东峰初。鸣钟惊岩壑，焚香满空虚。叨慕端成旧，未识岂为疏。愿以碧云思，方君怨别余。茂苑文华地，流水古僧居。何当一游咏，倚阁吟踌躇。"诗写得很用心，称赞皎然诗名高企，道心晏如，即写诗、修禅皆不耽搁。其后几句想象皎然充满诗意的禅居生活，表达仰慕之诚。最后邀请皎然方便时来访苏州，可以共同吟咏。刺史守土有责，不可轻离州境，只能邀请皎然来访。皎然这时大约七十岁，也不便出行，作长诗《答苏州韦应物郎中》回答，先说诗教衰退，庸音纷扰，读到韦诗时："忽观风骚韵，会我夙昔情。"承继风骚精神，正是我一直向往者。其后"荡漾学海资，郁为诗人英。格将寒松高，气与秋江清"四句，赞美韦诗杰出当时，诗格高似寒松，气韵清似秋江，是很高的评价。后半说自己修禅已久，早经脱略世情，也不愿为外物所扰。以前未相识，空留遗憾，现在也无好诗可以赓和，实在惭愧。礼貌地谢绝了韦应物的邀请。以皎然一生之好结交天下英杰，其间原因自可理解。

5.秦系

秦系（约725—约800）是越州（今浙江绍兴）人，约较韦应物年长十二岁。他自号东海钓客，长期隐居而不忘世情，虽说避世，又因与妻离异而获谤。贞元七年，也就是韦应物在苏州的最后一年，徐泗濠节度使张建封辟他为从事，授检校秘书省校书郎，同时又娶新妻，兴冲冲地经苏州前往赴任。秦系先作《即事奉呈郎中韦使君》："久卧云间已息机，青袍忽着狎鸥飞。诗兴到来无一事，郡中今有谢玄晖。"说自己久怀出世之想，忽得授官，全出意外。途经苏州，刺史更是如谢朓这样的当代名家，能不投诗晋谒吗？韦应物以《答秦十四校书》作答："知掩山扉三十秋，鱼须翠碧弃床头。莫道谢公方在郡，五言今日为君休。"知道你退归超过三十年，官袍鱼袋早已丢弃。以谢公见期实在不敢当，知道你的五言诗久负盛名，我也只能束手不作了。秦系与刘长卿关系更密切，刘有五言长城之目，韦诗透露秦亦以此有重名。韦又有《送秦系赴润州》："近作新婚镊白髭，长怀旧卷映蓝衫。更欲携君虎丘寺，不知方伯望征帆。"老叟镊除白须而再作新郎，如此高龄而以低品官出仕，秦的形象总有些特别。后两句说作为主人，本立陪你去参观虎丘，可是徐州或润州的大帅正在等待你呢。在此诗中，可以体会两人的气味不太相投，虽然仍很客气，但不是知交。

6.令狐峘

令狐峘（？—805），是唐初名臣令狐德棻五世孙。天宝十五载（756）登进士第，德宗初拜礼部侍郎，无论年龄与官历都在韦应物之上。贞元五年，他从右庶子、史馆修撰，贬吉州别驾。其间有《硖州旅舍奉怀苏州韦郎中（自注：公频有尺书。颇积离乡之思）》相寄：
"儒服学从政，遂为尘事婴。衔命东复西，孰堪异乡情。怀禄且怀恩，策名敢逃名。羡彼农亩人，白首亲友并。江山入秋气，草木凋晚荣。方塘寒露凝，旅馆凉飙生。懿交守东吴，梦想闻颂声。云水方浩浩，离忧何时平。"他以韦为"懿交"，颇存友谊。这里的硖州即峡州，今湖北宜昌，因韦应物频频有信问候，叙述思乡之情，因而寄诗。诗写从政后东西奔走之辛苦，反而羡慕农夫家人团聚之愉快。述彼此之思念，很动真情。韦应物答诗题作《答令狐侍郎》，用令狐以前最高时的官称。诗云："一凶乃一吉，一是复一非。孰能逃斯理，亮在识其微。三黜故无愠，高贤当庶几。但以亲交恋，音容邈难希。况惜别离久，俱忻藩守归。朝晏方陪厕，山川又乖违。吴门冒海雾，峡路凌连矶。同会在京国，相望涕沾衣。明时重英才，当复列彤闱。白玉虽尘垢，拂拭还光辉。"再三说吉凶难料，是非不明，既然在官，难免有迁黜，希望令狐以平常心处之。感叹彼此相隔辽远，称令狐为高贤，为英才，国家急于用人，不久当可迁复。暂时的贬黜，恰如白玉蒙尘，稍加拂拭，依旧光辉照人。彼此都很珍惜，彼此都是真诚交谈，互道珍重。

7.孟郊与白居易

孟郊（751—814）是湖州武康人，紧邻苏州。韦应物到任苏州时，他已经三十八岁，不年轻了，仍旧很不得意，与最好的朋友韩愈仍未熟识，登进士第还要再等几年。孟郊有《春日同韦郎中使君送邹儒立少府扶侍赴云阳》，其中写道"太守不韵俗，诸生皆变风。郡斋敞西清，楚瑟惊南鸿"，称赞韦应物到任后移风变俗，他也有机会参与郡斋的活动。韦应物有《送云阳邹儒立少府侍奉还京师》，与孟诗是前后之作。孟郊在贞元、元和之间卓然名家，但当时韦应物对他认识不足，因而没有留下相关的诗篇。

前引白居易《吴郡诗石记》，证明韦应物广邀文士时，白居易（772—846）曾到苏州，但那时还太年轻，大约连挺身自作介绍的勇气也没有，只是远远地观望。应该说明的是，韦应物莅苏那年，白居易已经十八岁，他后来自陈十四五岁，与其说是记忆偶误，不如认为是故意说得小些。很可能他之谒顾况而引起"长安米贵，居大不易"的故事，即是在苏州的偶遇。

三 韦应物的最后时光

韦应物大约在贞元七年夏秋间，交卸郡事，退居永定寺闲居。从他去职到去世，不超过三个月。他曾希望享受退闲后的舒适岁月，终于没能实现。

韦应物初莅苏州，就曾游访永定寺，有《与卢陟同游永定寺北池僧斋》："密竹行已远，子规啼更深。绿池芳草气，闲斋春树阴。晴蝶飘兰径，游蜂绕花心。不遇君携手，谁复此幽寻？"时间在春间，是卢陟邀约同游，他看到密竹深邃，子规频啼，兰径蝶舞，游蜂绕花，一派自然生机，是寻幽的好去处。这年苏州最热的季节，他曾到寺间避暑。《夏至避暑北池》感慨自己任职不久，"未及施政教，所忧变炎凉"，没有治迹，气候变化如此之大，出乎他的意外。当然也感受到民生之艰难，"公门日多暇，是月农稍忙。高居念田里，苦热安可当"，正是农事纷纭的大忙时节，他体会在田间劳作者的辛苦。此时公务闲暇，仍可到寺间避暑歇凉。他说："亭午息群物，独游爱方塘。门闭阴寂寂，城高树苍苍。绿筠尚含粉，圆荷始散芳。于焉洒烦抱，可以对华觞。"他的观察很仔细，烈日高照，寺内方塘宁静，访者不多，绿树苍苍，林荫寂静，更注意到夏日的竹林已经长成，粉箨可见，圆荷间菡萏绽放，清香袭人，真是避暑的好地方。

他的最后两首诗，即写于永定寺。一首是《寓居永定精舍》："政拙忻罢守，闲居初理生。家贫何由往，梦想在京城。野寺霜露月，农兴羁旅情。聊租二顷田，方课子弟耕。眼暗文字废，身闲道心清。即与人群远，岂谓是非婴。"估计身体越来越差，终于可以交代郡守之职给继任者，内心感到极大的愉悦。他的家在京城以南，那里有他的先茔，也有他曾从宦的友人。他虽历官多任，并没有多少财富积蓄，似乎连归京的川资也难以承担。估计寺僧与他交情深厚，他不再理政后，为他提供住处，他也即顺便在寺内开垦种植，让年轻的子弟体会耕种之不易。最后几句，说到他的身体状况。虽然无法还原他的病历，如是否因为消渴疾导致两眼接近失明，无法阅读，他说因此而得以身闲心清，远离是非，其实是人生生命之火即将燃尽时的无奈心境。他说这样也很好，没有悲伤与愤懑，这是他的境界。

《永定寺喜辟强夜至》："子有新岁庆，独此苦寒归。夜叩竹林寺，山行雪满衣。深炉正燃火，空斋共掩扉。还将一尊对，无言百事违。"辟强是他的侄子，"新岁庆"是说辟强开岁有迎娶之喜，此时特别到苏州告诉伯父。从"山行雪满衣"说，已经到了冬初。寺庙里面也很清寒，只能借炉火取暖。诗人的生活状态显然使辟强深感不安，但诗人说："还将一尊对，无言百事违。"我们还能举杯相聚，人生也算幸运了，千万不要怨尤百事乖违。平静地安然于一切，接受命运的安排，这就是诗人最后的留言。

丘丹所撰墓志，说韦应物以"贞元七年十一月八日窆于少陵原"。从与辟强见面之冬夜，到完成丧事，归葬京兆少陵原，其间不足一个月。大约与辟强见面后仅几天，诗人即撒手人寰，他的丧事也一切从简了。

四　大醇小疵的韦集第四种笺释本

韦应物逝世时存诗六百多首。今本《韦苏州集》十卷为北宋王钦臣编定，传世以南宋乾道本为最早。可以说，他一生创作的主体部分是保留下来了的。其诗向无注本。最近三十年，则有孙望《韦应物诗集系年校笺》（中华书局，2002），陶敏、王友胜《韦应物集校注》（上海古籍出版社，1998，2011年增订）和阮廷瑜《韦苏州诗校注》（国文编译馆，2000）三种全注本出版，最近则有张兆勇《韦应物诗集笺释》（社会科学文献出版社，2020）。张书虽后出，但不纠缠于细节之考订与真相之追究，而是以小说点评的方法，逐首对诗意揭橥要义，评说精妙，且分时段编次韦诗，很便于阅读。比如对韦应物苏州时期的思想，张氏分析说：韦应物前期诗作经常纠缠于得志与失意的矛盾，出与处的思考，越到晚年，他越是认识到出与处都有更深刻的意义，是超越于得志失意的，不仅使他超越了自己，也使他一下子拉开了与陶渊明的距离，使自己与千年道心结合起来。他在《郡斋雨中与诸文士燕集》诗中所体悟捕捉的境界，"应是晋唐儒家士人心目中所向往的理想"。本文之起兴，即因读张笺而喜其能揭发韦诗之精神，尤喜其对韦寺彻悟人生的点评。

　　当然，因张笺不以考据为意，故错误亦多。即以苏州时期存诗说，《赠米嘉荣》："吹得《凉州》意外声，旧人唯有米嘉荣。近来年少欺先辈，好染髭须学后生。"是刘禹锡的名篇，孙望也曾误收。《酬秦征君徐少府春日见寄》："终日愧无政，与君聊散襟。城根山半腹，亭影水中心。朗咏竹窗静，野情花径深。那能有余兴，不作剡溪寻。"是戴叔伦诗，《文苑英华》三一五题作《抚州西亭》，戴曾任职抚州。明刊《文苑英华》卷二三〇署名有误，《全唐诗》卷一九〇因此误采，傅增湘《文苑英华校记》已经纠正。《经无锡县醉吟寄丘丹》一首见明铜活字本《韦苏州集》卷九："客过无名姓，扁舟系柳阴。穷秋南国泪，残日故乡心。京洛衣尘在，江湖酒病深。何须觅陶令，乘醉自横琴。"乾道本韦集不收。诗是晚唐赵嘏作，题作《经无锡县醉后吟》，见《渭南诗集》卷一、《文苑英华》卷二九四、《唐诗品汇》卷六九、《全唐诗》卷五四九，不能用来分析韦与丘丹之交谊。

戎昱的风流情债与真实人生

　　戎昱（约741—约799）是中唐前期一位不太著名的诗人，但也有一定名气。这样说的依据是，他身后十几年或二十来年，宪宗皇帝处理北方民族入侵时，遇到麻烦，宰相建议和亲，皇帝说有一位诗人，姓很冷僻，写诗反对和亲，问是谁作，宰相对："恐是包子虚、冷朝阳。"皇帝说都不是，直接背诗吧："汉家青史上，计拙是和亲。社稷依明主，安危托妇人。岂能将玉貌，便拟静胡尘。地下千年骨，谁为辅佐臣？"宰相倒也知道，马上说出作者是戎昱。

　　诗的题目是《咏史》，更直接说是对汉唐以来和亲行为的激烈批判。国家主事者是皇帝，皇帝英明，国家强大，自然四夷来宾，天下太平。君臣无能，将国家安危寄托在和亲公主身上，希望公主的美貌可以为国家带来太平。诗人严厉斥责，这是"计拙"，这是无能，这是耻辱。汉代的君臣早已死亡，应该起诸臣枯骨于地下，痛斥一句："你们就是这样辅佐君王的吗？"虽似咏汉事，现实意义显然明白，乃至宪宗君臣都知道这首诗，也据此知道和亲有失国家尊严。

一　戎昱的籍贯、生年与早期经历

　　戎昱有诗集一卷存世，他的家世生平仍有许多不太清楚的地方。

　　《唐才子传》卷三说戎昱是荆南（今湖北江陵）人，傅璇琮先生《戎昱考》（《唐代诗人丛考》，中华书局，1980）认为大体可靠，根据是他的《长安秋夕》后四句云："昨宵北窗梦，梦入荆南道。远客归去来，在家贫亦好。"是在长安思乡，至少他的寄家是在荆南。还有《云梦故城秋望》："故国遗墟在，登临想旧游。一朝人事变，千载水空流。梦渚鸿声晚，荆门树色秋。片云凝不散，遥挂望乡愁。"故国乡愁，集中在荆门，举证确实很有力。不过笔者要补充一则不同的证据。南宋人章定的《名贤氏族言行类稿》卷二，叙述戎姓来源后，即云："扶风：虔州刺史戎昱，岐州人。"据考证，这是唐人林宝《元和姓纂》的佚文，是宪宗元和七年（812）为唐官员授勋授爵而编的实际望籍的工具书。戎非大姓，故岐州（又称扶风郡，今陕西宝鸡附近）非郡望，应是占籍所在。至于荆州，则是居家所在，唐人多因官迁徙，二者并不矛盾。

戎昱的生卒年皆不得而知。其《八月十五日》："忆昔千秋节，欢娱万国同。今来六亲远，此日一悲风。年少逢胡乱，时平似梦中。梨园几人在？应是涕无穷。"千秋节是玄宗的诞节，胡乱肯定指安史之乱。诗虽不知作于何年，估计总在世乱后十年以内。自称年少，可以是十五岁，也可能是二十岁，但对开元、天宝间千秋节盛况有如此清晰的记忆，对乱后六亲分离、时平似梦有如此强烈的感慨，推测他大约生于开元末年，乱起时已经接近成人。

戎昱曾应进士试，很不顺利，始终没有及第。他有《下第留辞顾侍郎》："绮陌彤彤花照尘，王门侯邸尽朱轮。城南旧有山村路，欲向云霞觅主人。"顾姓以侍郎知贡举者仅顾少连，已经是贞元九年（793）事，那时戎昱已经两度任刺史，可能受诗者仅为顾侍御。诗有些怨气，但不算激烈，他似已经体会在豪门红尘中，自己机会并不太多。

戎昱最早的一组诗作，是在代宗宝应间（762—763）与诗人王季友在洛阳附近相遇，各自写了一组《苦哉行》，所咏是在唐表面平定安史大乱之际，民间的痛苦生活。王季友是元结、杜甫的朋友，他的诗没有存世，戎诗存留五首。此组诗是可以与杜甫《三吏》《三别》并读的现实主义杰作。杜甫所写，是九节度兵溃邺下后从洛阳到潼关一路所见之民生艰难。戎昱所写，是唐借回纥兵平定内乱，在土地城池归大唐的表面胜利下，同意子女玉帛归蕃人，即在收复京城后允许胡军大掠数日，美女、财宝要什么拿什么。这样无耻的胜利，带给国家的耻辱与人民之苦难，可以想见。就此层来说，戎诗意义更为重大。在此仅录第四首："姜家清河边，七叶承貂蝉。身为最小女，偏得浑家怜。亲戚不相识，幽闺十五年。有时最远出，只到中门前。前年狂胡来，惧死翻生全。今秋官军至，岂意遭戈铤。匈奴为先锋，长鼻黄发拳。弯弓猎生人，百步牛羊膻。脱身落虎口，不及归黄泉。苦哉难重陈，暗哭苍苍天。"以一位富家女子口气叙述，岁月静好时，独居深闺，从不出门。遭遇战乱，九死一生，总算活了下来。等到官军收复失地，以为和平可期，哪曾想到先锋为回纥军，长鼻黄发的胡人，专门劫掠妇女，如牛羊般驱赶到北方。女子哭诉，如此落入虎口，还不如早赴黄泉，苍天如此，真是生不如死。这是如何的惨痛。其他几首还写道："冀雪大国耻，翻是大国辱。膻腥逼绮罗，砖瓦杂珠玉。""生为名家女，死作塞垣鬼。乡国无还期，天津哭流水。""生人为死别，有去无时还。汉月割妾心，胡风凋妾颜。去去断绝魂，叫天天不闻。"都写出和亲女子的痛苦。本文开始引到宪宗君臣皆知的《咏史》，正是这些直观的总结。

二 戎昱到底有没有见过杜甫

同时的大诗人，戎昱拜谒过岑参，有《赠岑郎中》："童年未解读书时，诵得郎中数首诗。四海烟尘犹隔阔，十年魂梦每相随。虽披云雾逢迎疾，已恨趋风拜德迟。天下无人鉴诗句，不寻诗伯重寻谁？"诗作于广德二年（764）岑参任库部郎中时。所谓"十年魂梦"相随，这年恰是乱后的第十个年头。诗写对岑诗之崇敬，更希望岑对自己的诗歌给以品鉴。称岑为诗伯，彼此应有二十岁以上的年龄差吧！

宋元以来许多记载都说戎昱在江陵见过杜甫，但就目前所见二人的诗来说，实在没有确凿的证据。一般读者肯定会说，《全唐诗》卷二七〇有戎昱《耒阳溪夜行（自注：为伤杜甫作）》："乘夕棹归舟，缘源二转幽。月明看岭树，风静听溪流。岚气船间入，霜华衣上浮。猿声虽此夜，不是别家愁。"难道不是二人交往的铁证吗？其实，这首诗是开元间岭南诗人张九龄所作，诗见《张子寿文集》卷四，《文苑英华》卷一六六、卷二九一，《全唐诗》卷四八。张九龄是韶州（今广东韶关）人，诗述其经耒阳南行归乡之情。张集基本保存唐宋时的面貌，没有窜乱。戎昱诗来历不明，原注也出妄人所增，不足凭据。

杜甫与戎昱在大历间的行踪，确实有高度的重合，几乎是亦步亦趋，然而彼此间就是没有任何交集，没有办法解释。以下逐次叙述。

杜甫于广德二年入严武剑南幕为节度参谋，次年春夏间离开成都沿江东下。戎昱广德二年在长安赠岑参诗后不久，也入剑南，居成都，有《成都送严十五之江东》《成都暮雨秋》《成都元十八侍御》，后一首还提到杜甫居处附近的"浣花溪路"，肯定此时杜甫已经离去。

杜甫永泰元年（765）沿江东下，中途病发而滞留峡中，先居云安半年，次年春初迁居夔州。戎昱可能在稍后经停云安，有《云安阻雨》："日长巴峡雨濛濛，又说归舟路未通。游人不及西江水，先得东流到渚宫。"他在云安暂停是因雨大雾重，峡中无法行舟，他的目的地则非常明确，直到渚宫，即江陵。也可能他并不知道杜甫在夔州。

大历三年（768），杜甫离峡往江陵，戎昱已先期到达，且常出入卫伯玉幕中，有《观卫尚书九日对中使射破的》可证。杜甫与江陵幕府中人交往颇广，不知何故就是看不到戎昱的踪迹。

此年秋杜甫离开江陵在公安暂停数月，大历四年初溯湘江而上，先依韦之晋，韦卒后居长沙。大历五年四月因长沙兵变，观察使崔瓘被杀而被迫南行。戎昱《别公安贾明府》："叶县门前江水深，浅于羁客报恩心。把君诗卷西归去，一度相思一度吟。"似乎自公安西行，是另一次行程。杜甫客居长沙期间，戎昱肯定也在湖南幕中。《上湖南崔中丞》："山上青松陌上尘，云泥岂合得相亲。世路尽嫌良马瘦，唯君不弃卧龙贫。千金未必能移性，一诺从来许杀身。莫道书生无感激，寸心还是报恩人。"这位湖南崔中丞肯定是崔瓘，从诗意说，干谒、谢恩两层意思都有。自称"良马""卧龙"，崔显然对他曾刮目相看，委以重任，所以他扔下一诺杀身的重话，表达感激报恩之情。这首诗还引出一段意外的故事。《云溪友议》借宪宗之口，将"千金"一句改为"千金未必能移姓"，并说"京兆尹李銮拟以女嫁昱，令改其姓，昱固辞焉"。然而唐时并无担任过京兆尹的李銮啊！元辛文房撰《唐才子传》时发现破绽，自作聪明地改写为："崔中丞亦在湖南，爱之，有女国色，欲以妻昱，而不喜其戎姓，能改则订议。昱闻之，以诗谢曰：'千金未必能移性，一诺从来许杀身。'"真是一字偏旁之异，好事者因此改编描绘出一段有些情色的动人故事，唐诗流传如此，学者可不慎欤！

长沙兵变，崔瓘被杀，杜甫南奔，估计戎昱也在不久后离开。杜甫在长沙一年，公私来往很广，而一直期待有大名家品鉴自己诗作的戎昱，从道理上说不会得不到杜甫的消息，但两人间就是不见交集，无法解释，只好存疑。

三　戎昱在桂林幕府

崔瓘对戎昱的提携，是否给他安排官职，目前不太清楚。此后他的行踪也不太清晰。他有《哭黔中薛大夫》诗："亚相何年镇百蛮？生涯万事瘴云间。夜郎城外谁人哭？昨日空余旌节还。"薛大夫是薛舒，《全唐文》卷三七五韦建《黔州刺史薛舒神道碑》载，薛从宝应初，拜黔州刺史，一直到大历十年卒于溪州公馆，名义上朝职一直升到御史大夫，因而有亚相之称，其时已在唐最偏僻的地方守境安民超过十三年。戎昱是否曾在他麾下供职，目前还无确证。

可以确证的是，戎昱离开湖南不久，就到了桂林。他有《桂州西山登高上陆大夫》："登高上山上，高处更堪愁。野菊他乡酒，芦花满眼秋。风烟连楚郡，兄弟客荆州。早晚朝天去，亲随定远侯。"这位陆大夫不知名，也不知何时领桂管。因为李昌巙的后任是卢岳，任职时间直到贞元三年（785—805），陆应是李的前任，或再前任。从诗意看，他已在纬的幕下，但并不愉快。最后两句是希望陆尽快归朝高就，自己也愿意追随而行。不过陆某以后，戎昱并没有离开，桂管观察使李昌巙开幕，他留幕时间很长，且留下较多诗作，也确实得到了官资。《旧唐书》代、德二帝本纪载，大历八年九月，李昌巙自辰锦观察使为桂管观察使。建中二年（781）二月，自桂管迁荆南节度使。桂管为今广西东北的方镇，治桂林，李昌巙在镇达八年，且得改荆南大镇，知其经营有方，也应能用人。戎昱在桂州时间很长，似乎中途离开，且二次入幕，这些都在他诗中留下记录。也有传闻，有待澄清。

《桂州腊夜》："坐到三更尽，归仍万里赊。雪声偏傍竹，寒梦不离家。晓角分残漏，孤灯落碎花。二年随骠骑，辛苦向天涯。"南方岁末，有些寒意，离家万里，难免引起思乡之情。骠骑指军镇主将，入幕已经两年，辛苦天涯，尚非全无意义。"晓角分残漏，孤灯落碎花"二句，写岁暮眼前之景，衬托自己怀乡之情，很传神。

《上桂州李大夫》："今日辞门馆，情将众别殊。感深翻有泪，仁过曲怜愚。晚镜伤秋鬓，晴寒切病躯。烟霞万里阔，宇宙一身孤。倚马才宁有，登龙意岂无。唯于方寸内，暗贮报恩珠。"因为下引有《再赴》一首，知他曾两度入桂幕。此诗不知是初离之作，还是最终离开之作。傅璇琮先生认为《再赴》诗中"过因谗后重，恩合死前酬"二句，是他首度辞幕是为谗言所中，引过离开，大约合理。那么此诗更可能是因谗离幕时所作。诗说告辞门馆，与他人有所不同，"感深"而落泪，思"报恩"而存于心中，感谢李对自己之照拂，但此诗的基调是孤寂伤感，又觉受恩难报，是说自己有疏失，承李宽宏对待，终得解脱，虽有失落，但存感铭。

《再赴桂州先寄李大夫》："玷玉甘长弃，朱门喜再游。过因谗后重，恩合死前酬。养骥须怜瘦，栽松莫厌秋。今朝两行泪，一半血和流。"仔细体味，"玷玉"是说自己行为有瑕疵，所幸李加宽谅，得以再度入幕。前引"过因"两句，是说自己有失，但遭谗言，罪名更重，所幸主事者李大夫不计较，仍愿意对自己信任，如此大恩大德，他以"恩合死前酬"的重誓，表达怀恩之情。到底发生了什么事呢，诗中无法推测。南宋晁公武《郡斋读书志》衢本卷一八载："初，李
曧廉察桂林，月夜闻邻居吟咏之音清畅，迟明访之，乃昱也。即延为

幕宾。后因饮席，调其侍儿，夔微知其意，即赠之。昱感作赋诗，有'恩合死前酬'之句。"这里李夔为李昌巙之误。说李昌巙在桂林因月夜闻吟咏之声而礼聘戎昱，迹近传奇，不太可能。唐代大镇开幕，幕宾人数众多，大多在赴幕前即聘定，且要报朝廷允准。侍儿即侍妾，唐时高官多蓄家姬，名分不一，有时宴请亲宾，让侍儿侑酒，其间有些意外，也可想见。晁书的依据不知为何，可能来自今已失传之唐人笔记。戎昱既承认自己有疏失，再加同人间倾轧，情况更严重，似乎都有可能。好在李昌巙心胸开阔，不计较小节，戎昱得以渡过难关。

再录两首桂林诗吧！《桂城早秋》："远客惊秋早，江天夜露新。满庭惟有月，空馆更何人。卜命知身贱，伤寒舞剑频。猿啼曾下泪，可是为忧贫。"基调是失落凄苦，说自己"身贱""忧贫"，在秋风衰瑟中，更感到了寒意。《桂州岁暮》："岁暮天涯客，寒窗欲晓时。君恩空自感，乡思梦先知。重谊人愁别，惊栖鹊恋枝。不堪楼上角，南向海风吹。"岁暮天涯，寒窗将晓，他也有乡思愁绪，又似乎感到了君恩，感到了重谊。

四　德宗初年的短暂居京为官

建□初，戎昱曾短暂在朝为官，供职御史台，很可能是李昌巙离开桂林时的安排。在京期间，存诗不多。

戎昱在京，恰好遇到诗人韩翃多年困顿后，因新即位的德宗皇帝赏识其《寒食》诗，敕授其中书舍人。戎昱有《韩舍人书窗残雪》："风卷寒云暮雪晴，江烟洗尽柳条轻。檐前数片无人扫，又得书窗一夜明。"大约在一场大雪以后曾造访韩家，大风席卷寒云，临江一带明媚如画，雪中柳条挂满冰雪，风起扫落缠挂，柳枝又得以在风中轻扬。唯有书斋旁无人清扫，大约是风刮过的死角，因而多留残雪，与书窗内的灯光映照，显得格外明亮。估计是韩先有作，戎昱加以唱和，诗也特意模仿韩诗之流畅蕴藉。

建中二年，山南东道节度使梁崇义叛于襄阳，淮西节度使李希烈进讨，血战方得收复襄阳。戎昱作《收襄阳城二首》："悲风惨惨雨修修，岘北山低草木愁。暗发前军连夜战，平明旌旆入襄州。""五营飞将拥霜戈，百里僵尸满浐河。日暮归来看剑血，将军却恨杀人多。"这是德宗奉天之难的前奏，诗人已经感受到战争之残酷。岘山一带曾是孟浩然的高隐之地，入唐久无战事，此时却百里尸横，血流成河。诗人既歌颂收复襄阳的胜利，也因战争之残酷感到遗憾。

戎昱还有一首《闻颜尚书陷贼中》："闻说征南没，那堪故吏闻。能持苏武节，不受马超勋。国破无家信，天秋有雁群。同荣不同辱，今日负将军。"这时的叛贼居然就是前次收复襄阳的淮西李希烈。颜尚书是颜真卿，素负直节，朝中秉事宰相不顾其年老，命其出使叛镇。戎昱写诗时，已经南贬辰州，颜真卿则身陷敌营，生死未卜。戎昱自称故吏，乃因代宗初年颜真卿曾除荆南节度使，有意礼聘戎昱入幕，后因故未成行，对此恩德戎昱未能忽忘。他表彰颜真卿如同奉使匈奴的苏武，不辱使命，不惜以身相殉。"国破无家信，天秋有雁群"两句，写他虽在南方，感受到国家再度面临危亡的局面，而他与家人音信隔绝，看着南飞的雁群，操心国事、家事，当然更关心颜真卿的命运。他很遗憾自己远在天边，不能与故主同荣辱——他在许多诗中都写到愿意杀身酬恩，何况颜真卿这样于己有恩的大名家。

五　贬官辰州为刺史

辰州在沅水上游，其地即今湖南怀化，在唐是很荒凉的远州，民族杂居，文化落后，但这片区域，又是那一带的中心州。戎昱此前曾两次送人往辰州，知道那里的景况。《送郑炼师贬辰州》："辰州万里外，想得逐臣心。谪去刑名枉，人间痛惜深。误将瑕指玉，遂使谩消金。计日西归在，休为泽畔吟。"炼师就是道士，不知何故得罪，被贬远方，戎昱知道那里太遥远，只能给以安慰：你受到冤屈，人间寄以同情，不久可以西归，不要过分愁苦。末句是用屈原故事，行吟泽畔是诗人雅事，但也很伤身，想开些吧，不要为难自己。《送辰州郑使君》："谁人不谴谪？君去独堪伤。长子家无弟，慈亲老在堂。惊魂随骙吏，冒暑向炎方。未到猿啼处，参差已断肠。"诗题中的辰州，《文苑英华》卷二七三作新州，在今广东境内，从称"炎方"说，《戎昱诗集》或有误。唐代官员贬谪是常事，戎昱寄以同情，更说郑家仅有一子，父母仍在，如此家累而欲往南方，确实值得同情。

戎昱写以上二诗时，没有想到自己也有同样命运。《谪官辰州冬至日有怀》："去年长至在长安，策杖曾簪獬豸冠。此岁长安逢至日，下阶遥想雪霜寒。梦随行伍朝天去，身寄穷荒报国难。北望南郊消息断，江头唯有泪阑干。"这一年可能是德宗建中三年，贬官原因不明，可能是人事牵累，即与他有关的人得罪，他被牵连贬官。虽贬谪而仍任辰州刺史，可知不是大罪。他想到去年冬至在长安，他的身份是头戴"獬豸冠"的御史台官员，得缘遥瞻龙颜。现在远在辰州，只能遥想仍如去年那样隆重庄严之朝班。"梦随行伍朝天去，身寄穷荒报国难"两句写他的两难，梦中跟随朝班，现实则远处穷荒，报国无门。"南郊"指朝廷例行的祭祀大典，一般会颁赦宽免有罪官员，但始终没有消息。

另一首《辰州建中四年多怀》："荒徼辰阳远，穷秋瘴雨深。主恩堪洒血，边宦更何心。海上红旗满，生前白发侵。竹寒宁改节，隼静早因禽。务退门多掩，愁来酒独斟。无涯忧国泪，无日不沾襟。"
建中四年因泾原军变，德宗远避奉天，中原再度大乱。戎昱标出时
间，抒写自己对国事的殷忧。说自己虽然远处荒徼，气候不好，更关
心的是皇家安危。他感怀君恩，说自己随时愿意牺牲生命，然而闭门
饮酒，独自洒泪，为自己不能为国效力而感到遗憾。以上二首，其实
很得杜甫诗的精神。

戎昱虽贬居南方，但毕竟是一州刺史，与以前的狼狈奔走境况
不同。其间，他对辰州民风民谣抱有很大兴趣，且试图在诗中加以
表现。《采莲曲二首》："虽听采莲曲，讵识采莲心。漾楫爱花远，
回船愁浪深。烟生极浦色，日落半江阴。同侣怜波静，看妆堕玉
簪。""溆阳女儿花满头，毿毿同泛木兰舟。秋风日暮南湖里，争唱
菱歌不肯休。"前一首写采莲女，唱着民歌，心事别人未必理解。其
下几句写景，风物如画，这是沅江莲女的生活。最后两句写一个细
节，同侣相望着迷，不觉玉簪落下，其实隐喻男女之交往。后一首，
溆阳即指辰州一带，女子头上插满鲜花，纷纷泛舟湖上，黄昏时分，
仍然此起彼伏地歌唱不休。此诗大约是写湘西民间对歌传情的最早作
品，诗意很美好，如画景色中之民风如此淳朴，刺史戎昱满怀喜悦，
对此认真观察，加以记录。

类似作品还有见于《舆地纪胜》卷七〇的一首残诗："寒食溆
阳诸小儿，齐歌齐舞带花枝。郡从兵乱年荒后，人似开元天宝时。
□□□□□□□，□□□□□□□。行春更欲游何处？东郭门前竹马
期。"诗缺了两句，意思还清晰，时间在春间寒食前后，载歌载舞的
年轻男子，是民间举行春祭活动的场景。末联"行春"，说自己作为
刺史，行走民间，考察民风。竹马似指民间歌舞的道具，用竹片、纸
或布扎成马形，随队表演。戎昱感慨，此地也曾经历兵荒马乱的艰困

岁月，民间仍然如此有活力，恰如开元、天宝全盛时期一样，充满生气。他作为刺史，当然乐于与民共欢。

六　戎昱官至虔州刺史

戎昱最后官至虔州刺史，其地即今江西赣州，很可惜没有留下其时其地的诗作。戎昱有《送吉州阎使君入道二首》："闻道桃源去，尘心忽自悲。余当从宦日，君是弃官时。金汞封仙骨，灵津咽玉池。受传三箓备，起坐五云随。洞里花常发，人间鬓易衰。他年会相访，莫作烂柯棋。""庐陵太守近辞官，霞帔初朝五帝坛。风过鬼神延受箓，夜深龙虎卫烧丹。冰容入镜纤埃静，玉液添瓶漱齿寒。莫遣桃花迷客路，千山万水访君难。"这位阎使君是阎寀，《唐会要》卷五〇载，他在贞元七年（791）四月，于吉州刺史任上自请辞官度为道士，皇帝不仅同意，还为他赐名遗荣，当时以为盛事，朝野能诗者纷纷写诗宠行。《唐国史补》说所有赠诗中，最有名的是戎昱的两句："庐陵太守近辞官，霞帔初朝五帝坛。"这是唐朝的风气，觉得做官总难免涉及钱谷，处理俗务，而辞官入道则是高尚清脱的行为，更著名的则是贺知章之辞官归道。笔者以小人之心揣度，官员信道，当生命垂危时，更愿弃官从道，贺知章、阎寀都是在归道当年去世，就可证明。傅璇琮先生认为吉州与虔州地理相邻，戎昱是在虔州任上赠诗，虽无确证，当也相去不远。这是今知戎昱最晚的诗作。

《云溪友议》卷上《襄阳杰》载："初，有客自零陵来，称戎昱使君席上有善歌者，襄阳公遽命召焉。戎使君岂敢违命，逾月而至。及至，令唱歌，乃戎使君《送妓》之什也。公曰：'丈夫不能立功立业，为异代之所称，岂有夺人爱姬，为己之嬉娱。以此观之，诚可窜身于无人之地。'遂多以缯帛赆行，手书逊谢于零陵之守焉。"襄阳公是于頔，贞元十四年任山南东道节度使。零陵即永州，在湖南，其地并不归襄阳管辖。戎昱任永州刺史既不见他书记载，似乎也不会隔道畏威而将爱姬相赠。诗云："宝钿香蛾翡翠裙，妆成掩泣欲行云。殷勤好取襄王意，莫向阳台梦使君。"各书引此诗，皆题作《送零陵妓》，就是源自上述传说。诗之前两句说女子欲行，襄王则绝不是指襄阳公，而是咏宋玉《高唐赋》派生出的故事。使君当然指刺史，很怀疑原文遭到改写，原诗未必如此。《戎昱考》据此诗推测贞元十四年戎昱还在世，目前来说还不能确定。

　　类似的故事还有一则，见于《本事诗·情感》："韩晋公镇浙西，戎昱为部内刺史（原注：失州名）。郡有酒妓，善歌，色亦烂妙，昱情属甚厚。浙西乐将闻其能，白晋公，召置籍中。昱不敢留，饯于湖上，为歌词以赠之。且曰：'至彼令歌，必首唱是词。'既至，韩为开筵，自持杯，命歌送之，遂唱戎词。曲既终，韩问曰：'戎使君于汝寄情耶？'悚然起立曰：'然。'泪下随言。韩令更衣待命，席上为之忧危。韩召乐将责曰：'戎使君名士，留情郡妓，何故不知而召置之，成余之过？'乃十笞之。命妓与百缣，即时归之。其词曰：'好是春风湖上亭，柳条藤蔓系离情。黄莺久住浑相识，欲别频啼四五声。'"韩晋公为韩滉，中唐前期名臣，现代更有名的是他的画迹《五牛图》。韩滉镇浙西（驻润州，今江苏镇江），起于大历十四年，至贞元三年卒于任。其间戎昱的经历大体清楚，没有任何证据可以说明他曾在浙西治下任刺史。《戎昱诗集》收此诗，题作《移家别湖上亭》，《文苑英华》卷三一六所收，题作《题湖亭》。从诗意来说，似乎仅是某次搬家时的惜别之作，无论柳条、藤蔓或黄莺，都可以是湖亭中的流连之物，未必有别的寄意。笔者很怀疑，戎昱诗有些名气，也成为当时民间流传故事中不断遭到风情传说编派的重要人物，但编者水平有限．故事破绽百出，甄别并不困难。

七　余说

戎昱工书，北宋末宣和内府藏有他所书《早梅》诗，《宣和书谱》卷四著录，说他"作字有楷法"，但"筋骨太刚，而殊乏婉媚"，又说"字特奇崛"，"挟胜气以作之耳"。书作不传，从此处评价，字如其人之过于崛直，缺乏妩媚之姿态。这首诗今可见："一树寒梅白玉条，迥临村路傍溪桥。应缘近水花先发，疑是经春雪未销。"写梅之凌寒独开，孤独地开在村路边，溪桥畔，姿态骄傲，恰是孤寒士人之人生写照。后两句照应早梅之早，用了两层假设，既做解释，早开也许是近水得到滋养而得先期绽放，又可能是雪后感受到春意，所以凌寒先放吧。在戎昱存诗中，是难得的风姿绰约之作。

戎昱起自寒微，科场无成，奔走南北，以入幕取得官资，曾立朝，做过两任刺史，人生还不算太失意。他的诗足以名家，但距离一流诗人乃有差距。他有社会责任感，关心民生，如《苦哉行》等诗，自有价值。他认识一些名家，但圈子不大。各体诗皆有佳什，包括一些风情旖旎的小诗，也许因此而带来许多无妄的风流情债。还原他的真实人生，阅读他的存世诗作，恰是唐代许多二流诗人人生境况的实录。

欧阳詹的生死情恋

欧阳詹 (757—802)，字行周，泉州晋江（今属福建）人，是中唐前期著名文学家。他于德宗贞元八年 (792) 登进士第，同年有韩愈等人，其中崔群、李绛、王涯三人官至宰相，世称"龙虎榜"，是货真价实的才士。欧阳詹是唐代古文运动的参与者，更是闽中登进士第者第一人，闽中文人有文集存世，也以他为最早，很可惜他在进士及第后仅八九年就去世了，没能一展文学才华与政治才干。他的死，曾在南宋引起广泛争议，经近代余嘉锡精密考证，终有结论。

一　韩愈《欧阳生哀辞》为欧阳詹盖棺论定

韩愈与欧阳詹同年登第，知贡举为名臣陆贽，欧阳詹第三名，韩愈第十四名。韩愈比欧阳詹年轻十多岁，私交很好。欧阳詹任四门助教期间，有两件事与韩愈互相声援，认识相同。一是太学生何蕃在太学二十多年，试进士皆不售，自请归养和州。六馆学士百余人皆认为何之学行皆优，应予慰留，恰好国子司业阳城因故去职，不果留。欧阳詹起而倡曰："蕃，仁勇人也。"并举例说，当"朱泚之乱"时，"太学诸生举将从之，来请起蕃，蕃正色叱之，六馆之士不从乱。兹非其勇欤"，何蕃严厉斥责诸生之投机行为，这样的做法能不称为大勇吗？韩愈为作《太学生何蕃传》，与欧阳詹呼应，认为"蕃居太学，诸生不为非义"。另一件事是进士子齐名满太学，韩愈再三为之延誉，但仍被摈于有司，韩愈愤而作《驽骥赠欧阳詹》，用寓言来说明驽骀与骐骥，一为劣马，一为罕遇的良马，可是世人不识何为驽骀，何为骐骥。驽骀随顺生活，与世浮沉，"嘶鸣当大路，志气若有余"，活得很滋沍。骐骥则生性高洁，"饥食玉山禾，渴饮醴泉流"，只有名王能够识别、驾驭。举世不识，"人皆劣骐骥，共以驽骀优"。韩愈另一名文"世有伯乐，然后有千里马"，相信也是同时所作。欧阳詹作《答韩十八驽骥吟》回应，赞同韩"驽取易售陈，骥以难知言"的卓见，认为"贱贵而贵贱，世人良共然"，更为韩愈的命运而担忧："伤哉昌黎韩，焉得不迍邅。"贞元十五年冬，韩愈以徐州从事入京师。欧阳詹"率其徒伏阙下"，请留韩愈为国子博士，教授太学。事虽不行，韩愈能不以知己视之吗？

对欧阳詹的突然死亡，韩愈很伤心，他自述"哀生之不得位而死，哭之过时而悲"（《题哀辞后》），伤哭逾时，悲从中来。第一时间撰《欧阳生哀辞》，回顾欧阳詹人生经历及与自己的交往，然后说："詹事父母尽孝道，仁于妻子，于朋友义以诚。气醇以方，容貌巍巍然。其燕私善谑以和，其文章切深，喜往复，善自道。读其书，知其于慈孝最隆也。"对家人、对朋友，都足为楷范，文章足成一家，容貌亦醇和方正。继而又说："詹，闽越人也，父母老矣，舍朝夕之养，以来京师，其心将以有得于是，而归为父母荣也。虽其父母之心亦皆然，詹在侧，虽无离忧，其志不乐也；詹在京师，虽有离忧，其志乐也。若詹者，所谓以志养志者欤！詹虽未得位，其名声流于人人，其德行信于朋友，虽詹与其父母，皆可无憾也。"既惋惜欧阳詹未得大位而早死，更赞叹他孝于父母、信于朋友、道德为世所称、名声流于人间，可以无所遗憾了。仅此还不够，韩愈还说自己本不喜欢作书，但将此文亲自写了两份，转致二人共同的朋友崔群与刘伉，又说欧阳詹"志在古文",与自己追求正同。"愈之为古文,岂独取其句读不类于今者耶?思古人而不得见,学古道则欲兼通其辞。通其辞者,本志乎古道者也。古之道,不苟誉毁于人,然则吾之所为文皆有实也。刘君好其辞,则其知欧阳生也无惑焉。"也就是说,欧阳詹学古文志在思古人、学古道进而会其义、通其辞。韩愈更说,自己作《哀辞》,"哀欧阳生之不显荣于前,又惧其泯灭于后也",是为了朋友的英名能传之永久。

二　孟简、黄璞的另一种说法

欧阳詹去世百年前后,一部记载有唐以来闽中文士的传记集《闽川名士传》问世,作者是侯官(今福建闽侯)人黄璞。黄璞,字德温,一字绍山,昭宗大顺二年(891)进士及第,官至崇文馆校书郎。自号雾居子,著有《雾居子》十卷、《闽川名士传》一卷,均不传。《闽川名士传》记唐中宗神龙以后至昭宗大顺间福建文人事迹,始于薛令之,凡五十四人,登进士第者四十三人(今人陈庆元有辑本,参《文献》2003年第2期)。

《闽川名士传》中叙述欧阳詹一篇,见北宋初《太平广记》卷二七四所引,另南宋初曾慥编《类说》卷二九引北宋张君房《丽情集》亦收。后者多有宋人改动之迹,在此暂不取。《太平广记》所引篇幅较长,主体是孟简咏其事的长诗与自序,黄璞所撰文字较简明:

> 欧阳詹,字行周,泉州晋江人。弱冠能属文,天纵浩汗。贞元年,登进士第,毕关试,薄游太原。于乐籍中,因有所悦,情甚相得。及归,乃与之盟曰:"至都,当相迎耳。"即洒泣而别,

仍赠之诗曰："驱马渐觉远，回头长路尘。高城已不见，况复城中人。去意既未甘，居情谅多辛。五原东北晋，千里西南秦。一屦不出门，一车无停轮。流萍与系瓠，早晚期相亲。"寻除国子四门助教，住京。籍中者思之不已，经年得疾且甚，乃危妆引鬓，刃匕匣之。顾谓女弟曰："吾其死矣！苟欧阳生使至，可以是为信。'又遗之诗曰："自从别后减容光，半是思郎半恨郎。欲识旧时云鬓样，为奴开取缕金箱。"绝笔而逝。及詹使至，女弟如言，往持归京，具白其事。詹启函阅之，又见其诗，一恸而卒。

其后，即录孟简诗及序。黄璞晚于欧阳詹近百年，他的记载中除孟简诗序，应该还别有依凭，但他没有说明。细节肯定有些传误，如"毕关试，薄游太原"，漏却其到太原前游蜀的经历。所引欧阳詹之赠诗，见《欧阳行周文集》卷二，题作《初发太原途中寄太原所思》，是离别后所作，非泣别之际作。其文集为宣宗大中间（847—859）福州刺史李贻孙所编，今存宋蜀刻本（存台湾地区"中央"图书馆，台北世界书局影印本，2013），较早引录则有《唐文粹》卷一五下，其为欧阳詹自撰，应无问题。

孟简（？—824），字几道，汝州梁县（今河南临汝）人，长期寓居吴中。登进士第大约比欧阳詹早一年，德宗末官至吏部员外郎。宪宗元和九年（814）及十三年，分别出任浙东观察使和山南东道节度使，是唐诗人中难得之官显者，以致张祜《题孟浩然宅》："高才何必贵，下位不妨贤。孟简虽持节，襄阳属浩然。"虽见处士之傲兀，却不能因此说孟简不会写诗。孟简与韩愈卒于同一年，他与韩愈可能只是认识，但与韩愈最好的朋友孟郊却交往密切，至少目前看不到他与欧阳詹、韩愈交恶的记录。

孟简《咏欧阳行周事》有长序：

> 闽越之英，惟欧阳生，以能文擢第。爰始一命，食太学之禄，助成均之教，有庸绩矣。我唐贞元年己卯岁，曾献书相府，论大事，风韵清雅，词旨切直。会东方军兴，府县未暇慰荐。久之，倦游太原，还来帝京，卒官灵台。悲夫！生于单贫，以徇名故，心专勤俭，不识声色。及兹筮仕，未知洞房纤腰之为蛊惑。初抵太原，居大将军宴，席上有妓，北方之尤者，屡目于生。生感悦之，留赏累月，以为燕婉之乐，尽在是矣。既而南辕，妓请同行，生曰：“十目所视，不可不畏。”辞焉，请待至都而来迎。许之，乃去。生竟以蹇连，不克如约。过期，命甲遣乘，密往迎妓。妓因积望成疾，不可为也。先夭之夕，剪其云髻，谓侍儿曰：“所欢应访我，当以髻为赆。”甲至得之，以乘空归，授髻于生。生为之恸怨，涉旬而生亦殁。则韩退之作《何蕃书》，所谓“欧阳詹生者”也。河南穆玄道访予，尝叹息其事。呜呼！钟爱于男女，索其效死，夫亦不蔽也。大凡以时断割，不为丽色所泪，岂若是乎？古乐府诗有《华山畿》，《玉台新咏》有《庐江小吏》，更相死，或类于此。暇日偶作诗以纪之云。

孟简说明他所叙故事来源于穆玄道所述。欧阳詹同年进士有穆赞，不知是否其人。孟简既赞叹其事，如晋乐府《华山畿》中华山女、《古诗为焦仲卿妻作》中焦仲卿那样，为男女之爱以身相殉，可称悲壮，又说出一番“以时断割，不为丽色所泪”的说教，很容易让人联想到元稹《莺莺传》中自以为得意之曲终奏雅，其实恰恰可见作者认识之局限。

　　孟简《咏欧阳行周事》也有必要引录于下：

　　　　有客非北逐，驱马次太原。太原有佳人，神艳照行云。座
　　上转横波，流光注夫君。夫君意荡漾，即日相交欢。定情非一词，
　　结念誓青山。生死不变易，中诚无间言。此为太学徒，彼属北府官。
　　中夜欲相从，严城限军门。白日欲同居，君畏仁人闻。忽如陇头水，
　　坐作东西分。惊离肠千结，滴泪眼双昏。本达京师回，驾期相追攀。
　　宿约始乖阻，彼忧已缠绵。高髻若黄鹂，危鬟如玉蝉。纤手自整理，
　　剪刀断其根。柔情托侍儿，为我遗所欢。所欢使者来，侍儿因复前。
　　收泪取遗害，深诚祈为传。封来赠君子，愿言慰穷泉。使者回复命，
　　迟迟蓄悲酸。詹生喜言旋，倒屣走迎门。长跪听未毕，惊伤涕涟涟。
　　不饮亦不食，哀心百千端。襟情一夕空，精爽旦日残。哀哉浩然气，
　　溃散归化元。短生虽别离，长夜无阻难。双魂终会合，两剑遂蜿蜒。
　　丈夫早通脱，巧笑安能干？防身本苦节，一去何由还？后生莫
　　沉迷，沉迷丧其真。

先解说诗中的一些词语。"北逐"，用汉人北逐匈奴语，太原是膺北
方重镇。"有客非此逐，驱马次太原"二句，说欧阳詹到太原，并非
从军防边。"此为太学徒，彼属北府官"二句，说欧阳詹是太学之属
官，而女则为太原之官妓。太原曾一度称北京，故称北府。因为这一
缘故，虽然二人定情交欢，誓同生死，但既无法私奔，又不能公然同
居。"短生虽别离，长夜无阻难。双魂终会合，两剑遂蜿蜒"四句，
用《古诗为焦仲卿妻作》篇末之意，讲两人死后，终于没有任何人能
阻挡他们聚合，两人之精魂终于可以团圆结合。可惜篇末的几句，又

流于世俗的说教，破坏了全诗的意境。

三　欧阳詹的早年经历与人生艰难

欧阳詹先世长居闽中，未历显宦。从南朝开始，南方发展很快，闽中因群山阻隔，文化依然落后。安史之乱，士人南奔，文化南移显著，闽中也开始变化。独孤及大历十年（775）撰《福州都督府新学碑铭》云：福建观察使李椅、皇甫政先后在地方鼓励兴学劝文，"一年人知敬学，二年学者功倍，三年而生徒祁祁，贤不肖竞劝。家有洙泗，户有邹鲁，儒风济济，被于庶政"，一时有"缦胡之缨，化为青衿"之誉。欧阳詹正是在此氛围中成长起来的。德宗初年，著名文人常衮出任福建观察使，特别关注"县乡小民有能诵书作文辞者"，欧阳詹获得青睐。韩愈《欧阳生哀辞》说："詹于时独秀出，衮加敬爱，诸生皆推服。闽越之人举进士，由詹始。"这里"举进士"指经州府推荐参加礼部进士考试之意。估计以前福建因为文化落后，没有荐士的资格，常衮努力争取到这一机会，欧阳詹获得首荐。韩愈说建中、贞元间（780—850），自己就食江南，已经听闻欧阳詹的文名。

欧阳詹的科举之路并不顺利，前后五试礼部，方得登第。及第后，曾短暂南归。再到吏部铨选，因无有力者奥援，仍然很艰难。他曾到怀州应宏词试，没有得到机会，仅留下一篇《片言折狱论》的答卷。赴试待选过程中，欧阳詹无时无刻不感到生存发展之艰困。《有所恨二章》写与他同在京城应试者马绅之不幸。两人"相知者四秋，性与情相合也，衣与食相同也"。待他登第后，得到的却是马生的死讯。《玩月》诗序中则写他与闽士在京求出身者邵楚苌、林蕴、陈诩、陈可封等在京赏月的感受，希望"稽于天道则寒暑均，取于月数则蟾兔圆",绐寒士以同样机会。

在这样的生活中,他常动思乡之情。《将归赋》说:"苒苒皆尽,悠悠为谁?亲有父母,情有闺闱。居惟苦饥,行加相思。加相思兮宁苦饥。辞家千里,心与偕归。南陔之兰,北山之薇。一芳一菲,何是何非。归去来兮,秋露沾衣。"其他诗中更多类似叙述。《题梨岭》:"南北风烟即异方,连峰危栈倚苍苍。哀猿咽水偏高处,谁不沾衣望故乡?"南北奔走,道途艰难,听到猿鸣水咽,谁能不动怀乡之情?

为了生计,更为前途,他仍须各方奔走。贞元十二年(796),蜀士林蕴被西川节度使韦皋辟为推官,欧阳詹相随入蜀,希望得到韦皋的任用,结果并不如意。他与林蕴酬赠的两首诗,颇可讽诵。一首题作《蜀门与林蕴分路后屡有山川似闽中因寄林蕴蕴亦闽人也》:"村步如延寿,川原似福平。无人相共识,独自故乡情。(自注:延寿,蕴之别墅。福平,余之别墅)"蜀中景色,与二人闽中别业之景色相似。两人能心会,更引起故乡情,别人怎么可能理解呢?另一首题作《与林蕴同之蜀途次嘉陵江认得越鸟声呈林林亦闽中人也》:"正是闽中越鸟声,几回留听暗沾缨。伤心激念君深浅,共有离乡万里情。"鸟是迁徙的候鸟,蜀中听到熟悉的闽越鸟声当然有可能,引起万里思乡之情,则仅此二人同能感受。这里,也可看到二人在闽中均属于地方豪富之家,但是走入中原,走向朝廷,比中原士人要艰难许多。

在赴蜀途中,可能在山南西道节度使所在梁州停留,有《述德上兴元严仆射》《赠山南严兵马使》投赠。录前组诗其一如下:"山横碧立并雄岷,大阜洪川共降神。心合云雷清祸乱,力回天地作阳春。非熊德愧当周辅,称杰功惭首汉臣。何幸腐儒无一艺,得为门下食鱼人。"他赞颂严仆射(即严震)于地方能"清祸乱""作阳春",长为朝廷辅弼。末句似曾在幕为宾。

欧阳詹也曾投诗宣武节度使董晋，有《东风二首》，赞美董晋在镇"和为谋舆，仁为化车，既去凶渠，黎甿以苏"，当然也希望董晋有以接纳。那时韩愈正在董幕，诗或即托韩愈献上。

欧阳詹四试吏部，方授国子监四门助教，他对此并不满足。贞元十五年，曾有《上郑相公书》，自述孤单，"朝无一命之亲，路无回眸之旧"，自诉年已过四十，即便再活三十年，不知可有机会一睹"高衢远途"，希望获得不次进用的机会。没有得到回音，他决定北上太原寻觅新的机缘。安史乱后，士人登第后多入幕府，积累资历，扩展人脉，许多人因此而晋身中枢。不能排除欧阳詹也有类似考虑。

四　欧阳詹太原之行与情恋真相

欧阳詹的太原之行，时间难以确指，可以肯定的是，他那时的身份还是四门助教。《咏德上太原李尚书》："那以公方郭细侯，并州非复旧并州。九重帝宅司丹地，十万兵枢拥碧油。锵玉半为趋阁吏，腰金皆是走庭流。王褒见德空知颂，身在三千最上头。"李尚书是指李说，从贞元十一年到十六年任河东节度使。欧阳詹称许他拥十万重兵，为国镇守北门，幕下人才济济，自己受到礼遇，唯有歌颂其德政。诗意比较客气，彼此并无深交，所说也都是场面上的话。另有一诗，题目为《陪太原郑行军中丞登汾上阁中丞诗曰汾楼秋水阔宛似到闾门惆怅江湖思惟将南客论南客即詹也辄书即事上答》，诗云："并州汾上阁，登望似吴闾。贯郭河通路，萦村水逼乡。城槐临枉渚，巷市接飞梁。莫论江湖思，南人正断肠。"郑儋有文才，存诗却只有欧阳詹诗题中的四句："汾楼秋水阔，宛似到闾门。惆怅江湖思，惟将南客论。"郑儋似乎是苏州人，登汾楼而引起故乡之思，以欧阳詹为知音，此情只有他能理解。欧阳詹的答诗顺着郑诗写出，增加了描写南方景物约几句，表示自己正因怀乡而断肠。当时在太原幕中最著名的文士是令狐楚，可惜彼此没有留下交往记录。

欧阳詹太原之行，大约在贞元十五年到十六年之间，最大可能即孟序所云，在己卯岁即十五年献书相府失败以后不久。与妓最初见面，很可能就在李说的宴会上。唐代官妓的主要责任是为官府活动佐欢。席上此女主动示好，欧阳詹情怀荡漾，彼此情意相投，很快走到一起，并且"定情非一词，结念誓青山。生死不变易，中诚无间言"，时间应该不会太短，由于各自身份，恋情并没有公开。在欧阳詹不能不离开时，对此更难以忘怀。前引《初发太原途中寄太原所思》一诗，意思很显豁。他说驱马渐行渐远，只能见到尘土蔽路。太原城已不复可见，更加怀念城中眷恋的女子。其后六句反复从行者（即自己）与留者（即女子）的立场，表达情愫。他说自己之离去心有不甘，女子之留居更多苦辛。从此二人天各一涯，女子在五原郡东北的太原晋，自己则在太原西南千里的秦地。女子因为身份之约束，不能离家远行，自己则如漂萍转蓬，永无止境地奔走道途。一个是流转的萍蓬，一个是挂在墙上的瓠瓢，什么时候才能结束分离，同屋相亲。这样的诗，确实很动人。若那位女子见到，更愿为他生死守候。

李说卒于贞元十六年十月，郑儋接任节度使，在任不足周年即去世。续任者为严绶。欧阳詹存诗有《和严长官秋日登太原龙兴寺阁野望》："百丈化城楼，君登最上头。九霄回栈路，八到视并州。烟火遗尧燕，山河启圣猷。短垣齐介岭，片白指汾流。清铎中天籁，哀鸣下界秋。境闲知道胜，心远见名浮。岂念乘肥马，方应驾大牛。自怜蓬逐次，不得与良游。"严绶在太原郊游赋诗，欧阳詹在长安作和诗，说自己如蓬飘随风，不得参与良游。仔细体会，欧阳詹与严绶应有旧交。在严接任河东军政后，必有所干求。所谓"命甲遣乘，密往迎妓"，或云遣使者，应与严绶允准，寄和严诗有关。对河东军政长官来说，放一官妓从良，毕竟不是难事。严绶接太原任在贞元十七年八月，欧阳詹和其秋日所作诗，不知在当年还是次年，或以次年的可能为大。

欧阳詹在四门学任助教，那是唐代贵族子弟进学的场所。既以人师为官，又以道德约身，自有难以自如之困境。虽然唐代可以纳妾，但他已有妻室，有孩子，也有需要协调的苦处。孟序说他与太原女分别时所说"十目所视，不可不畏"，并非虚假的托词。他归京后"竟以蹇连，不克如约"，也有难言的苦衷。

太原女因情相思，苦思成疾，未能等到欧阳詹来接即弃世。临终庄重妆饰，引刀割下发髻，盛以妆匣，说如果欧阳詹派使者来接，"可以是为信"，即表白自己对两人之情的信诺。又留诗一首："自从别后减容光，半是思郎半恨郎。欲识旧时云髻样，为奴开取缕金箱。"如果此诗确是该女所作，可知该女有貌有才，重情守信，值得欧阳詹为之倾情。即便为传说中文人代作，也很好地传达了该女子的情怀与痛苦。南宋初邵博撰《邵氏闻见后录》卷一九引喻迪孺云："欧阳詹为并州妓赋'高城已不见，况乃城中人'诗，今其家尚为妓，詹诗本亦尚在。"是入宋尚有此传说。

估计欧阳詹为迎归太原女做了许多努力，一直期盼两人的团圆。孟简的诗《咏欧阳行周事》很好地还原了当时的场景："使者回复命，迟迟蓄悲酸。詹生喜言旋，倒屣走迎门。长跪听未毕，惊伤涕涟涟。不饮亦不食，哀心百千端。襟情一夕空，精爽旦日残。哀哉浩然气，溃散归化元。"前二句说使者的悲酸，当因了解欧阳詹之痴情，不知如何复命。欧阳詹听闻使者归来，大喜过望，倒屣出迎。得到的是女子的死讯，见到的是女子的遗物和留诗，悲从中来，不能自已。先是惊伤痛苦，继而不饮不食，终于情伤肺腑，精魄日残，一腔浩然之气，溃散不聚，神识丧尽，魂归长夜。这是孟简诗中最好的一段，写欧阳詹之哀心百端，为情而死，足以感动天地。

五　欧阳詹文学与爱情的评价

综合韩愈《欧阳生哀辞》与孟简、黄璞的不同叙述，可以对闽士走向中原第一人欧阳詹有一完整的认识。

安史之乱后，闽中文教空前发达，陆续培养成长的闽中土生文士已经具备走向中原，与京洛士人一争高下的实力。这些士人均生长于闽中富裕之家，走向更大舞台时，在世家大族控制的文化和政治中心要施展抱负，又不免显得形单影只，道途困厄。欧阳詹很幸运，遇到韩愈这样有伟大抱负与气象的文士，成为韩愈倡导古文运动前期的积极参与者。他的辞赋、古文也确实有可称道者。他的赋今存十多篇，多为科举有关的律赋，但如前引《怀归赋》，吊关龙逢而作之《怀忠赋》，都有真才实感。所存文各体皆备，如多受称道的《吊九江驿碑材文》，见到无知者斫去颜真卿所书石碑文字，而刻以恶俗碑文，引起"去兰室而居鲍肆，舍牢醴而食糟糠，脱锦绣而服枲麻，黜诸夏而即夷狄"的感慨，抒写自己怀才不遇的感受。他也能诗，如前引太原怀人、蜀中思乡，都还有情致，多数比较直白，风神蕴藉与奇思异构不足。思古人，学古道，作古文，进而会通其文辞，渐次以名家，韩愈的评价是合适的。可惜欧阳詹中年而死，没有得到进一步提升的机缘。

韩愈以道德倡天下，以复古倡古文，他掩饰欧阳詹为情而死的真相，努力维护欧阳詹孝于父母、笃于妻子、信于朋友的道德形象，一切都可以理解。然而，欧阳詹情死真相的揭示，又该如何认识和评价呢？

首先，欧阳詹来自南方，始终保持着山野之人的淳朴天性。他任四门助教时，好歹也是官员，是老师，但一为何蕃，二为韩愈，多次与太学生一起群起抗议，出于行义，全无官场之圆滑。孟简说他与太原女之相爱也是因为"心专勤俭，不识声色"，为情所动，是出于天性。

其次，唐代社会，士庶分明，地位悬隔则不能婚姻，沦落风尘者多出身卑下。对卑下女子真情相爱者，唐士人中很少有人能做到。白居易自是人间情种，如果仔细体会他的诗作与私生活，会发现他虽养了许多家妓，但很少有真情，更难以平等对待。难得的是乔知之，眷恋一婢女而为之不婚，且因此遭致杀身之祸。欧阳詹动情的太原女，家世、年龄皆不详，但他为之动了真情，乃至一恸不起，这无疑是纯粹的爱情。孟简以《华山畿》《古诗为焦仲卿妻作》这样为情不惜一死的历史诗篇来赞誉欧阳詹的真情，对此是有认识的。可惜他毕竟不是纯粹的诗人，诗中的说教削弱了歌颂爱情的意义。

再次，唐代社会，特别是上层士族中，婚姻更多讲究门当户对，娶妻更多要考虑世家清誉，父母接纳，家族祭祀，继嗣有后，真正的男女爱情常存于婚姻以外。今日读唐传奇中的动人情爱，女主角其实多是外遇，是妾侍，很少是正室。孟简诗序中写到欧阳詹既有妻室，对男女情事又似全无所知，正是这种状况的反映。中国古代文人多以道德示人，为爱情而情动五内，以身相殉者，则少之又少，欧阳詹之特别可贵之处正在于此。

武元衡：喋血宰相的政事与文学

一 因力主平叛而遭恐袭杀害的宰相

唐宪宗元和十年（815）六月三日凌晨，天还没亮，长安靖安坊宰相武元衡的府邸已经灯火通明，仆隶们忙着伺候武元衡盥洗穿戴，护卫他骑马出门，准备上朝。长安升平已久，少有恶性刑案，宰相上朝，从府邸到朝门也有专修的沙堤。元衡此时虽贵为首辅，跟随的徒驭并不多。没想到的是，刚出靖安坊东门，忽有人从路边窜出，吹灭了照路的火烛。导骑警卫即加呵斥，路边有人放暗箭，射中导骑的肩膀。其他随从马上与贼人格斗，贼人且战且退，随从追逐，渐渐远离元衡的坐骑。这时从树荫处突出几个歹徒，以木棍打击元衡的左腿，拉着马将他引向相反方向，群起将他杀害，割下他颅骨，怀之而奔逸。他的随从返回，声响惊动了邻里与巡卒，持火照之，元衡已经踣伏在血泊中，早已没了生命迹象。就在同时，御史中丞裴度也在通化坊遇袭，连中三剑，堕入沟中，赖随从王义拼死抵抗，方免于难。这一事件轰动朝野，京师大街上设伏杀宰相，是有唐开国近二百年未有的事件。宪宗下诏严查凶徒，很快查明凶徒分别为镇州节度使王承宗、淄青节度李师道派遣，目的是阻挠武元衡、裴度主持的针对叛镇的军事行动。这次暗杀，更使唐廷君臣看到问题的严重性，坚定了平叛的决心。

据说此前一天，元衡还与朋友相聚到很晚，写了一首诗："夜久喧暂息，池台惟月明。无因驻清景，日出事还生。"不料次日就真出事了，此诗居然一语成谶。还有人说，在元衡遇害前，长安城儿童传唱歌谣："打麦麦打三三三。"唱完更旋袖转圈，喊"舞了也"。事后有人解释，"打麦"指麦收时节，"麦打"谓暗中突击，"三三三"即为六月三日，"舞了也"谓元衡之卒。唐代此类谶言很多，可能是偶然巧合，也可能为恐袭者故意编造，真相早已无法追究。

那么，武元衡是怎样一个人，他为什么成为暗杀的目标呢？

二　武元衡的早年经历

武元衡（758—815）是唐初著名的文水武氏后人，即与女皇武则天是同一族。更具体地说，他的祖父武平一，是武后的族曾孙，在武家权势熏灼之际，平一却远蹈避祸，远离官场。到玄宗时，武家这一支相对平安。元衡的父亲武就，对策入仕，官仅至润州司马，主要生活在南方。平一父子都能诗文，有著述，武就曾与元结、张谓等诗人有唱和，这一家也从勋贵之家转变为文学世家了。

武元衡，字伯苍，占籍称河南缑氏（今河南偃师）人。他在德宗建中四年（783）登进士第，时年二十六岁。史传对他早年经历很少记录，从他存诗中可以稍窥痕迹。他早年主要生活在南方。大约在大历末年，曾与江南著名诗人严维有较多来往。严维卒于建中元年，生年不详，他在代宗初曾在越州发起浙东联唱，极一时之盛，诗则以"柳塘春水漫，花坞夕阳迟"（《酬刘员外见寄》）二句最著名。元衡所作如《酬严维秋夜见寄》，有"昭明逢圣代，羁旅别沧洲。骑省潘郎思，衡闱宋玉愁。神仙惭李郭，词赋谢曹刘"云云，对仗工稳，才情偏弱，可见早年的局促。《经严秘校维故宅》："掩泪山阳宅，生涯此路穷。香销芸阁闭，星落草堂空。丽藻浮名里，哀声夕照中。不堪投钓处，邻笛怨春风。"写于严维卒后，他本人尚未显达，故仍多哀怨之声。他早年另一位接触较多的前辈诗人，应该是朱巨川。巨川存世诗仅有参与吴兴颜真卿、僧皎然发起联唱中的几句诗，但有颜真卿书《朱巨川告身》《朱巨川告敕》真迹传世，也有李纾撰《故中书舍人吴郡朱府君神道碑》收于《全唐文》，知道他卒于建中四年，年五十九，生卒年按公元纪年是725至783年。

巨川在大历末任左补阙，以直行闻。元衡有《秋怀奉寄朱补阙》："上苑繁霜降，骚人起恨初。白云深陋巷，衰草遍闲居。暮色秋烟重，寒声牖叶虚。潘生秋思苦，陶令世情疏。已制《归田赋》，犹陈《谏猎书》。不知青琐客，投分竟何如？"这时他刚过二十岁，已经有衰飒之感，希望巨川官位亨通，也给自己以汲引。建中间巨川先后任起居舍人、中书舍人，元衡有《春暮郊居寄朱舍人》"回首知音青琐闼，何时一为荐相如"，《山中月夜寄朱张二舍人》云"嵇康不求达，终岁在空山"，都是请求援引的意思。虽然细节难以复原，但他早年随父生活在南方，跟随南方诗人学诗，则可肯定。

元衡二十六岁登进士第，算早的了，此前仍有多次落第经历。如《寒食下第通简长安故人》云："柳挂九衢丝，花飘万里雪。如何憔悴客，对此芳菲节。寒食都人重胜游，相如独自闭门愁。尝闻娄护因名达，君试将余问五侯。"（此诗或分拆为二诗，误）用五七言迭写的方式，写芳菲佳节的憔悴感，看着别人结伴胜游，自己只能闭门独愁，心情确实不好。他希望有人能荐引自己，也在寻找关系，诗中不断出现"无媒犹未达，应共惜年华"（《长安春望》）一类诗句。朱泚之乱发生时，他被困叛军占领的长安城，更加引起对江南所居的思念。如《长安贼中寄题江南所居茱萸树》："手种茱萸旧井傍，几回春露又秋霜。今来独向秦中见，攀折无时不断肠。"事业无成，京城动荡，更愿意回到南方。《送严秀才赴举》："灞浐别离肠已断，江山迢递信仍稀。送君偏下临歧泪，家住南州身未归。"严是到南方应州府解试，触动他久困京师、思家难归之痛。从这些诗中，看到他的早年经历并不愉快，下层生活的艰难曾经遍尝，叛军造成的国家动荡更曾目睹。

三　武元衡的前期仕履

唐代进士登第获得出身，授官还要到吏部铨选，一般仍要三五年时间。他有《夏日对雨寄朱放拾遗》："才非谷永传，无意谒王侯。小暑金将伏，微凉麦正秋。远山欹枕见，暮雨闭门愁。更忆东林寺，诗家第一流。"朱放是襄阳人，大历、贞元间以诗著名，贞元二年（786）任右拾遗，因而看到元衡登第三年后还在为不愿谒王侯求官而苦恼。

在此前后几年，元衡曾入振武军幕。振武军在漠北，也称单于都护府，是唐的北方重镇。这段经历，在他的诗中看到许多变化，所谓"一窥塞垣，说尽戎旅"，殷璠评价崔颢的两句话，用在元衡这里也合适。如《塞外月夜寄荆南熊侍御》："南依刘表北刘琨，征战年年箫鼓喧。云雨一乖千万里，长城秋月洞庭猿。"《塞上春怀》："东风河外五城喧，南客征袍满泪痕。愁至独登高处望，蔼然云树重伤魂。"《单于罢战却归题善阳馆》："单于南去善阳关，身逐归云到处闲。曾是五年莲府客，每闻胡虏哭阴山。"《单于晓角》："胡儿吹角汉城头，月皎霜寒大漠秋。三奏未终天便晓，何人不起望乡愁。"《饯裴行军赴朝命》："来时圣主假光辉，心恃朝恩计日归。谁料忽成云雨别，独将边泪洒戎衣。"这些诗，放在李益诗集中，并不逊色，只是一般选家很少注意。

　　估计因为在军幕表现突出，到贞元六年，元衡已经入朝任监察御史，步入中层文官行列。就在这一年，他的父亲武就去世，按照当时规矩，官员遇双亲亡故，都要停官守制，是为丁忧三年。三年后，可以服阕了，生母周氏又卒，再次丁忧。直到贞元十二年，方出为华原令。华原为京兆畿县，当时是美职，史传说他因畿辅诸将皆骁横挠政，力不能禁，遂称疾去官，寄情觞咏，知在华原为时不长，存诗可以确认者仅有《立秋日与陆三原于县界南馆送邹十八》（诗题据《古今岁时杂咏》）："风入昭阳池馆秋，片云孤鹤两难留。明朝独向青山郭，唯有蝉声催白头。"这时他快四十岁了，年齿渐增，事业无成，因友人远行，约了临近的三原县令陆某在县界送行（按：守令不得离境），短暂的愉悦，想到明日各走一边，人生不就是飘动的云彩、独行的孤鹤吗？想到又将独对青山，在凄厉的蝉鸣中渐渐老去，心情很不好。

　　此后数年，元衡曾入鄂岳观察使何士幹幕府，于路有《冬日汉江南行将赴夏口途次江陵界寄裴尚书》一诗纪行，仍不得志，常放情事外，宴咏沉浮。据说因德宗知道他有才，召授比部郎中。数年内，历左司郎中，骤迁御史中丞。

　　永贞新政发生时，元衡以御史中丞为山陵仪仗使。所谓山陵，就是为死去的皇帝修陵墓。仪仗使虽不负主要责任，但礼制繁琐，稍不留心就会犯错，有错就是天大的罪名。元衡以他的才干，对付优裕。据说新政发生时，王叔文党人有意拉拢他，让刘禹锡求为判官。元衡不为所动，寻而受新党排挤，罢为右庶子。对此，瞿蜕园《刘禹锡集笺证》有所质疑，即杜佑以宰相为山陵使，刘禹锡为其属吏，无论地位崇高及关系昵密，都远胜元衡，何必弃亲重而求疏轻。旧史虽不可尽信，但元衡之不附新党，反对新政，加上八司马南贬后，他负朝廷之主要责任，因而清誉颇有非议。

在山陵仪仗使任上，元衡意外地得到机会，与当时还是太子的李纯，即后来的宪宗皇帝接触，宪宗对他极其赏识。宪宗即位后，元衡进位为户部侍郎。仅一年多后，就以门下侍郎同平章事，也就是说担任宰相。

今人多以永贞党人之是非来评价宪宗前期的政治，是不妥当的。

四　武元衡为相及镇蜀之九年

武元衡以元和二年（807）正月入相，同年十月受命任剑南西川节度使，至元和八年方征还，仍为相。其间虽在蜀而远离朝廷，仍保留相位，所涉重大事件仍参与意见。与他同时任相的李吉甫，其间也曾出镇淮南四年。唐人说"扬一益二"，这是有关唐廷生死存亡的两大镇，故以二相出镇，有所倚重。李吉甫以元和九年十月暴卒，元衡生命的最后九个月，事实居于首辅之尊。

宪宗即位以后，锐意有所作为，数月之内，即欲解决蜀中自韦皋以来的半独立状态，遣高崇文大军讨伐刘辟叛乱。元衡重任御史中丞后，做了许多重新恢复秩序的努力，如建议规定中书门下御史台五品以上官、尚书省四品以上、职事官从三品以上除授，皆应入阁谢恩。仅半年迁户部侍郎，进行改善经济的努力。再半年多即入相，仍领户部。他参与重大事件的决策，是关于浙西节度使李锜入朝反覆的判断，主张坚决制止方镇不服朝纲的行为。元和时期振朝纲，诸端奋发有为，后世称为唐廷之中兴时期，元衡居功颇伟。

《旧唐书》本传称元衡治蜀，"庶事节约，务以便人。比三年，公私稍济。抚蛮夷，约束明具，不辄生事。重慎端谨，虽淡于接物，而开府极一时之选"。这里包括许多内容，可以举到的有恢复经济、约束部属、安抚西南边夷以及幕府善于用人，而他本人则凡事节俭、端谨慎重，彻底改变蜀中的政治环境。蜀中西临吐蕃，南接南诏，中唐后屡有大变故，元衡安抚得宜，没有大的变乱。他在幕府用人，则以柳公绰、裴度、杨嗣复最著名，后皆为名臣，陆畅、崔备则是有名的诗人。他与幕府诸人相处融洽，留下许多唱和的诗歌。《幕中诸公有观猎之作因继之》末云："为报府中从事说，燕然未勒莫论功。"估计诸公写诗有崇武论功之说，故他提出警告，即燕然未勒，暂莫论功。幕中之人离开送别，他也多有诗宠行。如《同幕中诸公钱送李侍御归朝》："昔年专席奉清朝，今日持书即旧僚。珠履会中箫管思，白云归处帝乡遥。巴江暮雨连三峡，剑壁危梁上九霄。岁月不堪相送尽，颓颜更被别离凋。"李侍御大约是李虚中，唐代有名的运命学家，在剑幕任观察推官。这是送别诗的正格，先说彼此的交谊，继说离别宴上的奏乐与离思，以及归途遥远，山水艰难，且寓祝福之意，最后感慨年光过尽，人生易老。《送张六谏议归朝》："诏书前日下丹霄，头戴儒冠脱皂貂。笛怨柳营烟漠漠，云愁江馆雨萧萧。鸳鸿得路争先翥，松柏凌寒独后凋。归去朝端如有问，玉关门外老班超。"也是一首好诗。次联写分别时烟雨蒙蒙，渲染别时气氛。既祝行者得路升迁，以松柏后凋喻自己的忠于国事，且请张向朝中介绍自己镇蜀之作为。

镇蜀期间武元衡心情大好，发起了多次诗歌唱和活动。《中秋夜听歌联句》是与幕僚崔备、裴度、柳公绰、徐放、卢士玫等合作完成。《八月十五夜与诸公锦楼望月得中字》《春分与诸公同宴呈陆三十四郎中》皆由他首唱，群僚奉和。他所作《春晓闻莺》："寂寂兰台晓梦惊，绿林残月思孤莺。犹疑蜀魄千年恨，化作冤禽万啭声。"

更广传域内，应和者有韩愈、李益、王建、杨巨源、许孟容、皇甫镛等，极一时之盛。

他也在成都留下许多足迹。《摩诃池宴》"摩诃池上春光早，爱水看花日日来"，"昼短欲将清夜继，西园自有月徘徊"，确实心情大好。节度使宅有韦皋时期留下的孔雀，还有"故府宾妓"，元衡作诗云："荀令昔居此，故巢留越禽。动摇金翠尾，飞舞碧梧阴。上客彻瑶瑟，美人伤蕙心。会因南国使，得放海云深。"这些宾妓中，包括著名女诗人薛涛，薛涛也有《罚赴边上武相公》诗："萤在荒芜月在天，萤飞岂到月轮边。重光万里应相照，目断云霄信不传。"希望减免对自己的惩罚。后来薛涛与孔雀都又活了近二十年，且几乎同时死亡，刘禹锡作《和西川李尚书伤韦令孔雀及薛涛之什》，有"玉儿已逐金环葬，翠羽先随秋草萎"句，留下一段佳话。元衡还偕同全体幕僚，拜谒诸葛亮祠堂，题名立碑，表达对先贤的敬意与向往，原碑今仍存于成都武侯祠内。

武元衡来回长安与成都之间，有几首诗可读。《途中即事》："南征复北还，扰扰百年间。自笑红尘里，生涯不暂闲。"为国奔波，何曾休闲。《题嘉陵驿》："悠悠风旆绕山川，山驿空濛雨似烟。路半嘉陵头已白，蜀门西上更青天。"应为入蜀半途而作。《兵行褒斜谷作》后半云："注意奏凯赴都畿，速令提兵还石坂。三川顿使气象清，卖刀买犊消忧患。"作于归途，对治蜀成就感到欣慰。又有《元和癸巳余领蜀之七年奉诏征还二月二十八日清明途经百牢关因题石门洞》："昔佩兵符去，今持相印还。天光临井络，春物度巴山。鸟道青冥外，风泉洞壑间。何惭班定远，辛苦玉门关。"首二句模仿太宗《登逍遥楼》"昔乘匹马去，今驱万乘来"的名句，对治蜀有成感到高兴。末二句自比东汉班超，认为治蜀辛苦，其实不逊于班氏之通西域。

元衡重新归朝任相，努力的目标显然更着眼于国家的长治久安，即解决叛镇问题。唐自安史之乱后，河北诸镇名义上承认唐廷，但军事、财政与人事方面皆相对独立。德宗后期二十多年之政事萎靡，即便唐廷管理的节镇，也多年没有调动，开始谋求自立。如徐州张建封经营十多年，死后其子张愔自称留后。蜀中韦皋在任二十多年，乃至他死后，其部下即谋自立留后，不服从中央。更严重的是，地处中原的淮西、泽潞、淄青等镇，已事实割据几十年，成为唐廷的肘腋之祸。武元衡希望以讨伐淮西为突破，抓紧筹谋总体的规划，终于引致杀身之祸。元衡死后，宪宗为之恸痛不食，辍朝五日，赠司徒，谥忠愍，都超过规格。此后裴度主政，先后平淮西、平淄青，完成元衡未竟的事业。这是中唐由衰转盛的重大关节点。

他在任相期间，与朋僚也有许多唱和诗，在此不一一介绍。

五　武元衡政事与文学的历史评价

唐末张为撰《诗人主客图》，以武元衡为瑰奇美丽主，另外五主是广大教化主白居易，高古奥逸主孟云卿，清奇雅正主李益，清奇僻苦主孟郊，博解宏拔主鲍溶。这是唐人关于唐诗流派的重要论述，与今人之认知差别很大。是否妥当，大可质疑。如在武元衡下立刘禹锡为上入室，其实两人关系真不算好，诗风更不相近。《新唐书·艺文志》著录元衡有集十卷，久不存，南宋后所传《临淮集》二卷，只是一个节选本，有许多误收，存诗仍有二百首左右，他一生的写作应该有很多的数量。他的诗重藻饰，可被管弦，但今人读来，似乎与瑰奇美丽还有很大距离，就存疑吧。

后人评价武元衡，往往以在文学史上占据主流地位的刘禹锡、柳宗元的立场来加以论述，将他作为永贞新政的对立面，甚至认为刘禹锡那首题玄都观诗中的种桃道士，就是讽刺武元衡。其实都不恰当。武元衡固非新党，但在新政期间也没有明显的反对之举，最多就是如旧史所说拒绝了新党的拉拢。他进入政治中枢，是在宪宗已经稳定政局以后，他任相时的一切施为，包括裁抑方镇、维护皇权、稳定地方，与新党的政治目标并没有太大差别。传统政治的诡异处在于，党争之实质并非治国理念有不同，而在于由谁做，通过什么方式来做。

　　武元衡被害，刘禹锡在南行中途作《代靖安佳人怨二首》："宝马鸣珂踏晓尘，鱼文匕首犯车茵。适来行哭里门外，昨夜华堂歌舞人。""秉烛朝天遂不回，路人弹指望高台。墙东便是伤心地，夜夜秋萤飞去来。"后人常以为其间有幸灾乐祸之感。柳宗元作《古东门行》，有"当街一叱百吏走，冯敬胸中函匕首"云云，也引起议论。其实就武、刘两人关系说，二人认识应始于贞元十九年，时武为户部郎中，刘为监察御史，地位相当。刘南贬后，看到八司马之一的程异重被起用，即请李吉甫援引。李寄示与武唱和诗，示意仍要武认可。刘作和诗寄武，武也和诗回复，并回赠礼物。在李暴死后，武仍赞同将南贬诸人召回，似无恶意。诸人最终仍分发为远州刺史，原因为何，至今没有合适解释。至于说因"玄都观里桃千树，尽是刘郎去后栽"之诗得罪主政者，更属皮相传闻。我比较倾向于宪宗本人对永贞诸人余怒未解，如坚持要刘去播州，本非皇帝要过问，却确实参与决定了。只有这样才能解释武既同意诸人返京，却又遭派远州，形同流放，他应有不得已之难处。刘、柳等人满怀怨愤，不能骂皇上，元衡成为宣泄的对象，也就可以理解了。

　　武元衡中道遇害，政事与文学皆未能登峰造极，十分可惜。台湾老辈学者杨承祖论其人云："元衡性行雅整，进退得宜。""谨礼守分，不喜轻躁锐进之人，亦可以见其亮直之节。""元衡虽惜才奖能，拔擢英彦，且仍谨守法度，不护其私。""谨礼之际，又能识大知权，固当其处枢衡，居李绛、李吉甫之间，无所违附，与权德舆不为可否之大有别者，端在能持正论，有定见不依阿，亦不欲任人失当受过，故宪宗称其长者。""自天宝兵兴，四方靡骋，虽宗庙未圮，而王纲实坠，方镇踆扈，尾大莫移。所能拥护朝廷，时纳贡赋，而为中枢之仰仗者，蜀实有焉。""元衡居镇七年，时非甚暂，专阃无自谋之图，莅民有煦爱之仁，边靖境宁，其亦庶乎！"（《武元衡传论》，收入《杨承祖文录》，华东师范大学出版社，2017）皆具卓识，读者宜加体会。

裴度的人生感悟与诗歌情怀

中唐名臣裴度，在宪宗、穆宗、敬宗、文宗朝六度入相，一生系天下安危逾二十年，功存社稷，位极人臣，史传载之详矣。两年前，我曾撰文《大唐王朝的第200年》(《古典文学知识》2018年第5期)，详述他领导平定淮西之叛的胜利及其相关文学作品。裴度有诗名，存诗仅一卷，不多，但他地位崇高，始终与诗人平等交往，如韩愈、张籍、白居易、刘禹锡、姚合等人诗中，有他大量文学活动的记录。仔细品味这些诗歌，可以见到一位出身下层，以文学入仕，因军政成就致位通显的名臣的日常生活与文学心态。

一 裴度的不朽功业与内心感受

裴度 (765—839)，字中立，河东闻喜 (今属山西) 人。他的祖父裴有邻官至濮州濮阳令，父亲裴溆官至河南府渑池丞，地位都不高。裴度在贞元五年 (789) 时进士及第，不久又登宏辞科，再举贤良方正能直言极谏科，皆获高等。其后二十年间，仕途并不顺利。其间，认识到他的能力与才华的是韩愈，《酬裴十六功曹巡府西驿途中见寄》云："御史坐言事，作吏府中尘。遂令河南治，今古无俦伦。"指裴度任监察御史时，"密疏论权幸，语切忤旨，出为河南府功曹"，是他前期仕途的重大蹉跌。韩愈却看到他虽为河南府属吏，治理能力古今罕有其比。府尹命其西行巡察时，裴度将沿途感受写诗寄给韩愈，韩愈评价说"遗我行旅诗，轩轩有风神。譬如黄金盘，照耀荆璞真。"这些诗没有保存，韩愈与裴度的早期交往史籍也没有记载，从所存韩愈的诗[1]，可看到二人成名前的友谊，韩愈说裴诗"轩轩有风神"，诗中见其人如黄金璞玉般高贵真诚。裴度为相开府时，最先想到的副手就是韩愈，原因亦在此。裴度官至极品，此种遇人待己的淳真，始终不变，《因话录》卷二云："公不信术数，不好服食，每语人曰：'鸡猪鱼蒜，逢着则吃。生老病死，时至则行。'"是他一生的写照。

裴度人生转折的关键是宪宗元和初年（806）进入西川武元衡幕府。《旧唐书》裴度本传不载此事，见于《柳公绰传》："武元衡罢相镇西蜀，与裴度俱为元衡判官，尤相善。先度入为吏部郎中，度以诗饯别，有'两人同日事征西，今日君先捧紫泥'之句。"从武元衡存诗《送柳郎中裴起居》《同诸公送柳郎中裴起居》分析，裴度是与柳同时从翼幕赴京，估计是武为他们奏官，柳任吏部郎中，是郎官中的美职，裴任起居舍人，两年后方迁司封员外郎，逊于柳，对柳充满艳羡。元和八年武元衡重新入相，次年裴度晋为御史中丞，在此前后他曾出使魏博，又宣谕淮西，讨伐叛镇立场上与宪宗及武元衡高度一致，也招致叛镇的忌恨。元和十年六月初，叛镇遣刺客入京，行刺武、裴二人，结果武以身殉职，裴身受重伤。这一突发事件强烈刺激了宪宗，当即听从许孟容建议，命裴度为相，主持平叛。裴度也请开特例允许私宅处事，全力经营平叛事宜。元和十二年冬，扫灭淮西。淮西之役，韩愈存诗较多，可据以还原裴度一行的行程与经略，前引笔者的文章讨论已详。平叛期间，裴度仅存《东征途经女几山下作》二句，是靠白居易诗引录方得保存。白诗题目很长，略作标点如下："裴侍中晋公出讨淮西时，过女几山下，刻石题诗，末句云：'待平贼垒报天子，莫指仙山示武夫。'果如所言，克期平贼。由是淮蔡迄今底宁，殆二十年，人安生业。夫嗟叹不足则咏歌之，故居易作诗二百言，继题公之篇末，欲使采诗者修史者后之往来观者，知公之功德本末前后也。"其中次句"示"字，《金泽文库》本白集作"似"，或近是。白诗作于开成初，裴度仍在世，所述此战之胜，天下太平近二十年，是实情。两句诗中，可见裴度平叛的坚定意志与无畏精神。唐末司空图经历大乱后，看到裴度一行在华岳庙题名，作《题裴晋公华岳庙题名》云："岳前大队赴淮西，从此中原息鼓鼙。石阙莫教苔藓上，分明认取晋公题。"（据华岳庙石刻）经乱方知太平之可贵，裴度淮西之胜的意义也更加凸显出来。

　　裴度的豪情因为淮西的胜利而维持了一段时间，进而欲征讨淄青，就听到许多不同声音。友好的如朋友李翱，以盈满知退给以提醒，奸佞者则以各种诬枉之辞迷乱圣听。裴度为平淄青提出促成最后胜利的方略，本人则避嫌不再主军。即便这样，不久，他仍被罢相。此后近二十年，据《广卓异记》的统计，他至少还曾五度入相。他累拜司徒兼侍中、中书令，皆为文臣极品。其间也有许多特别的建树，如穆宗时之经营河北，敬宗被弑后密定大计，迎立文宗，很难得的是他内心始终保持平和与忍耐，在位则恪尽职守，出镇亦不以进退为意。晚年所作《中书即事通简旧僚（按：诗题后四字据刘禹锡、张籍和诗补）》："有意效承平，无功益圣明。灰心缘忍事，霜鬓为论兵。道直身还在，恩深命转轻。盐梅非拟议，葵藿是平生。白日长悬照，苍蝇漫发声。嵩阳旧田地，终使谢归耕。"诗写给熟悉信任的旧僚诗友，写出他的报国胸怀与人生尴尬。盐梅是说宰相辅佐天子调谐百味，承平是说宰相应追求的长远目标，使天下太平，百业兴隆，然而实际能做成的事情很有限。他有一往无前、直道直行的精神，加上皇帝信任，也不顾及自家生命安危、希望有所建树，结果却常常不是自己所期待的那样。他经历得实在太多了，皇恩浩荡常如旭日当空，但阴险奸诈的小人何处不有呢？要做成事业就必须忍耐，就如同《庄子》所说之心如死灰，不起波澜。"灰心缘忍事，霜鬓为论兵"两句，是全诗的关键。他表述自己的忠诚，更声明愿意随时退耕嵩阳，栖隐以终。诗是这样说，其实他的声望已经退不下来，即便这样，他仍践守诺言，以半官半隐的方式开启自己晚年的另类人生。

二　裴度亦官亦隐的惬意人生

裴度至死都未退官致仕，元和十年后的二十多年，除很短的一段时间受李逢吉排挤，一直是宰相或使相。他的生活分成三种状态：一是立朝主政，二是出镇领民，三是居洛赋闲。最后这种状态为时不短，也有官的名分，但可以什么事情都不管。裴度何等聪明，以一人而兴致太平，曾统军削平藩镇，定密策迎立新帝，勋德巍巍，朝廷将可以给予大臣的所有名分都赠予了他，若他还不知退让，还想有所作为，那还想要什么？前辈郭子仪已经表率，在再造山河、复兴唐室后，忙于建立豪宅，广纳美女，老夫有疾、老夫好色，示天下以别无野心，得以寿终。裴度显然也虑及于此，他的举动是在洛阳大兴庄园，建了一座极尽豪奢的绿野堂。《旧唐书》本传说："度以年及悬舆，王纲版荡，不复以出处为意。东都立第于集贤里，筑山穿池，竹木丛萃，有风亭水榭，梯桥架阁，岛屿回环，极都城之胜概。又于午桥创别墅，花木万株，中起凉台暑馆，名曰绿野堂。引甘水贯其中，酾引脉分，映带左右。度视事之隙，与诗人白居易、刘禹锡酣宴终日，高歌放言，以诗酒琴书自乐，当时名士，皆从之游。每有人士自都还京，文宗必先问之曰：'卿见裴度否？'"他的居第在集贤里，已经"风亭水榭，梯桥架阁，岛屿回环"，与都城无二。再在午桥建绿野堂，也规模可观。堂成，裴度有诗自庆，不存，白居易《奉和裴令公新成午桥庄绿野堂即事》云："旧径开桃李，新池凿凤凰。只添丞相阁，不改午桥庄。远处尘埃少，闲中日月长。青山为外屏，绿野是前堂。引水多随势，栽松不趁行。年华玩风景，春事看农桑。花妒谢家妓，兰偷荀令香。游丝飘酒席，瀑布溅琴床。巢许终身隐，萧曹到老忙。千年落公便，进退处中央。"这里可以体会，新堂是据旧庄改造，新种许多树，引来许多珍禽，四周青山环绕，从庄外引进甘水，随山设景，溪流分路，高下处有瀑流助兴。从"春事看农桑"分析，大约还围进许多农田，就近可以体察民生。裴度的一举一动，其实朝中从皇帝以下，所有人都关心。如今他做出如此自甘堕落的姿态，只是享受人间清福，绝无任何非分之想，当然可以让所有人放心。

裴度的退闲生活轻松愉快而惬意，他也善于写出这些感受。《凉风亭睡觉》云："饱食缓行新睡觉，一瓯新茗侍儿煎。脱巾斜倚绳床坐，风送水声来耳边。"估计凉风亭是绿野堂中的一处憩息地。饭后缓行，稍觉困倦，乃入亭酣眠。也不知睡了多久，自然醒来，侍女已经煎好一瓯新茶，随时奉上。睡觉品茗，自是十分舒服。这时解开巾服，斜倚绳床，更觉无所羁绊，无所挂念，只有缓缓流水，微微轻风，更觉物我合一，人生欣然。

这首诗有一点需要说明，即清末刘师培《全唐诗发微》以为伪作，中华书局点校本《全唐诗》前言中述及，似乎已经肯定不是裴度的作品。然而加以追究，刘师培的依据并不足以为信。明末胡震亨《唐音统签》卷三二〇说："此诗载洪氏《万首绝句》，周密以为丁谓诗，俟再考。"态度慎重。周密之说见《齐东野语》卷一八，引此为"丁崖州"诗，即宋初丁谓，亦封晋国公，裴晋公与丁晋公很容易传误。此诗既见叶梦得《避暑录话》卷上和洪迈《万首唐人绝句》卷三二，二人之时代比周密早许多。明高濂《遵生八笺》卷八引《癸辛志》仍作"裴晋公"诗，所录实非周密《癸辛杂识》，而即《齐东野语》，是高濂所见本周密书仍作裴度诗。刘禹锡有《奉和裴晋公凉风亭睡觉》："骊龙睡后珠元在，仙鹤行时步又轻。方寸莹然无一事，水声来似玉琴声。"是刘见过此诗，和诗戏之。此外，《景德传灯录》卷二三录朗州大龙山智洪弘济大师法语，有"风送水声来枕畔，月移山影到床边"二句。前句即据裴度诗句改写，这位高僧最晚也是宋初以前人。《凉风亭睡觉》是裴度诗，应该无可怀疑。

裴度还有一首《傍水闲行》："闲余何事觉身轻，暂脱朝衣傍水行。鸥鸟亦知人意静，故来相近不相惊。"理完公事，脱掉官服，浑身放松，无所负担。沿水池闲步，心情舒适，周遭平和。自己心平气静，似乎连鸥鸟也能体会，安静地飞近，但绝不相扰。这里可看到作者与世无争，远离尘嚣，希望摆脱俗务之心情。

三　特爱挑事的裴令公

裴度官位崇高，洛阳又是退休官员与闲适文士群居的地方，远离政治中心长安，恰可以结三五好友，随意往来，日日诗酒唱和，又有何妨。当然原则还是有的，就是不谈政治，不涉时事，其他什么都可以讲。裴度对文采风流，文人雅兴，尤有深刻体会，不时挑起些风雅故事，远近播闻，当事者、旁观者乃至窥视者，大家都开心。

先说小事。《雪中讶白二十二与诸公不相访（按：诗题又作《雪中讶诸公不扫访》，据《刘宾客外集》卷四补"白二十二与"五字）》："忆昨雨多泥又深，犹能携妓远过寻。满空乱雪花相似，何事居然无赏心？"你们昨天携妓来访，大雨路又泥泞，都跋涉而来，彼此都玩得很开心。今天六出飞花，漫天飞舞，正是观景作诗的好时光，你们居然一个都不来，是何居心，老夫的寂寞无聊，难道你们就一点没有体会到吗？有些胡搅蛮缠的味道，朋友虽然亲密，但哪天相聚，总要先约约吧。裴度不管，来与不来别人总有错。这不是不讲理，是真朋友间的游戏。刘禹锡作答："玉树琼楼满眼新，的知开阁待诸宾。迟迟未去非无意，拟作梁园坐右人。"(《答裴令公雪中诇白二十二与诸公不相访之什》)如此美妙的景致，也知道你已开阁待宾，我迟迟未出发，正在等你郑重的邀请啊。白居易《酬令公雪中见赠诇不与梦得同相访》："雪似鹅毛飞散乱，人披鹤氅立徘徊。邹生枚叟非无兴，唯待梁王召即来。"我在赏雪兴致正好，去与不去稍有犹豫，只待令公相召，马上就到。彼此写得有趣，其实就是邀请赏雪的另外一种方式，文人雅趣而已。

不知是喜欢养马还是因曾领军而有获赠良马的特殊经历，裴度很喜欢给朋友送马，引出一段段的风流故事。最有名的赠马发生在穆宗初年，裴度主动赠马给秘书郎张籍。张籍比裴度小三五岁，诗写得好，科场既徘徊多年，好不容易得中，做官也不如意，年过五十方做到秘书郎，加上久患眼疾，曾有"穷瞎张太祝"之称。他是韩愈、白居易的好友，朋友的朋友也就是自己的朋友，裴度主动给张籍赠马，张籍收到很惶恐，立即作诗《蒙裴相公寄马谨以诗谢（按：此用《文苑英华》卷三三〇诗题，是张诗原题，《张文昌诗集》题作《谢裴司空寄马》，是编入文集时所改）》回谢："绿耳新驹已有名，司空自选寄书生。远离华厩移蹄涩，初到贫家举眼惊。每见闲人多被问，惟寻古寺独骑行。思量几夜沙堤上，得从鸣珂倚火城。"感谢厚意，你家骏马远近闻名，承蒙司空大人亲自挑选，送给我这个穷书生。从豪家的生活来到寒舍，马连移步都艰难，要它适应新的生活，实在是很困难。周遭的邻居、朋友早习惯了我的困穷，忽然见此名马，不免常来过问。如此富豪，上朝时哪敢骑行，最多也就是到荒远古寺偏僻无人处，稍微走几步，不敢让人见到。沙堤是唐代为宰相上朝特意铺的道路，因比马而想到它曾经是宰相上朝威武车骑中的一员，何等盛况啊。张籍的诗，分寸拿捏得很恰当，对方是宰相，也是朋友，公私两方面都注意到，感谢盛情，也不自卑降。裴度回诗题作《酬张秘书因寄马赠诗》，也很有意思："满城驰逐皆求马，古寺闲行独与君。代步本惭非逸足，缘情何幸枉高文。若逢佳丽从将换，莫共驽骀角出群。飞空着鞭能顾我，当时王粲亦从军。"裴度说满城任官者都在求好马，大家都在追求豪富，而你却自甘寂寞，我特别赞赏你闲步古寺的雅情，因此才赠马给你。你给我写诗，这是何等之荣幸，足抵马资，再说赠你的马仅足代步而已，绝对算不上好马。如果有喜欢的美女，拿此马去换，完全由你决定，不必顾忌，当然也不必与那些不上档次的劣马比较。骑上马，更有机会奔驰前进，赶到我前面，能回看我几眼为幸，毕竟自古以来的文士都有从军的经历。这首诗写得轻快谐趣，既有赞赏，也有祝福，且送上厚礼没有赐予的俯视，一切是平等的友谊。

这段雅事盛传，韩愈、李绛、元稹、张贾等人皆作诗应和。韩愈说："长令奴婢知饥渴，须着贤良待性情。"是说宰相赠马可要好好服侍，不能让其饥渴，更不能坏了性情。与裴度政见经常相左的李绛，也得便附和一首："伏枥莫令空度岁，黄金结束取功勋。"不要说人生易老，还可以取得新的功勋啊！后来与裴度极度交恶，当时关系尚可的元稹，所和诗最出人意表："丞相功高厌武名，牵将战马寄儒生。四蹄笋距藏虽尽，六尺髻头见尚惊。减粟偷儿憎未饱，骑驴诗客骂先行。劝君还却司空着，莫遣衙参傍子城。"宰相赠马于文臣，是因为厌恶战争。这样的马特别讲究步点与装饰，很不容易服侍。养马的小厮可能会克扣马粮，让马吃不饱。诗人本来骑驴是本分，你现在有了大马，难免遭人嫌弃。综上各点，马还是退还宰相最为上策。诗本是祝贺得马的，全反其意而使天趣盎然，足见元稹的才气。张贾登进士第比裴度早三年，这时已经官兵部尚书，虽不以诗名，也作《和裴司空答张秘书赠马诗》："阁下从容旧客卿，寄来骏马赏高情（自注：司空诗云：古寺闲行独与君）。任追烟景骑仍醉，知有文章倚便成。步步自怜春日影，萧萧犹起朔风声。须知上宰吹嘘意，送入天门上路行。"感喟裴度官高而不忘旧情，将好马赠予张籍。有此好马，可以到处观赏风景，更足令诗人文思泉涌，更加珍惜时光，也不免回想边塞往事。最后更体会其中雅意，拜托上宰常为吹嘘，官途顺遂。虽然大家都是游戏为诗，大约张籍与裴度所作最为得体，元稹最能翻案，李绛、张贾中规中矩，韩愈显然落了下风。

丞相老给友人送马，与裴度关系更密切的白居易也有了想法，最初求马的诗似乎没有保存，裴度的回答题作《诮乐天寄奴买马绝句》，仅存两句："君若有心求逸足，我还留意在名姝。"你看上了我家的骏马，我对你家美女也留心过啊！意思很明显，来一次交换吧。裴度显然对此甚感兴奋，寄给白居易时，还转刘禹锡一乐。刘禹锡马上还诗："常奴安得似方回，争望追风绝足来。若把翠娥酬骥耳，始知天下有奇才。"（《裴令公见示诮乐天寄奴买马绝句斐然仰和且戏乐天》）刘禹锡这是跟着起哄。似乎是裴度问白居易要一使唤小奴，以马回赠，附诗说以马换妾更好。就如同前面给张籍的诗，也用这个典故。刘禹锡用《世说》里的故事，需要解释一下。方回是郗愔的字，其父郗鉴家有奴知文章，王羲之向刘惔夸及，刘问："何如方回？"王以为不当如此发问，刘说："若不如方回，故是常奴耳。"刘禹锡戏白，你家小奴再聪明，毕竟还是常奴，怎能换来追风骏马。将自己最喜欢的女子来换马，才不愧为天下奇才。白居易作《酬裴令公赠马相戏》："安石风流无奈何，欲将赤骥换青娥。不辞便送东山去，临老何人与唱歌？"诗题下还有一自注："裴诗云：君若有心求逸足，我还留意在名姝。盖弓妾换马戏，意亦有所属也。"裴诗因此注而得存。白诗以东晋谢安比喻裴度，"你的风流真让我无可奈何，想用骏马挨我家美女。如果我答应了，送到你府上，但我日渐老去，以后还有谁会为我唱歌呢"。以妾换马是一个古老的传说，交易的双方，都足以显示爱马与爱美人的英雄气概，最见豪爽风流。据日本学者研究，白居易晚年所营洛阳新昌里豪宅，广达九千平方米，其间有"动物园"，也有"文工团"，裴、白、刘三人来往密切，对各自家中所有人事陈设都很熟悉，引出这么一段风流公案，自可理解。至于最后是否有美女回赠，就不知道了，反正在这次游戏酬和中，三人都很兴奋愉快。

　　宝历二年（826）九月，白居易自苏州刺史任罢归洛阳，带归双鹤，十分珍爱。到大和初，入京为秘书监，将双鹤留在洛阳，更加思念。刘禹锡因故造访洛阳白宅，见"鹤轩然来睨，如记相识，徘徊俯仰，似含情顾慕"，乃作《鹤叹二首》寄白居易，既说"寂寞一双鹤，主人在西京"，又说"主人朝谒早，贪养汝南鸡"，戏白疏忘了双鹤，只知听鸡鸣而上朝。裴度作《白二十二侍郎有双鹤留在洛下予西园多野水长松可以栖息遂以诗请之》："闻君有双鹤，羁旅洛城东。未放归仙去，何如乞老翁？且将临野水，莫闭在樊笼。好是长鸣处，西园白露中。"你在京城，双鹤困在洛下牢笼，又不愿放鹤回归自然，还不如送给我吧。我这里园林浩大，有可以栖息的水塘，有可以飞鸣的西园。白居易虽然老大不愿意，无奈老友要得坚决，只好奉送，作《酬裴相公见寄二绝》："习静心方泰，劳生事渐稀。可怜安稳地，

舍此欲何归？""一双垂翅鹤，数首解嘲文。总是迁闲物，争堪伴相
君。"双鹤只是自己的多余之物，不足以陪伴宰相大人，但你的园子
那么大，除此还有更好的地方吗？嘴上这么说，心里老大不愿意，以
后仍惦记不舍，借别人问江南旧物，有"别有夜深惆怅事，月明双鹤
在裴家"（《问江南物》）。不知此诗给裴公看过否。

四　平和适意之中的孤寂无奈

淮西之役后二十多年，裴度六度在朝为相，先后两度出为河东
节度使，又任山南西道和山南东道节度使，短暂任淮南节度使，时间
也近十年。比较悠闲的时间是文宗朝两度在洛阳居守，亦官亦隐，前
述各雅事都在此期间。他始终坚持为臣之分际，外守且手握重兵时，
绝不轻言时政。他的特殊地位，刘禹锡体会最为深切。《郡内书情献
裴侍中留守》："功成频献乞身章，摆落襄阳镇洛阳。万乘旌旗分一
半，八方风雨会中央。兵符今奉黄公略，书殿曾随翠凤翔。心寄华亭
一双鹤，日陪高步绕池塘。"颔联两句尤其挺拔，显示裴度的特殊地
位，身居一人之下，群臣之首，八方观瞩，掌军略而得预机密，但心
中系念，只是退隐林塘的乐趣。当然，所说双鹤本来是白家的。

裴度虽然存诗不多，但从诸友人的赠答诗中可以辑出几十首他
的佚诗诗题，都很闲适，这里不一一列举。仅说《刘宾客文集》中裴
度参与的两组联句诗。

第一组联句见《刘宾客外集》卷二，宋人录自《刘白唱和集》，
作于文宗大和二年（828）春末的长安，凡八首，裴度参与了其中六
首。参与者凡十人，即崔群、李绛、庾承宣、杨嗣复、贾𫗧、白居
易、刘禹锡、张籍、韦行式和裴度，其中至少五人此前或以后做过宰
相。他们在一起频繁聚会，目的只有一个，送白居易赴洛阳。八次

联句的题目是《春池泛舟联句》《杏园联句》《花下醉中联句》《宴兴化池亭送白二十二东归联句》《西池送白二十二东归兼寄令狐相公联句》《首夏犹清和联句》《蔷薇花联句》《西池落泉联句》，内容全是风花雪月，时节变化，蔷薇花开，花前酣醉，泛舟春池，落泉泻池，如此而已。第二组联句见《刘宾客外集》卷四，宋人录自《汝洛集》，凡三首，时间是大和九年十二月，参与者除前次的白居易、刘禹锡、裴度，仅增加了李绅，恰巧以太子宾客分司东都。这次的中心是送刘禹锡从汝州刺史改任同州刺史，短暂居留洛阳。三首联句题目是《喜遇刘二十八偶书两韵联句》《刘二十八自汝赴左冯途经洛中相见联句》《予自到洛中与乐天为文酒之会时时构咏乐不可支则慨然共忆梦得而梦得亦分司至止欢惬可知因为联句》，三次联句的题目都是裴度所拟，遇老友再会是一喜，在洛中常与乐天为文酒之会是常喜，这种状况令他"乐不可支""欢惬可知"，在在可以体现他的心情大好。然而我们注意时事，这次唱和在京城甘露之变后的第二个月，事变中被杀的四相，王涯任相时间很长，年逾七十，无辜被满门抄斩，曾参与前一次联句的贾餗，当时仅是太常少卿，事变前夕刚任命为相，也遭无辜斩杀，且皆蒙大逆之罪名。对此，白居易曾有"当君白首同归日，是我青山独往时"二句加以哀挽。好议时政的刘禹锡什么都没有说，身系天下安危的裴度也什么都没有表示，像没事人一样在老友聚会时表达巨大的欢悦。其实他们都各有想法，只是什么都不想说，所谓心如死灰，知不可为而不言。几年以后，裴度去世，李绅成为李德裕的主要助手，在会昌新政中成为中坚人物。可惜那时刘禹锡已经病危，若不然，以他与李德裕之交契，也会站上中心舞台。

裴度人生的最后一首诗，是再镇河东时所作《太原题厅壁》："危事经非一，浮荣得是空。白头官舍里，今日又春风。"（据宋叶梦得《避暑录话》卷一引）估计作于开成三年（838）春，这年裴度七十五岁，对唐人来说已经很老了。诗有总结一生的意味。曾经多少次出生入死，终有成功，然而一切名誉、官职、勋爵以及豪宅庄园，到头来都是一场梦，一切浮荣还不都归于空寂？自己日见衰老，已知生命无多，看透了一切，但冬去春来，东风和煦，又唤起生命的美好，又见到万物之萌动，让他再次体会到人生之美好。这真是一首好诗，在朴实无华中说出对人生的彻悟以及对生命的珍惜。

　　裴度去世前，朝中巨变是文宗之太子李永暴卒，受宦官包围又处党争夹缝中的文宗，更加感到孤寂与无助，于是想起了裴度。开成三年冬，裴度病重，请允许回洛阳。开成四年正月，诏拜中书令，召其归京。三月三日上巳，文宗作诗赠裴度："注想待元老，识君恨不早。我家柱石衰，忧来学丘祷。"他希望裴度这样的元老归朝给自己以支持，也承认以前对裴度维护国事之柱石之勋认识不够，希望学孔子之为国祈祷，希望裴度能转危为安。文宗还赐诏说："朕诗集中欲得见卿唱和诗，故令示此。"这当然是借口，他更大的期待是裴度为国建言，但一切都晚了。三月初四日，裴度到达长安当天，及门而逝。

　　政治是如此复杂。裴度曾是一往无前的直臣，在累建伟业后，感到了盈满后的危殆。信念不变，人生态度完全不同了。本文所述他退隐后的种种雅事闲情，以今日眼光看，几近无聊，然而其中实际包含极大的人生智慧。南宋辛弃疾词《水龙吟·甲辰岁寿韩南涧尚书》云："绿野风烟，平泉草木，东山歌酒。待他年，整顿乾坤事了，为先生寿。"他以裴度、李德裕、谢安为代表，作为可以再造乾坤的伟大人物的三种人生态度，是有识见。

令狐楚的人生大节与朋友圈

令狐楚在中唐，本可成为一流文学家，中年后累历显职，文学为官名所掩。《新唐书·艺文志》著录其《漆奁集》一百三十卷、《梁苑文类》三卷、《表奏集》十卷，与沈传师等编《元和辨谤略》十卷，皆不传。今传其编《御览诗》一卷，为唐人选唐诗之一，因奏御而编，所选多为庄重平和之作，无评议，历代评价一般。他与李逢吉唱和诗曾编为《断金集》一卷，与刘禹锡唱和诗由刘编为《彭阳唱和诗集》三卷，与僧广宣唱和诗不知由谁编为《广宣与令狐楚唱和集》一卷，皆不传。他担任翰林学士期间，与同僚王涯、张仲素编《翰林歌辞》一卷，此书稍残，以《元和三舍人集》之名保存至今。他早年曾得多位前辈提携，中年官显，以擢拔人才为志，李商隐就出自其门下。他在党争中的作为颇多争议，但史籍说他处事深得大臣之体，给以肯定。

一 令狐楚的早年经历

史称令狐楚"自言国初十八学士德棻之裔"，大约出德棻一支，非直系子孙。曾祖浚任秦州上邽尉，祖崇亮任绵州昌明令，父承简任太原府功曹参军，都非显宦。楚出生于大历元年（766），也就是杜甫移居夔州的那年。这时盛唐诸大家渐次衰歇，社会在战乱后渐恢复元气。楚少年时期随父迁徙，先居简州阳安，后居太原。太原为长安东北重镇，楚长于此，初官于此，为父送终于此，几乎视其为故乡。

楚五岁已能诗文，二十岁始应进士试，贞元七年（791）年二十六，以第五名及第。考官是刑部侍郎杜黄裳，所考诗赋题为《青云干吕》诗、《珠还合浦赋》，楚所作保存，录诗如下："郁郁复纷纷，青霄干吕云。色令天下见，候向管中分。远覆无人境，遥彰有德君。瑞容惊不散，冥感信稀闻。湛露羞依草，南风耻带薰。恭惟汉武帝，余烈尚氛氲。"写季节变化，兼颂圣德，切题而见才学。前辈诗人卢纶赏识他，作《送尹枢令狐楚及第后归觐》："佳人比香草，君子即芳兰。宝器金罍重，清音玉佩寒。贡文齐受宠，献礼两承欢。鞍马并汾地，争迎陆与潘。"将两人比为香草、芳兰，且两亲皆在，乐见二人成功。陆是陆机、陆云，潘是潘岳、潘尼，期待二人达到潘、陆的成就，也含双双归乡之意。元和间（806—820）宪宗让令狐楚编选前辈可读的唐诗，楚录卢诗三十多首，为集中之冠，是对这段情谊的回报。

唐代进士及第只是获得了做官的资格，授官还得经过吏部铨选，有些人多年待选而不得。楚则意外顺利，新除桂管观察使王拱爱其才，抢先奏明朝廷，授楚为幕府从事，然后再行征聘。桂府即今桂林，路途遥远，楚感拱厚意，立即启程。《旧唐书》本传说楚以父老，专程到桂林致谢而不就职，当然是庄重之处置。楚有多篇在桂林代王拱所草表启，可知曾到职，但时间不太长。尹楚兵著《令狐楚年谱》（上海古籍出版社，2008）推测约近两年，较为可靠。

从贞元十年到元和三年（808），令狐楚在太原河东幕府任职十五年，河东节度使也先后换了李自良、李说、郑儋、严绶四任，他的职务也渐升至节度判官。其间与他关系最特别的是郑儋。郑儋（741—801），自号白云翁，依母家，明《左氏春秋》。代宗大历四年登进士第，初为太原参军事，后历仕中外。贞元十六年因前帅李说遽亡，儋以河东行军司马继掌节帅，仅十月即因病暴卒。楚对儋深怀知遇之感，自号白云孺子，编在河东幕府所作为《白云孺子表奏集》，明其为学及诗文深得儋之传授。儋之诗文罕有传世，仅从同时在太原幕府做客之欧阳詹所作诗题《陪太原郑行军中丞登汾上阁中丞诗曰汾楼秋水阔宛似到阊门惆怅江湖思惟将南客论南客即儋也辄书即事上答》（据宋本《欧阳行周文集》卷九），可录出儋《登汾上阁》："汾楼秋水阔，宛似到阊门。惆怅江湖思，惟将南客论。"知儋为南迁士族，认苏州为故乡，诗亦蕴藉多情。儋暴卒，未及处理后事，军中喧哗，楚在白刃胁迫下草成遗表，读毕令三军感泣。他的声名也因此为世所重。

二 《元和三舍人集》发覆

宪宗元和三年前后，父卒，楚守丧去职。《立秋日悲怀》大约是守孝期间所作："清晓上高台，秋风今日来。又添新节恨，犹抱故年哀。泪岂挥能尽，泉终闭不开。更伤春月过，私服示无缘。"无尽的悲恸，无尽的思念，秋日多愁的时节，令诗人更感到切肤之痛。难以起亡者于地下，泪哭干了又能如何！

服阕入朝为右拾遗，历太常博士、礼部员外郎、刑部员外郎。这时他四十五岁了，时时感到沉沦下僚之失落。自赋云："何日肩三署，终年尾百僚。"（《太平广记》卷一五三引《续定命录》）居于百僚之末，心情当然不好，但前途又何在呢？任礼部员外郎时，有诗曰："移石几回敲废印，开箱何处送新图？"（宋敏求《春明退朝录》卷上）礼部掌典礼教化，居然还负责废印之销毁与祥瑞图之编绘。宋人引楚诗是据以知道掌故，其间也可体会俗吏之无聊。

元和九年，楚五十岁，转职方员外郎、知制诰，充翰林学士。

唐代重学士，有内相之目。楚得为学士，是权相皇甫镈推荐的结果。镈在政治上与主张平叛的裴度一派不合，也确定了楚之立场。元和十二年，在裴度用兵淮西的关键时刻，楚罢学士，理由是草制不合旨，重要原因是宪宗与裴度均不希望受反对平叛的人掣肘。

楚在学士任，与同僚王涯、张仲素受命编《翰林歌辞》，估计是为朝会演奏的乐府歌辞。复旦大学图书馆藏明抄本《唐人八家诗》有《元和三舍人集》，仅收此三人诗。据丁居晦等人所撰《重修承旨学士院壁记》，三人任舍人的时间，王涯为元和九年至十一年末，楚为十二年三月至十三年，张为十四年三月起，也就是说，三人未有同官舍人的时间。而三人同任翰林学士，则肯定在元和十一年八月至十二月间，时王涯为承旨学士，故此集以涯为首。此集经笔者整理，收入《唐人选唐诗新编（增订本）》（中华书局，2014）。据明抄本目录，原书存诗一百六十九首，残本缺五十首，存诗一百一十九首，其中涯存五十八首，楚存二十九首，仲素存三十二首。

了解《三舍人集》属于职务作品，且编写目的是满足宫廷奏乐之需要，其基本格调为颂时饰世，也就可以理解了。令狐楚所作，有可诵之诗。如《从军辞》："孤心眠夜雪，满眼是秋沙。万里犹防塞，三年不见家。""胡风千里惊，汉月五更明。纵有还家梦，犹闻出塞声。"前首写边地生活之艰苦，以及军人久戍不归之命运。后诗前两句以胡风、汉月连写，后两句说战士在思乡的梦境中，仍为出塞之战声所缠绕，无法排遣。再如《闺人赠远》："君行登陇上，妾梦在闺中。玉箸千行落，银床一半空。"男女因战争而分隔，女子只有在春闺梦中才得与男子团聚。玉箸指眼泪，银床是共同生活之所在，战争改变了一切，泪流千行，人生梦空，这是何等痛苦！再如《年少行》："弓背霞明剑照霜，秋风走马出咸阳。未收天子河湟地，不拟回头望故乡。"少年从军，意气风发，末两句尤见安史乱后唐失河湟，朝野时时以收复河湟为号召，这是官方的决心。

《三舍人集》最后部分，按目录为《宫中行乐词》七十六首，可惜仅存王涯二十七首，令狐楚二十首有目而诗佚。这是早于王建《宫词》的作品，特别珍贵。

王涯年长于楚三岁，登第晚一年，入相则尤早，甘露事变牵累大逆而遭族诛。令狐楚对王涯之死，史籍记载有分歧，或说楚认为王涯该死，或说楚曾为涯辩解，真相难明。但有一点可以确认，甘露事变后，楚建议收葬王涯及其眷属的尸骸，给予礼葬。次年上巳，赐百僚大宴曲江亭，楚"以新诛大臣，不宜赏宴，独称疾不赴，论者美之"。宦官专权时，难以究明是非真相，但无论如何，朝中四相被杀，不值得欢庆。史称楚立身深得大臣之体，于此可知。

三 《断金集》：与李逢吉一生的友谊

元和十二年，宪宗支持裴度讨伐淮西叛乱，取得重大胜利，同时，宰臣李逢吉则反对用兵，楚与逢吉关系密切，时共进退，楚于此时进为翰林学士承旨，与宰相仅一步距离。

楚与逢吉关系密切，不始于元和党争时。早在贞元初楚应进士试时，逢吉即有《送令狐秀才赴举》："子有雄文藻思繁，韶年射策向金门。前随鸾鹤登霄汉，却望风沙走塞垣。独忆忘机陪出处，自怜何力继飞翻。那堪两地生离绪，蓬户长扃行旅喧。""射策"指到礼部参加贡举会试，"忘机陪出处"指明二人交往密切，或曾切磋科考内容，"自怜"句更见逢吉连乡贡的机会也没有得到。最后说别后相思，你虽辛苦，但有成功的希望，我仍蓬门自锁，寂寞无奈。逢吉晚于楚三年登进士第。早年密切来往，奠定两人一生友谊。党争分野中，两人也走得很近。逢吉在元和十一年入相，次年罢，长庆二年（822）再度入相，楚则于元和十四年入相，次年罢。此后十多年间，两人政坛沉浮，几度起落，友谊始终不变。

唐中后期党争激烈，李逢吉、令狐楚是所谓牛党的前期核心人物。史书对令狐楚尚臧否兼有，对李逢吉多斥为奸臣，多加诋毁。其实政治人物之复杂，在于他们既各自有群体势力，有政见分歧，同时又不可避免地成为君主的提线木偶，扮演不同角色。世俗之见，喜分忠奸，其实从宦之时，每人都有各自的抱负与见解，希望有所建树。具体论政及践行中，为国为民或是为私为利为小团体，差别很大。就各自立场来看，则无不抱有高尚情怀。从李逢吉、令狐楚二人唱和中，即可看到这一真情。

楚编二人唱和集《断金集》不传。《唐诗纪事》卷四七载，该集有裴夷直序，云："二相未遇时，每有所作，必惊流辈。不数年，遂压秉笔之士。及入官登朝，益复隆高，我不求异，他人自远。逢吉卒，楚有《题断金集》诗云：'一览《断金集》，载悲埋玉人。牙弦千古绝，珠泪万行新。'"逢吉卒于大和九年（835）初，时令狐也已年登七十。"牙弦"用鲍叔牙的故事，喻两人相知之深。对李之去世，楚真切地感到悲伤。

从两人交往的诗篇可以发现，除前举题集诗，令狐存六首赠李诗，李也存六首，仅有三组是唱和诗，即两人有九次唱和留下痕迹。

令狐《南宫夜直宿见李给事封题其日所下制敕知奏直在东省因以诗寄》，为元和六年李任给事中时作，时令狐为礼部员外郎，关注李之举措，末云："在朝君最旧，休澣许过从。"旧友难得，约休澣日小聚。

李逢吉《和严揆省中宿斋遇令狐员外当直之作》："致斋分直宿

南宫，越石卢谌此夜同。位极班行犹念旧，名题章奏亦从公。曾驱爪士三边静，新赠髯参六义穷。竟夕文昌知有月，可怜如在庾楼中。"也作于元和六年。严揆是楚旧主严绶，时任右仆射，李和严诗，以为旧帅僚属相会班行，别是盛事。

元和十三年，令狐楚坐累贬华州刺史，李在东川（在今蜀中），作《望京台上寄令狐华州》："祗役滞南服，颓思属暮年。闲上望京台，万山蔽其前。落日归飞翼，连翩东北天。涪江适在下，为我久潺湲。中叶成文教，德威清远边。颁条信徒尔，华发生苍然。寄怀三峰守，歧路隔云烟。"对令狐的遭际表示关心。这年李已六十一岁，感到暮年衰颓，东川距离华州太远，看到万山遮前，看到落日飞鸟可以远行，看眼前的涪江似乎也理解自己的悲切，他要表达的是，万水千山不能阻隔彼此的友谊。

长庆元年，楚自衡州贬所遇赦北归，至襄阳与李见面，作《将赴洛下旅次汉南献上相公二十兄言怀八韵》："台室名曾继，旌门迹暂过。欢情老去少，苦事别离多。便为开樽俎，应怜出网罗。百忧今已失，一醉孰知他。帝德千年日，君恩万里波。许随黄绮辈，闲唱《紫芝歌》。龙衮期重补，梅羹伫再和。嵩丘未携手，君子意如何？"宦海沉浮，苦多欢少，难得老友见面，一醉哪管其他。人生荣悴，虽然无法把握命运，既立朝为臣，感怀君恩，自应竭力为国，不计个人得失。最后说嵩丘携手，是希望退官后共隐名山，同度晚景。李逢吉也有《奉和酬相公宾客汉南留赠八韵》作答："自作分忧别，今方便道过。悲酸如我少，语笑为君多。泪亦因杯酒，欢非待绮罗。路歧伤不已，松柏性无他。怅望商山老，殷勤汉水波。重言尘外约，难继郢中歌。玉管离声发，银釭曙色和。碧霄看又远，其奈独愁和。"人生多歧，自己始终坚守原则，如松柏之直立不移。李说心情悲酸，唯老友相见，彼此放怀语笑，足以安慰。所谓"尘外约"，就是令狐说的嵩丘携手。"郢中歌"用宋玉言楚人曲高和寡故事，自谦作诗不及令狐。最后说又要分别，更增离绪。

李逢吉作《奉酬忠武李相公见寄》："直继先朝卫与英，能移孝友作忠贞。剑门失险曾缚虎，淮水安流缘斩鲸。黄阁碧幢惟是俭，三公二伯未为荣。惠连忽赠池塘句，又遣羸师破胆惊。"令狐楚作《奉和仆射相公酬忠武李相公见寄之作》："丽藻飞来自相庭，五文相错八音清。初瞻绮色连霞色，又听金声继玉声。才出山西文与武，欢从塞北弟兼兄。白头老尹三川上，双和《阳春》喜复惊。"忠武李相公为李光颜，与兄光进皆为中唐名将，早年与令狐楚皆在河东幕府，彼此熟悉。长庆间光颜镇许州忠武军，先寄逢吉诗，逢吉和诗既称李氏兄弟为国干城，更兄弟孝友。"剑门"句称其曾参与平蜀，"淮水"指出许州系天下安危。令狐和逢吉诗，既称二李文武兼资，各领大镇，又和逢吉，称其诗好，最后稍感衰瑟，两层应和，另有惊喜。

宝历二年（826），李逢吉再镇襄阳，令狐楚有《奉送李相公重镇襄阳》送行："海内垭埵遍，汉阴旌斾还。望留丹阙下，恩在紫霄间。冰雪背秦岭，风烟经武关。树皆人尚爱，辕即吏曾攀。自惜两心合，相看双鬓斑。终期谢戎务，同隐凿龙山。"因为有前次的恩德留在襄阳，所以再度出镇，往迹历历，就是人老了，当然更希望早辞戎务，共隐龙山。李逢吉作《再赴襄阳辱宣武相公贻诗今用奉酬》："解绂辞丹禁，扬旌去赤堰。自惊非素望，何力及清时。又据三公席，多惭四老祠。岘山风已远，棠树事难追。江汉饶春色，荆蛮足梦思。唯怜吐凤句，相示凿龙期。"这时令狐楚任宣武节度使，镇汴州，李则感其相送，自谦种种不敢当，最喜彼此有退归后约。

大和六年，令狐楚为河东节度使，出守太原。太原时称北京，为唐龙兴之地，京北重镇，更是他成长之地，长期任幕僚之地，现在算是衣锦归乡，但年事已老，更增无限伤感。《游晋祠上李逢吉相公》："不历晋祠三十年，白头重到一凄然。泉声自昔锵寒玉，草色虽秋耀翠钿。少壮同游宁有数，尊荣再会便无缘。相思临水下双泪，寄入并汾向洛川。""少壮同游"是说与李早年曾同游此地，现在尽享尊荣，却无缘与老友会聚。景色依旧，泪下莫名，只能托并汾之水流到洛阳。这时李为东都留守，居洛阳。

《游义兴寺寄上李逢吉相公》也作于太原："柳营无事诣莲宫（自注：相公久主此寺），步步犹疑是梦中。劳役徒为万夫长，闲游曾与二人同。鸾凰飞去仙巢在，龙象潜来讲席空。松下花飞频伫立，一心千里忆梁公。"义兴寺为李逢吉早年在太原读书处，二人入仕前常游此寺，多年后重游，思绪万千，只能伫立松下，看花飞花落，寄情千里外的故人。李逢吉封凉国公，尹楚兵著《令狐楚年谱》认为"梁公"是"凉公"之误。

令狐楚与李逢吉从贞元初在太原相识，那时两人都未入仕，都在为科名拼搏，就已经结下深厚友谊。此后到大和九年初李去世，其间约绵历五十年，历经贫贱到荣显的种种变化，但友谊不变，情怀始终如一，其间并无诡诈，也不含阴谋，所有的只是为人为政之道，思念关怀之谊。所有的公道私情，也都可以向世人展示，至于史家妄说忠奸，与二人交往的实情并无太大关系。

四　《彭阳唱和集》：与刘禹锡超越政见的友情

从政治立场来说，刘禹锡是永贞党人，长期遭到贬谪，牛李党争中与李党魁首李德裕私交甚笃，似乎应该与牛党大佬令狐楚保持距离方好。其实不然，刘比令狐年轻六岁，进士及第仅晚两年，到贞元末年已经有文字交往。二人在长庆元年于衡州第一次见面。那时刘经历朗州、连州长达十五年的贬谪，内迁为夔州刺史，令狐则经历学士、承旨、宰相的高就，遽贬衡州，跌入谷底。荣辱虽异，感怀则同。刘禹锡回忆往事，仅用"输写蕴积，相视泫然"来描述。从此以后直到令狐去世，两人保持了十七年的友谊，诗歌唱和频繁。刘禹锡编两人唱和诗为《彭阳唱和集》三卷，存诗七十九首。其中刘禹锡诗因宋代宋敏求编《刘宾客外集》时据该集录诗，得以完整保存，凡五十三首，令狐赠刘诗，则据各书转引，仅存八首。两人唱和始末及情感友谊，得以基本保存。

　　二人唱和的起点是长庆四年，令狐楚改镇宣武，到任改月即作《到镇改月二十二韵》致刘，刘和诗回赠，诗长不录。不久，刘更作《客有话汴州新政书事寄令狐相公》："天下咽喉今太宁，军城喜气彻青冥。庭前剑戟朝迎日，笔底文章夜应星。三省壁中题姓字，万人头上见仪形。汴州忽复承平事，正月看灯户不扃。"这时已是次年初，刘指出汴州地当天下咽喉，为南北通道，责任重大，他借客人的叙述，写令狐文武全能，军镇安宁，朝廷与百姓皆颂赞其政绩，汴州呈现承平气象。这是很好的赞誉，令狐楚当然高兴，《节度宣武酬乐天梦得》是对前诗的回应："蓬莱仙监客曹郎，曾枉高车客大梁。见拥旌旄治军旅，知亲笔砚事文章。愁看柳色悬离恨，忆递花枝助酒狂。洛下相逢肯相寄，南金璀错玉凄凉。"其间，白居易赴苏州任刺史，在汴州停留五日，刘禹锡自和州北归洛阳，也在汴州暂客，这是"曾枉高车客大梁"之本事。其次写当时汴州景象，兼写彼此友情。然后说别后的思念，特别怀念花枝助酒之愉快。

　　此后二人交往频繁，事无巨细，皆娓娓道来，有声有色。刘禹锡《和令狐相公入潼关》："寒光照旌节，关路晓无尘。吏谒前丞相，山迎旧主人。东瞻军府静，西望敕书频。心共黄河水，同升天汉津。"令狐结束汴州近五年的任期，被召回京，入关有诗赠刘，刘祝他高迁，诗写得很精神，"吏谒前丞相，山迎旧主人"二句尤好。令狐在京，曾雪中游玄都观，作诗赠刘，刘作《酬令狐相公雪中游玄都观见忆》："好雪动高情，心期在玉京。人披鹤氅出，马踏象筵行。照耀楼台变，淋漓松桂清。玄都留五字，便入步虚声。"玄都观曾因刘禹锡两度游历，留下"前度刘郎"的名句，令狐似应知道往事，故意在玄都观作诗忆及刘，诗不存，无从揣度。刘回诗，不提往事，只说玄都观的雪景与道情，也可玩味。

录一组两人皆存的诗。令狐《赴东都别牡丹》："十年不见小庭花，紫萼临开又别家。上马出门回首望，何时更得到京华？"宦海不定，又别家东行，临别与长安宅居之牡丹分别。十年不见，蓓蕾初绽之际又作分别，人生无奈，命运难测，莫此未甚。刘禹锡作《和令狐相公别牡丹》："平章宅里一栏花，临到开时不在家。莫道两京非远别，春明门外即天涯。"平章宅就是相府，深刻理解花将开而人远行之遗憾。春明门是长安东门，京洛大道的起点。令狐诗有些淡淡的悲哀，刘禹锡一句"春明门外即天涯"，将这一遗憾发挥到极致。从写实说，离家远近都是告别，从写意说，京城决定一切，离开京城就难以把握自己的命运，遗憾就不仅是赏花无期了。

令狐与刘的友谊，保持到生命的最后一息。刘禹锡结集二人唱和诗时说："（开成）二年（837）冬，忽寄一章，词调凄切，似有永诀之旨，伸纸恸叹。居数日，果承讣书。呜呼！"往还中，刘的最后一首诗，用了很长的题目，标点如下："令狐仆射与予投分素深，纵山川阻修，然音问相继。今年十一月，仆射疾不起闻，予已承讣书，寝门长恸。后数日，有使者两辈持书并诗，计其日时，已是卧疾，手笔盈幅，翰墨尚新，新词一篇，音韵弥切。收泪握管，以成报章。
虽广陵之弦，于今绝矣，而盖泉之感，犹庶闻焉。焚之穗帐之前，
附于旧编之末。"楚其时为山南西道节度使，镇兴元，为长安西南隅
重镇。大帅云亡，是大事，故其讣告加急告知各处。二人诗歌来往，
由家仆传递，是私事，于路不免耽搁。刘说得讣数日方收到令狐最后
的赠诗，且是病中亲笔所书。见诗更忆故人，他立即和诗，让来人携
归焚于令狐之灵帐前。诗云："前日寝门恸，至今悲有余。已嗟万化
尽，方见八行书。满纸传相忆，裁诗怨索居。危弦音有绝，哀玉韵犹
虚。忽叹幽明异，俄惊岁月除。文章虽不朽，精魄竟焉如？零泪沾青
简，伤心见素车。凄凉从此后，无复望双鱼。"以后再收不到你的赠
诗了，这是何等的可惜。这是对二人友谊的最后总结。

五 提携李商隐与临终大节

李商隐比令狐楚年轻近四十岁。大和三年，商隐年十七，在洛
阳受知于令狐楚，自述"久陪文会，尝叹美疢"。楚迁镇天平，即聘
商隐入幕。商隐本学古文，不喜偶对，楚亲授其章奏，尽以所学传
之，其后商隐之擅长骈俪艳体，肇端于此。商隐有《谢书》诗："微
意何曾有一毫，空携笔砚奉龙韬。自蒙半夜传衣后，不羡王祥得佩
刀。"清人解释李诗，皆谓是谢令狐之亲传文法。商隐在天平幕府屡
参宴游，多受恩遇。六年，商隐应举未第，再入楚河东幕。七年，商
隐仍不第，仍归楚幕。直到开成二年，商隐二十五岁，方因令狐楚力
荐，进士登第。这一年楚七十二岁，生命之火快燃尽了。商隐本拟归
济源省亲后再入令狐幕，闻令狐病重，即驰赴兴元探望。楚临终，神
识不乱，召商隐助草遗表。可以说，没有令狐楚全力之关心与提携，
就不会有商隐今后之成就。至于商隐后来与楚子绹不相得，都在楚身

后，与楚无关。

《旧唐书》卷一七二《令狐楚传》述令狐楚临终一节，最能见其人克己奉公之精神：

> 前一日，召从事李商隐曰："吾气魄已殚，情思俱尽，然所怀未已，强欲自写闻天。恐辞语乖舛，子当助我成之。"即秉笔自书曰："臣永惟际会，受国深恩。以祖以父，皆蒙褒赠；有弟有子，并列班行。全腰领以从先人，委体魄而事先帝，此不自达，诚为甚愚。但以永去泉扃，长辞云陛，更陈尸谏，犹进瞽言。虽号叫而不能，岂诚明之敢忘？今陛下春秋鼎盛，寰海镜清，是修教化之初，当复理平之始。然自前年夏秋已来，贬谴者至多，诛戮者不少，望普加鸿造，稍霁皇威。殁者昭洗以云雷，存者沾濡以雨露，使五谷嘉熟，兆人安康。纳臣将尽之苦言，慰臣永蛰之幽魄。"书讫，谓其子绪、绹曰："吾生无益于人，勿请谥号。葬日，勿请鼓吹，唯以布车一乘，余勿加饰。铭志但志宗门，秉笔者无择高位。"

"前年夏秋"，特指甘露事变以来，其间牵扯众多家族和高官，包括令狐楚之老友王涯等四相被杀，皆诬以大逆罪名，满门抄斩，门生故吏受牵连者无数。这是当时的敏感话题，谁都不敢言及。楚临终，以尸谏的无畏态度，希望"普加鸿造，稍霁皇威"，改变先前的酷暴，施恩天下，为亡者昭雪，让天下人安康。他也知道这样的建议会遭到秉政者的反感，干脆表示自己身后的一切哀荣全部放弃，丧事也一切从简。牛李党争之是非难以判断，就对甘露涉事诸家言，李德裕讨泽潞时仍追杀到底，其行为较令狐楚逊色太多了。

韩愈在潮州

元和十四年（819）初，韩愈（768—824）因上表谏佛骨，几蹈死罪，幸而降贬潮州。不久遇赦，量移袁州，前后在潮州不足七个月。这在韩愈一生，乃至整个唐代文学史，或中国学术史上，都是非常重大的事情。其间隐情颇多，值得一一说来。

一　一封朝奏九重天

元和十二年（817）秋淮西平定，担任淮西行营司马的韩愈晋官刑部侍郎。次年七月，转兵部侍郎，前途一片大好。十四年新正，他有诗《元日酬蔡（按：清王元启《读韩记疑》疑当作"华"）州马十二尚书去年蔡州元日见寄之什》："元日新诗已去年，蔡州遥寄荷相怜。今朝纵有谁人领，自是三峰不敢眠。"他与马总曾是裴度的左膀右臂，马总一年间三领蔡、许、华三镇，他则两任侍郎，彼此都很珍惜。

然而元月八日，宪宗让中使持香花往迎法门寺佛骨，留大内三日，长安城中掀起崇佛狂热，"百姓有废业破产，烧顶灼臂而求供养者"。韩愈早年撰《原道》，力斥佛、道祸国，当即上《谏佛骨疏》，表达反对。《谏佛骨疏》是篇感情用事、议论激切的大文章，我在十一年前撰文《韩愈贬官与韩湘升仙》（2010年初写于香港，《古典文学知识》2012年第1期刊出时改题《韩湘子成仙始末》）全文引录并分析，认为此文"就事直谏，语气急切，无所忌惮，诚难得之宏文"，但他显然忽略了宪宗在位日久，虽多有建树，但龙体欠安，精力日衰，迎佛骨而供养，本就含祈福求安之用意。韩愈未体察及此，反而大谈佛教传入中国前，帝王皆在位日久，各享遐寿，佛法东传后则"乱亡相继，运祚不长"。虽也讲了一些为皇帝回护的话，如此不为皇家考虑，逞臆率言，任便哪位皇帝都很难接受。据说宪宗读疏后雷霆震怒，当下要将韩愈正法，所赖近臣苦谏，更以不杀文臣为告，改为远贬潮州为刺史，且勒令立即起程，其全家百口也相继追随南行。

对此一严厉处分，韩愈完全不能接受。他在蓝田驿待命时，恰好侄孙韩湘闻讯火急赶来相随，即作《左迁至蓝关示侄孙湘》以赠：

> 一封朝奏九重天，夕贬潮州路八千。欲为圣明除弊事，肯将衰朽惜残年。云横秦岭家何在？雪拥蓝关马不前。知汝远来应有意，好收吾骨瘴江边。

此诗有几点值得说明。一是韩愈此年五十二岁，但发落齿豁，近视体衰，早有征兆，此番南行，路途遥遥，决计再无归望，因此失望至极。二是蓝关指蓝田驿，唐代受严谴之官员，一般会在此停留，以听后命，许多贬臣皆曾赐死蓝田驿。韩愈启程是正月十六日，"雪拥"也是实情，此句更含生死未卜之恐惧。三是韩湘，他是韩愈兄长韩会之孙，十二郎韩老成之子。由于韩会年长韩愈三十岁，他与老成昆称叔侄，情同兄弟。老成二子湘、滂，一直随他生活。韩愈南贬，家人仆侍全部被赶出京城，追随同行。韩愈幼年时，因兄韩会之南贬，经历过这段遭际，此时更感受强烈。后来佛、道两家纷纷编派韩愈之故事，不经意间据此诗而将韩湘捧成了大仙韩湘子，前引拙文有论列，在此不说。

二　夕贬潮州路八千

韩愈南行，是从商洛大道东南行，经南阳、襄阳、江陵、长沙、衡阳，逾岭到韶州，复南行经增城而东行，沿路皆有诗文，可以知道他的所见所感。

初行不久，韩愈就遭遇不幸，第四女挐病死于商南层峰驿，被草草葬于路侧。至次年北归经此，有诗《去岁自刑部侍郎以罪贬潮州刺史乘驿赴任其后家亦谴逐小女道死殡之层峰驿旁山下蒙恩还朝过其墓留题驿梁》："数条藤束木皮棺，草殡荒山白骨寒。惊恐人心身已病，扶舁沿路众知难。绕坟不暇号三匝，设祭唯闻饭一盘。致汝无辜由我罪，百年惭痛泪阑干。"虽是事后之言，由中可见南贬对他家庭冲击之巨大，家人付出之惨重。

在商州武关，有《武关西逢配流吐蕃》："嗟尔戎人莫惨然，湖南地近保生全。我今罪重无归望，直去长安路八千。"这里的吐蕃应指被唐俘获者，配居湖南。韩愈安慰他们，不用过分愁苦，湖南相去不远，可以安生保命，我更不如你们，路远八千，或许再无北归的希望。

走近南阳，春色已浓，他虽也感叹"潮阳南去倍长沙，恋阙那堪又忆家"（《次邓州界》）。贾谊以长沙卑湿，愁苦而死，自己所去更倍于长沙。这时家人还没到，他难免有许多挂念。看到春泥、春花，也更增加了希望。

在这同时，他有《食曲河驿》，虽然内心仍很凄苦，但开始检讨自己的疏失。末四句云："下负朋义重，上孤朝命荣。杀身谅无补，何用答生成。"

南行近两月，终于过岭，经过曲江泷水，他有《泷吏》一首，有些长，但仍值得录出：

南行逾六旬，始下昌乐泷。险恶不可状，船石相舂撞。往问泷头吏："潮州尚几里？行当何时到？土风复何似？"泷吏垂手笑："官何问之愚？譬官居京邑，何由知东吴？东吴游宦乡，官知目有由。潮州底处所，有罪乃窜流。侬幸无负犯，何由到而知。官今行自到，那遽妄问为？"不虞卒见困，汗出愧且骇。吏曰聊戏官："侬尝使往罢。岭南大抵同，官去道苦辽。下此三千里，有州始名潮。恶溪瘴毒聚，雷电常汹汹。鳄鱼大于船，牙眼怖杀侬。州南数十里，有海无天地。飓风有时作，掀簸真差事。圣人于天下，于物无不容。比闻此州囚，亦在生还侬。官无嫌此州，固罪人所徙。官当明时来，事不待说委。官不自谨慎，宜即引分往。胡为此水边，神色久傥慌。缸大瓶罂小，所任自有宜。官何不自量，满溢以取斯。工农虽小人，事业各有守。不知官在朝，有益国家不？得无虱其间，不武亦不文。仁义饬其躬，巧奸败伦群。"叩头谢吏言，始惭今更羞。历官二十余，国恩并天酬。凡吏之所诃，嗟实颇有之。不即金木诛，敢不识恩私。潮州虽云远，唯恶不可过。于身实已多，敢不持自贺。

这是一首寓言诗。且押韵完全无规律可循，只是任意说来，最见韩愈的风格。《泷吏》所叙，无论是写实还是虚构，都没有太多意义，重点在于韩愈从"欲为圣明除弊事"而被贬的委曲之中，开始反省自己的罪责，开始从一己愤言转而为皇帝、为朝廷着想，检讨自己的不是。诗的开头，韩愈有些摆官架子，连问离潮州还有多远，何时可到，那边风土如何？泷吏从容作答，凡是到潮州为官者，都是有罪遭窜流者，如果没有犯罪，也不会来这里，那里风土如何，到了就知，何必妄加询问？真是人落困境，连小吏也敢加以羞辱。韩愈闻言又羞又愧，汗流不止。泷吏在介绍潮州环境险恶后，更讲出一大段惊天动地的道理，更进一步责问："你在朝为官，曾为国家做过好事吗？是否武不能打仗，文不能执笔，就在其中混日子，甚至满口仁义，实际却巧奸败伦？"你如果为官谨慎，就不会来到这里，既然来到这里，就该认命有悔！以往的罪人，也有安然北归者，正所谓皇恩无私，万物包容，不要老是徘徊水边，神色慌张，抑郁不平，愁苦满脸——可以作比较的是屈原以来泽畔行吟、悲愤不平，早已成为文人与世乖违的典型形象。韩愈在此诗中，一反旧说，从羞惭中反省：莅官以来，是否得报皇恩，为国立德立功。上疏得罪，未就死罪，已经是恩及草木，值得自贺。潮州风土险恶，一切事在人为，没有什么过不去的坎。这里看到韩愈思想的飞跃，从被贬怨愤，改而思考自己的过失，在不幸中体悟人生的道理。就此点言，泷吏可以说使他精神升华，当然也可能一切都是他的虚构。

韶州是韩愈少年随兄南贬时居住过几年的地方，重经故地，有许多感慨，也留于诗中。《过始兴江口感怀》："忆作儿童随伯氏，南来今只一身存。目前百口还相逐，旧事无人可共论。"伯氏是长兄韩会。韩愈幼年丧父，靠兄嫂扶携长大。大历十二年（777）韩会坐元载党羽南贬，韩愈已经十二岁，在韶州三四年，印象深刻。四十年过去，兄嫂均已作古，当年百口南行，而今仅孤身独在。"目前百口"是他的家人，除了自己，再无人想起往事，他感到了寂寞和无奈。《题临泷寺》："不觉离家已五千，仍将衰病入泷船。潮阳未到人先说，海气昏昏水拍天。"身体不好，前途多凶险，仍得前行。

好在岭南节度使孔戣和韶州张使君都是多年的老友，虽然皇命难违，给些关心照顾还是应该的。《晚次宣溪辱韶州张端公使君惠书叙别酬以二章》之一："韶州南去接宣溪，云水苍茫日向西。客泪数行元自落，鹧鸪休傍耳边啼。"人在落魄时，朋友的关心最容易让人感到温暖。增城离广州已经不远，岭南节度使孔戣名义上是韩愈的"主管领导"，但皆身不由己。孔戣知道韩愈南来，不便见面，以潮州"州小俸薄，虑有阙乏"的名义，每月别给韩愈五十千钱，对韩愈是不小的支持。他有《潮州谢孔大夫状》致谢，数年后为孔撰墓志，则不及于此，盖公私有分也。

韩愈从元月十四日发长安，三月二十五日到任，在路凡七十二日。

三　《潮州刺史谢上表》的屈服与争议

唐代刺史到郡，循例应有谢上表，报到感恩而已，并无特别要求，但韩愈的《潮州刺史谢上表》，几乎倾注一生之心力，写皇恩之广溥，述环境之恶劣，再以成功封禅需要自己这样的大手笔来行事，企望及时北归。此表之姿态，与《谏佛骨疏》大相径庭，遭致后世议论纷纭。

《谢上表》第一节，对妄议佛骨，认罪知错："臣以狂妄戆愚，不识礼度，上表陈佛骨事，言涉不敬，正名定罪，万死犹轻。陛下哀臣愚忠，恕臣狂直，谓臣言虽可罪，心亦无他，特屈刑章，以臣为潮州刺史。既免刑诛，又获禄食，圣恩宏大，天地莫量，破脑刳心，岂足为谢！"哪里还有一点为圣明除弊政之理直气壮？自己罪该万死，皇上宽宏大量，还给以禄食，实在感恩戴德。接着说自己到任述职，虽略显夸张，还在分内。第三节述风土险恶："臣所领州，在广府极东界上，去广府虽云才二千里，然往来动皆经月。过海口，下恶水。涛泷壮猛，难计程期；飓风鳄鱼，患祸不测。州南近界，涨海连天；

毒雾瘴氛，日夕发作。"这哪里是人可以居住的地方，也许是实情，更多是为下文铺垫。接着说身体不好："臣少多病，年才五十，发白齿落，理不久长，加以罪犯至重，所处又极远恶，忧惶惭悸，死亡无日。单立一身，朝无亲党，居蛮夷之地，与魑魅为群，苟非陛下哀而念之，谁肯为臣言者？"也都是实情。他的早衰，他的齿落，诗里都有记载。他更知道受到严谴，很可能十年不调。他的朋友柳宗元、刘禹锡不都如此吗？就在他上表后不久，柳宗元病死柳州的消息传来，恰好印证了他的忧虞。韩愈是有宏大志向的学者，说他自称儒家道统的传续者，一点也不过分。一路南行，他时时感受到死神的迫近，他希望改变命运，因而写下这篇《谢上表》。

　　再往下读，还有更不可思议的叙述。从列祖列宗，说到今上的辉赫功勋："陛下即位以来，躬亲听断；旋乾转坤，关机阖开；雷厉风飞，日月清照；天戈所麾，莫不从顺；大宇之下，生息理极。"伟大的功业需要伟大的告祭，他的建议也顺便推出："陛下承天宝之后，接因循之余，六七十年之外，赫然兴起，南面指麾，而致此巍巍之治功也。宜定乐章，以告神明，东巡泰山，奏功皇天，具著显庸，明示得意，使永永年代，服我成烈。"宪宗世称中兴之主，在位十多年，数平藩镇之乱，确实改变了安史乱后六十年的颓势，但因此而建议东巡泰山，告天以成功，也确属太过分了。更过分的是最后一节："当此之际，所谓千载一时不可逢之嘉会，而臣负罪婴衅，自拘海岛，戚戚嗟嗟，日与死迫，曾不得奏薄技于从官之内、隶御之间，穷思毕精，以赎罪过，怀痛穷天，死不闭目，瞻望宸极，魂神飞去。"封禅盛会千载难逢，能写此大文章之小臣目下"日与死迫"，不能为陛下成此伟业，真是死不瞑目。一切的自责、一切的歌颂，都落实在此，我不想死在南方，希望陛下垂怜，早放一条生路。我在朝中没有朋党、没有关系，了解我的只有皇帝陛下，一切就拜托了。在以名节为砥砺的士人看来，韩愈谏佛骨理直气壮，而《谢上表》居然如此转身，几乎完全否定了前此的名节。欧阳修说："前世有名人，当论事时，感激不畏诛死，真若知义者。及到贬所，则戚戚怨嗟，有不堪之穷愁形于文字……虽韩文公不免此累。"（《与尹师鲁第一书》）实在是诛心之论。

此外，韩愈在潮州还写过《贺册尊号表》，歌颂宪宗之无边功业。又作《琴操》十首，言古圣贤遇灾厄闭塞悲愁，然从容致思，不失其操。其中《拘幽操》中两句："臣罪当诛兮，天王圣明。"与其《谢上表》所述精神是一致的。

宋明人讲节操，对韩愈因畏祸惧死而出此下策之行为不表赞同。但就韩愈本人言，因激情而上疏，被贬而自省，谢上以认错，努力挽救自己的自然和政治生命，也有可以理解的理由吧。《新唐书》本传说宪宗读表后，对宰相说："愈前所论是大爱朕，然不当言天子事佛乃年促耳。"有意召回，为宰相所格，得量移袁州。三月到潮州任，十月改授，居潮仅七个月，韩愈真算幸运。

四　韩愈在潮州之作为

宋以后，韩愈接近圣人，他在潮州的一切也开始神化。但就他在潮州所存诗文看，似乎处境并不坏，且努力做了一些于地方有益之实务。

先要说，韩愈过岭后首度尝到海鲜，胃口大好，心情也有不错的时候。桂管观察使裴行立听闻韩愈南来，派门客元集虚携药物候于韶州，以示慰问。韩愈作《赠别元十八协律六首》，谢裴谢元，且知元归途可经柳州，也在诗中向柳宗元致候。同时作《初南食贻元十八协律》云：

> 鲎实如惠文，骨眼相负行。蚝相黏为山，百十各自生。蒲
> 鱼尾如蛇，口眼不相营。蛤即是虾蟆，同实浪异名。章举马甲柱，
> 斗以怪自呈。其余数十种，莫不可叹惊。我来御魑魅，自宜味南烹。
> 调以咸与酸，芼以椒与橙。腥臊始发越，咀吞面汗骍。惟蛇旧所识，
> 实惮口眼狞。开笼听其去，郁屈尚不平。卖尔非我罪，不屠岂非情。
> 不祈灵珠报，幸无嫌怨并。聊歌以记之，又以告同行。

所列包括鲎实、牡蛎、蒲鱼、虾蟆等许多前所未知的食品，他说自己
虽然还很不适应，加了许多调味品，仍感到腥臊面汗。他对南方人吃
蛇更不能接受，说并非仁慈，仅因其口眼狞狞。元集虚也向他转示
柳宗元《食虾蟆》诗（今不存），韩愈奉和，说自己对虾蟆向无好感：
"跳踯虽云高，意不离污淖。鸣声相呼和，无理只取闹。"跳又跳不
高，鸣叫更令人心烦。但将其作为食物，最初难以下咽，其后则"近
亦能悄悄"，闷声品味，啥也不说，"甘食比豢豹"，确实妙不可言。

　　南方多祀神鬼，潮州也一样。韩愈入乡随俗，四处奉祭，今存
有《潮州祭神文五首》。仔细阅读，其一为到任不久，遣县尉致祭
太湖神。其二仍祭太湖神，乃因久雨不止，叙述若雨不止，则"农
夫桑妇将无以应赋税、继衣食也"。这次是刺史亲去，并说自己有责
任："非神之不爱人，刺史失所职也。"愿承其咎，以劝农桑。其三是
六月壬子祭城隍神，希望神佑人间，"清风时兴，白日显行，蚕谷以
登，人不咨嗟"。其四祀界石神，谢其福佑，"淫雨既霁，蚕谷以成，
织妇耕男，忻忻衍衍"。其五再祭太湖神，谢其助佑"无有水旱雷雨
风火疾疫为灾"。唐时地方守官的职责，一是狱讼，二是赋税，而民

生安危，端赖自然佑护。韩愈所作，虽是责任，也足称勤勉矣。

当然他更著名的动作是作《祭鳄鱼文》，以天子与刺史的名义驱逐鳄鱼，使其不祸害地方。潮州鳄鱼似名传南北。他作《泷吏》诗，已受到"鳄鱼大于船，牙眼怖杀侬"的惊吓。《谢上表》也有"飓风鳄鱼，患祸不测"的叙述。他的办法是，让从事以"羊一、猪一，投恶溪之潭水"，然后正告，今天下承明，天子命刺史来治此州，"鳄鱼其不可与刺史杂处此土也"。然后发出严厉通牒："鳄鱼有知，其听刺史言：潮之州，大海在其南。鲸鹏之大，虾蟹之细，无不容归，以生以食，鳄鱼朝发而夕至也。今与鳄鱼约，尽三日，其率丑类，南徙于海，以避天子之命吏。三日不能，至五日；五日不能，至七日；七日不能，是终不肯徙也。是不有刺史听从其言也；不然，则是鳄鱼冥顽不灵，刺史虽有言，不闻不知也。夫傲天子之命吏，不听其言，不徙以避之，与冥顽不灵而为民物害者，皆可杀。刺史则选材技吏民，操强弓毒矢，以与鳄鱼从事，必尽杀乃止。其无悔！"潮州临海，海中有许多食物，有你生活的天地，而且道途不远，"朝发而夕至"，你应该改变生活习性。现在刺史代表天子与你说定，最多七天，你自己走，你如果不走，刺史将发动民众，携强弓毒矢，将你消灭，到时你后悔也来不及了。据说此文在"鳄鱼界反响热烈"，当晚就决定集体迁徙，远离潮州。韩愈大战鳄鱼，因此而成为不朽盛事。当然，韩愈那时还没有机会学习现代生物分类学，了解鳄鱼属于爬行动物，无法在海里生活，如果潮州不行，最多只好迁到漳州，结果还不一样吗？其实，韩愈文章是游戏而作，鳄鱼闻讯而远迁更属传奇，但文章是好文章，祭鳄鱼也是为了民生，理解于此，就姑妄信之吧。

韩愈在潮州最重要的举措是积极办学。《潮州请置乡校牒》云："此州学废日久，进士、明经，百十间，不闻有业成贡于王庭、试于有司者。"文化落后，是因为教育不兴；教育不兴，则因刺史、县令失职。韩愈认为："刺史、县令不躬为之师，里闾后生无所从学。"自己身为刺史，责无旁贷，他因此请示在潮州建置乡校，且"出己俸百千，以为举本，收其赢余，以给学生厨馔"，自己捐款为本金，鼓励地方乡绅集资，为学生提供餐饮。又推荐当地秀才赵德，"沉雅专静，颇通经，有文章，能知先王之道，论说且排异端而宗孔氏"，让他主持州学，督课生徒。赵德没有辜负韩愈所托，后曾编选韩愈诗文为《韩子文录》，宋人尚曾见到，今人刘真伦有辑本。

韩愈在潮州仅七个月，他为潮州文化教育所作贡献，为当地永久记忆。

五　与大颠禅师的来往与传闻

韩愈在潮州期间，与大颠禅师来往密切。还没有离开潮州，他"少信奉释氏"的消息就传播开来了，以至他从潮州量移袁州，路过吉州时，即作《与孟尚书书》作出解释："潮州时，有一老僧号大颠，颇聪明，识道理，远地无可与语者，故自山召至州郭，留十数日。实能外形骸，以理自胜，不为事物侵乱。与之语，虽不尽解，要自胸中无滞碍，以为难得，因与来往。及祭神至海上，遂造其庐。及来袁州，留衣服为别。乃人之情，非崇信其法，求福田利益也。"始末基本说清楚了。在韩愈诗集中，可以读到多位僧家朋友，或加调谑，或与论诗，皆与信仰皈依无关。但大颠一事，则佛家有另一番发挥，理学家又忙不迭加以澄清，着实很热闹。

先说大颠其人。《祖堂集》卷五有其传，法名宝通（732—824），俗姓陈，颍川人。大历间师潮阳西山惠照，后嗣石头希迁，归住潮州灵山，世称大颠和尚。他比韩愈年长三十六岁，韩愈觉其人理识清通，可以谈说，请到郡斋小住十多天，确实可以理解。世传韩愈《与大颠师书》三封，历代聚讼纷纭，证其真者有欧阳修、王安石、朱熹等，斥其伪者有苏轼、陆游等。第一封写"久闻道德，切思见颜，缘咋到来，未获参谒，倘能暂垂见过，实为多幸。已帖县令具人船奉迎"，即初过未见，拟再派人船专程迎接。其二云："海上穷处，无与话言，侧承道高，思获披接。"与前引《与孟尚书书》所谓"远地无可与语者"合。其三比较复杂，既云"所示广大深迥，非造次可谕"，又云"道无凝滞，行止系缚，苟非所恋着，则山林闲寂与城郭无异"，似乎已经涉及佛法玄理。但仔细回味，也只是彼此谈得投机，倾心向慕，并不涉及佛法修行皈依之事。比读三书，可知《与孟尚书书》所谈为实情。

当然，韩愈曾致信大颠，寺僧后刻石于潮州灵山院，其墨迹宋人曾得见，均可知僧人对此之重视。将二人交往演为小说，唐时就在丛林中传开。《祖堂集》卷五述此甚详。如韩贬潮之原因，说是："元和十三年戊戌岁，迎真身，元和皇帝于安远门躬自焚香，迎候顶礼。皇帝及百寮俱见五色光现，皆云是佛光，百寮拜贺圣感。唯有侍郎韩愈一人独言不是佛光，不肯拜贺圣德。帝问：'既不是佛光，当此何光？'侍郎当时失对，被贬潮州。"时间错了，上疏更变成"独言不是佛光"。其后二人交谈，居然反复争论此佛光之有无。其后大颠归山，还留诗一首："辞君莫怪归山早，为忆松萝对月宫。台殿不将金锁闭，来时自有白云封。"此后在宋初陈抟的华山传说中，也见到此诗，知是佛、道二家的"公共资产"。其后韩不断自称弟子，向大颠请教"佛法中省要处"，也无疑是僧人的编造。唐代毕竟是开放的时代，韩愈那么激烈地反对佛老，而僧人编故事说韩愈佛法修行很深，与大颠禅师谈得如此投机，道家说韩愈不识仙术变化，在他的侄孙

（一步步变成了韩湘）幻术前最终迷失，也皈依道家。认真的韩愈，碰到很不认真的对手，也只能徒唤奈何吧！

六　余说

伟大文学家，都有不平凡的人生。李白、杜甫如此，韩愈、柳宗元、刘禹锡、白居易也是如此。他们是那个时代的杰出者，但也被那个时代局促在特定的困境中。元和十四年的韩愈真是大起大落，他的勇气和胆怯都暴露无遗，他这一年留下的诗文中有抗争也有妥协，有愁苦也有思考。奔走道途，困瘁蛮瘴，确实很难说愉快，但他以妥协退让改变自己的命运，在贬斥远地时为生民造福，将文化与教育带给潮州，将不朽的诗文留在潮州，潮州也永远纪念他做过的一切。就此而言，韩愈的贬潮也留下他的一段不朽传奇。

韩愈与柳宗元的友谊

中国文学史上有许多同一时代伟大的文学家，他们的友谊可以长久地为人们所专诵、记忆，比如李白与杜甫，白居易与元稹，欧阳修与梅尧臣。韩愈与柳宗元（773—819）也一样。今人经常会过分夸大他们在政治和哲学见解上的分歧，忽略了他们贯穿一生的友谊。我想揭示一些一般读者忽略的事实，展示他们不朽的友情。

一 韩、柳交游之始

韩愈与柳宗元是什么时候开始认识的，不容易下结论，先从明确的记载谈起。

《四部丛刊》影元本《朱文公校昌黎先生文集》末附《长安慈恩塔题名》："韩愈退之、李翱翔之、孟郊东野、柳宗元子厚、石洪浚川同登。"注云："已下并方本所载。"朱熹所校方本，指方崧卿校理之南安军本，今仅存《上集》及校勘记部分的《韩集举正》，检方崧卿《韩集举正》，亦涉此帖。按此题名当出慈恩寺石刻，宋人曾摩拓为《唐贤雁塔题名》，编韩集者据以采据。此帖今存残卷，上述题名已无存。因题名无明确年代，后之各家年谱皆未考及。然据诸人行迹，可大致揆知此为二人交往之最早记录。

慈恩塔在长安南郊慈恩寺内，寺乃高宗为太子时为生母长孙皇后所建，与曲江相邻，中唐后更为士人游览名区。李翱《感知己赋》云："贞元九年（793），翱始就州府之贡举人事。"知翱此年方入京，为此题名之上限。孟郊卒于元和九年（814）。柳宗元自永贞元年（805）南贬，至元和十年始得返京，是同登之事，不在元和间。韩愈贞元十九年贬阳山，元和初方放回，时柳已贬永州，知可再向前推。华忱之《孟郊年谱》所考，孟郊于贞元十二年登进士第后，寻即东归，曾小住和州，寄寓汴州，于洛阳选尉溧阳，旋迎母南下，至元和元年始回长安。韩愈从贞元十二年起，入佐汴、徐幕府，中间虽曾数度入京，为时甚暂。据此推测，五人同登慈恩塔的时间，当不迟于贞元十二年。在贞元九年至十二年的三年间，又以九年的可能性为最大。此年李翱贡举入京，柳宗元于春间登第，韩愈于前一年登第，时方应宏词试，孟郊试礼部而未第，年初正月五日有独游雁塔题名。以上推测，可以看到中唐这几位大家，这时都还在科场奔波，悲喜不一，但相约同行，留下记录，虽不知他们谈了些什么，但彼此确定的友谊，必然在他们今后的人生行事中留下痕迹。

柳宗元撰《先君石表阴先友记》，载他父亲柳镇的朋友："韩会，昌黎人。善清言，有文章，名最高。然以故多谤。至起居郎，贬官，卒。弟愈，文益奇。"韩会较韩愈年长三十岁，名为兄长，实同父执，即与柳镇可得为友。但此下云"弟愈，文益奇"，既可理解韩愈也可看作他父亲的朋友，也似不经意间顺便提到。韩愈仅比柳宗元年长五岁，怎么会成为父友呢？柳宗元叙父亲一生事迹的《先侍御史府君神道表》，提供了另外的答案："服既除，常吏部命为太常博士。先君固曰：'有尊老孤弱在吴，愿为宣城令。'三辞而后获，徙为宣城。四年，作阌乡令。考绩皆最，吏人怀思，立石颂德。"柳镇作宣城令的时间，大致可以推定在建中时期（780—783），时柳宗元十岁左右。韩愈因父亲早亡，跟随长兄生活。韩会于大历十二年（777）

受元载冤累，贬官岭南，韩愈同行。数年后随兄北归，寄居宣城，其时恰为柳镇任宣城令之时。今知柳宗元在父亲自阌乡徙官鄂岳沔都团练判官时，随侍在父亲身边，柳镇要求到宣城任官的理由为"尊老孤弱在吴"，便于照顾，他赴职宣城后，将家人包括少年柳宗元接到宣城，应该顺理成章。如以上推测可以得到进一步的证实，则韩、柳二人很可能在少年时期即已经定交。

二　韩、柳在政治风云中的沉浮

韩愈于贞元八年登进士第，时年二十五岁。其后他再应词科，在京城盘桓数年。柳宗元于贞元九年登进士第，时年二十一岁，至十四年中博学宏词科，旋除蓝田尉。韩愈自十二年受宣武军节度使董晋辟，为观察推官。十五年，依武宁军节度使张建封。到十八年，为四门博士，方得返京。次年，迁监察御史，以论事切直得罪，遭贬阳山令。柳则于十九年拜监察御史里行，二十一年顺宗即位，擢礼部员外郎，参与王叔文等新政。同年新政败，远贬永州司马。梳理二人行迹，不难发现两人同居京师，有较密切交往的时间仅有两段，一为二人分别贡于礼部，先后及第，至韩愈入汴幕为止，前后有四五年。当时彼此都很年轻，留下的记录也不多。二为贞元十八九年间，仅一年多一些时间，各自在文学及任官方面都已获得一些名气，开始形成相关的朋友圈。柳宗元于贞元十八年为独孤申叔所撰《亡友故秘书省校书郎独孤君墓碣》，末记知者名单，其中有韩泰、韩愈、王涯、吕温、刘禹锡、崔群等人，可以见到韩愈其时朋友圈的大致情况，其中多人皆属永贞党人或接近者。韩愈若非前此即外贬，很可能也会参与其间。

韩愈以贞元十九年岁末，贬连州阳山令。贬官的原因，《旧唐书》本传云为"上章数千言极论""宫市之弊",另说是上疏言关中旱灾,请有司宽民徭,免田租之弊,为京兆尹李实所谗。具体原因,似乎韩愈本人也不甚清楚。他有《赴江陵途中寄赠王二十补阙李十一拾遗李二十六员外翰林三学士》长诗叙述自己的猜疑,认为"或自疑上疏,上疏岂其由",因为上疏后,"天子恻然感,司空叹绸缪"。得到肯定,但结果却是"谓言即施设,乃反迁炎州",这里司空指刚从淮南调京的杜佑。韩愈始终怀疑别有原因,在此诗中留下"同官尽才俊,偏善柳与刘。或虑语言泄,传之落冤仇。二子不宜尔,将疑断还不"一段疑问。他对柳、刘二人之人品充分信任,认为他们都不会做出卖朋友的事情,然而别处也找不出原因,因此怀疑三人间私下的议论,为其中一人或二人不小心泄露给政敌,导致他被斥逐。从这段诗句中,可以见到三人肯定在私下讲了许多涉及当朝政治最敏感的话题。就当时来说,一是德宗因年迈而不思作为,政事废滞;二是宦官专政越来越严重,为清流所侧目;三是各军镇节帅长期不变动,割据态势越来越严重。当然还有其他原因。如果说韩愈的猜测有一定道理,我更愿意相信不小心说漏嘴的人是刘禹锡,因为刘长期担任杜佑的掌书记,交谊密切,几乎无所不谈。韩愈自阳山令量移为江陵司户时,曾得机会见到南贬途中的刘禹锡,二人曾有长谈,韩更建议刘写信给杜佑,请求奥援。其间若有误会,应该也解释清楚了。

永贞革新期间,韩愈在南方,对真相未必全有了解。他在阳山北行江陵途中所作诗,都带有强烈的个人情绪,如《八月十五夜赠张功曹》云"赦书一日行万里,罪从大辟皆除徙。迁者追回流者还,涤瑕荡垢清朝班。州家申名使家抑,坎轲只得移荆蛮",对新皇新政没有将自己召还,仅仅量移江陵,很是不满,矛头对准"使家",即节度使对赦书的抑制。他归京后作《永贞行》,强烈表达对新政的谴责和丑诋. 如前半篇:"君不见太皇谅阴未出令,小人乘时偷国柄。北军百万虎与貔,天子自将非他师。一朝夺印付私党,懔懔朝士何能为? 狐鸣枭噪争署置,睒睗跳踉相妩媚。夜作诏书朝拜官,超资越序曾无难。公然白日受贿赂,火齐磊落堆金盘。元臣故老不敢语,昼卧涕泣何汍澜。董贤三公谁复惜,侯景九锡行可叹。国家功高德且厚,天位未许庸夫干。"今人都据以认为韩愈与刘、柳政见分歧,是新政的反对派。瞿蜕园撰《刘禹锡集笺证》,认为此诗中有许多诬枉之词,颂圣而"运用故实不无过甚",将王叔文、韦执谊等比为董贤、侯景,有"天位未许庸夫干"之句,"谓王、韦将谋篡,其谁信之"。他的解读认为韩愈之所以其辞过甚,是韩既要颂圣以让"君、相见此诗必深许其忠",又要尽量撇清自己与刘、柳之同党关系。瞿认为,对韩诗,刘、柳皆未曾以为忤,也无怨韩之辞,虽二人与韩在政治取径上不同,"乃更望愈之仕途亨遂,早据要津,始有弹冠相庆之可冀"。似有些俗见,但也可能正是元和间三人升沉各异,始终没有"损及私交"的合理解答。

政治波折毕竟阻隔了两位终身友人的文学交流。韩愈为诗险峻雄奇,尤喜以僻字险句写诗,柳宗元又何尝不是如此呢? 读他的《天对》,以及《平淮夷雅》《同刘二十八院长述旧言怀感时书事奉寄澧州张员外使君五十二韵之作因其韵增至八十通赠二君子》等诗,可以认为二人恰是功力悉敌的对手,如果得缘经常唱和,会留下多少不朽的篇章。但检阅二集,柳集中没有与韩唱和之篇,韩集中也仅有《答柳柳州食虾蟆》一篇。韩仅《赠别元十八协律六首》中有二首写到柳,录其三如下:"吾友柳子厚,其人艺且贤。吾未识子时,已览赠子篇。寤寐想风采,于今已三年。不意流窜路,旬日同食眠。所闻昔已多,所得今过前。如何又须别,使我抱悁悁。"仅因见到柳在南方的朋友元集虚，得以听到柳的许多事迹，引起极大的兴趣。诗一般，不能与杜甫怀念李白诸诗相比。

刘禹锡《唐故中书侍郎平章事韦公集序》引李翱语云："翱昔与韩吏部退之为文章盟主，同时伦辈，惟柳仪曹宗元、刘宾客梦得耳。韩柳之逝久矣，今翱又被病，虑不能自述，有孤前言，赏恨无已，将又荐诚于刘君乎！"这大约是李翱在大和末至开成初所云，表达韩门对柳宗元地位的认识。

三　韩、柳恪守君子之道，分歧并不影响友谊

永贞元年柳宗元南贬，中间仅元和十年曾短暂地回过京师，其间韩愈在长安以考功郎中兼知制诰。其间二人应曾见面，如韩愈《赠别元十八协律六首》其三云"瘴疬想风采，于今已三年"可以证明，但没有留下具体的记录。柳宗元旋即南守柳州，直到去世。其间十五年，虽天各一方，但肯定一直保持通信联系，且在许多重大问题上，有不少认识的分歧。今人往往将这些分歧看得很严重，从政治、人品到学理做种种的揣摩。我则认为，二人始终坚持君子和而不同的原则，所见有别即坦陈所见，见解分歧并不影响彼此的尊重和友谊。分歧包括以下各点。

对佛教之态度。韩愈早年著《原道》，斥佛教为夷狄之法，提出"人其人，火其书，庐其居"的偏激主张，元和末谏迎佛骨，几乎招来杀身之祸。柳宗元敬佛，彼此见解对立。柳宗元《送僧浩初序》云："儒者韩退之与予善，尝病予嗜浮屠言，訾予与浮屠游。近陇西李生础自东都来，退之又寓书罪予，且曰：'见《送元生序》，不斥浮屠。'"《送元生序》指柳宗元所作《送元十八山人南游序》，开首一段明显针对韩愈，认为老子是"孔氏之异流""皆有以佐世"。《送僧浩

初序》更明确与韩愈商榷，认为"浮屠诚有不可斥者，往往与《易》《论语》合"。将韩愈《原道》所论，概括为"髡而缁，无夫妇父子，不为耕农蚕桑而活乎人"几句，认为韩"所罪者其迹也"，仅仅"忿其外而遗其中，是知石而不知韫玉也"，列举自己与浩初交往之种种感受，认为"为其道者，不爱官，不争能，乐山水而嗜闲安者为多"，故乐与之游。

论史官。柳宗元作《与韩愈论史官书》，针对韩愈《与刘秀才书》中所述修史畏祸的议论，畅论史官之责任与担当，认为"退之但以所闻知孜孜不敢怠，同职者及后来继今者，亦各以所闻知孜孜不敢怠，则庶几不坠，使卒有明也"，希望借此保存历史真相，传续历史上史家秉笔直书的传统。所论议的背景是韩愈受诏修《顺宗实录》，涉及柳宗元当年曾参与其间，直接导致外贬的重大史事。韩愈身处其间，有许多不得已的难处。《顺宗实录》因南宋人附入韩集而得保存，因为前后都有删改，是否韩愈原本尚有争议。从存本看，其中对永贞革新缘起、新政的举措、反对者的作为，以及最终失败，都有详尽记录，如述宫市一节，已涉及宦官之横暴，可与白居易《卖炭翁》对读。再如云："上疾久不瘳，内外皆欲上早定太子位，叔文默不发议。已立太子，天下喜，而叔文独有忧色。常吟杜甫题诸葛亮庙诗末句云：'出师未用身先死，长使英雄泪满襟。'因歔欷流涕，闻者咸窃笑之。"（《顺宗实录》卷五）写出一位失败英雄的悲剧。末加"窃笑"云云，让反对者也能认可。当然有许多事情无法写出，如内禅过程中的阴谋、宦官之作用，乃至今人还有顺宗遇弑之猜想。倘能以同情的立场理解韩愈，他是尽了力的。

关于以文为戏的批评。韩愈作《毛颖传》，为毛笔立传，盖承六朝谐谑文而变化有新意。柳宗元《读韩愈所著毛颖传后题》，称有人从中原来，说到此传，"不能举其辞，而独大笑以为怪"。久而得其文，认为"信韩子之怪于文也"。虽不完全赞同，但也反对时人认为韩愈"不以文立制，而以文为戏"（裴度《寄李翱书》）的激烈议论，指出"俳又非圣人之所弃者"，结论是："且凡古今是非六艺百家，大细穿穴用而不遗者，毛颖之功也。韩子穷古书，好斯文，嘉颖之能尽其意，故奋而为之传，以发其郁积，而学者得以励，其有益于世欤！"给予充分肯定。

关于天人关系的讨论。柳宗元作《天说》，首引韩愈说，认为天有其意志，"吾意天闻其呼且怨，则有功者受赏必大矣，其祸焉者受罚亦大矣"，应该能够祸福人间之善恶，而不应使"残民者昌，佑民者殃"。柳宗元驳其说，否认天有意志，认为"功者自功，祸者自祸，欲望其赏罚者，大谬矣"。刘禹锡继其说作《天论》三篇，提出"天与人交相胜"说，认为"天之所能者，生万物也；人之所能者，治万物也"。这是唐代关于天人关系最系统深入的讨论，治哲学史者更提升到唯物、唯心的高度加以认识，对刘禹锡之说评价尤高。

韩、柳二人都是立身方正、求道坚恪的文人，各有各的操守，各有各的认知。虽见解分歧随处皆有，并不妨碍彼此的私谊。

四　柳宗元身后，韩愈克尽后死之责

柳宗元以元和十四年十一月八日卒于柳州。致死的原因，可能是脚气病，两年多前曾突发此病，胁有块大如石，昏绝不省人事三日，得郑洵美告杉木汤方，得气通块散，暂得不死（参宋许叔微《普济本事方》卷七引柳宗元佚文《救死三方》）。此病很可能复发。加上他久居南方，气候既不适应，心情又一直不好，终至不起。

柳宗元临终前，交代个人后事，文稿托刘禹锡代编次为文集，

并作序传世，墓志则请韩愈执笔，以存其生平大节。当时，刘禹锡为连州刺史，韩愈则因谏佛骨贬潮州刺史，寻量移袁州刺史，都不方便到柳州亲自凭吊，皆立即写出祭文，托人到柳州祭悼。在此一过程中，韩、刘之间应多次协调通气。刘禹锡在为柳集作序时说："子厚之丧，昌黎韩退之志其墓，且以书来吊曰：'哀哉，若人之不淑！吾尝评其文，雄深雅健似司马子长，崔、蔡不足多也。'安定皇甫湜于文章少所推让，亦以退之之言为然。"所引书不见于韩集。韩愈认为柳文的总体风格是"雄深雅健"，足以与司马迁媲美，成就远在东汉崔骃、蔡邕之上，这是很高的评价。皇甫湜对自己文章很自负，对他人文章很少赞许，也赞同韩愈的评价。

　　韩愈为柳宗元写了三篇文章。最早的一篇是《祭柳子厚文》，除表达痛惜哀挽之意，较特别的是中间一段："凡物之生，不愿为材。牺尊青黄，乃木之灾。子之中弃，天脱马羁。玉佩琼琚，大放厥辞。富贵无能，磨灭谁纪？子之自著，表表愈伟。不善为斫，血指汗颜。巧匠旁观，缩手袖间。子之文章，而不用世。乃令吾徒，掌帝之制。子之视人，自以无前。一斥不复，群飞刺天。"先用《庄子》常处于材与不才之间的议论，进而说柳因杰出的才华而遭致无妄之灾，再说柳遭贬黜后，所作文章更显瑰玮。继而感叹柳的善文，却没有得用于当世，更没有得到掌纶草制的机会。痛惜柳一遭斥逐，再也未得重新起用的机会，而群小则各据要津。其中"大放厥辞"，是说随意驰骋文章，没有今日所说的贬意。而"不善为斫，血指汗颜。巧匠旁观，缩手袖间"，是说如柳宗元这样的大匠、巧匠，没有得到历练献艺的机会，包括自己在内的文士，不善斧斫，出尽洋相，这是韩愈行文特别的地方。

　　柳宗元死在南方，到次年七月方迁柩北归，葬于京郊万年家族墓区。其间刘禹锡曾拜托在武昌任鄂岳观察使的朋友李程代为关照，并代李撰写祭文。韩愈此时已经回归京城任国子司业，执笔撰写了《柳子厚墓志铭》。此篇为韩愈碑志文中的名篇，历代均评价很高，唯今人则稍有訾议，似不尽理解当时之政治环境及碑志作法。韩愈叙述柳宗元的家世及出仕后，先说他的博学才华："俊杰廉悍，议论证据今古，出入经史百子，踔厉风发，率常屈其座人；名声大振，一时皆慕与之交，诸公要人，争欲令出我门下，交口荐誉之。"极为扬励。写他遭贬后，"居间益自刻苦，务记览，为词章。泛滥停蓄，为深博无涯涘，一自肆于山水间"。人生低谷使他更为刻苦发奋，将所有情感都投入山水体会描述中。感喟柳之人生蹉跌，更认为因此柳之文学造诣登峰造极："使子厚在台省时，自持其身已能如司马、刺史时，亦自不斥；斥时有人力能举之，且必复用不穷。然子厚斥不久，穷不极，虽有出于人，其文学辞章，必不能自力以致必传于后如今，无疑也。虽使子厚得所愿，为将相于一时，以彼易此，孰得孰失，必有能辨之者。"这是一大段的议论。在肯定柳宗元在永州、柳州之政绩后，韩愈觉得如果他当年谨慎持身更小心一些，就不会遭贬斥；如果得到有力者的援引，也可能起而得到重用。然而文穷而后工，如果柳宗元得遂所愿，出将入相，他的文学辞章，就未必能够传播久远、辉耀今古了。其间得失，显而易见。宋代欧阳修为友人撰序，最喜欢模仿韩愈的这段议论。

《柳子厚墓志铭》还讲到柳宗元在柳州教化民众的政绩，他为刘禹锡将赴播州，愿以己之柳州与刘对调之节义，以及衡湘以南皆以柳为师，得他指点者所作文词皆"有法度可观"，这些都易理解。今人诟病者是以下一段："子厚前时少年，勇于为人，不自贵重顾藉，谓功业可立就，故坐废退。既退，又无相知有气力得位者推挽，故卒死于穷裔，材不为世用，道不行于时也。"其实，历宪、穆各朝，对永贞党人的基本评价并没有变化，韩愈这样写，其实是避重就轻，为柳宗元解脱责任，仅说他当时还年轻，勇于作为，将事情想得简单了，又没有地位高的人为他讲话，最终病死南方。刘禹锡是读过志文的，并没有提出异议，今人自不必以今日立场来强求古人。

《柳州罗池庙碑》是韩愈为柳宗元撰写的最后一篇文章，写于韩愈死前一年，当时所立沈传师书碑之拓本也存留至今。此碑撰写缘起，据说是因柳州乡民感谢柳宗元为刺史，"生能泽其民，死能惊动祸福之，以食其土"，即生前教生民以礼法，死后数度显灵，足以福佑一方，因建庙祭祀之。碑云是应州民所请而作，显然他也很乐于推动将亡友造神之行为。碑末所附铭辞，其实是一篇迎享送神诗，是一篇楚辞体的佳作。录如下：

> 荔子丹兮蕉黄，杂肴蔬兮进侯堂。侯之船兮两旗，度中流兮风泊之，待侯不来兮不知我悲。侯乘驹兮入庙，慰我民兮不嚬以笑。鹅之山兮柳之水，桂树团团兮白石齿齿。侯朝出游兮暮来归，春与猿吟兮秋鹤与飞。北方之人兮为侯是非，千秋万岁兮侯无我违。福我兮寿我，驱厉鬼兮山之左。下无湿兮高无干，秔稌充羡兮蛇蛟结蟠。我民报事兮无怠其始，自今兮钦于世世。

此写在南方荔熟蕉黄的氛围中，柳宗元的神灵驾船乘驹，飘然来归，不仅为山川增色，更能千秋万代地保佑地方，赐民福寿，风雨协和，岁岁丰羡。其中"春与猿吟兮秋鹤与飞"写柳侯之神春秋来归，鸟兽率舞相随，错综句法如此，宋人曾反复讨论。古代名人之造神，一般都在死后许多年，韩愈急切如此之为友人造神，故有州人所请的原因，更多应是他的好奇天性使然，更是对亡友最好的纪念。本师朱东润先生主编《中国历代文学作品选》中编第一册，特收此诗，认为"诗效《楚辞·九歌》体，作为祭祀中迎神、送神时歌唱之用"，视为韩愈最好的诗歌，诚为有识。

在政治风波中颠簸沉浮一生的韩、柳二人，虽人生荣辱有别，禀赋各异，皆能君子有守，彼此尊重，文学造极，传芳千古，携手一代，辉炳千春。唯皆善为诗，皆可开派，而交流唱和甚少，虽时代使然，真感可惜。

李涉的失意仕途与卓荦诗才

一 从一位强盗的回忆说起

唐末，番禺举子李汇征客游闽越，驰车至循州（今广东东部），天将黄昏，下起大雨，想找一住宿处。问了劳作的田翁，说稍前有韦氏庄居可以接待。叩门进入，主人年八十多，仍杖屦迎宾，自称："野人韦思明，幸获祗奉。"客气有加。坐定，韦叟与李生谈论颇为投机，或文或史，涉及很广。李生在朋友中算是能说善谈者，山野中遇此老翁，居然一点也占不到上风。大雨数日，无法成行，韦叟也酒食殷勤，就暂生盘桓。酒酣耳热之际，谈论古今诗语，各引古诗二句，以成一联。韦叟吟曰："长安轻薄儿，白马黄金羁。"为沈约、吴均各一句诗拼成，李生年轻，觉得这两句对自己有讥讽，立即作令还击："昨日美少年，今日成老丑。"韦叟并不生气，叹曰："老其丑矣，少壮所嗤。"引刘希夷的名句："此翁头白真可怜，惜伊红颜美少年。"这样谈了几十家的诗歌，说到李涉的绝句，韦叟特别赞赏，诵吟了许多首，李生也不示弱，高咏李涉《赠豪客》诗："春雨萧萧江上村，武陵豪客夜知闻。他时不用相回避，世上如今半是君。"韦叟愀然变色，说出以下一段话："老身弱龄不肖，游浪江湖，交结奸徒，为不平之事。后遇李涉博士，蒙简此诗，因而跧迹。李公待愚，拟陆士衡之荐戴若思。共主晋室，中心藏焉。远隐罗浮山，经于一纪。李既云亡，不复再游秦楚。"追惋今昔，因乃潸然。韦叟自承早年不学好，浪迹江湖，结交了一批不好的朋友，以为替天行道，打抱不平，其实是做拦路抢劫、设伏劫财的勾当。时间是在穆宗长庆间（821—824），地点在皖口之西，大约在今赣、皖两省交界处的长江边上。当时风势很大，从江州方向来的船鼓帆畅行。韦叟那时年轻，与几十名同伙各持兵仗，将船拦下，问是何人。船上人回答："李博士船也。"韦叟毕竟读过诗书，更知当代李博士诗名之盛，于是回答："若是李涉博士，吾辈不须剽他金帛。自闻其诗名日久，但希一篇，金帛非贵也。"正是李涉（769？—？），他因弟弟李渤在江州任刺史，从峡中贬所东归，兄弟已多年不见，因往看望。"临袂，凡有囊装悉分匡庐隐士，唯书籍薪米存焉"，那时李渤正规划白鹿洞书院，匡庐隐士很可能是符载，蜀中遇到麻烦后，生计困蹇，李涉将囊装财物皆留下，分别时仅有随身"书籍薪米"，也不怕被劫。遇盗却碰到了拥趸，当然彼此都很开心。李涉当然不失风流，即兴赋诗相赠。这回主客易位，打劫者不仅不要钱财，还拿出先前劫到的财物主动赠赂。李涉也不敢推却，只好全部收下。韦叟说，从那以后，自己便洗心革面、重新做人，退隐罗浮、修道养性，回忆往事，不胜叹惋。

　　以上这段故事，见于范摅著《云溪友议》卷下《江客仁》。范摅说他在"乾符己丑岁客于霅川（今浙江吴兴境内）"时遇到李汇征，李亲告以上故事，还说在韦叟处曾见李涉亲书的"手翰"。然乾符仅六年，没有己丑岁，《唐诗纪事》卷四六作辛丑岁，不知范摅是否误记。

　　《万首唐人绝句》卷二一录这首赠盗诗，题为《井栏砂宿遇夜客》，文字稍有不同："暮雨萧萧江上村，绿林豪客夜知闻。他时不用逃名姓，世上如今半是君。"相信这是李涉的原诗，前录为范摅所得之传闻。从这里的诗题看，李涉是夜宿江村遇盗。所谓豪客、夜客，是对拦路打劫者的雅称。首句很有诗意，萧萧暮雨中投宿江村，然而中夜出事了，绿林的朋友们不请自来，彼此认识了。后两句很有意思，李涉说你们现在虽然只能晚上出来工作，而且还得藏着躲着，不敢公开自己的姓名，以后就会不同了。其实世上一半的人，一样也做着劫盗的行当。因为是赠盗诗，诗中必须表达对打劫强盗这种风险行业的尊重，同时，也不忘捎上对社会批评的立场。到范摅的时代，这句话居然成真了。

二　李涉的家世与仕宦经历

两《唐书》没有李涉传，但有其弟李渤传，《旧唐书》在卷一七一，《新唐书》在卷一一八，传称"后魏横野将军、中国公发之后。祖玄珪，卫尉寺主簿。父钧，殿中侍御史，以母丧不时举，流于施州"。《新唐书》则称其父"以不能养母废于世"。虽然细节不详，大约可以知道这家在北魏时期尚属高门，到他父祖时已经衰微，其父且因家事违反孝道，受到严厉惩处。李涉少年时期大约生活在洛阳，随父迁徙，他的《寄河阳从事杨潜》云："落日驱车出孟津，高歌共叹伤心地。洛邑秦城少年别，两都陈事空闻说。"回味并不愉快。《旧唐书》且云李渤"耻其家污，坚苦不仕，励志于文学，不从科举"，李涉似乎也如此。李涉《寄峡州韦郎中》："年过五十鬓如丝，不必前程更问师。幸得休耕乐尧化，楚山深处最相宜。"陶敏撰《唐才子传笺证校补》卷五谓韦郎中为韦觊，元和十一年（816），自吏部郎中贬为峡州刺史，诗作于其后一二年，李涉时年五十，推其生年约在大历三年（758）前后，与韩愈年龄相仿。

李涉兄弟五人，他排行老二，李渤称他仲兄，且有长诗《喜弟淑再至桂林》，叙述兄弟之不同性格，摘录如下：

> 自怜兄弟今五人，共蒙儒素家尚贫。虽然禀气各不一，就
> 中总免拘常伦。长兄年少曾落拓，拔剑沙场随卫霍。口里虽谭
> 周孔文，怀中不舍孙吴略。次兄一生能苦节，夏聚流萤冬映雪。
> 非论疾恶志如霜，更觉临泉心似铁。第三之兄更奇异，昂昂独
> 负青云志。下看金玉不如泥，肯道王侯身可贵。却愁清逸不干时，
> 高踪大器无人知。倘逢感激许然诺，必能万古留清规。念尔年
> 来方二十，夙夜孜孜能独立。卷中笔落星汉摇，洞里丹灵鬼神泣。
> 嗟余流浪心最狂，十年学剑逢时康。心中不解事拘束，世间谈
> 笑多相妨。

此诗是李渤宝历元年（825）任桂管观察使时所作，写出五兄弟各自
不同的性格和遭际。长兄从军边塞，三兄则似未仕，名字至今无从知
道。幼弟李淑年龄较李渤年轻约三十岁，似乎为其父晚年纳妾所生。
李渤本人经历更不平凡。他因家丑不从科举，独守名山进学，元和间
名声大噪，数度征召方出山。时讨淮西，他献平贼三术，又著《御戎
新录》二十卷。穆宗即位，召为考功员外郎，时为京官考课，他居然
上奏将满朝大官评说了一遍，这还能不得罪人？李渤最著名的成就，
还是初建白鹿洞，使之成为后代著名的书院。诗述李涉，一是读书勤
苦，二是疾恶如仇，三是心坚如铁，这些都很形象，也可从李涉诗中
得到印证。

李涉早年隐居，约于元和初入陈许节度使刘昌裔幕府。《旧唐
书》说到李涉本人事迹者有二事。

其一，分别见于卷一五四《孔巢父传》附《孔戣传》和卷一八

四《宦官·吐突承璀传》，所述是一件事，即元和六年，宦官刘希光受贿为人谋官被赐死，大宦官吐突承璀坐累出为淮南监军，李涉时为太子通事舍人，"投匦上疏，论承璀有功，希光无事，久委心腹，不宜遽弃"。他既不是言官，又出为宦官讲话，谏议大夫孔戣立即指斥他"与中官交结"，斥他是"纤邪"小人，李涉因此被贬为硖州司仓参军，兼夷陵令，长达十年。那时宦官权势煊赫，清流避之唯恐不及，李涉何以有如此举动，且直接导致他政治上的失败，真相不甚明了，就当一次错估形势的投机吧，李氏兄弟显然都不适应官场的规则。

其二，见《旧唐书》卷一七上《敬宗纪》与卷一六七《李逢吉传》，后者云李涉获赦归京后，任太学博士，与金吾兵曹茅汇"于京师贵游间以气侠相许"，却意外卷入李逢吉与裴度之间的党争，于宝历元年十月流康州，彻底结束官场生活。在京城"以气侠相许"，确是李涉的性格，没有依凭，没有实力，不碰得头破血流才怪了。

李涉南贬途中，到桂林看望李渤，留下《南溪玄岩铭》刻石，称"酒一卮兮琴一曲，玄岩之下，可以穷年"。其后李涉事迹无可考，从他的存诗分析，后来从流所归隐，应该有较长时期的退闲生活。

三　李涉的早期诗作及其与僧人的交往

李涉的官场经历可称失败，但并不妨碍他成为一位优秀的诗人。

李涉早年，曾游历各方，也有一些投献之作。《过襄阳上于司空頔》："方城汉水旧城池，陵谷依然世自移。歇马独来寻故事，逢人唯说岘山碑。"于司空是于頔，镇襄阳在贞元十四年（798）至元和初。岘山碑是西晋羊祜立的功德碑，诗有颂德，味道很淡，迎合也算恰到好处。又有《邠州词献高尚书三首》，献给名将高崇文，时在崇文平蜀后不久。录其二："将家难立是威声，不见多传卫霍名。一自元和平蜀后，马头行处即长城。"颂德而并无干求，姿态并不显得难看。他似乎曾入浙西幕府，如《春晚游鹤林寺寄使府诸公》："野寺寻花春已迟，背岩唯有两三枝。明朝携酒犹堪赏，为报春风且莫吹。"自己游寺寻春，有所感触，告同僚莫辜负春光，再晚就什么也看不到了。《润州听暮角》："江城吹角水茫茫，曲引边声怨思长。惊起暮天沙上雁，海门斜去两三行。"与前诗作于同时，秋色中的晚景，有声有色、画面瑰丽，看到他驾驭辞章的能力。《奉使淮南》也作于同时："汉使征兵诏未休，两行旌旆接扬州。试上高楼望春色，一年风景尽堪愁。"元和伐叛，战事频仍，当时浙西也有变乱，李涉感到了时局的不稳。

元和间在京城为官，李涉留下的作品不多，但显然不安于位，希望有所作为。《长安闷作》："宵分独坐到天明，又策羸骖信脚行。每日除书空满纸，不曾闻有介推名。"羸骑卑官，看着"每日除书空满纸"，并无自己的机会，他的不平由此可以体会。前云他的鲁莽进言，应该是在这种心情下驱动的。

李涉游寺及与僧人交往诗，则构成另一道风景。《题鹤林寺僧舍》："终日昏昏醉梦间，忽闻春尽强登山。因过竹院逢僧话，又得浮生半日闲。"诗意很明白，尘世奔忙，昏昏如梦，又至春末，勉强登山，当然是有所求。然而与僧闲谈半日，似乎什么也没做成，然其中况味，则似别有所获。此诗在唐代就很流行，据说唐末名臣狄归昌最喜诵此二句，狄归昌"爱与僧游"，但与"服紫袈裟者，乃疏之"，有官味的和尚，绝不交往。李涉《重过文上人院》："南随越鸟北燕鸿，松月三年别远公。无限心中不平事，一宵清话又成空。"此诗也是同样的情味。南北奔波，别僧三年，经历世事波澜，淤积诸多不平，得与名僧一宵清谈，尽释愤懑，一切是非皆得超越、皆得释然。《题开圣寺》："宿雨初收草木浓，群鸦飞散下堂钟。长廊无事僧归院，尽日门前独看松。"写夏初的寺院，夜雨初歇，草树茂密，佛事刚完，堂钟敲响，惊起群鸦一片。寺院如此安静，作者寻访，别无所求，唯独自看松而已。写景如可见，更写出寺院出世之静与自己之闲适安静。对有心求名的僧人，讥讽也很简淡。《赠道器法师》："冰作形容雪作眉，早知谈论两川知。如今不用空求佛，但把令狐宰相诗。"令狐宰相是令狐楚，元和末宰相，法师虽有出世之容，关心、谈论的却是世事。如今佛事也免了，干脆去揣摩宰相的诗集。不着一句而讽意自在，作者之态度显而易见。

四　李涉的两次贬谪与诗风变化

远贬夷陵，当然是重大打击，似乎在李涉诗中并没有他的怨愤与牢愁。《秋夜题夷陵水馆》："凝碧初高海气秋，桂轮斜落到江楼。三更浦上巴歌歇，山影沉沉水不流。"心情当然并不好，但也有别样的感受。《葺夷陵幽居》："负郭依山一径深，万竿如束翠沉沉。从来爱物多成癖，辛苦移家为竹林。"即便是贬居，生活的高雅情调一点也不能减免，辛苦一些，也要移居到有竹林的地方。

在夷陵，李涉获得新的文学触动。他晚年有诗《李独携酒见访》：

> 晓斋狂坐霜景寒，草堂逸士来相干。风神左峭心意阔，津涯万里横汊澜。自言山中新酝熟，手挈一壶兼一轴。果然文字称仪容，已觉建安风彩俗。嗟予潦倒身无成，偶因章句生浮名。

就中怜爱李景俭，酒狂大语欺奴兵。老夫昔逐巴江岸，唱得《竹枝》肠欲断。为君试发一声看，九派烟霞愁漫漫。

朋友携酒来访，喝得高兴，顺带夸奖朋友仪容好、文字好，有建安风采。"嗟予潦倒身无成，偶因章句生浮名"是自己一生的写照，因诗而得名，其实潦倒无成。虽然潦倒，并不屑于平庸。李景俭有传见《旧唐书》卷一七一，说他"性既矜诞"，为谏议大夫后，"凌蔑公卿大臣，使酒尤甚"，醉后到中书省，直呼其名地历数宰相之失，因而贬官。李涉认为这样的人生方得畅快。他自己最得意的经历，则是贬官夷陵时唱《竹枝》的经历，即便老了，仍想再唱一声，但觉九派茫茫，愁绪无端。

今人谈《竹枝》，重视刘禹锡的作品，是刘长庆元年（821）冬为夔州刺史后所作。李涉似乎没有到过夔州，他在刘禹锡之前十年到夷陵，即今湖北宜昌，也接触到这一峡中流行的民间歌唱，并写成诗作《竹枝词》，今存四首，录如下：

荆门滩急水潺潺，两岸猿啼烟满山。渡头年少应官去，月落西陵望不还。

巫峡云开神女祠，绿潭红树影参差。下牢戍口初相问，无义滩头剩别离。

石壁千重树万重，白云斜掩碧芙蓉。昭君溪上年年月，独自婵娟色最浓。

十二峰头月欲低，空聆滩上子规啼。孤舟一夜东归客，泣向东风忆建溪。

第一首前两句写景，水流猿啼，衬托悲苦的气氛。诗末点出月下远望的多情少女，为立官远行的不还少年而久久候立。第二首写巫峡神女传说，借用地名的双关含义，写离别相思之无奈。第三首写昭君故里的月色，气氛宣染得极其浓烈。第四首写归客思乡之情，建溪在福建，确指待解。从这些诗中，可看到李涉诗风的变化。他自说当年"唱得《竹枝》肠欲断"，应该写得很多，可惜没有全部保留。李涉的居所在夷陵，他所写到的地点在三峡以下，与刘禹锡的居峡中所闻有所不同。

李涉外贬十年，待到遇赦北归时，已经无喜无怨。《硖石遇赦》："天网初开释楚囚，残骸已废自知休。荷蓑不是人间事，归去沧江有钓舟。"《再至长安》："十年谪宦鬼方人，三遇鸿恩始到秦。今日九衢骑马望，却疑浑是刹那身。"前一首感慨人生耽搁，已经难有作为，后一首则稍感振奋，立马九衢，有十年一瞬的感慨。

再次遭贬谪，他已波澜不惊，只感到因缘前定，人生无奈。《再谪夷陵题长乐寺》诗题有误，但诗意是明白的："当时谪宦向夷陵，愿得身闲便作僧。谁知渐渐因缘重，羞见长燃一盏灯。"再贬时想到初贬时曾发誓，愿随僧作闲，再遭贬逐，更羞提当时的许愿。《谴谪康州先寄弟渤》："唯将直道信苍苍，可料无名抵宪章。阴鸷却应先有谓，已交鸿雁早随阳。"他觉得自己是直道直行，为何触法遭流，也无从解释，只能认定为阴鸷前定，人生无奈。

下录两诗，是李涉的代表作，未必与贬谪有关，但可见他对于人生的感悟。《再宿武关》："远别秦城万里游，乱山高下出商州。关门不锁寒溪水，一夜潺湲送客愁。"唐代从长安往襄阳有商洛大道，诗即作于其间。离开京城，将远行万里，心情不快，只有武关一带的溪水，一夜潺湲，给诗人以慰藉。《重登滕王阁》："滕王阁上唱《伊州》，二十年前向此游。半是半非君莫问，好山长在水长流。"滕王阁在洪州，应是夷陵东归到江州期间作。二十年前曾游此阁，当时意气风发，曾唱《伊州歌》。唐时《伊州歌》列第一篇的为王维诗："秋风明月独离居，荡子从戎十载余。征人去日殷勤嘱，归雁来时数寄书。"其中包含男女相思的情愫与建立功名的愿望。再游的感觉完全不同了，作者认为不必去计较是非，但看"好山长在水长流"，万物永恒，个人得失又能算什么呢？

五　李涉的古体诗

唐末张为《诗人主客图》，列李涉为高古奥逸主孟云卿下之入室者。孟云卿诗曾收入《箧中集》，主张复古质朴的古体诗。《主客图》所列李涉的代表作是《怀古》："尼父未适鲁，屡屡倦迷津。徒怀教化心，纡郁不能伸。一遇知己言，万方始喧喧。至今百王则，孰不挹其源。"写孔子为百王立则，生前却处处碰壁，不为世重，其中当然有自己不遇的感慨。李涉存世古诗不少，类似作品却不多，其存世诗中可读出另一种风趣。

《牧童词》："朝牧牛，牧牛下江曲。夜牧牛，牧牛度村谷。荷蓑出林春雨细，芦管卧吹莎草绿。乱插蓬蒿箭满腰，不怕猛虎欺黄犊。"写牧童放牛，前几句很质朴，五六句写景如画，更特别的是末二句：大约山间经常有猛虎袭击牛犊之事，牧童反其道治之，以蓬蒿做成草人，弓箭在腰，以此震慑猛虎，使其不敢欺负牛犊。细品更觉天趣谐然。

《六叹》《春山三朅来》《山中五无奈何》三组诗，写他虽用世无成、心有怨艾，日常生活中又不时寻求到情趣的感受。

《六叹》有作者自序，表白为依傍历史上有名的《五噫》《四愁》《九歌》而作，说自己"穷居岁阴，偶怀无惊，因追感闻见"而作，成于晚年而有政治寄托。录其五："汉臣一没丁零塞，牧羊西过阴沙外。朝凭南雁信难回，夜望北辰心独在。汉家茅土横九州，高门长戟分王侯。但将钟鼓悦私爱，肯以犬戎为国羞。夜宿寒云卧冰雪，严风触刃悬旄节。丁年奉使白头归，泣尽李陵衣上血。"写李陵陷贼，苏武守节，且处境不同，都历尽艰辛，都为国尽了力，然而朝中茅土分王侯，钟鼓悦私爱，何曾体会忠臣节士为此付出的人生代价。这里当然有他自己遭际的感慨，在此不作探讨。

《春山三朅来》之一："钓鱼朅来春日暖，沿溪不厌舟行缓。野竹初栽碧玉长，澄潭欲下青丝短。昔人避世兼避仇，暮栖云外朝悠悠。我今无事亦如此，赤鲤忽到长竿头。泛泛随波凡几里，碧莎如烟沙似砥。瘦壁横空怪石危，山花斗日禽争水。有时带月归扣舷，身闲自是渔家仙。"此诗写归隐的情趣。春暖花开，沿溪行船，云日悠悠，舟行泛泛，无事无求，情怀闲适。相信李涉经历宦海波澜后，曾有很长的归隐生活，真正体悟到与世无争的乐趣。

《山中五无奈何》之三："无奈牧童何，放牛吃我竹。隔林呼不应，叫笑如生鹿。欲报田舍翁，更深不归屋。"作者居处必有竹，但牧童不负责任，放任牛入竹园，蹂躏园竹。作者当然很着急，要牧童管牛，但牧童怎么也叫不应，只是很快活地在游玩，如同奔鹿一般。找牛主老翁，夜深人静，怎么也不回来。这里，作者似乎在为牛食竹而着急，其实写出山村生活生动的情趣。宋人如黄庭坚写"牛砺角尚可，牛斗伤我竹"，其实就是受此类诗启发。

六　余说

在唐代士人中，李涉、李渤兄弟都属于有异秉的人物，特立独行、不拘世格，其成功与失败都可以理解。李渤时有李万卷之誉，学通道释，著作丰富，诗文也有造诣。李涉则是很纯粹的诗人，绝句与古诗皆足以名家，律诗似乎非其所长。在政治上，兄弟二人也是另类，只是李渤学问大，生事的能力也强，尽管有起落，但还能取得高位。李涉也想谋求机会，但能力似乎稍逊，因而两度受挫。孔戡说他"与中官交结"，斥他是"纤邪"小人，在他存诗中完全看不到这些痕迹。

李涉虽然以诗名家，但他与当代诗人之交往并不多。他仅与那时的著名诗人张祜有来往。《岳阳别张祜秀才》作于夷陵放归后，说以前曾在灞桥分别，十年蹭蹬，万变桑田，夸奖张祜"气坚风骨峭"，分别时互道珍重。张祜《宋城道中逢王直方八韵》有"谪官逢李涉"句，仅此而已。可知两人认识但来往并不密切。文学成就之高下，有时需要师友、门人之吹嘘，如李涉这样纯粹的诗人，虽然在民间有足够的影响，但其成就历来却难有定评，原因或在此吧。

李绅：从新乐府急先锋到党争大佬

　　家喻户晓的唐诗《悯农二首》作者李绅，对一般读者来说，似乎是一位既熟悉又陌生的诗人。熟悉当然是"谁知盘中餐，粒粒皆辛苦"的名句，几乎作为中国人就不容不知道；陌生则是似乎除了这两首诗，其他就没有可以说的了。其实，李绅是中唐诗坛一位不容忽视的重要作者，特别的是他中年以后主要精力已经不在文学而在官场，是唐中后期牛李党争中一位举足轻重的人物。热衷官场，必然影响文学写作的数量与质量。前人说，诗家不幸文学幸。李绅正好相反，也很难说是遗憾，毕竟各有所志，人生本不必一条道走到黑。

一　李绅的家世与性格

　　李绅，字公垂，排行二十，先世家声显赫。其家北魏时即占籍亳州（今属安徽），曾祖李敬玄在高宗朝官至中书令。到他父祖时，家道中落，又遭遇世变，因而实际居常州无锡县。李绅出生于代宗大历七年（772），与他同年出生的诗人有白居易、刘禹锡、吕温，此年前后十来年出生的诗人则有韩愈、张籍、柳宗元、姚合、元稹、贾岛，这些人中的多数皆属于南迁的中原旧族，在开元、天宝年间的繁盛后，经历战乱、暂得安顿的士族中的新一代来到人世，可望发扬盛唐精神，开创中唐文学新的辉煌。

　　李绅的父亲李晤，曾任金坛、乌程、晋陵三县令，遂家无锡。

从李绅为其兄李继夫妇所撰墓志看（二墓志参《唐代墓志汇编》元和○九四、开成○一六），即便他后来久历显官，无锡之旧宅一直都在。李绅六岁而孤，母亲卢氏教他读书而得成立。李继卒于元和四年（809），年六十一，较李绅年长二十三岁，李绅虽自称亲弟，总怀疑二人非一母所生。李继墓志中有一节很特别，先云："所可恨者，崔嫂以信乎巫神，不护灵旐，可为痛哉！"再云："博陵不义不顺，不奔不护，明神有知，终不得祔。"骂嫂子如此之狠，可谓空前。崔嫂墓志仍是李绅所撰，嫂卒于兄后二十五年，称其嫂："奉礼清德，夫人淑仪，二十五载，和鸣婉随。"评价大异。其兄卒后，其嫂带子女一直随李绅生活。这里看到李绅的性格，很感情用事，好恶强烈，但内心很柔软，党争中也常见如此。

李绅年轻时期在无锡度过，他的足迹到过江南各处。他自说贞元十六年（800）曾东游天台，越中高僧预言他今后必镇越中，嘱他重修龙宫寺。他也到苏州，苏州刺史韦夏卿给以隆重接待。诗人韦应物卒于苏州任上，那时李绅还不到二十岁，似乎没有见过，但早年读韦诗读得很熟。《和登北楼》云："君怆风月夕，余当童稚年。闲窗读书罢，偷咏左司篇。"（《舆地纪胜》卷四二引）左司即指韦应物。诗写于滁州任上，韦的原诗不存。大约早年读书主要为举业，读诗不被鼓励，但他偷着读，所涉应很广。

唐代科举，首先是得到州郡荐名，然后至礼部会试。李绅在元和初登进士第，年已三十五岁，与他年龄仿佛的刘禹锡、柳宗元擢第已经十多年，他在漫长应试过程中，最重要的收获，是认识了一大批文学上的朋友，开始以新乐府为致力方向的文学探索。

二　李绅与新乐府运动的发动

《云溪友议》卷上《江都事》载：

> 初，李公赴荐，常以古风求知吕化光温，谓齐员外煦及弟恭曰："吾观李二十秀才之文，斯人必为卿相。"果如其言。诗曰："春种一粒粟，秋收万颗子。四海无闲田，农夫犹饿死。""锄禾日当午，汗滴禾下土。谁知盘中餐，粒粒皆辛苦。"

这是《悯农二首》的最早记录。吕温是贞元十四年进士，诗应作于其后几年间。唐代前期实行均田制，即国家授民以田，民则以租、庸、调的方式回报国家。德宗即位后，用杨炎的建议实行两税制，适应了安史之乱后田地所有权与政府征纳的变动，农人的负担仍然很重。李绅二首短诗，概括的是汉以来民生艰辛的大道理，即春种秋收，过程不易，农夫辛苦一年，缴纳以外，所剩未必能满足一家的基本需求。第二首则更形象地写出夏日锄禾，酷热不休，点滴收获，都是农人的汗水灌溉而成，进而告诫世人，一定要珍惜粮食，体会其中的辛苦付出。两首诗表达作者体恤民生、关心民瘼的胸襟，是治理天下者应有的认识，吕温与齐煦、吕恭说李绅必为宰相，是有鉴于此。

贞元后期，李绅与白居易、元稹都在京城，关系昵密，不仅性情相投，更加有共同的文学爱尚。元稹《乐府古题序》云："近代唯诗人杜甫《悲陈陶》《哀江头》《兵车》《丽人》等，凡所歌行，率皆即事名篇，无复倚傍。予少时与友人乐天、李公垂辈，谓是为当，遂不复拟赋古题。"这一段极其重要，知道新乐府发动之初，他们所受到的直接启发是杜甫的这批即事名篇的新题乐府。所谓古题，即指李白诗中多见的《战城南》《行路难》《蜀道难》《长相思》一类旧题新作，虽有新意，但具体所指，则让人不易理解。元、白、李三人是专做新乐府的首倡者和实践者。

李绅所作虽皆不存，但有痕迹可寻。元稹《和李校书新题乐府十二首》序云："予友李公垂贶予《乐府新题二十首》，雅有所谓，不虚为文。予取其病时之尤急者，列而和之，盖十二而已。"即李先作，元再和。元所和十二首是：《上阳白发人》、《华原磬》（元稹解题引李传：天宝中始废泗滨磬，用华原石）、《五弦弹》、《西凉伎》、《法曲》、《驯犀》（李传：贞元丙子岁，南海来贡。至十三年冬苦寒，死于苑中）、《立部伎》（李传：太常选坐部伎无性灵者，退入立部伎，又选立部伎无性灵者，退入雅乐部，则雅乐可知矣。李君作歌以讽焉）、《骠国乐》（李传：贞元辛巳岁始来献）、《胡旋女》（李传：天宝中西国来献）、《蛮子朝》（李传：贞元末，蜀川始通蛮首）、《缚戎人》（近制：西边每擒蕃囚，例皆传置南方，不加剿戮，故李君作歌以讽焉）、《阴山道》（李传：元和三年，有诏悉以金银酬回鹘马价）。上引十二题，八篇有传，所谓传即李绅诗之小序。近人浦江清《李绅乐府新题及其他》（收入《无涯集》，百花文艺出版社，2005）谓李绅先制二十题，元稹选和十二题，符合实际情况。白居易所作《新乐府》五十题，上述十二题皆在；元稹所引八传，白诗自注同者五题，因此较大的可能是白居易在李绅二十篇的基础上，扩展为五十题。颇疑白诗中《七德舞》《昆明春》《城盐州》《新丰折臂翁》《红线毯》等篇，最初亦为李绅所作之诗题，当然此仅属推测。

最好的朋友之间分享什么？分享对喜爱的女人的感受。元稹在《莺莺传》末说："贞元岁九月，执事李公垂宿于予靖安里第，语及于是。公垂卓然称异，遂为《莺莺歌》以传之。崔氏小名莺莺，公垂以名篇。"（《太平广记》卷四八八引）大约是在贞元的最后几年，元稹明经及第后在准备制科对策，李绅则在准备进士科试。李绅寄宿元家，元稹谈到他与崔莺莺始爱终弃之始末，李绅惊为奇事，为作《莺莺歌》，与小说配合而行。唐人之重要传奇，多有歌行并行。相信从唐至宋、金之间，《莺莺传》和歌是一起流传。可惜元集原本不存，《莺莺传》仅靠《太平广记》全引而得传，《莺莺歌》则没有这么幸运，见于宋人所引仅苏轼诗注引"恍然梦作瑶台客"一句，见于金代董解元《西厢记》所引者，则有四小节，六十二句，三百一十字，分别是长歌首节、兵围普救寺、张生求援白马将军及莺莺复信相约部分。以残文所涉内容，推测全篇应为千字以上的长歌，应为唐人传奇歌行中的巨制。全篇不存很可惜。录第四小节如下："丹诚寸心难自比，写在红笺方寸纸。寄与春风伴落花，仿佛随风绿杨里。窗中暗读人不知，剪破红绡裁作诗。还怕香风易飘荡，自令青鸟口衔之。诗中报郎含隐语，郎知暗到花深处。三五月明当户时，与郎相见花间路。"仔细品味，似乎没有达到《长恨歌》之精致，存有较多变文的句法。

那一时期，元、白、李三人关系亲密无间。白居易《代书诗一百韵寄微之》："疏狂属年少，闲散为官卑。分定金兰契，言通药石规。交贤方汲汲，友直每偲偲。有月多同赏，无杯不共持。秋风拂琴匣，夜雪卷书帷。高上慈恩塔，幽寻皇子陂。唐昌玉蕊会，崇敬牡丹期（自注：唐昌观玉蕊，崇敬寺牡丹，花时多与微之有期）。笑劝迂辛酒，闲吟短李诗（自注：辛大丘度性迂嗜酒，李二十绅形短能诗，故当时有迂辛短李之号）。"几人义结金兰之好，年少疏狂，官卑潇闲，因而得以日日出游，或登慈恩寺塔浩荡望远，或往皇子陂曲径寻幽，或到唐昌观看玉蕊花，或到崇敬寺共赏牡丹。"有月多同赏，无杯不共持"，最见亲密无间。李绅身形矮小，有短李之目，也是朋友间的称呼。《东南行一百韵》有"李酣犹短窦，庾醉更蔫迁"二句，日本存九条本白诗古钞有注："李廿身躯短小，庾三十三神貌迁徐，每因醉中，各滋本态，时亦因为短李蔫庾。"庾指庾敬休。将二人醉后的憨态描摹出来，更见忘形之交。白居易《江楼夜吟元九新律诗成三十韵》："老张知定伏，短李爱应癫（癫字据金泽本）。"自注："张十八籍、李二十绅皆工律诗，故云。"称赞元诗而以张籍、李绅之失态作陪，也是朋友之无所顾忌。

入仕以后，三人官位渐高，人生也多曲折，元白之亲密保持终身，为世所熟悉，李绅与二人关系也始终不变。白居易在长庆初首次结集文集后，作《编集拙诗成一十五卷因题卷末戏赠元九李二十》云："一篇《长恨》有风情，十首《秦吟》近正声。每被老元偷格律（自注：元九向江陵日，尝以拙诗一轴赠行，自后格变），苦教短李伏歌行（自注：李二十常自负歌行，近见予《乐府》五十首，默然心伏）。世间富贵应无分，身后文章合有名。莫怪气粗言语大，新排十五卷诗成。"充满得意，也觉此情惟元、李二人能解，对老元、短李的调侃，正见三人友谊之亲密无间。白居易在三人中，对诗歌节奏流转圆润的感觉，远超元、李二人。新乐府即便为李绅首唱，白作之艺术性和感染力让他佩服到自叹不如，是所可能。李绅任淮南节度使，可立家庙，庙碑请白居易执笔。白居易年岁渐老，原来的瘦马不堪骑乘，李绅特以白马相赠，白居易作《公垂尚书以白马见寄光洁稳善以诗谢之》，除夸白马毛色鲜明，性情温顺，更说："免将妾换惭来处，试使奴牵欲上时。不骤不惊行步稳，最宜山简醉中骑。"摘出爱妾换马的谑典，说自己没有付出就得此好马，行步稳当，最适合自己骑乘。到会昌间，旧友凋零殆尽，白居易作《予与山南王仆射淮南李仆射事历五朝逾三纪海内年辈今唯三人荣路虽殊交情不替聊题长句寄举之公垂二相公》云："故交海内只三人，二坐岩廊一卧云。老爱诗书还似我，荣兼将相不如君。百年胶漆初心在，万里烟霄中路分。阿阁鸾凰野田鹤，何人信道旧同群？"王仆射、举之皆指王起，与李绅皆领大镇，出将入相，白居易说你们都稳作朝堂，只有我高卧白云，你们都是朝堂上的鸾凤，只有我是孤云野鹤，虽然地位相隔悬殊，但我们的友谊历劫常新，始终不变，彼此仍存初心，一切如故。这种友谊确实非常难得。

三　李绅与牛李党争

李绅的仕途其实经历了许多曲折，其间的艰辛他自己最明白。

进士登第东归，经过润州，被浙西节度使李锜强留为掌书记。此时是宪宗即位的第三年，蜀乱已经平定，李锜不自安，谋自立，与李绅商议，李绅不从，又想让李绅为他起草叛乱的檄书，李绅拒绝，因此被扣留幽辱，几至不测。乱平，李绅的名节一时播传中外。

到穆宗长庆间（821—824），李绅与李德裕、元稹同任翰林学士，意气相投，结为政治上的盟友，也确定了李绅在党争中的基本立场。不久元稹短暂为宰相，为李逢吉检举阴事而罢。李绅也被摆布，任御史中丞，与御史大夫韩愈为琐事忿争不已，彼此都受伤。由是两罢之，李绅出为江西观察使，所幸其间内情为穆宗及时发觉，得以仍留朝廷。

敬宗即位，李逢吉勾结宦官，纠合言官，诬告李绅在穆宗时请立深王，即曾不利于陛下，这在任何时代都是最严重的罪名，几乎给李绅带来杀身之祸。虽有韦处厚等人仗义执言，李绅仍受到远贬端州的严厉处分。端州即今广东肇庆，唐时是岭南蛮荒之地。这是李绅一生最艰难的经历。于路有《闻猿》："见说三声巴峡深，此时行者尽沾襟。端州江口连云处，始信哀猿伤客心。"以往是在书中读到迁客三峡闻猿沾襟的故事，现在自己切身地体会到了。端州的江口是西江，李绅听到了猿声，触及内心的痛苦。当然一身南行，最关心的还是家人的消息。《端州江亭得家书二首》："雨中鹊语喧江树，风处蛛丝飏水浔。开拆远书何事喜？数行家信抵千金。""长安别日春风早，岭外今来白露秋。莫道淮南悲木叶，不闻摇落更堪愁。"第一首说雨中听到喜鹊在树间欢叫，原来是家信到了。开拆读信，才更体会到杜甫所说"家书抵万金"的深意。末句据杜诗化出，可见他早年读杜诗很熟。第二首说离开长安还是春天，现在已经到了秋天，也就是说许久未得家人消息。从宋玉到淮南王门客，都喜欢写秋风乍起、万木凋零之悲哀，现在身在南方，这里四季如春，秋天仍然草木茂盛，虽然不见摇落，愁苦仍然不减古人。家书所告是什么呢？《在端州知家累以九月九日发衡州因寄》给出了答案："菊花开日有人逢，知过衡阳回雁峰。江树送秋黄叶少，海天迎远碧云重。音书断达听蛮鹊，风水多虞祝媪龙。想见病身浑不识，自磨青镜照衰容。"这首诗因李绅晚年在诗中自注引录得以保存，是他写得很好的一首七律。九月九日是重阳节，本是家人团聚的时间，可是自己远贬南方，与亲人分离，家人受牵累，此时方奔波道途，真是悲喜交集。他欣喜菊花开日，虽然亲人不在身边，但毕竟有消息了，且知道已到衡州，诗中说已经过了衡阳回雁峰。回雁峰是大雁南飞的折返之地，极写道途之遥远。后二句写景，端州的秋日并不见黄叶飘零，这是眼前之秋色；举目海天，但见碧云重重，家国万里，家人坎坷道途，都是他所忧虞的。次二句写得信后的悲欣交集，因为有蛮鹊的传达，得以知道家人的消息，然而山水险阻，他希望媪龙护佑，不要为难，即希望家人平安到达。最后他说南来多病，容颜憔悴，就怕亲人相见，也未必认得出自己。"自磨青镜照衰容"，是说久已不照镜，不知自己衰惫到什么状况，青镜蒙尘，必须新磨方能照影。这也是杜甫常用的手法，李绅没有超越杜甫，这里仅看到他对杜甫的模仿。

李绅虽饱尝党争外贬之苦，但遇到敌对的人物，并非一律敌忾，也有人性友好的一面。他从洛阳赴浙东途中，经过扬州，淮南节度使牛僧孺虽为牛党魁首，仍热情招待饮宴，甚至让自己最喜爱的小妾出来唱歌佐欢。唱的居然有李绅的旧作乐府。李绅当时有《州中小饮便别牛相》："笙歌罢曲辞宾侣，庭竹移阴就小斋。愁不解颜徒满酌，病非伤肺为忧怀。耻矜学步贻身患，岂慕醒狂蹈祸阶。从此别离长酩酊，洛阳狂狷任椎埋。"后来思及往事，更作《忆被牛相留醉州中时无他宾牛公夜出真珠辈数人（自注：余有换乐曲词，时小有传于歌者）》："严城画角三声闭，清宴金尊一夕同。银烛座隅听《子夜》，宝筝筵上起春风。酒征旧对惭衰质，曲换新词感上宫。淮海一从云雨散，杳然俱是梦魂中。"据《牛羊日历》所载，真珠本为名将李愿青衣，牛僧孺居相位，以计夺之，一时攻讦者颇以此为言。李、牛二人虽各为两党大魁，于此则无芥蒂，牛且将李引入自己的私人空间，李也将此作为不能忘怀的奇遇给以隆重记录，都属难得。

再有张又新，是助李逢吉攻击李绅，导致他南贬端州的关键人物。过了二十年，李绅为淮南节度使，张又新从温州刺史卸任北归，从运河经荆溪（在今江苏宜兴），遇风船倾，漂没二子，悲戚之中，又怕李绅仇怨，于是作长笺自首谢罪。李绅深表同情，回信说："端溪不让之词，愚罔怀怨；荆浦沉沦之祸，鄙实憖然。"往事当然耿耿于怀，但你遭遇不幸，也深感哀愍。潜台词是，我能帮助的，会尽量帮助。张感铭致谢，两人释然如旧交。其间还有一段风流故事。张早年曾为扬州从事，眷恋一官妓，但没有收纳。李绅摆宴招待张，官妓仍出而佐欢。旧妓见张，悲感万集，如将涕下。乘李绅离席，张又新以指沾酒，在盘上写诗一首，让妓在李绅前唱之。词云："云雨分飞二十年，当时求梦不曾眠。今来头白重相见，还上襄王玳瑁筵。"意思很显豁，彼此相好，当年未成好事，现在头白年老，见于襄王宴上，情仍在，很尴尬。李绅也是解风情之人，立即将官妓送归于张。

文宗、武宗期间，李绅虽两次去官，所得处分只是在东都洛阳分司，也就是赋闲，并不辛苦。其间他先后任浙东观察使、河南尹、宣武节度使、淮南节度使，并在会昌元年（841）任宰相，达到仕宦的顶峰。宣宗即位前后，他因病去世，也躲过李党遭迫害的命运。他在淮南期间对吴湘案的判决，成为大中间（847—860）牛党对李党迫害的关键突破口，更凸显李绅在李党中地位之特出。

四 李绅的存世诗歌与文学地位

开成三年（838），李绅六十七岁，在宣武节度使任，回顾平生经历，写了许多怀旧诗，也选录部分早期诗作，编为《追旧游集》三卷，凡存各体诗一百零三首。这是李绅今存诗的主体部分。他在自序中说："起梁溪，归谏署，升翰苑，承恩遇，歌帝京风物，遭谗邪，播历荆楚，涉湘沅，逾岭峤荒陬，止高安，移九江，泛五湖，过钟陵，溯荆江，守滁阳，转寿春，改宾客，留洛阳，廉会稽，过梅里，遭谗者再宾客，为分务归东周，擢川守，镇大梁。"所述从元和十四年到山南任从事开始，近二十年间历任职守，升沉不一，本文为篇幅所限，无法一一叙及。这是李绅的诗史，仅是他个人的诗史，远不是杜甫所追求以个人命运反映一代人痛苦的时代诗史。早年李绅很关注社会现实，关心民生艰苦，也许是因为官做大了，眼光不自觉地有所转移，更多关切的是个人的经历与委屈，当然也有许多感怀人生、流连风物、寻访名胜、回忆交游的好诗，从总体成就来说，与杜甫的诗作不可同日而语。

当然，《追昔游集》有其特殊的史料与文学价值。有关牛李党争，历来的史家叙述毕竟是后来补叙，李绅则是以当事人或受害人的身份，作第一人称的直接叙述。如《趋翰苑遭谗构四十六韵》，篇幅宏大，且加入大量自注，以解释诗意。如云："穆宗听政五日，蒙恩除右拾遗，与淮南李公召入翰林也。"李公指李德裕，穆宗于元和十五年初即位后，立即召二李入翰林任职。其后又云："思政面论逢吉、崔祯奸邪，刘栖楚、柏耆凶险，张又新、苏景胤朋党也。"是二人遭李逢吉党攻击时，利用一切机会诋毁敌方。又写敬宗即位之初，"逢吉、守澄、栖楚、柏耆、又新等连为搏噬之徒也"。守澄指王守澄，内枢密使，是斥逢吉一党与宦官勾结。他又说："余以户部侍郎，贬端州司马。""敬宗即位之初，遭逢吉等诬构，宸襟未察，衔冤遂深。""余遭逢吉构成遂，敬宗听政之前一日，宣命于月华门外窜逐。""栖楚等见逢吉，怒所贬太近。"这些都涉及党争中一些隐情。虽然李绅所言不免偏激失实，完全凭主观好恶，但可玩味的地方确实很多。

《追昔游集》对个人经历的回顾，特别是地方风物的叙述，对地方文化研究极其重要。比如在越州，元稹早于他任职，留诗亦多，李绅仅《新楼》一组就有二十首之多，写到元稹守越五年的建设成绩，更涉及几乎越州的所有名楼古刹。此外，他对早年无锡旧物的回忆，也颇详尽可读。

李绅本可成为中唐一大家，逊于白居易，但可与元稹、刘禹锡等齐肩。很可惜他的一生完整作品没有结集刊布，他的早期代表作

《新乐府》和《莺莺歌》没能完整保存。再如元稹《酬乐天东南行诗
一百韵》注："李二十雅善歌诗，固多咏物之作。"今存李诗咏物诗很
少。他存世的诗作，仅是一生写作的很小一部分。《追昔游集》虽是
一次完整的结集，仅能反映他晚年的回顾，不足反映他一生的成就。
这一切是有些遗憾，但也无可奈何。相比许多作品几乎亡佚殆尽的大
家，李绅毕竟还有《悯农二首》脍炙人口，毕竟还有一百多首诗展示
他的人生轨迹，也算不幸中之大幸吧。

施肩吾的游踪、科第与修仙

2020年11月，人民文学出版社在钱锺书先生诞辰一百一十周年之际，出版《钱锺书选唐诗》，选了施肩吾三十一首诗，其中五绝十一首，七绝十五首，而仅选李白二十三首，选韩愈二十四首。友人惊问："以前没有听说过这位施某啊，他到底是何方神仙？"我告诉友人：他进士登第后没有机会做官，干脆就到洪州西山修仙，一段时间与吕洞宾、钟离权齐名，存诗二百三十多首，只是今人不太关注他，似乎没有一部文学史提到他。他的一生事迹有些模糊，大端还算清楚。

一　施肩吾的乡里、生卒及生平分期

两《唐书》没有施肩吾传，但在《新唐书·艺文三》著录施著《辨疑论》时，注云："睦州人。元和进士第，隐洪州西山。"虽简，但正确无误。更进一步说，他是睦州分水（今浙江桐庐）人，有诗《归分水留赠王少府》："仙吏饮冰多玉声，新诗丽句遗狂生。不愁日暮归山去，故把隋珠入夜行。"感谢王少府赠诗宠行，说有此好诗，如隋珠夜握，归途夜行，也可照亮道路，不再寂寞。当然分水不如桐庐有名。桐庐最有名的古迹当然是严子陵钓台，也即七里濑。地因严光得名。严为汉光武帝旧友，光武称帝后邀他同宿，他也无拘检，睡相难看，居然脚触帝腹，引起天象反常，这当然是传说。最终拒绝出仕，高隐还乡。施肩吾有许多诗咏及这位乡贤，张籍《送施肩吾东归》云"世业偏临七里濑"，可据以定案。后世或以为他是洪州（今江西南昌）人，是将他的终老地误当成了出生地。宋史能之《咸淳毗陵志》卷一九以为他是常州武进人，今人撰《唐才子传笺证》卷六，据清代诸方志以为他是杭州仁和或湖州吴兴人，皆误。

施肩吾生卒年皆无可考。他进士登第在元和十五年（820），或作十年，误。最终放弃仕途而修道西山，除了他本来的道教信仰，很可能与李渤有一定关系。李渤长庆间（821—824）任江州刺史。他与李渤本就认识，肩吾有《寄李补阙》："苍生应怪君起迟，蒲轮重辗嵩阳道。功成名遂来不来，三十六峰仙鹤老。"祝其应征出仕，且喜其大有可为，期待功成仍旧修仙。李补阙即李渤（773—831），字澹之，诗人李涉弟，兄弟二人早年偕隐庐山白鹿洞，渤号白鹿先生。贞元间以上策征官，不就。元和十一年（816）迁右补阙。如果赠渤诗时施三十岁，则其当生于贞元元年（785）。他归隐西山后，曾有诗称徐凝为"老徐翁"。古人说七十为老，修道时间或逾三十年。

他的一生以元和十五年为转折点，前期四处行走，饱览山川，当然也寻花问柳，屡尝落第的困惑，屡受挫折，愈挫愈勇，终于金榜题名。登第后吏部铨选，也比较复杂，他发了一些牢骚后，就像泄了气的皮球般不再前行，高隐求仙去也。

二　施肩吾在两浙之游踪

"世业偏临七里濑，仙游多在四明山"二句勾勒出他登第前在浙的生活轨迹，桐庐有世业在，施姓又非显族，可能是当地豪家。行踪多在四明山，属明州，唐开元二十七年（739）分越州而置，即今宁波。浙中诸州，明州晚置，文人行迹亦逊于台、温、越诸州，施肩吾存诗较多，值得关注。

《宿四明山》："黎洲老人命余宿，杳然高顶浮云平。下视不知几千仞，欲晓不晓天鸡声。"黎洲在今浙江余姚南四明山区，此诗似乎为最早提到此地者。诗说夜宿山顶，不是常住。后二句传达在山巅俯视人间的感受，天将明而闻鸡声，出世而具人间烟火。《同诸隐者夜登四明山》："半夜寻幽上四明，手攀松桂触云行。相呼已到无人境，何处玉箫吹一声？"与前不知是否同一次游历。半夜登山，当然是希望凌晨在高处而观东海日出。山间雾笼云罩，渐有出世之感，远处传来玉箫声，更是如入居仙境。

施肩吾在明州，大约游历与修道兼而有之，后来常有诗回忆这段经历，《寄四明山子》："高栖只在千峰里，尘世望君那得知？长忆去年风雨夜，向君窗下听猿时。"离开后不久，回忆去年风雨夜求宿山人处，高栖千峰，猿声不断。前两句写山人的出世高节，后两句回忆往事，含不尽情谊。《忆四明山泉》："爱彼山中石泉水，幽声夜落空窗里。至今忆得卧云时，犹自涓涓在人耳。"卧云当然与出世修道有关，诗可能作于施晚年，因西山泉声，想到早年四明山中听泉卧云的感受，声音仍在耳边鸣响。他对四明的记忆，确实很强烈。

施肩吾是否到过台州，暂无确证。他有《遇王山人》："每欲寻君千万峰，岂知人世也相逢。一瓢遗却在何处？应挂天台最老松。"他想方设法寻王山人而不得，不经意间偶遇，当然高兴。瓢用来饮酒，再遇似乎山人已戒酒，诗人问："你的酒瓢丢到哪儿了？遗忘在天台老松下了吗？"亲切而充满谐趣。另一首《送人归台州》："莫驱归骑且徘徊，更遣离情四五杯。醉后不忧迷客路，遥看瀑布识天台。"临行不要匆忙，再喝四五杯吧。到天台熟门熟路，喝醉也不会迷路，远见瀑布，就知道天台到了。《送端上人游天台》："师今欲向天台去，来说天台意最真。溪过石桥为险处，路逢毛褐是真人。云边望寺钟声远，雪里寻僧脚迹新。只可且论经夏别，莫教琪树两回春。"仍是送人，细数天台之名迹与真人，石桥琪树，寺钟僧踪，都是端上人所言。体会三诗，他熟悉天台的一切，天台又距海上三山最近，他不会没去过吧！

他曾居住湖州。《安吉天宁寺闻磬》："玉磬敲时清夜分，老龙吟断碧天云。邻房逢见广州客，曾向罗浮山里闻。"前二句写清夜磬声，设喻极妙，绝不输于中唐名家。后两句因寺磬而体会仙意，邻舍广州客人说曾在罗浮山听到同样的雅音。罗浮是葛洪炼丹地，道教圣地，他在不经意间，写出禅院之道情，别有感会。他的《越中遇寒食》谓"去岁清明雪溪口"，也记湖州经历。

他也曾居越州。当时浙西观察使治润州，浙东观察使治越州，两浙含今苏南地，越州居于中心位置。《越中遇寒食》："去岁清明雪溪口，今朝寒食镜湖西。信知天地心不易，还有子规依旧啼。"居越在居湖后。诗写居处不定，鸟鸣依旧，人生多变，万物常新，变中又有不变，因此而感慨天地有心，宇宙永恒。他的《遇越州贺仲宣》："君在镜湖西畔住，四明山下莫经春。门前几个采莲女，欲泊莲舟无主人。"写于四明，劝贺莫久留四明，越州美女还在等着你。似乎他自己也常往来于二州间吧。

杭州是运河起点，肩吾入京或归乡，皆必经过，存诗亦多。《春日钱塘杂兴二首》："酒姥溪头桑袅袅，钱塘郭外柳毵毵。路逢邻妇遥相问，小小如今学养蚕。""西邻年少问东邻，柳岸花堤几处新？昨夜雨多春水阔，隔江桃叶唤何人？"两首都好。苏小小是钱塘名妓，在他笔下，成为养蚕村妇，无他，景色美好，村妇也美如小小，并无轻薄意。桃叶是晋王献之妾，世传《桃叶歌》，有"桃叶复桃叶，渡江不用楫。但渡无所苦，我自来迎接"云云，写男女之情真诚纯朴。施诗用典而翻出新意，春日钱塘水涨，雨后景色宜人，男女隔江相唤，不言情而真情可感。

三　施肩吾奔走南北及其《岛夷行》之特殊意义

肩吾南北奔走，登第前后或皆如此。他到过襄阳。《登岘亭怀孟生》："岘山自高水自绿，后辈词人心眼俗。鹿门才子不再生，怪景幽奇无等属。"岘山高耸，汉水常绿，可是世间俗流无法体会山水之美。后两句说孟浩然以后襄阳再无杰出诗人，"怪景幽奇"再无人能够加以描摹。从下引"共忆襄阳同醉处，尚书坐上纳银觥"可知，他是山南东道节度使的客人，受到很好的招待。另《大堤新咏》也写于襄阳。

肩吾也到过今山西中、北部。《云州饮席》："酒肠虽满少欢情，身在云州望帝城。巡次合当谁改令？先须为我打《还京》。"云州邻近今大同，接近唐之边境。从诗意看，更像是游幕，席间游乐中，希望听奏《还京》乐，希冀归京，应该还在登第前吧。《旅次文水县喜遇李少府》："为君三日废行程，一县官人是酒朋。共忆襄阳同醉处，尚书坐上纳银觥。"文水在今太原南，是云州入京之必经处。在此停留三日，遇到李少府，在襄阳的旧友，县中群官都能豪饮，因此而有知音之感。

施肩吾有《岛夷行》一首："腥臊海边多鬼市，岛夷居处无乡里。黑支年少学采珠，手把生犀照咸水。"其具体所指，很可能即今台湾海峡中之澎湖列岛。南宋王象之《舆地纪胜》卷一三〇云："自泉晋江东出海间，舟行三日，抵彭湖屿，在巨浸中，环岛三十六。施肩吾诗云（诗略）。"《八闽通志》卷七："彭湖屿，出海门，舟行三日始至，屹立巨浸之中，环岛三十六，居民苦茅为舍，皆业耕鱼。施肩吾诗（诗略）。国朝洪武间，徙其民于近郭，其地遂墟。"二十世纪五六十年代，台湾学者曾就此诗展开热烈讨论，摘一些以备参考。陈香《关于施肩吾的〈岛夷行〉》（刊《东方杂志》副刊一七卷三期，1983年）谓康熙《凤山县志》卷下最早改诗题为《题澎湖屿》，后《康熙台湾县志》卷八、《光绪澎湖厅志》卷一四沿之。后者更谓此诗为澎湖见于史载之最早者。至连横《台湾通史》卷一、《台湾诗乘》卷一遂有施肩吾率族迁居澎湖之说。毛一波《我看施肩吾的〈岛夷行〉》（刊《东方杂志》副刊一七卷十期，1983年）谓康熙《凤山县志》注所出为《海澄志》，并揭出《舆地纪胜》《八闽通志》之前引记载。梁嘉彬《唐施肩吾事迹及其〈岛夷行〉考察》（《大陆杂志》一九卷九期）以为所咏为鄱阳湖中岛民生活，所见不同。我想更进一解的是，施肩吾别有《海边远望》："扶桑枝边红皎皎，天鸡一声四溟晓。偶看仙女上青天，鸾鹤无多彩云少。"扶桑，唐人多指代日本，唐时浙东明、台、温三州，与日本来往频繁，此诗虽不详作地，但至海边而动寻海外三山（蓬莱、方丈、瀛洲）之兴，上船而有东渡之念，舟行而漂泊至澎湖，皆有可能。若晁衡、鉴真都曾有漂至南海的记录，施的遭遇另有不同而已。说施后来率族迁居澎湖，目前没有可靠证据。

何光远《鉴诫录》卷八《走山魈》云施肩吾"及第后，游南楚，楚多山魈为患，俗号圣者，是时亦来馆谷，搅扰施君。施君当风一咏，于是屏迹。诗曰：'山魈本是伍家奴，何事今为圣者呼？小鬼不须乖去就，国家才子号肩吾'"。南楚一般指湖南，从自呼"国家才子号肩吾"来说，可见及第后之自得。肩吾别有《送人南游》诗，有"解语山魈恼病人"句，诗中提到闽县、泉州，则为福建事。

四　施肩吾之科第挫折与成功

肩吾获得乡贡资格，往试礼部，不知始于何年，但曾多次落第，则可肯定。《下第春游》："羁情含蘖复茹辛，泪眼看花只似尘。天遣春风领春色，不教分付与愁人。"客居京城，含辛茹苦，得到的是又一次失败。泪眼看花，迷蒙一片，更增愁绪。他也在调整，毕竟春归大地，春色并不势利，不妨春游解闷，收拾心情。《早春游曲江》似也与落第有关："芳处亦将枯槁同，应缘造化未施功。羲和若拟动炉鞴，先铸曲江千树红。"初春发榜，其间游曲江，登第者可以欢庆，他所见仍枯槁一片。造化是自然之力，羲和是太阳，若天地得力，阳光普照，自己也能沾沐恩泽吧。

唐人应举习惯是夏课、秋集、冬试、春榜，虽屡战不胜，其间仍多机会南行归乡。心情不好也影响路途感受。《钱塘渡口》云："天垠茫茫连沃焦，秦皇何事不安桥？钱塘渡口无钱纳，已失西兴两信潮。"肩吾用《玄中记》东海有沃焦山典故，说自己要去江东，道途辽远，钱塘一江横亘，自己穷到无钱过渡，恨到大骂秦始皇当年为何不造桥，让自己失去两度归而观潮的机会。

肩吾有《上礼部侍郎陈情》，将愤懑与恳求一并写出："九重城里无亲识，八百人中独姓施。弱羽飞时攒箭险，蹇驴行处薄冰危。晴天欲照盆难反，贫女如花镜不知。却向从来受恩地，再求青律变寒枝。"《唐才子传》卷六说此诗是肩吾及第后陈谢作，误。诗显为干谒述情而作，京城之大，没有亲识援手，当年科举八百人，独我姓施。施为南方僻姓，世家大族控制的汉唐时代，无权势可言。他自比弱鸟、蹇驴、瓦盆，写尽畏微恐怯，知音无觅。最后两句陈情，侍郎大人关心过我，希望春阳再次普照，给寒枝一些温暖。

元和十五年，肩吾终得高中。省试诗是《早春残雪》："春景照林峦，玲珑雪影残。井泉添碧甃，药圃洗朱栏。云路迷初醒，书堂映渐难。花分梅岭色，尘减玉阶寒。远称栖松鹤，高宜点露盘。伫逢春律后，阴谷始堪看。"是标准的六韵五言诗，扣紧诗题，层层展开，这是规范要求，是可入考官法眼之作品。

进士高中，心情大好，归路感觉也与前次大为不同。《及第后过扬子江》："忆昔将贡年，抱愁此江边。鱼龙互闪烁，黑浪高于天。今日步春草，复来经此道。江神也世情，为我风色好。"前四句与后四句形成鲜明对照。往年赴贡，江边发愁，看不到前途与希望，只见鱼龙闪烁，黑浪滔天。及第回乡，走过多次的旧路，春草春花，多么美好，眼前江流平稳，风和日丽，感觉江神也能体会俗情，为我安排好一切。

当然，也不能忘记自己的女友。《及第后夜访月仙子》："自喜寻幽夜，新当及第年。还将天上桂，来访月中仙。"月仙子是一位道姑。进士及第，唐人有折桂琼宫之喻，月中姮娥（后世习称嫦娥）有桂树、玉兔为伴。后两句如果不考虑夜访、寻幽的俗情，确是难得的好句。施肩吾还有《赠仙子》《赠施仙姑》《清夜忆仙宫子》《赠女道士郑玉华二首》等，可知他的修道生活并不寂寞。

五　施肩吾修道西山及与徐凝之友谊

张籍在肩吾及第不久，有《送施肩吾东归》："知君本是烟霞客，被荐因来城阙间。世业偏临七里濑，仙游多在四明山。早闻诗句传人遍，新得科名到处闲。惆怅灞亭相送去，云中琪树不同攀。"此诗对理解肩吾一生很重要。在张籍眼中，肩吾已经诗名大振，远近遍传，他早年就酷爱烟霞，对求仙出世充满兴趣，被荐赴试似乎有些被动，是要完成别人交给他的任务。新得科名，别人觉得前途无量之际，他却已抱定归闲决心。张籍另有《赠施肩吾》："世间渐觉无多事，虽得空名未著身。合取药成相待吃，不须先作上天人。"张籍晚年身体不好，眼疾严重。韩愈五十六岁去世，药石无效，他曾目睹。他也看穿虚名之不切实际，能够理解肩吾之选择。后二句很有意思，炼成大药，也想及朋友，切不可独自享用升天。

肩吾晚年在洪州西山修道。西山在今江西新建，南昌以西，为道教净明宗始祖许逊道场，晋唐间更有西山十二真君传说。《历世真仙体道通鉴》卷四五有施传，载他文宗大和间自严陵入西山，初遇许旌阳，"授以五种内丹诀及外丹神方"，"再遇吕洞宾，传授内炼金液还丹大道"。后居静真观，"观西一里许为芭蕉源，沿山梯级而上，有书堂旧址，石室故在"。还有他的手植老柏，元时"尚有一二存者"。这些是元代传闻。许旌阳即许逊，东晋人，早于肩吾四五百年；吕洞宾是宋初传说中的神仙，晚于肩吾近二百年。所受内外丹法，都是晚出的，不尽可信。宋人记载肩吾著有《西山群仙会真记》五卷、《钟吕传道记》三卷，也都出附会。今人或认为宋初另有号华阳子的道士施肩吾（丁培仁《道史小考二则》，《宗教学研究》第22期，1989年），也仅可备一说。要了解施肩吾西山修道之真相，只能依靠施肩吾本人的可靠记录。

肩吾有《西山静中吟》云："重重道气结成神，玉阙金堂逐日新。若数西山得道者，连予便是十三人。"可看到他对修道成功的自信与把握。那时净明派还没成显学，"十二真君传"的故事已经传遍域内。他的修道办法，一是静修，二是服丹，三是读道书如《真诰》之类。他有道友，有门人，当然也有知己之女冠。他在晚年可能回过故土，《仙客归乡词二首》云："六合八荒游未半，子孙零落暂归来。

井边不认捎云树，多是门人在后栽。""洞中日月洞中仙，不算离家
是几年。出郭始知人代变，又须抛却古时钱。"不知是自述还是托
言。如果是自述，则已离乡许多年，门人所栽树已经高可捎云，子孙
零落，景况大有不同。

　　同时诗人，肩吾最与徐凝善。二人交往记录也涉及他的修道经
历。凝为建德人，与施肩吾为同乡。徐凝也试图应进士试，白居易任
杭州刺史时，与张祜争首荐而伤了和气。白虽支持徐凝，却终究没能
成功，以处士终。凝与肩吾情谊甚笃。早期有《八月灯夕寄游越施秀
才》："四天净色寒如水，八月清辉冷似霜。想得越人今夜见，孟家珠
在镜中央。"肩吾登第往西山修道，徐寄《回施先辈见寄新诗二首》：
"九幽仙子西山卷，读了绦绳系又开。此卷玉清宫里少，曾寻《真
诰》读诗来。""紫河车里丹成也，皂荚枝头早晚飞。料得仙宫列仙
籍，如君进士出身稀。"出家修道者多为仕途无望者，如肩吾这样进
士登第不求功名者，实在很异类。肩吾先有诗寄徐凝，凝回诗祝他修
道有成。肩吾曾访徐家，有《春日宴徐君池亭》："暂凭春酒换愁颜，
今日应须醉始还。池上有门君莫掩，从教野客见青山。"这是朋友的
感受，痛快饮酒，不醉不还。夸徐家景物美好，说不要关门，让我可
以即兴看到青山。还有一首佚诗，见于《康熙新城县志》卷八，题作
《同徐凝游东林》："火轮烈烈彩云浮，才到东林便是秋。有客可人来
未暮，松风几拂碧山头。"火热天登山，寺院清幽，凉意如秋，再有
友人可人知心，更如松风拂煦。肩吾另有《西山即事奉寄故园徐处
士》，是修道西山多年后感怀寄徐之作："仆作江西少施氏，君为城北
老徐翁。诗篇忆昔欢相接，颜貌如今恨不同。世界尽忧蔬上露，时人
皆怕烛前风。唯余独慕神仙道，芥子虽穷寿不穷。"诗见宋董棻《严
陵集》卷一。《景定严州续志》卷九载："施肩吾寄徐凝诗，熙宁间知

县齐谌刻。建中靖国，谌为转运使，再刻肩吾及第告于石阴。"就指此诗。少施是上古人物，传为施姓始祖，拉来与"老徐翁"作陪。其次回忆二人友谊，如今都老了，感慨"颜貌如今恨不同"，都白发苍苍了吧。世人担忧人生短暂，如叶上露，如烛前风，但我独求仙道，虽知个人如芥子一粒，微渺不足道，但仙寿无穷，充满自信。此诗写尽两人终生之友谊，也传达修道有成之庆慰。

宋初很长一段时期，施肩吾神仙道学名气很大，也有不少托名的著作，似乎没有辜负他长期修道的热情。后被真假参半的吕洞宾超越，也很难有合理的解释。

六　施肩吾之诗歌成就

张籍称施"早闻诗句传人遍"，肩吾自己也有许多大言，已见前引。张为《诗人主客图》列其为广大教化主白居易下之及门者。后蜀何光远《鉴戒录》称"施肩吾先辈为诗奇丽，冠于当时"，稍有溢美，在中唐足以名家，则无疑问。

《新唐书·艺文志》著录《施肩吾诗集》十卷、《辨疑论》一卷。日僧圆仁《慈觉大师在唐送进录》有《前进士弛（当作施）肩吾诗》一卷。宋黄伯思《东观余论》卷下《跋施真人集后》，云"其诗无虑五百篇"，有其自叙。晁公武《郡斋读书志》卷一八著录《施肩吾西山集》（按：即《施肩吾集》）五卷。以上各集皆不传。南宋洪迈曾藏施集，编《万首唐人绝句》时，据以录其五七言绝句一百八十八首，这也是肩吾存诗二百一十多首，绝句独多的原因。其实肩吾各体诗皆善，只是绝句以外的诗歌不太幸运，保存较少罢了。何光远《鉴戒录》称其曾作《山居百韵》"才情富赡"，所引"荷翻紫盖摇波面，蒲莹青刀插水湄""烟黏薜荔龙须软，雨压芭蕉凤翅垂"等句，确实奇警。杜甫始作五言百韵诗，七言百韵诗以施肩吾此篇为最早，可惜全篇不存。所作七律如《赠边将》："轻生奉国不为难，战苦身多旧箭瘢。玉匣锁龙鳞甲冷，金铃衬鹘羽毛寒。皂貂拥出花当背，白马骑来月在鞍。犹恐犬戎临虏塞，柳营时把阵图看。"写出边将舍身奉国、不计得失的英雄形象，语意高昂，值得肯定。钱锺书所选另一首《壮士行》则属古体："一斗之胆撑脏腑，如礌之筋碢臂骨。有时误入千人丛，自觉一身横突兀。当今四海无烟尘，胸襟被压不得伸。冻枭残虿我不取，污我匣里青蛇鳞。"也是英雄，与边将则又不同。前两句很突兀，写其胆大，写其奇伟，造语特别。"有时误入千人丛"，是说误入敌阵，但他能横身挺立，解纷突围。末二句写英雄用武无缘，仍保持高亢节操，不屑于欺凌弱小，同流匪类。这样的诗，有李贺的精神，气味仍有别。

肩吾写过许多乐府旧题与咏史写情短诗，每能出奇见新，自成意境。《幼女词》："幼女才六岁，未知巧与拙。向夜在堂前，学人拜新月。"七夕拜新月，乞求婚姻美满，是一时风俗。六岁幼女不解人事，学成人在那儿拜月求福，充满童趣。《不见来词》云："乌鹊语千回，黄昏不见来。漫教脂粉匣，闭了又重开。"七夕该男女相会，乌鹊也一直报喜，女子终日等候，至黄昏仍不见人来。后两句用脂粉匣闭了又开、开了又闭的重复动作，写出女子之郑重守候与极度期待。《笑卿卿词》："笑向卿卿道，耽书夜夜多。出来看玉兔，又欲过银河。"写女子多情，嗔怪男子夜夜读书，不解风情。后两句呼唤男子来看月渡银河，写女子之主动热情。《湘川怀古》："湘水终日流，湘妃昔时哭。美色已成尘，泪痕犹在竹。"《湘竹词》："万古湘江竹，无穷奈怨何？年年长春笋，只是泪痕多。"二诗语意稍有重合，咏舜二妃感舜不归，泪洒斑竹，前一首说湘水长流，记取湘妃之哭声，美女早已不见，竹间尤可见斑斑泪痕。后一首说湘妃之怨万古不尽，春笋年年，尤见泪痕斑点。《古别离》："老母别爱子，少妻送征郎。血流既四面，乃亦断二肠。不愁寒无衣，不怕饥无粮。惟恐征战不还乡，母化为鬼妻为孀。"从征将士与家人之分别，自古皆写，此诗前四句写分别时的愁苦，后四句转入军士之心声：一切困苦，都不畏怕，只怕战死沙场，让家人受累。"母化为鬼妻为孀"，说尽军士之痛苦。

当然施诗也多有草率平浅之病。如《瀑布》："豁开青冥巅，写出万丈县。如裁一条素，白日悬秋天。"这就是徐凝咏庐山瀑布"一条界破青山色"之另一种表达。二人是好友，说抄袭语重了，大约也就是互为揣摩吧。

温庭筠的早年经历：从有志青年到文场浪子

温庭筠（约801—866）无疑是晚唐重要的全能作者：他能古、今体诗，尤擅乐府，与李商隐并称温李；他工骈文，风格绮丽，与段成式、李商隐齐名，称"三十六体"（一说为"三才子体"）；他是词体的开拓者，史上有"花间鼻祖"之誉；他有志怪集《乾馔子》，原书不存，《太平广记》引录甚多，今人有多种辑本。对温庭筠的生平研究，夏承焘《温飞卿系年》（收入《唐宋词人年谱》）有筚路蓝缕之功。温庭筠生年，仅能从他所作《感旧陈情五十韵献淮南李仆射》首二句"嵇绍垂髫日，山涛筮仕年"来推测。夏著采信顾学颉的说法，认为李仆射是李德裕，根据李德裕生平，推测温庭筠生于元和七年（812）。近四十年前，我重加研究，认为李仆射就是写出《悯农二首》的著名诗人李绅，并根据李绅生平，推测温庭筠的生年为贞元十七年（801），详拙文《温庭筠早年事迹考辨》（《中华文史论丛》，1981年第2辑）。由于温庭筠生年大幅度推前，他在四十岁以前的早年生活经历也引起学者更多的关注，对他的存世作品，学者做了许多全新的解读，看到他从一个衰落的世家走出，曾有积极用世的雄心，一连串的挫败后，弃而浪迹文场，游戏青楼，以另一番成就留名青史。

一　早年的出塞与入蜀

温庭筠是唐初名臣温彦博之裔孙。温氏后人到唐末都有仕显者，但温庭筠这一支似乎没有太多可称道的人物，他的父祖究竟是谁，至今仍没见到可靠记录。在他的诗文中，虽有"爰田锡宠，镂鼎传芳"（《上裴相公启》）之类夸耀，也保持积极用世的态度，如云："自笑漫怀经济策，不将心事许烟霞。"（《郊居秋日有怀一二知己》）"自知终有张华识，不向沧洲理钓丝。"（《题西明寺僧院》）从目前可知情况看，他大约出生在江南，少年时期拜谒过刚从宦不久的李绅，早年曾漫游各地，可以确认的是曾出塞与入蜀。

　　庭筠之出塞，留存有诗约十多首，部分为后来追怀之作。可以推测的行踪，是初秋从长安西北行，沿回中道至泾州，过西堡塞，出塞至敕勒川、阴山一带，次年春南行，曾逗留绥州。出行时有《西游书怀》："渭川通野戍，有路上桑干。独鸟青天暮，惊麏赤烧残。高秋辞故国，昨日梦长安。客意自如此，非关行路难。"远行不免兴故国之思，他说这是出行历来的感受，与人生艰难并没有什么关系。《回中作》云："苍莽寒空远色愁，呜呜戍角上高楼。吴姬怨思吹双管，燕客悲歌别五侯。千里关山边草暮，一星烽火朔云秋。夜来霜重西风起，陇水无声冻不流。"回中为关中到陇东的孔道，庭筠已经感受到边关的瑰丽景色与艰苦生活，他在军幕中得到良好接待，得以开阔眼界，增加阅历。《敕勒歌塞北》："敕勒金帻壁，阴山无岁华。帐外风飘雪，营前月照沙。羌儿吹玉管，胡姬踏锦花。却笑江南客，梅落不归家。"他到了今内蒙古阴山一带，冬日更加感受到塞外的衰瑟，感叹自己停留的时间似乎稍长了一些，经冬历春还不南还。对一个南方人来说，这段经历不同寻常。

　　庭筠入蜀时间至今尚难完全确认，大体可以推定在大和中期以前，即他三十岁以前。他有《赠蜀将》一首："十年分散剑关秋，万事皆随锦水流。心气已曾明汉节，功名犹自滞吴钩。雕边认箭寒云

重，马上听笳塞草愁。今日逢君倍惆怅，灌婴韩信尽封侯。"题下自
注："蛮入成都，颇著功劳。"诗作于与蜀将分别十年后，"剑关"可以
指剑门，也可泛指蜀中。"蛮入成都"指大和三年（829）南诏入侵，
曾占领成都外郭十日，内外震动。蜀将在此一事件中，曾立有大功，
但没有得到相应的勋赏。庭筠与其再度见面，回首往事，为蜀将之遭
遇深感不平。

　　在蜀期间，庭筠留下一些有名的诗篇。如《利州南渡》："澹然
空水对斜晖，曲岛苍茫接翠微。波上马嘶看棹去，柳边人歇待船归。
数丛沙草群鸥散，万顷江田一鹭飞。谁解乘舟寻范蠡，五湖烟水独忘
机。"利州即今四川广元，为川北重镇。诗写嘉陵江上的津渡，秋高
日落，山水苍茫，马嘶人渡，鸥鹭自翔，景色寥廓，万物闲适，令人
有出俗遁世之想。写景如画，作者陶醉其间，内心一片平和。再如
《过分水岭》："溪水无情似有情，入山三日得同行。岭头便是分头
处，惜别潺湲一夜声。"山间循溪而行，到分水岭将要改道，不免珍
惜溪流的情意。

　　可能庭筠入蜀之际，正是李德裕任剑南节度使之际，他后来有
多首诗表达对李德裕功业的敬意与遭贬逐的同情，很可能与此有关。

　　庭筠早年之入世与希冀在政治上有所作为，在诗中有隐约的透
露。《简同志》："开济由来变盛衰，五车才得号镃基。留侯功业何容
易，一卷兵书作帝师。"留侯即汉初张良，他佐汉高祖开国建功，以
早年所得兵书而得为帝王之师，令后世文人不胜向往，庭筠也是如
此。《蔡中郎坟》："古坟零落野花春，闻说中郎有后身。今日爱才非
昔日，莫抛心力作词人。"因凭吊东汉蔡邕墓，感慨古今有别，今人
之爱才远不及古人那么真诚，不必仅仅用心做文人，可以看到庭筠并
不以仅做文人为自己之志业。

二　甘露事变前后

庭筠回到长安，大约是文宗大和（827—835）中期，这时恰巧是唐廷"南北司之争"与"牛李党争"最激烈的时期。虽然他年方三十，没有官位，似乎也卷入其间，不能自拔。由于文献欠缺，他参与过哪些事件，与哪些人交往密切，都没有留下具体记录，仅能从存诗中看到一些蛛丝马迹。

庭筠存诗有《题丰安里王相林亭二首（自注：公明《太玄经》）》："花竹有薄埃，嘉游集上才。白蘋安石渚，红叶子云台。朱户雀罗设，黄门驭骑来。不知淮水浊，丹藕为谁开？""偶到乌衣巷，含情更惘然。西州曲堤柳，东府旧池莲。星坼悲元老，云归送墨仙。谁知济川楫，今作野人船。"这位王相，就是"甘露四相"之一的王涯。甘露事变的肇始者为李训、郑注，在没有周密计划之下就想尽诛宦官，事败后反为宦官所灭，连累当时秉政的王涯、贾𫗧、舒元舆一并被杀，并加以大逆的罪名。丰安里在长安朱雀街以西第二排南起第三坊。此二诗不知作于何时，估计在事变后次年。诗中用东晋王谢凋零，隐喻王涯被杀。"淮水浊"，顾注谓用郭璞占筮语："淮水绝，王氏灭。"写宦官势横，王涯遭遇灭门之祸。从诗意体会，他曾游王涯门下，重至故地，无限怅惘，悲伤痛惜，稍存知遇之恩。

庭筠《重游东峰宗密禅师精庐》："百尺青崖三尺坟，微言已绝杳难闻。戴颙今日称居士，支遁他年识领军。暂对杉松如结社，偶同麋鹿自成群。故山弟子空回首，葱岭唯应见宋云。"宗密为华严宗主，著述尤多，更诡异的是，李训在甘露事败后，逃避宗密寺中，差一点给宗密带来杀身之祸。宗密卒于会昌元年（841），诗是此后重游故地而作，庭筠自称"故山弟子"，似曾从学甚久，有没有其他事由，则不得其详。

其间庭筠还曾从裴度、刘禹锡游。裴度卒于开成三年（838），庭筠作《中书令裴公挽歌词二首》，有"丹阳布衣客，莲渚白头人""从今虚醉饱，无复污车茵"等句，似他曾以布衣身份参与裴度等人的游宴。裴度从元和十二年平定"淮西之乱"建立殊勋，其后两度为相，系天下安危逾二十年。这样的从游虽然不算政治作为，但也不能简单地理解为附庸风雅。

三 入东宫陪游太子及其影响

庭筠有《唐庄恪太子挽歌词二首》："叠鼓辞宫殿，悲笳降杳冥。影离云外日，光灭火前星。邺客瞻秦苑，商公下汉庭。依依陵树色，空绕古原青。""东府虚容卫，西园寄梦思。凤悬吹曲夜，鸡断问安时。尘陌都人恨，霜郊赗马悲。唯余埋璧地，烟草近丹墀。"诗中的太子，指文宗长子李永，大和六年立为太子。到开成三年九月，文宗"以皇太子宴游败度，不可教导，将议废黜"（《旧唐书》卷一七五），经群臣劝解，责归少阳院。次月即暴死，追谥庄恪太子。太子受责，据说与母爱废弛有关，可能也与宦官干政有联系。太子死后，文宗曾说："朕为天子，不能全一子。"乃杀宦官刘楚材、宫人张十十等。司马光《资治通鉴》卷二四六认为"然则太子非良死也，然宫省事秘，外人莫知其详"。事实则是，文宗在庄恪死后的次年，立敬宗幼子秦王成美为太子，进而追究庄恪事，因此感疾，宦官趁机发动政变，矫诏立文宗弟江王李瀍为皇太弟，文宗惊悸而死。

庭筠从游庄恪太子的过程，今人最用力探讨者为牟怀川《温庭筠从游庄恪太子考论》（《唐代文学研究》第一辑），认为与之相关的作品有诗二十六首，词十五首，文三篇。刘学锴《温庭筠传论》（安徽大学出版社，2008）认为牟说可能过于宽泛，但确有不少作品与太子事有关。如《题望苑驿》："弱柳千条杏一枝，半含春雨半垂丝。景阳寒井人难到，长乐晨钟鸟自知。花影至今通博望，树名从此号相思。分明十二楼前月，不向西陵照盛姬。"望苑驿即汉博望苑，是汉武帝为太子刘据所建。刘据后因巫蛊事被迫自尽，借以映射庄恪太子暴死事。刘学锴说诗中杂用历代典故，造成扑朔迷离的气氛，并谓"寒井人难到"指东宫不能再到，"晨钟鸟自知"写宫中寂然，"相思"用汉武帝思太子而筑望思台，指文宗思念太子。末二句用周穆王宠姬盛姬事，斥杨妃进谗言而使太子获罪。再如《四皓》："商於用里便成功，一寸沉机万古同。但得戚姬甘定分，不应真有紫芝翁。"事见《史记·留侯世家》，据说汉高祖欲废太子，留侯张良请出商山四位老者东园公、用里先生、绮里季、夏黄公辅导太子，改变了高祖的态度。诗中戚姬指戚夫人，欲立己子赵王而诳废太子，后被吕后所杀。此处借指杨妃，欲立己子安王而诬毁太子，最终失败，在文宗、武宗交誓之际亦被杀。诗中说如果戚夫人接受既定之名分，也就不会请出四皓，也不会有自己的悲剧命运。这里，温庭筠对太子遭毁深怀可惜，对进谗的杨妃深致不满。所谓"一寸沉机"，指君主的决断，则甚感遗憾。

温庭筠当时又是布衣身份，在太子身边有近两年时间，应该是经过有力者的推荐，方得入东宫从太子游。太子仅是十岁稍过的小孩，还没有参与政治的能力，庭筠之入宫，大约仅以文学之才陪游，最多不过教写诗文，参与游宴赋诗而已。在文宗，当然希望太子得到良好教育，政治上渐次成熟，以便今后继承大宝。在庭筠，则可因此而成为潜邸旧人，若太子顺利接班，他也有机会晋身显途。然而这一切都因为太子意外的遭谗毁乃至暴死而改变，庭筠深受触动，以至在诗中反复吟咏。

四　开成末之登第罢举

东宫路径失败，温庭筠仍应科举，走一般士人的入仕途径，居
然意外地顺利。开成四年秋，参与京兆府解送资格的考试，获得第二
名的好成绩。唐代进士试分两步，第一步是州县解送，取得资格者称
为乡贡进士；第二步方是礼部会考。州县中最重要的当然是京兆府
解送，时称"神州解送"，从开元以来，获京兆荐名列前十者，称为
等第，礼部主试官最为重视，每年几乎十中七八，甚至有十人全取
者。庭筠是热衷用世的人，当进士擢第已经接近成功时，他却选择了
放弃，具体的理由是病了："二年抱疾，不赴乡荐试有司。"实际情况
可能要复杂得多。他有长诗《开成五年秋，以抱疾郊野，不得与乡计
偕至王府。将议遄适，隆冬自伤，因书怀奉寄殿院徐侍御，察院陈、
李二侍御，回中苏端公，鄠县韦少府，兼呈袁郊、苗绅、李逸三友人
一百韵》叙述感受。所寄八人，前五人是官员，后三人应是进士，其
中袁郊是故相袁滋之子，著有志怪集《甘泽谣》，苗绅即此次随计及
第。八人应是他最好的朋友，得以展开心扉，叙述感受。摘录其中
一节：

> 适与群英集，将期善贾沽。叶龙图夭娇，燕鼠笑胡卢。赋
> 分知前定，寒心畏厚诬。躡尘追庆忌，操剑学班输。文围陪多士，
> 神州试大巫。对虽希鼓瑟，名亦滥吁竽（自注：予去秋试京兆，
> 荐名居其副）。正使猜奔竞，何尝计有无。镏愺虚访觅，王霸
> 竟挪揄。市义虚焚券，关讥谩弃繻。至言今信矣，微尚亦悲夫。
> 白雪调歌响，清风乐舞雩。胁肩难黾勉，搔首易嗟吁。角胜非能者，

推贤见射乎。兕觥增恐竦，杯水失锱铢。

他说与群贤会试，希望有好的结果。自己虽然只是叶公之龙，也期冀天矫飞翔。成败知有前定，但"寒心畏厚诬"，实在担心遭到小人的无端诽谤。京兆解是顺利通过了，成绩还不错，在奔竞争夺中无法预料会发生什么事情。他连用刘悝、王霸、冯骥、终军四个典故，谓自己高才良图完全落空。"至言今信矣"以下，说大试临近，内心充满恐惧，不能勉为谄笑，只得搔首长叹，放弃角胜机会。更说："有气干牛斗，无人辩辘轳。""积毁方销骨，微瑕惧掩瑜。""欲就欺人事，何能逭鬼诛。""瞻风无限泪，回首更踟蹰。"说自己如同龙泉宝剑，气冲牛斗，然而沉埋地下，无人辨识。对自己的毁谤太多了，细小的瑕疵被无限放大，谁还能认识美玉之良质？即便违背人事，冒险考试，又何能逃避可能的风险。与各位分别，真有无限感慨，真不愿意走，临行还在犹豫。

那么，庭筠到底遇到什么麻烦呢？显然与生病无关，他不去考试，却在做远行东南的准备。联系当时的政局，就不难理解了。在他获京兆荐送不久，文宗因在内廷见缘橦之戏（一种爬竹竿之杂技），小儿在上，一夫在下，忧小儿堕地而狂叫，文宗问之，知为小儿之父，因而感慨自己身为天子而不能庇护太子，乃追究太子身边人之责任，立成王为太子。文宗深受刺激，随即得病，宦官趁机政变，废成王，另立江王为天弟，文宗受惊而死。这一系列事件就发生在温庭筠京兆解送到赴礼部试期间之二三月以内。他曾是庄恪太子的随游者，文宗以导太子堕游的名义杀太子亲近之人，而宦官拥立江王即武宗后，对文宗原来信任的宦官、宫人均大开杀戒。庭筠曾是太子身边陪游的文人，在此风云变幻之秋，他不能不感到身命的忧虞，更不愿在此多事之秋风光显眼、遭遇不测。他畏祸远遁，原因就在此吧。

《春日将欲东归寄新及第苗绅先辈》："几年辛苦与君同，得丧悲欢尽是空。犹喜故人先折桂，自怜羁客尚飘蓬。三春月照千山道，十日花开一夜风。知有杏园无路入，马前惆怅满枝红。"苗绅是前一首长诗的受赠人，这时高中进士，庭筠既为他高兴，又为自己感到悲哀。杏园是新及第进士聚宴的地方，庭筠遗憾自己人生失路，付出巨大努力，最后一切皆空，实在很幻灭。

五　索性就在红尘中做一个浮艳才子

开成（836—840）末及第罢举后，温庭筠曾东归江南，漫游吴越与湖湘，也曾较长时间居住在离长安不远的鄠郊别业。宣宗大中间（847—860），他曾至少四次参加礼部考试，也给许多高官去信，请求援借汲引，但一概没有成功。据刘学锴分析，几乎所有人都知道他有才，但谁也不敢录取他，原因据说是因为他"士行尘杂，不修边幅"（《旧唐书》卷一九○下），宰相令狐绹则认为他"有才无行，不宜与第"（《北梦琐言》卷四）。

那么，温庭筠的品行到底有什么问题呢？唐代向以开放包容著称，为什么到了温庭筠这里就行不通，成为阻碍他进入仕途的不可逾越的障碍了呢？唐人虽有许多记载，但都很零碎，至今无法完全揭示根本的原因。如果要具体叙述，则有以下几点。

扬才露己，讥讽时相。《北梦琐言》卷四载："宣宗爱唱《菩萨蛮》词，令狐相国假其新撰密进之，戒令勿他泄，而遽言于人，由是疏之。温亦有言云：'中书堂内坐将军。'讥相国无学也。"大约《菩萨蛮》是宣宗时流行的燕乐歌词，温庭筠所作甚多。令狐绹投皇帝所好，以温词奏进，不希望宣宗知道是温庭筠作。温随即告于别人，不

管有意无意，令狐自不高兴。近年出土多方令狐绹撰文之墓志，知他
也非全无才学之人，但在温庭筠看来，他的才学无法达到宰相燮理天
下的要求，因而斥他不学，如同武将般粗鲁。再如《南部新书》卷
庚载："令狐相绹以姓氏少，族人有投者，不吝其力，由是远近皆趋
之。至有姓胡冒令狐者。进士温庭筠戏为词曰：'自从元老登庸后，
天下诸狐悉带令，'"令狐绹之父令狐楚也曾为相，此元老并其父子
言，斥时人之趋炎附势，后句狐谐胡，令读平声，谐铃字。

　　留连狭斜，蒲饮酣醉。《旧唐书》本传说：

> 　　大中初，应进士，苦心砚席，尤长于诗赋。初至京师，人
> 士翕然推重。然士行尘杂，不修边幅，能逐弦吹之音，为侧艳
> 之词，公卿家无赖子弟裴諴、令狐滈之徒，相与蒲饮，酣醉终日，
> 由是累年不第……与新进少年狂游狭邪。

前文已经说到，温庭筠初应进士试在开成间，苦心课习、长于诗赋都
是事实。初至京师，人士推重应是大和间事。裴諴是宰相裴度之子，
二人交游也属早年之事。令狐滈即为令狐绹之子，据说因父为宰相，
颇左右科场之录取，不知此时何以反成庭筠累年不第的原因。大约他
此一时期的行为，一改早年之精进，借此宣泄心中的不满，也因此成
为他不宜录取的借口。

　　前所引"能逐弦吹之音，为侧艳之词"，则成为温庭筠无行的另
一原因。更详细的记录见于范摅《云溪友议》卷下《温裴黜》：

> 　　裴郎中諴，晋国公次子也。足情调，善谈谐，举子温岐为友，
> 好作歌曲，迄今饮席，多是其词焉。裴君既入台，而为三院所谴曰：

"能为淫艳之歌，有异清洁之士也。"裴君《南歌子》词云："不是厨中串，争知炙里心。井边银钏落，辗转恨还深。"又曰："不信长相忆，抬头问取天。风吹荷叶动，无夜不摇莲。"又曰："斡蜡为红烛，情知不自由。细丝斜结网，争奈眼相钩。"二人又为《新添声杨柳枝》词，饮筵竞唱其词而打令也。词云："思量大是恶因缘，只得相看不得怜。愿作琵琶槽那畔，美人长抱在胸前。"又曰："独房莲子没人看，偷折莲时命也拼。若有所由来借问，但道偷莲是下官。"温岐曰："一尺深红朦曲尘，旧物天生如此新。合欢桃核终堪恨，里许元来别有人。"又曰："井底点灯深烛伊，共郎长行莫围棋。玲珑骰子安红豆，入骨相思知不知？"湖州崔郎中刍言，初为越副戎，宴席中有周德华。德华者，乃刘采春女也。虽《啰唝》之歌不及其母，而《杨柳枝》词，采春难及，崔副车宠爱之异，将至京洛后，豪门女弟子从其学者，众矣。温、裴所称歌曲，请德华一陈音韵，以为浮艳之美，德华终不取焉，二君深有愧色。

这一段稍长，收了裴諴小词五首，温庭筠小词二首，都是用六朝民歌的手法，直率地表达男女之情愫。温庭筠所作二首，近人刘永济《唐人绝句诗选》特为揭出，认为立意特别新奇。如第二首，写男女掷骰为长行之戏，骰子上刻红豆标示数字，作者则借此写男女之间刻骨的相思之情。意思很直露，但不做作。这样的作品，连周德华这样的歌女都拒绝歌唱，因为太"浮艳"了。这里其实包含另一种意思。唐代以乐工为贱品，士人能理解、能欣赏、能品味，这是格调，但若亲自去吹拉弹唱，那就太堕落了。今人讲温词，都喜引"能逐弦吹之音"来证明他的音乐造诣，而在当时，恰巧是他士行尘杂的显著例子。

大中（847—860）、咸通（860—873）间，是温庭筠人生的最后二十年，科举对他来说是无望了，堕落红尘的行为他还在继续，且曾因搅扰私场之类罪名，遭到斥逐。正史给他留下文场浪子的不光彩记录，但他却在此滚滚红尘中，细心体会新崛起的燕乐歌词的强大生命力，以他的深厚造诣写作此类作品，开创了以隐约迷离、秾艳绮丽为特征的新的文学语境。诗人不幸文学幸，此亦一例也！

陈陶的分形与实相

誓扫匈奴不顾身，五千貂锦丧胡尘。

可怜无定河边骨，犹是春闺梦里人。

这首诗是陈陶所作《陇西行四首》中的第二首。诗意非常晓畅。说军将镇守边关，守卫疆国，扫灭入侵的匈奴，誓以身殉，奋不顾身。最终战败了，五千战士命丧边关。奇警的是后两句，无定河在今陕北榆林一带，作者可能曾身历其处，看到累累白骨，想到他们都曾是血肉之躯，都有父母、有妻儿，他们的死亡家人不知晓，闺中之人还在每天想着盼着他们回来，梦中还会出现他们的身影。眼前白骨，遥远春梦，多么强烈的对比与控诉！

　　写下这首诗的陈陶，五代以来一直如梦幻般地存在着。从他的诗里，可以读到来往的赠诗对象有任晼、周墀、桂仲武，给他写诗或悼念过他的诗人有贯休、方干、尚颜、曹松、杜荀鹤，以此可以确定他是生活在唐文宗到宣宗间的一位诗人。从南唐开始，有许多关于他的传说，比方给南唐中主时宰相宋齐丘投谒，希望用事而不果，后来到洪州西山修道。乃至清编《全唐诗》干脆将其全部诗作编入南唐。今人仔细考辨，如陶敏、张兴武都认为晚唐、南唐各有一个陈陶。我最初也赞同分两人的说法，当要将陈陶名下的全部诗歌分到两个作者名下时，发现事实上不易分劈。通盘考虑文献，我更愿意相信只有晚唐的陈陶，南唐陈陶始终仅是一个幻影，一个有传说而从未真实现形的分身。

一　南唐没有另一个陈陶

说到南唐陈陶的最早记录，见宋初史温编《钓矶立谈》：

> 剑浦人陈陶，学通天人，自负台铉之器，不肯妄干托。及闻宋子嵩秉政，凡所荐擢，率浮靡憸佞，陶自知决不能入，因筑室南都之西山，以吟咏自放。及齐丘出镇，陶更有蒲轮之望，仍目咏曰："中原莫道无鸾凤，自是皇家结网疏。"故与水曹郎任婉相善，以诗寄之云："好向明时荐遗逸，莫教千古吊灵均。"朝廷不知其名，欲加召用。会割江多故，未暇也。是时江南多妖孽，彗孛昼见，陶察运祚衰替，不可扶持，遂绝意于荐绅，专以服食炼气为事。又有诗云："乾坤见了文章懒，龙虎成来印绶疏。"又云："近来世上无徐庶，谁向桑麻识卧龙。"又云："磻溪老叟无人问，闲列租梨教《六韬》。"租、梨，其二子小字也。或问其优劣，陶答曰："味虽不同，皆可于口。"

《钓矶立谈》为史温所述，记录自号钓矶闲客之"叟"的议论，述及南唐政事得失及君臣事迹。上段叙事中，宋子嵩即宋齐丘，中主时的权相。出镇疑者保大五年（947），割江则指后周南伐，南唐失去江北之地。南都指割江后南唐迁都洪州。所述诸事似皆有据。然而所引陈陶诗，有全篇存者，皆为唐末陈陶所作。如任婉可知为宣宗大中间（847—860）人，陈陶早年在闽中即与他认识，有《闽中送任婉端公还京》："燕台上榻玉为人，月桂曾输次第春。几日酬恩坐炎瘴，九秋高驾拂星辰。汉庭凤进鸾行喜，隋国珠还水府贫。多少嘉谋奏风俗，斗牛孤剑在平津。"端公是唐人对监察御史之习称，任畹估计因办案入闽，案结归京，陈陶诗中祝他归奏风俗，不断晋升官爵。前引二句则题作《寄兵部任畹郎中》："常思剑浦别清尘，豆蔻花红十二春。昆玉已成廊庙器，涧松犹是薜萝身。虽同橘柚依南土，终仰魁罡近北辰。好向明时荐遗逸，莫教千古吊灵均。"首二句回忆在闽中的分别，然后恭维任畹已为廊庙之器，自己则始终还是处士。颈联两句则自陈虽然生活在南方，始终期待到朝廷发挥才干。最后两句将自己比喻为郁悒而投江自尽的屈原，说在此盛明之时，应该及时推荐像自己这样的在野而有特殊才能的人士，不要再发生屈原那样的悲剧。问题在于任畹历经十二年的宦途，方从监察御史晋职到兵部郎中，大约属于正常任职晋升，远没有达到陈陶当年希望之"斗牛孤剑在平津"，即做到宰相。陈陶非常自负，似乎他在朝中并没有多少人脉。任畹还没有达到可以特别推荐遗逸之才的层级，是否认可陈陶的自我估价，就是另一个问题了。此诗见《才调集》卷九、《文苑英华》卷二六二，前者成书在后蜀前期，早于南唐割江；后者则几乎不收南唐时诗文。

"中原"两句，见陈陶《闲居杂兴五首》："一顾成周力有余，白云闲钓五溪鱼。中原莫道无麟凤，自是皇家结网疏。"此诗咏姜子牙垂钓磻溪，因周文王礼请他出山，因得辅佐成周，灭商兴功。陈陶认为自己虽然日常与白云为伴，垂钓五溪，辅佐国事的能力还是绰绰有余的。后两句是大议论，不是天下无人，而是皇家结网有疏失，没有给有才能的人以机会。

"磻溪"两句，原诗见《闲居寄太学卢璟博士》："无路青冥夺锦袍，耻随黄雀住蓬蒿。碧云梦后山风起，珠树诗成海月高。久泥鼎书求羽翼，未忘龙阙致波涛。闲来长得留侯癖，罗列楂梨校《六韬》。"首二句，夺锦袍用宋之问《龙门应制》的故事，黄雀见吴武陵《题路左佛堂》："雀儿来逐飏风高，下视鹰鹯意气豪。自谓能生千里翼，黄昏依旧入蓬蒿。"在当时很流行。其后写自己闲居的生活，说始终没有放弃朝廷征召的希望。最后两句以留侯（即汉初帝师张良）自喻，说一直在用水果排练战阵，揣摩《六韬》的兵法。张良早年在圯上曾获老叟授以《太公兵法》，即《六韬》，通晓战阵，辅佐刘邦成就帝业，陈陶亦以此自期。《钓矶立谈》两句讹成"磻溪老叟无人问，闲列楂梨教《六韬》"，主角变成了姜太公，意思稍变而主旨略同，就是后来辛弃疾所说"却将万字平戎策，换得东家种树书"的意思。

《钓矶立谈》另外所引二联诗，全篇没有保存下来。特别是"近来世上无徐庶，谁向桑麻识卧龙"两句，徐庶是汉末名士，在刘备急于拉队伍、寻帮手之际，他推荐了卧龙诸葛亮，引出三顾茅庐的一段佳话。陈陶自期甚高，辗转无路，感慨没有人了解自己。此句与前诸诗意思相通。

《钓矶立谈》述陈陶似有其人，且颇切时事，但举例则全是晚唐陈陶的，是当时传闻如此。其后北宋龙衮《江南野录》卷八、马令《马氏南唐书》卷一五、南宋计有功《唐诗纪事》卷六〇、元赵道一《历世真仙体道通鉴》卷四六叙述，并没有增加太多内容。唯宋张君房《丽情集》（《类说》卷二九及《苕溪渔隐丛话》后集卷一六引《艺苑雌黄》引）叙述了另一故事：

> 严宇牧豫章，陈陶隐西山，操行清洁。守欲挠之，遣小妓莲花往侍焉。陶殊不采。妓乃献诗求去云："莲花为号玉为腮，

> 珍重尚书遣妾来。处士不生巫峡梦，虚劳神女下阳台。"陶答曰：
> "近来诗思清于水，老去风情薄似云。已向升天得门户，锦衾深
> 愧卓文君。"

故事仍在洪州，内容则是拒绝美女之诱惑。两《南唐书》皆无严宇其
人，原文也未说是何时之事，刘斧《青琐高议》又载其为陈抟事。然
而，宋人王象之《舆地纪胜》卷二六、祝穆《方舆胜览》卷一九所引
《丽情集》，"严宇"则作"严譔"，其人咸通年间曾任江西节度，与
"牧豫章"说合。

　　南唐陈陶之仅出传说，南宋初胡仔《苕溪渔隐丛话前集》卷
一八引《蔡宽夫诗话》有很透达的见解：

> 　　世传陈陶诗数百篇，间有佳语……龙衮《江南野录》为陶传，
> 称其得道不死，开宝间犹无恙。然唐末人曹松、方干之徒皆有
> 哭陶诗，则陶之死久矣，不知衮何所据乎？陶见于唐末，而集
> 中乃有《赠高闲歌》，若尔，亦自当年百余岁。唐诗人如刘商，
> 皆传为仙去，固不可知，但既有哭之人，则知其死不诬耳。

陶敏《陈陶考》（《中华文史论丛》1986年第1期）认为南唐另有其
人，张兴武《南唐隐逸诗人陈陶考》（《中国典籍与文化论丛》三辑，
中华书局，1995）努力勾勒此人之行迹。二者皆与本文持说有异，可
参看。

　　二　诗人陈陶的应试与游边

　　陈陶，字嵩伯。至于他的籍贯、家世及生年，皆不可晓。比如

籍贯，有鄱阳、剑浦、岭南诸说，均与其诗中的表述乖违。梁超然为
《唐才子传校笺》卷八所撰稿断其为闽人，前引陶敏《陈陶考》认为
长江以北人，都难确定。所谓家世指他先人之身世，目前亦无所知。
至于生年，陶敏做过推证，即他有《投赠福建桂常侍二首》，桂常侍
可确认是桂仲武，任福建观察使时间在文宗大和四年至次年七月，此
前他曾应试进士下第，陶敏假设是此前两三年事，即他年二十落第，
大约生于宪宗元和三年（808）。这一推断还是相当保守，我估计还可
以前推若干年，大约以贞元、元和之间，即公元805年前后为可能。

　　以上推定可以知道陈陶没有显赫家世可以依靠，他的早年起点
很平常而辛苦。《游子吟》：

　　　　栖乌喜林曙，惊蓬伤岁阑。关河三尺雪，何处是天山？朔
　　风无重衣，仆马饥且寒。惨戚别妻子，迟回出门难。男儿值休明，
　　岂是长泥蟠。何者为木偶，何人侍金銮？郁郁守贫贱，悠悠亦
　　无端。进不图功名，退不处岩峦。穷通在何日？光景如跳丸。
　　富贵苦不早，令人摧心肝。誓期春之阳，一振摩霄翰。

仔细品味这首诗，他已经在外奔波许多年，写诗的时候则在"关河三
尺雪"即靠近天山一带。那时唐失河湟，他大约仅到今陕西靠近甘肃
一带，但冬日气候已经很严酷。他觉得自己生活在一个休明的时代，
但又看不到前途与希望。守贫贱是现状，愁苦无端，进图功名又找不
到路径，退处林下又心有不甘。眼看时光如跳丸般逝去，内心极其痛
苦。从最后两句看，他还是希望走科举的道路，一朝及第，如困鸟高
飞，直上青天。《海昌望月》云："平生烟霞志，读书觅封侯。四海尚
白身，岂无故乡羞。壈坎何足叹，壮如水中虬。猎猎谷底兰，摇摇波

上鸥。"海昌即今浙江海盐，是陈陶栖居浙北时作。读书是走科举晋身的途径，封侯是到边关建立战功，在这两方面他都愿意做出努力。但奔波许久，一无所成。他以水中虬、谷底兰、波上鸥来自喻，自期甚高，但看不到晋身的希望。

陈陶应科考的记录较少，但边塞诗则颇多，其中多为乐府诗。从他自述来看，他确到过边关，因有许多切身的体会。如《胡无人行》："十万羽林儿，临洮破郅支。杀添胡地骨，降足汉营旗。塞阔牛羊散，兵休帐幕移。空余陇头水，呜咽向人悲。"临洮在今甘肃西南，陈陶那会儿已在唐与吐蕃的前线了。十万大军虽然取得胜利，但胡汉双方都付出惨重代价。陈陶所写是战后景象，只有河水呜咽，诉说无声的悲怆。这首诗曾误传为李白所作，因为傅增湘校《文苑英华》援据善本，可确定是陈陶诗。

征人与闺妇是边塞诗永久的主题。本文开头所引那首《陇西行》之所以一直被传诵，是因为作者亲见边军，体会他们的付出，类似题材他写了许多首，如《水调词》："黠虏迢迢未肯和，五陵年少重横戈。谁家不结空闺恨，玉箸阑干妾最多。"五陵年少即今人喜讲的贵族子弟，只要敌人不肯和平，子弟就有为国戍边的责任，当然也留下居守女子的无穷哀怨。这组诗有十首，可以再录几首："忆饯良人玉塞行，梨花三见换啼莺。边场岂得胜闺阁，莫逞雕弓过一生。"分别三年，女子忘不了分别时的情景。梨花开谢了三度，啼莺去了又来，你怎么还不回来，难道准备与鞍马雕弓度过一生，忘了还有闺中之人在想你吗？这是王昌龄"悔教夫婿觅封侯"的改写版。"长安孤眠倦锦衾，秦楼霜月苦边心。征衣一倍装绵厚，犹虑交河雪冻深。"女子在家中，有锦衾暖床，仍然感到孤寂，边关雪冻天寒，更加艰辛，诗写女子寄征衣时增添衬绵的细节，以示对夫婿的关切。

"万里轮台音信希，传闻移帐护金微。会须麟阁留踪迹，不斩天骄莫
议归。"这里有从军将士的豪情，不获全胜绝不回家。陈陶的边塞诗
在晚唐足以名家，但模仿王昌龄的痕迹很重，没能自成面貌。

三　诗人陈陶的干谒与进取

陈陶奔走州县，留下许多干谒诗，大约要参加礼部省试，需要
州郡解送，能得州郡主官赏识，也可以向朝廷推荐人才。

《投赠福建桂常侍二首》其二云："匝地歌钟镇海隅，城池轇掌
旧名都。不知珠履三千外，更许侯赢寄食无？"前已述此诗作于大和
四年桂仲武任福建观察使后。诗意很显豁，愿意像侯赢为信陵君门客
那样，寄食门下。结果不甚清楚，此前后他在福建居住时间很久，他
初识任畹也在闽中，任的官职不高，他的送别诗已经祝愿他归朝后可
以官至平津，像汉代平津侯公孙弘那样做宰相。十二年后任畹任兵部
郎中，他更献诗要求任畹向朝廷推荐自己这样的遗逸。

《投赠福建路罗中丞》："越艳新谣不厌听，楼船高卧静南溟。
未闻建水窥龙剑，应喜家山接女星。三捷楷模光典策，一生封爵笑丹
青。皇恩几日西归去，玉树扶疏正满庭。"罗让是桂仲武的继任者，
且与福建颇有渊源。陈诗没有提要求，但恭维罗之文艺风流，诗末祝
福晋爵加官，投谒的意思很明显。

武宗会昌四年（844），周墀自华州改镇江西，陈陶即作《赠江
西周大夫》长诗投谒，称赞周是文武兼才："报政黄霸惭，观兵吕蒙
醉。""划释自宸衷，平戎在连帅。时康簪笏冗，世梗忠良议。"是国
家治理不可多得的人才。最后当然述到自己的攀附之意："他年蓬荜
贱，愿附鹓鸾翅。"两年后周移镇郑滑，陈陶有《送江西周尚书赴滑
台》相送，称"多病无因酬一顾，鄢陵千骑去翩翩"，是在江西期间

周对他有一顾之恩，周移镇时，他并未追随而去。周墀虽有北周以来世家的身份，但本人是进士出身，拔擢他的王起更是出身孤寒，四知贡举，尤有时称。李德裕贬官时，应试举子有"三百孤寒齐下泪，一时南望李崖州"之誉，具体实施者就是王起。王起放会昌三年榜，专取孤寒文士，周墀以老门生身份第一时间去诗祝贺，极一时之盛。这位乐于拔擢人才的伯乐，似乎对陈陶的关照很有限，更没有以特殊人物视之。宣宗初周墀入相，陈陶没有再去找他。

会昌间（841—846）陈陶还曾投诗温州刺史韩襄。大中初他南行粤桂，曾投诗容管经略史韦廑和岭南节度使李行修，似乎都没有得到特别的重视。

在闽、浙和岭南的游历中，陈陶确实动过浮海东航的念头。《蒲门戍观海作》写于海边："廓落溟涨晓，蒲门郁苍苍。登楼礼东君，旭日生扶桑。"他在海边东望，看到大海波涛，旭日东升，遥想扶桑美景，但也有些担忧："欲游蟠桃国，虑涉魑魅乡。"徐福之东渡，最终无数童子葬身鱼腹，远行要下很大决心。但如风平浪静，他也愿意试一试："灵津水清浅，余亦慕修航。"《宿岛径夷山舍》也写这种犹豫。他闻到海水的腥气，也有友人邀请，但他下不了决心："九衢平如水，胡为涉崔嵬。一饭未遑饱，鹏图信悠哉。"还未对现实绝望，不愿冒险远行。他在岭南有类似的想法，特别感慨赵佗之开国称霸，很遗憾终军之有设想而无行动："千年赵佗国，霸气委原隰。腥腥笑终军，长缨祸先及。"（《番禺道中作》）

四　诗人陈陶之失落与归隐

宣宗大中五年前后，陈陶结束在岭南的漫游，临行有《将归钟陵留赠南海李尚书》：

> 楚国有田舍，炎州长梦归。怀恩似秋燕，屡绕玉堂飞。越酒岂不甘，海鱼宁无肥。山裘醉歌舞，事与初心违。晔晔文昌公，英灵世间稀。长江浩无际，龙鼍皆归依。贱子感一言，草茅发光辉。从来鸡凫质，得假凤凰威。常欲讨玄珠，青云报巍巍。龙门竟多故，双泪别旂旌。

诗说在岭南得到李许多照顾，不仅如秋燕经常得绕玉堂飞，且曾得李一言之誉，使草茅之居顿生光辉，也使仅具鸡凫之质的自己，得以假借百鸟之王凤凰的威仪。无奈只能归云，厚恩未报，临别不免多有伤感。这里看到陈陶之谦抑，没有往日之大言自誉，或许在多次碰壁后总有一些感悟，看破世情后也有一些明白吧。

《避世翁》一篇，不知作于何时，可以看到他在进退之间的思考：

> 海上一蓑笠，终年垂钓丝。沧洲有深意，冠盖何由知？直钩不营鱼，蜗室无妻儿。渴饮寒泉水，饥餐紫灵芝。鹤发披两肩，高怀如澄陂。尝闻仙老言，云是古鸱夷。石窦闶雷雨，金潭养蛟螭。乘槎上玉津，骑鹿游峨嵋。以人为语默，与世为雄雌。兹焉乃磻溪，豹变应须时。自古隐沧客，无非王者师。

他半世奔波，一事无成后，选择了归隐西山修道。他一生曾许多次来往洪州，洪州西山曾是洪崖先生修道的名所，他也早就择居于此一带，最终在西山终老。他在诗中自述垂钓沧洲自有深意，不是不再过问世事，而是退而观世界的豹变。他愿意像姜太公那样躬居磻溪，静待王者。因为他坚信："自古隐沧客，无非王者师。"王者之师，必在民间。估计他大约在大中中后期归西山，很可能得见乾符间（874—
879）王仙芝、黄巢之起军。《闲居杂兴五首》其五云："云堆西望贼
连营，分阃何当举义兵。莫道羔裘无壮节，古来成事尽书生。"可能
已写及义军之略地江西。也就是说他在西山可能生活二十年以上。

　　陈陶退居西山后，与他来往较多的是诗僧贯休和尚颜。贯休
（832—912）是兰溪人，比陈陶年轻近三十岁。两人交往时，陈陶已
经退隐西山。《春寄西山陈陶》："搔首复搔首，孤怀草萋萋。春光已
满目，君在西山西。堑水成文去，庭柯擎翠低。所思不可见，黄鸟花
中啼。"《春晚闲居寄陈嵩伯》："春霖闭门久，春色聚庭木。一梦辞
旧山，四邻有新哭。菰蒲生白水，风篁擢纤玉。为忆湖上翁，花时独
冥目。"这两首诗中的陈陶，参透世理，与世无争，虽然春光满目，
但深居不出，独在西山西。世间的是非，他已经无暇顾问，花时闭
目自养而已。应该说明的是，贯休本人即是一位自负极高的傲僧，
在他眼中陈陶也不算怪兀。另《书陈处士屋壁二首》的描写更具体：
"有叟傲尧日，发白肌肤红。妻子亦读书，种兰青溪东。（自注：处
士有《种兰》篇）白云有奇色，紫桂含天风。即应迎鹤书，肯羡于洞
洪。""高步前山前，高歌北山北。数载卖柑橙，山资近云足。新诗
不将出，往往僧乞得。唯云李太白，亦是偷桃贼。吟狂鬼神走，酒酽
天地戾。青刍生阶除，撷之束成束。"陈陶一生傲兀，晚年时头发全
白，肌肤红润。家人读书，种兰溪东，出世修道，相信必会有成。第
一首写处士之修道出世。第二首画风遽变，高步是说到处行走，高歌
是说吟唱依旧。栖息数年，种了许多柑橙，也积了许多山资，赚了不
少钱。新诗也不急于发表，若有人要，还是可以求得的。酒后高谈狂
吟，仍然有驱赶鬼神的气魄，天地在指掌之间显得狭小：这是说他的
议论仍旧惊天动地。大约李白是陈陶与贯休都特别敬畏的诗人，陈陶

醉后突说李白只是个偷桃小贼，这是疯话，不能说陈陶鄙夷李白。

　　尚颜《与陈陶处士》："钟陵城外住，喻似玉沉泥。道直贫嫌杀，神清语亦低。雪深加酒债，春尽减诗题。忆昔曾邀宿，山茶独自携。"大约曾有多次来往，这里写见面的情景，为人直道直行，神情清俊，讲话声音也不高，处处显示诗人品格高尚，不拘小节。诗末回忆以往的小事，曾来借宿，饮茶请自带，这是随性，不是讥讽吝啬。

五　从友人哭陈陶诗说到陈陶的历史评价

　　陈陶去世，曹松、方干、杜荀鹤、张乔有诗致悼。张乔诗不顺，这里不说。

　　曹松《哭陈陶处士》："园里先生冢，鸟啼春更伤。空余八封树，尚对一茅堂。白日埋杜甫，皇天无末阳。如何稽古力，报答吞茫茫。"他将陈陶比喻为商山四皓中的东园公和绮里季，有辅佐帝王的能力与高尚的人格；又将陈陶比为杜甫，用意大约一是客死他乡，二是诗歌戒就。最后说皇天对陈陶不公，他以洪荒之力写诗，但所得回报甚少。

　　方干《哭江西处士陈陶》："寿尽天年命不通，钓溪吟月便成翁。虽云挂剑来坟上，亦恐藏书在壁中。巢父精灵归大夜，客儿才调振遗风。《南华》至理须齐物，生死即应无异同。"客儿，各本方集多作"客星"，据《后村诗话新集》卷四改。客星用严子陵足加汉光武之典，与陈陶不合。方干也是一位用世心切而平生无成的高人，他对陈陶之不幸感同身受。他认为陈陶虽然寿尽天年，但命运不公，事业无成，不知不觉就老了。两人引为知己，因用徐孺挂剑的故事。巢父是上古神仙，客儿即刘宋诗人谢灵运，陈陶能兼两人之长。最后说熟读《庄子》，可以知道生死理齐，没有什么是非可说。这是以自己感受写陈陶之死的伤感，平淡中自有深情在。

杜荀鹤《哭陈陶》："耒阳山下伤工部，采石江边吊翰林。两地荒坟各三尺，却成开解哭君心。"也以李、杜之不得善终来哭悼陈陶之离世。

曹松以陈陶比杜甫，杜荀鹤以陈陶比李白、杜甫，前文贯休说与陈陶醉谈中提到李白，可以说在唐末这几位重要诗人眼中，李、杜无疑是唐一代诗歌最高成就的代表，他们因陈陶之死想到李、杜，是他们认为在一段时期内，陈陶可以代表这个时代的成就。当然，陈陶诗没有完整保存，我们从他的存诗中读到一些不错的作品，要说是唐末一大家，当然还有些距离。

陈陶生活的时代与李白生活的时代已经完全不同，鼎盛时代的大唐早已过去，陈陶的时代已露败相，江河日下。李白也曾满口大言地行走在人群中，但时代能包容他，他顺势成为时代的宠儿。陈陶也讲了许多大话，似乎他明兵法，解治道，不断说自己若得到机会，就能成就不凡。他的能力与见解都不为世所知，他的奔走投谒最终毫无结果。我们只能从他的作品里看到他自我期许的不平凡，对他的实际见识与才干，无法做出更多的评价。有些遗憾，但也无可奈何。

乱世能臣高骈的文学才华与人生迷途

    唐末笔记《桂苑笔谈》载，天复二年（902）夏夜，润州甘露寺万籁俱寂，有四人自西轩来，饮酒谈诗。其中朱衣者唏嘘低头，感叹"时世命也，知复何为"，另三人一边赏赞其诗，一边指陈他的失政。最后有人建议，可否"各征曩日临危一言，以代丝竹，自吟自送"，众人同意。西坐者吟曰："赵壹能为赋，邹阳解献书。可惜百江水，不救辙中鱼。"北行者吟："伟哉横海鳞，壮矣垂天翼。一旦失风水，翻为蝼蚁食。"东向者吟："功遂侔昔人，保退无智力。既涉太行险，兹路信难陟。"朱衣者吟："握里龙蛇纸上鸾，逡巡千幅不将难。顾云已往罗隐耄，更有何人逞笔端？"歘尔晨钟遽鸣，众人立即消失，寺僧方知为鬼耳。

    《全唐诗》卷八六五以甘露寺鬼的名义收录了上述四诗。明末胡震亨《唐音统签》卷九九七分析此节云："今以三鬼所吟诗考之，一为王伟，见《梁书》，一为谢晦，一为晦从子世基，见《宋书》。其朱衣鬼，详诗意，当是高骈。骈，僖宗朝镇淮阳，怀贰阻兵，为牙将所害。当时章疏，不逊其辞，多出幕客顾云所为，与伟之檄诋梁元，晦之檄诋宋文，敢于作逆者正同。想撰此事者，常游骈幕府，不得志，与同幕顾云、罗隐不叶，故曲致讪口，于骈自吟中讥云，并以诬隐，非无为而作也。"前三诗，《古诗纪》与《先秦汉魏晋南北朝诗》已收，不是唐诗。胡氏认为作《桂苑笔谈》者，曾游高骈幕府，但与顾云不协，我比较倾向的是高彦休，在高幕以少府充盐铁巡官，存世有《唐阙史》。《桂苑笔谈》署冯翊子子休，今人或作严子休，皆未必。此书专记润、扬近事，与高幕关系密切。更特别的是，上举四诗，是说四鬼临死之言，而三人所吟，皆南朝谋叛被诛者临死之诗，是指诸人有负于高骈。而高骈所吟，当然是笔记作者代拟，"握里龙蛇"指其曾掌雄兵无数，"纸上鸢"则借高的《风筝》诗喻得失无常，"逡巡"说自己文才纵横，最后二句则感慨顾云已死，罗隐已老，书记乏人。

高骈到底经历了哪些事情，以至身后还有如此多的波澜呢？

一 高骈的家世与前期的杰出政绩

高骈（？—887）出身于邠州军将世家，更准确一些说，是属于中央禁军神策军系统的戍边军家。其祖父高崇文为邠州长武军将出身，宪宗元和初因平定蜀乱的成就，拜西川节度使。崇文略通文墨，据说有诗咏雪："崇文崇武不崇文，提戈出塞号将军。那个髯儿射落雁，白毛空里落纷纷。"崇文及其子承简墓志已经在陕北出土，知这一家的基业在邠州。

高骈早年可能生活在京城。他成年不久，因西边党项羌叛，受命率万人戍长武城。时诸将御戎无方，唯高骈屡屡获捷。不久，任秦州刺史。秦州为关西重镇，与吐蕃所据地已经很近。他所写边塞诗，都成于此一时期。如《边方春兴》："草色青青柳色浓，玉壶倾酒满金钟。笙歌嘹亮随风去，知尽关山第几重？"这是对盛唐边塞诗的模仿，诗还清新畅达。《塞上寄家兄》："棣萼分张信使希，几多乡泪湿征衣。笳声未断肠先断，万里胡天鸟不飞。"兄弟分别，再见无期，笳声触动愁怀，以云天万里、孤鸟不飞作结，寄意失落怅惘。他也有拟乐府诗。《塞上曲二首》其二："陇上征夫陇下魂，死生同恨汉将军。不知万里沙场苦，空举平安火入云。"前二句一反古今诗意，说边塞从军之苦，无论生者死者，都对驱赶他们到边塞的将军怀着深仇大恨。这些苦没有人能够理解，朝廷或中原民众看到的只有边境平安的烽火，却不知征夫付出何等的代价。读者必须注意，高骈本人就是他笔下的"汉将军"，他能够如此理解征夫之苦，或许是他所向而有所成就的原因之一。

懿宗咸通三年（864），高骈受命为安南都护（其地在今越南北部）。宣宗大中元，以虔州刺史李涿为安南都护，涿"怙权慢帅"（据新出《李涿墓志》），收酋帅斩之，激起安南民叛，朝廷调许州军往征，皆败没。诗人皮日休作《三羞诗》哭之，有"南荒不择吏，致我交趾覆。绵联三四年，流为中夏辱"等哀痛之句。高骈受命于危难之际，威惠并施，很快平定大乱。《旧唐书》本传说他"至则匡合五管之兵，期年之内，招怀溪洞，诛其首恶，一战而蛮卒遁去，收复交州郡邑"。所谓五管指今广西境内之桂管、容管等军镇，估计还有他自领之裨策军。怀惠的主要措施，则是开通天威径。所谓天威径，指今河内、海防，经广西防城港到广州的海陆连接的交通要道，近年廖幼华、王承文等学者对此有专门分析。天威径开通，对有效管理安南、人员物资运输，以及地方安定，意义重大。高骈本人也很兴奋，作《过天威径》："豺狼坑尽却朝天，战马休嘶瘴岭烟。归路崟嶬今坦荡，一条千里直如弦。"诗作于他调离安南之时，成就的喜悦溢于言表。顾云也作《天威行》赞其事，认为其"终古济物意"，远远超过历史上的名将耿恭和李广利。五代动乱失去安南，此径开拓的意义渐被忽略。

咸通八年，高骈晋迁为天平军节度使，镇郓州。这是唐在山东的重镇，高骈居此达八年之久，《旧唐书》仅称"治郓之政，民吏歌之"，留下事迹不多。崔致远有《钓鱼亭》写高骈在郓州的生活："锦筵花下飞鹦鹉，罗袖风前唱《鹧鸪》。占得仙家诗酒兴，闲吟烟月忆蓬壶。"自注："伏睹相公在郓州诗云：'酒满金船花满枝，双娥齐唱《鹧鸪词》。'又《钓鱼亭》诗云：'水急鱼难钓，风吹柳易低。'"前一首在《吟窗杂录》卷二五存全篇，后二句作"清声揭入云间去，驻得春风花落迟"。相信这是高骈一生最轻松愉快的经历。

僖宗乾符二年（875），因为南诏数度渡泸水剽掠蜀境，朝廷思用能臣镇守，乃以高骈为剑南西川节度使。高骈的办法仍如在安南，一方面以重兵压境，逼迫南诏退兵休战，并承允不再犯境；另一方面，则为加强成都的城防，增修罗城，加高城墙。南诏曾在大和三年（829）和咸通十年两度进犯到成都城下，被击退后，掳掠大批蜀民与工匠南行，诗人雍陶写《哀蜀人为南蛮俘虏五章》恸其事，录第四首："越巂城南无汉地，伤心从此便为蛮。冤声一恸悲风起，云暗青天日下山。"高骈不仅平定眼前之纷乱，而且考虑成都长远的守御，可见他的能力与眼光。顾云作《筑城篇》，写高骈修城举措得到成都居民普遍拥护，云"三十六里西川城，围绕城郭峨天横。一家人率一口畚，版筑才兴城已成"，又说"西川父老贺子孙，从兹始是中华人"。

高骈从剑南调荆南，驻守江陵，为时不足一年，即改任淮南节度使，驻扬州。唐人有"扬一益二"的说法，不仅因二镇富庶，更因系朝廷的安危，责任重大。高骈因以往的骄人政绩，为朝望所系，故有此授。

二　高骈在扬州的是是非非

高骈《言怀》一诗不能确定作于何时："恨乏平戎策，惭登拜将坛。手持金钺冷，身挂铁衣寒。主圣匡扶易，恩深报效难。三边犹未静，何敢便休官？"如果作于早年初为主将时，可以看到他有公忠为国的抱负。如果作于从荆南到淮南期间，更可看到他自感责任重大，不知如何报答皇家的厚恩，国事未靖，更遑论休官弃职。

话是这么说，当乾符六年十月高骈到达扬州任所时，国家形势已经面目全非。唐廷与王仙芝、黄巢叛军的战争这时已经进入第六年，形势几度苍黄，这一年发生根本逆转。秋间，黄军从岭南北上，在荆南、襄阳一带与王铎统领的唐军激战，初胜后败，改而顺江东下。次年春末，高骈兼诸道行营兵马都统，指挥各路唐军对付黄军。在激战两月后，高骈的态度从积极出兵转而敛兵观望（用台湾学者黄清连《高骈纵巢渡淮》说），导致黄军渡淮北上，进袭两京，唐廷匆忙奔蜀。

广明、中和间（880—885），政局极其紊乱，因为朝中的人事变化，支持高骈的宰相卢携败死，主持朝政的宰相不协，加上高骈的实力与自负，更加剧了各方矛盾。早前他听闻王铎加都统，有诗云："炼汞烧铅四十年，至今犹在药炉前。不知子晋缘何事，只学吹箫便得仙。"虽然王铎与他一样有求道的热情，但在他眼里，王铎除了炼丹求仙，什么都不会，怎么能统率平乱？更特别的是，在中和二年（882）间，唐廷命其出师中原平乱，高骈彷徨不进，继而屡上奏议解释，而诏书则屡加申斥，凡往复七八次，成为乱中的特殊风景。对此解读当然不是一篇短文可以完成，但从高骈本人诗与崔致远代他所拟奏状中，则可见到另一种面目。高骈《蜀路感怀》："蜀山苍翠陇云愁，銮驾西巡陷几州？唯有萦回深涧水，潺湲不改旧时流。"此诗为西巡的皇帝担心，后二句更寄寓朝政必然回归正道的信念。崔致远存文有《请巡幸江淮表》《第二表》，希望僖宗若在蜀生计困难，也可以将江淮作为行在所，自己可以尽到责任。僖宗在蜀，为表彰高骈在蜀增修罗城的业绩，敕立《西川筑城碑》，并在大慈寺写真随驾群臣时，为高骈图真，御制真赞加以颂扬。崔撰文中，还有与朝廷诸相、各镇节帅以及布置部属军事之各种文书。这些都有待于全面仔细的分析，目前已有研究还很不充分。

高骈的最后两三年，黄巢是败灭了，但天下称兵，四海分崩，他拥有东南重镇，却更加沉迷于仙事，将政务交给几个佞幸小人。加上蔡贼进逼，连年饥馑，最终被叛将毕师铎、秦彦囚禁数月后被杀，得年大约六十七八岁。

唐末史官，对高骈似乎多持否定态度。《旧唐书》本传说他在扬州"大阅军师，欲兼并两浙，为孙策三分之计"，这是绝无可能之事。而《广陵妖乱志》一书，是事实与传闻兼杂的笔记，但为两《唐书》《册府元龟》《资治通鉴》等采信，几乎成为信史。唐末史事芜乱，由此可知。

《北梦琐言》卷七载，高骈在蜀，筑罗城四十里。朝廷虽加恩赏，亦疑其固护，即有长居割据之意。到僖宗幸蜀，得罗城固守，方思及高骈之先见，亟加表彰。高骈当时已经感到朝廷的猜疑，作《风筝》诗寄意云："夜静弦声响碧空，宫商信任往来风。依稀似曲才堪听，又被移将别调中。"他感到自己如同放飞的纸鸢，看起来光鲜无比，且有悠扬的弦哨伴随左右，但其实无法把握命运，只是随着东西南北风无端起舞。后两句的意思更特别，放风筝时，他听闻乐声，曲折悠扬地传来，似乎可以听出味道来了，一阵风来，又转入别的曲调了。此时，他感到非常的无奈，更感到互相沟通理解的困难。此诗后来多为历代选家所青睐，也多被禅家引作公案。

三　高骈迷佞道教终身不改

高骈崇信道教，相信由来已久。他有《步虚词》一首："青溪道士人不识，上天下地鹤一只。洞门深锁碧窗寒，滴露研朱点《周易》。"很可能是他早年任秦州刺史时所作。《竹庄诗话》卷二一引五代王仁裕《玉堂闲话》载，此诗有石刻在秦川城北绝顶上隗嚣宫石门限下，王仁裕亲见之，并赞其"飘飘然有神仙体裁，远近词人，竞来讽味"。诗中写出远离尘嚣的求道者的自由，不求人识，与神仙往来，上天下地，如鹤一样不受人间羁束。后两句更见他的精神追求，道宫清寒，洞门长锁，他只希望以露水研朱墨，阅读《周易》，细心悟道，渐求出世。写这首诗的时候，正是高骈政治上大有作为的时期，其内心恬淡如此，真不可思议。

他在岭南的罗浮山置办有别业，宦位显达时仍对修道不胜向往。《寄题罗浮别业》："不将真性染埃尘，为有烟霞伴此身。带日长江好归信，博罗山下碧桃春。"从"带日长江"推测，应作于扬州时。罗浮因葛洪炼丹于此而著名，是求道者的圣地。

他已经常访问修道的隐者。《访隐者不遇》："落花流水认天台，半醉闲吟独自来。惆怅仙翁何处去？满庭红杏碧桃开。"在这里，他不是名帅，不是高官，以隐者为友，自己也是隐士，更难能的是诗写得如此脱俗，不着一点尘埃。

高骈在扬州，理政之余一直在修道。崔致远入幕不久作《记德诗》三十首，借淮南节度与淮南王刘安名号偶同，而以此比之，既说"玉皇终日留金鼎，应待淮王手自调"，又说"此身依托同鸡犬，他日升天莫弃遗"，更直接的是《朝上清》："斋心不倦自朝真，岂为修仙欲济人。天上香风吹楚泽，江南江北镇成春。"将修仙与济世提升到同样高度，这是崔的迎合，大约也是高骈的认识。

高骈在扬州前后九年，后期更加剧了崇道活动。吕用之、张守一、诸葛殷等"皆言能役使鬼神，变化黄金"，得到他的信任。他到扬州不久，就建迎仙楼于廨邸北，几年后干脆在厅事旁建延和阁，凡七间，高八丈。高骈《春日招宾》："花枝如火酒如饧，正好狂歌醉复醒。对酒看花何处好？延和阁下碧筠亭。"知他曾在阁下宴饮宾朋。最后阶段，据说他多时避不见人。罗隐有诗见嘲："延和高阁上干云，小语犹疑太乙闻。烧尽降真无一事，开门迎得毕将军。"后人认为此为高骈死于毕师铎之手的谶言，更大可能则是诗作于事后。天下大乱，据说高骈更信妖言，以苇席数千领画作甲兵之状，烧于庭，以请后土夫人的仙兵，又以五彩笺写《太白阴经》十道，置神座侧以冥祷。罗隐作《后土庙》诗以讥："四海兵戈尚未宁，始于云水学仪形。九天玄女犹无圣，后土夫人岂有灵？一带好云侵鬓绿，两层危岫拂眉青。韦郎年少知何在？端坐思量《太白经》。"这些行为，都非正常人的思维可以解释。

高骈的最后一首诗，是他遇害那年三月的《与诸从事》："人间无限伤心事，不得尊前折一枝。"仅存此二句。饮酒赏花，自是人间乐事，但二者皆不可，更看到他对生命无可把握的悲哀。高骈一生，是何等精明强干之人，在天下分崩、四方兵火的严酷环境下，以他以往既重视眼下乱事之解决，更注意长远建设目标的性格，在扬州的最后阶段，权归群小而自己束身修道，战火延及身边而不思救亡之策，最终身首异处，全家蒙难，似乎并不能以他的迷狂来解释。我比较倾向的看法是，他的身体状态越来越差，加快修道以祈福，而他轻信的几位皆非帅才，且各有野心，最终酿成不可收拾的局面。

四　高骈幕府多有文学之士

高骈热爱文学，才华既高，数度开幕，得以招揽当时著名文士，得人之盛，一时无二。这些文士留下的诗文，也成为研究高骈的重要文献。

胡曾是高骈在剑南、荆南的掌书记，他后世因《咏史诗》名重天下，唐时名气并不大。他在科场屡试不第后入剑南路岩幕府，高骈继任后留任。这时南诏骠信是酋龙，驰书蜀帅，自夸兵革强劲，欲到锦江"饮马濯足"。蜀帅让胡曾作长书驳回，附诗有"亲受虎符安宇宙，誓将龙剑定英雄"之句，并警告："为报南蛮须屏迹，不同蜀将武侯功。"别来惹我，我不是诸葛亮，仅会安抚，你不屏迹，当心霹雳手段。前人或以为书、诗是胡为路岩作，待定。

淮南幕中人物，最重要的是顾云。顾云是池州秋浦人，应进士试时就名重一时。他以拟古策论《凤策联华》行卷，初试下第，诗人郑谷以国士目之，有"《凤策联华》是国华"(《同志顾云下第出京偶有寄勉》)句。大约乾符末入高骈扬州幕府，高与朝廷来往最重要文书，相信为他所撰，可惜留下来的很少。高骈死后，他曾有机会参与宣、懿、僖三朝实录的修撰。

崔致远是新罗宾贡进士，广明元年以前溧水尉入高幕，时年二十六岁。此后掌书记四年，自述作文逾万篇。他在中和四年罢职归国，且将在幕文书携归，自编为《桂苑笔耕集》二十卷。其时高骈尚未败亡，崔集全存当时面目，对高骈在扬州之作为，及与朝廷之关系，最为重要。

王棨，懿宗时以词赋名重一时，闽人撰《闽川名士传》仅述他前半生事迹，据崔致远《桂苑笔耕集》知他入淮南幕，历任右司马、盐铁出使巡官、知丹阳监事。

高彦休，是名臣高锴侄孙，在高骈幕摄盐铁巡官，存世著作《阙史》三卷，可能即在幕府完成。本文开头说到《桂苑笔谈》可能也是他撰，仅属推测。

罗隐，大约是广明世乱前后最大牌的诗人，世传叙述高骈败亡的那部《广陵妖乱志》也出他手。今人李定广著《罗隐年谱》（上海古籍出版社，2012），又著《罗隐集系年校笺》（人民文学出版社，2013），考证罗仅在广明二年春短暂到扬州访问顾云，未入高幕任职。

五　高骈的存世诗歌与文学才华

《桂苑笔谈》述高骈的形象，是"朱衣霜简，清瘦多髯"，名将而具文士形貌。《旧唐书》本传说他"幼而朗拔，好为文，多与儒者游，喜言理道，两军中贵，翕然称重"。他本是神策军中人，宦途得中贵照拂，自在情理中。据说他曾在军中以一箭射落二雕，人称"落雕御史"。《太平广记》卷二〇〇引谢蟠《杂说》："唐高骈幼好为诗，雅有奇藻，属情赋咏，横绝常流，时秉笔者多不及之。故李氏之季，言勋臣有文者，骈其首焉。《集》遇乱多亡，今其存者，盛传于时。"秉笔者谓专业文学之士，称他的诗"属情赋咏，横绝常流"，是很高的评价。今人谈晚唐诗，均以为多清寒衰瑟之气，高骈在那个时代完全是一个异数。本文前已引录高骈各时期诗歌十多首，可以看到其诗既不同于唐末之清冷，也全无中唐诸人之官味与繁复，清通晓畅，情味独具，足以自成家数。或者说，以他的地位显赫，诗中更多见到的则是少年的清唱。真不知他如果不涉政事，安心做一个诗人，成就会如何。高骈死于非命，宋以来未见其完整诗文的结集。今可见其诗约五六十首，除杂史、笔记，主要靠《万首唐人绝句》与《唐诗鼓吹》有所保存，尤以绝句存留较多。以下再选录一些，略作点评。

高骈的绝句确实足以名家。《写怀二首》不知作于何时："渔竿消日酒消愁，一醉忘情万事休。却恨韩彭兴汉室，功成不向五湖游。""花满西园月满池，笙歌摇曳画船移。如今暗与心相约，不动征旗动酒旗。"前一首说汉初韩信、彭越为汉王朝贡献巨大，却不知盈满早退的道理，应该学学范蠡功成身退啊！后一首写军中行乐，希望常在醉乡，少经战争。类似诗还有《平流园席上》："画舸摇烟水满塘，柳丝轻软小桃香。却缘龙节为萦绊，好是狂时不得狂。"春日游宴，美好如此，可惜自己是主帅，不能纵情狂放。再如《赠歌者二首》："酒满金船花满枝，佳人立唱惨愁眉。一声直入青云去，多少悲欢起比时。""公子邀欢月满楼，双成揭调唱《伊州》。便从席上风沙起，直到阳关水尽头。"仔细加以品味，这样的诗，放在盛唐也并不逊色。又如《对雪》："六出飞花入户时，坐看青竹变琼枝。如今好上高楼望，盖尽人间恶路歧。"即景写雪，看到的近景是雪压青竹，但作者已经悟透人生，不在意细节，登高远望，茫茫无边，将人世间的种种是非都遮掩了。《池上送春》："持竿闲坐思沉吟，钓得江鳞出碧浔。回首看花花欲尽，可怜寥落送春心。"此诗有所寄意，持竿钓江鳞是人生有所追求，然而回首觉悟，见春花欲尽，有为反而耽搁了人生，有所憬悟，后悔已晚。

高骈的律诗仅存五六首，总体偏弱，也有可诵者。如这首《遣兴》："浮世忙忙蚁子群，莫嗔头上雪纷纷。沉忧万种与千种，行乐十分无一分。越外险巇防俗事，就中拘检信人文。醉乡日月终须觅，去作先生号白云。"大约作于任安南都护以后，年龄已近五十，感慨白发渐生，忙碌如蚁，忧多乐少，沉迷醉乡总令人向往，早晚应追随高道，做出世之游。

韩琮文学遭际的幸与不幸

晚唐诗人韩琮，在唐末五代颇有名气。据说前蜀后主时曾在宫中夜宴，亲唱韩琮的《杨柳枝》词。高丽前期编唐诗选本《十抄诗》，选中晚唐最有名诗人三十家，每家选七言律诗十首，韩琮也在其中。宋元以后，很少选家注意他的作品，其间原因不一，大约与风气变化、作品零落都有关系。更特别的则是，他存世作品呈纷乱无序状态，不经整理，学者很难利用。换一立场说，他的作品之保存、分歧和清理，也是古今唐诗流传之缩影。愿述所知，让读者理解唐诗文本研究和鉴别的重要性。

一 韩琮生平梗概

《全唐诗》卷五六五收韩琮诗一卷，录诗二十四首，小传很简单："韩琮，字成（一作代）封。初为陈许节度判官。后历中书舍人、湖南观察使。"此前则《唐音统签》卷六二八仅云："韩琮，字成封。官湖南观察使。"注云：

> 唐宋《志》同。琮初为陈许节度王茂元判官。有荐状云："早中艽科，荣世雅度，弦柔以直，济伏而清。"《东观奏记》，大中中琮尝为中书舍人。《纪事》云："琮为观察，待将士不以礼，为都将石载顺所逐。"杨用修以为孟蜀时人，误。

《全唐诗》小传即据此稍作删节而成。以上所述，过于简略，后人续
有考证，《唐才子传校笺》卷六之考察为较完整。韩琮，字成封，《唐
诗纪事》卷五八作代封，为字形之误。《唐才子传》卷六说他是穆宗
长庆四年（824）登进士第，应属可信。据此前推二十到三十年，知
其生年大约在贞元（785—804）中后期。所谓荐状，见《文苑英华》
卷六三九李商隐《为濮阳公陈许奏韩琮等四人充判官状》："韩琮：
右件官早中殊科，荣世雅度，弦柔以直，济伏而清。顷佐宪台，且丁
家难，当丧而齿，未尝见既祥；而琴不成声，逮此变除，未蒙抽擢。
臣顷居镇守，琮已列宾僚。谋之既臧，刚亦不吐。愿稽中选，荣借外
藩。伏请依资赐授宪官，充臣节度判官。"虽属奏官状，可以解读的
内容很多。濮阳公为王茂元，任陈许节度使在开成五年（840）至会
昌三年（843）间，即便初到陈许即奏，也在韩琮及第后第十六年。
他曾在御史台任职，其间遭遇家难，因而耽误了宦途。王茂元陈许前
一镇，指他大和（827—835）间任岭南节度使，韩琮那时已经入他幕
下。奏状肯定他的学识、人品与能力，奏请他以宪官任节度判官，这
时韩琮约四十岁。

此后韩琮曾任司封员外郎、户部郎中。《文苑英华》卷六五七李
商隐《为举人献韩郎中琮启》，称韩琮"与先辈贤弟价重两刘，誉高
二陆"，文学声望颇隆。自述云："任重道远，方怀骥阪之长鸣；一日
三秋，空咏《马嵬》之清什。"今人认为这是代柳璧向韩琮进言，当
可信。柳璧是柳仲郢次子，仲郢时镇东川，商隐为其书记。柳璧后于
大中九年（855）登进士第，韩琮推荐有一些作用。

大中八年，韩琮任中书舍人。《东观奏记》卷中载：

广州节度使纥干臮以贪猥闻，贬庆王府长史，分司东都。制曰：

"钟陵问俗，澄清之化靡闻；南海抚封，贪渎之声何甚！而又交
通诡遇，沟壑无厌。迹固异于澹台，道殊乖于吴隐。"舍人韩琮
之词也。

纥干臮罢岭南节度使在这一年，韩琮草制措辞激烈，因而为当时
所称。

大中十二年初，韩琮已为湖南观察使，得领大镇，当然是高官
了，但似乎韩琮的治军理政很快就遇到了麻烦。《新唐书》卷八《宣
宗纪》谓五月庚辰，"湖南军乱，逐其观察使韩琮"。《资治通鉴》卷
二四九则作五月辛巳事，差一日，叙事稍详："湖南军乱，都将石载
顺等逐观察使韩悰（琮之误），杀都押牙王桂直。悰待将士不以礼，
故及于难。"石载顺，《东观奏记》卷下作石再顺，细节不甚清楚。军
乱，韩琮当然有责任，但乱军仅将其驱逐，并未杀害，朝廷对他之处
分也不甚清楚，但据本文以下所考，他在咸通五年（864）后曾任右
散骑常侍，大约得到善终。

二　《全唐诗》所收韩琮诗的来源

《全唐诗》卷五六五收韩琮诗二十四首，其中十三首来自《文
苑英华》，这是宋初编的梁陈到唐代的大型诗文总集，所据多是当时
内府所存各家别集，内容最为可靠。

在《文苑英华》以前，韦庄《又玄集》卷上录《春愁》《公子
行》《骆谷晚望》《暮春送客》四首，韦縠《才调集》卷八存《春愁》
《暮春浐水送别》《骆谷晚望》《公子行》《二月二日游洛源》《题商
山店》六首，《云溪友议》存《杨柳枝》二首，《鉴诫录》存《咏柳》
一首，这些都是唐末五代的书证。《唐诗纪事》卷五八另引《咏马》。

到现在为止，仅《颍亭》一首未找到唐宋书证。

《全唐诗》此部分诗歌，大多可靠，无窜乱。

三　韩溉与韩喜皆韩琮之传误

《全唐诗》卷七六八收韩溉诗七首又二句，传云："韩溉，江南人。诗一卷。"所谓"诗一卷"，见《宋史·艺文志》。江南人，大约据诗推知。其中《浔阳观水》《水》《灯》三首，皆注"一作韩喜诗"。

无论韩溉或韩喜，存世唐宋文献中都找不到二人生平的可靠记录。肯定有读者用全文检索找到唐彦谦有《逢韩喜》："相逢浑不觉，只似茂陵贫。袅袅花骄客，潇潇雨净春。借书消茗困，索句写梅真。此去青云上，知君有几人。"（《鹿门诗集》上、《全唐诗》卷六七一）唐彦谦是僖宗、昭宗间人，年辈稍晚于韩琮。我在许多年前校订童养年编《全唐诗续补遗》，因其立韩喜名补《水》一首，加了一则校记："《全唐诗》卷六七一唐彦谦有《逢韩喜》诗，知韩喜为唐末人。"当年所知未广，有此疏失。

然而此诗不是唐诗，是宋末元初戴表元所作，原题《逢翁舜咨》，见《剡源戴先生文集》卷二九、《全宋诗》卷三六四三，仅"茂陵"作"宛陵"，其他全同。《全唐诗》存唐彦谦诗，多为戴表元诗，为明人伪造唐彦谦文集时改头换面编入。最早发现此一问题的是清末朱绪曾，见《开有益斋读书志》卷五《剡源集逸稿》，此后郑骞《有关唐彦谦之札记六则》（《东吴文史学报》第一辑，1967年3月，又收入《龙渊述学》，台北大安出版社，1992）和王兆鹏《唐彦谦四十首赝诗辨伪》（《中华文史论丛》52辑，1993）续有考订，可参看。

《全唐诗》所收韩溉诗七首又二句，其中《浔阳观水》一首为误收李群玉诗，因《文苑英华》卷一六三收韩喜《水》诗后，失署名而致误。《水》，《文苑英华》卷一六三、《诗话总龟》卷二一引《续本事诗》、《唐诗品汇》九〇皆署韩喜，《文苑英华》卷三二九署韩喜，校引《类诗》作韩渥。《松》《柳》，《文苑英华》卷三二三、卷三二四皆署韩喜，有校："《类诗》作韩渥。"《竹》，《文苑英华》卷三二五署韩渥。《鹊》，《事文类聚后集》卷四四、《锦绣万花谷别集》卷二八署韩渥。《灯》，《事文类聚续集》卷一八、《合璧事类外集》卷五四皆署韩喜。句下收《愁诗》二句："门掩落花人别后，窗含残月酒醒时。"《吟窗杂录》卷一四署韩喜。以上所举皆为宋人书证，从明末到《全唐诗》编成时，显然认为韩渥、韩喜为同一诗人，遂将诸诗编在一起。

十多年前，韩国所存高丽前期佚名编《十抄诗》为中国学人所知，其中收韩琮诗七律十首，皆为单字命题的所谓单题诗。在此十首中，五首为新见佚诗，即《霜》、《烟》、《别》、《愁》（《全唐诗》仅存二句）、《恨》，另五首《露》《水》《松》《柳》《泪》，《全唐诗》虽收，但归属不一，其中《露》收韩琮下，《水》《松》《柳》收韩渥下，《泪》收徐寅下。怎样理解这一新文献之价值？金程宇博士撰《韩琮单题诗考辨》（《谁是诗中疏凿手——中国诗学研讨会论文集》，凤凰出版社，2007），认为存世的韩渥、韩喜诗，皆为韩琮诗的传误。徐寅诗集中有《咏灯》《泪》二首，为误收韩琮诗。考订过程复杂，在此难以尽言，读者可参看。金文中有一重要论说，即徐寅集中有近四十首单题诗，其中除二首与韩诗重出，其中还有十多首与韩琮诗韵字多同，是很明显的次韵诗，认为徐曾以韩诗为依傍对象而加以和作。我更想补充的是，徐集中颇多伪诗，如《潘丞相旧宅》一首，陶敏《全唐诗人名汇考》谓潘丞相为潘承佑，闽王延彬建州称帝时为相，卒于建隆三年（962）。若然，则为入宋后人作，非徐寅诗。很怀疑徐诗中韩琮诗必不止二首，但目前还欠书证。

四　韩常侍也是韩琮

《全唐诗》卷七八三在"无世次爵里"作者后，收韩常侍诗三首又二句，无小传介绍作者生平。这组诗源自《诗话总龟》卷一五引《古今诗话》：

> 韩常侍为郎吏日，宣宗问曰："卿有好诗，如何得见？"韩稽首曰："容至私第录进。"乃选八十首进。后以眼疾，辞拜珥貂，为御史衔命出关，谳狱道中看华山，有诗曰："野麕蒙象暂如犀，心不惊鸥角骇鸡。一路好山无伴看，断肠烟景寄猿啼。"（自注：御史出使，不得与人同行，故云无伴）时补衮谢病归山，更寄《织锦篇》与薛郎中云："锦字龙梭《织锦篇》，凤凰文采间非烟。并他时世新花样，虚费工夫不直钱。"《和人忆鹤》云："拂拂云衣冠紫烟，已为丁令一千年。留君且伴居山客，幸有松梢明月天。"又《和忆山泉》云："情多不似家山水，夜夜声声旁枕流。"

《古今诗话》是北宋后期人李颀采集前人诗歌故事编成的诗话，多数可以找到文本来源。上引这节不知来自何书，应该根据唐末某种笔记文字改写。唐人称呼同时或稍早人物，心怀崇敬，常称官职、字号或别称，尽量不显斥尊者之名，这点不难理解。入宋后，这样的文字一般人就读不懂了，如《太平广记》引唐笔记小说，为让宋人看懂，多改原文，偶有改误者。保留唐人原文，则给后人带来很大麻烦。如这位韩常侍，当时很有名，称官也能理解，时过境迁，宋人不甚了然，《全唐诗》编者更无从鉴别，称韩常侍而存诗，是最慎重的办法。

认真阅读《古今诗话》的这段记载，可以知道常侍是他晚年的官称，宣宗时为郎官，颇有好诗，宣宗特意问他要好诗，遂录诗八十首以进。其后因患眼疾，辞拜高官，曾以御史出关谳狱。《古今诗话》提供的线索非常有限。

偶然见一则记载，可知韩常侍为韩琮。《宝刻丛编》卷六引《集古录目》云，韩琮咸通八年（867）书《唐太子太师裴休神道碑》时，官为右散骑常侍。裴休卒于咸通五年，韩琮任常侍在五年至八年间。唐人碑志撰书与刊立，未必在同一年，但可肯定咸通五年裴休去世时，韩琮尚健在，得以为裴立碑书丹。如前所述，韩琮在宣宗大中前期曾为司封员外郎、户部郎中，与韩常侍宣宗时为郎合契。虽然还有一些细节有待落实，大端应可认定。

五　前后蜀时有韩琮其人吗

清初吴任臣《十国春秋》卷五六后蜀部分收《鹿虔扆传》云："不知何地人。历官至检校太尉。与欧阳炯、韩琮、阎选、毛文锡等，俱以工小词供奉。后主时，人忌之者号为五鬼。"依据大约是明蒋一葵《尧山堂外纪》卷四〇欧阳炯下的一条原注。明杨慎《升庵诗话》卷二，解李白诗，引"孟蜀韩琮"诗为证。清王琦注李白诗，也引以为据。

那么，前后蜀间有无韩琮其人呢？检宋张唐英《蜀梼杌》卷上，仅有一处提到韩琮：

（乾德五年［923］）四月，游浣花溪。龙舟彩舫，十里绵亘，自百花潭至万里桥，游人士女，珠翠夹岸。日正午，暴风起，须臾雷电冥晦，有白鱼自江心跃起，变为蛟形，腾空而去。是日，溺者数千人。衍惧，即时还宫。重阳，宴群臣于宣华苑，夜分未罢。衍自唱韩琮《柳枝词》曰："梁苑隋堤事已空，万条犹带旧春风。何须思想千年事，谁见杨花入汉宫？"内侍宋光溥咏胡曾诗曰："吴王恃霸弃雄才，贪向姑苏醉绿醅。不觉钱塘江上月，一宵西送越兵来。"衍闻之不乐，于是罢宴。

这是前蜀亡前二年（923）的事。后主王衍君臣夜游宣华苑，衍自唱韩琮诗，宦官宋光溥唱胡曾《咏史诗》中的一首。如果仔细体会，韩诗是可以解为汉隋往事都已不可追踪，何妨尽情享受当前呢！胡诗则很明确讥讽吴王贪图享乐，全不提防越人已经兵至宫前。韩琮之诮佞，或因此而起吧。其实两人都是大中（874—859）、咸通（860—873）间在世，不可能前蜀时还在。

最好反驳《十国春秋》五鬼之说的证据，是鹿虔扆、毛文锡与欧阳炯、阎选根本不是一个时代的人。四人词皆收入《花间集》，但毛文锡是前蜀人，僧贯休有《和毛学士舍人早春》诗，贯休卒于前蜀永平二年（912）末。毛可靠事迹仅到王衍即位前一年，未必得见前蜀之亡。鹿虔扆则可信事迹仅一桩，即天复间事王建为永泰军节度使，见《茅亭客话》卷三，时距王建称帝还有五六年，更遑论后蜀。阎选一般认为是后蜀人，欧阳炯则确曾经历前后蜀，归宋后又活了六年（陈尚君《花间词人事辑》）。以上四人，似乎没有机会在后蜀后主时聚齐，更何谈互相勾结，并称五鬼。

前后蜀另无韩琮其人，可无疑义。

六 韩琮诗歌的文学成就

通过以上梳理考证，今知韩琮存诗凡四十一首（三首残）又三句，较《全唐诗》大为丰富。由此谈他的成就，也可看得更清晰一些。

范摅《云溪友议》卷下《温裴黜》，言崔刍言"初为越副戎"，席中有刘采春女周德华，善歌《杨柳词》，所唱七八篇，皆"近日名流之咏"，含滕迈、贺知章、杨巨源、刘禹锡各一首，而"韩琮舍人二首：'枝斗芳腰叶斗眉，春来无处不如丝。灞陵原上多离别，少有长条拂地垂。'又曰：'梁苑隋堤事已空，万条犹舞旧春风。那堪更想千年后，谁见杨花入汉宫'"。同书《艳阳词》篇，则说元稹在浙东时，"俳优周季南、季崇及妻刘采春"曾到越州唱《望夫歌》，亦称《啰唝曲》。周德华乃此俳优夫妇之女，其生活时代，以晚于元稹镇越三十年计，即在宣宗大中中期，此时韩琮尚在世，他的作品传唱于歌女之口，名气已经不逊于前述诸名家。

就此二首《杨柳词》来说，遣词构思都很独特。前一首写灞陵原上分别之处的柳枝，芳腰、纤眉属于年轻女子，柳枝婀娜与柳叶如眉，是前人用烂的典故，韩琮则说柳枝柳叶与美人之身姿弯眉争奇斗艳，分不清彼此。接着说春天来了，柳丝轻扬，到处给人传递春的气息。折柳为别是前人反复用的故实，韩琮也这样写，但"少有长条拂地垂"一句，说人间分别如此之多，乃至柳条虽多，罕有不被折断者，很少能长到长条拂地。把人间别多聚少的哀怨，借柳枝被折而难以生长，淡淡地传出，其意要读者仔细体会。后一首，也就是前引王衍曾传唱的那一首，文字稍有差异，可能在流传中有所改动。此首写汴堤的柳枝，这里曾经是梁孝王的故地，梁苑的繁盛即便遥隔千年，仍然让人追想，然而现在已经什么痕迹都没有了。这里也曾是隋炀帝开运河、楼船下江南的起点，却也往事衰瑟，旧痕全无。物是人非，繁盛不再，唯春风有约，柳袅依然，当年之自然景象并没有改变，只令人对往事追念而又无奈。最后两句，作者更从当前景象，想到千年后，如今的眼前景象也不可得，将诗意推到一个新的境界，回到珍惜当下的主题。

这些咏物写景书怀的诗，韩琮应写过许多，存下来另有几首也不错。《暮春浐水送别》："绿暗红稀出凤城，暮云楼阁古今情。行人莫听宫前水，流尽年光是此声。"灞水、浐水都在长安郊外，是出长安远行必经的地方。暮春远行，正是绿肥红瘦、季节轮换的时候。凤城指长安，将要离去，再回头看一眼宫城，多少思古之情涌上心头。后两句，劝行者不要在此流连徘徊，人生的青春岁月、美好年华，就在这宦途奔波、道路跋涉中耗尽。不必再怀古纷扰，珍惜当下才是最重要的，这是作者要传达的想法。再看一首《柳》："折柳歌中得翠条，远移金殿种青霄。上阳宫女吞声送，不忿先归学舞腰。"这里写一位宫中女子的情感经历。因为一段送别，折柳分别的歌声中带回一枝柳条，珍惜那段情感，把它栽在宫中，渐渐长成，这段情感让此女子始终不忘，哪怕学舞时扭动腰肢，都会因其如柳枝般摇动而触景伤怀。不忿，疑当作不分，唐人口语也。

韩琮也偶有艳情诗。如《题商山店》："商山驿路几经过，未到仙娥见谢娥。红锦机头抛皓腕，绿云鬟下送横波。佯嗔阿母留宾客，暗为王孙换绮罗。碧涧门前一条水，岂知平地有天河。"从长安东南行，走的是商洛大道，"仙娥"指仙娥驿——商州一个有故事的驿站。作者见到的这位谢娥，大约是旧相识，颔联两句写她的服饰与美貌多情。颈联写谢娥假装指责老板娘怎么又留客人了，同时又与客人暗通款曲，情意绵绵。最后两句，让作者有喜出望外的感受，平常的山店前的一条小河，居然如同为多情男女在银河上架起了鹊桥。具体事实不太清楚，其中必包含一段风情故事。

　　当然，韩琮最重要的作品还是他的单题诗，即用一字为题写的七律咏物诗。他到底写过多少首，至今不甚清楚。经过前面的整合，今存韩琮此类诗约有二十二首，可以分为几组。一为写情感者，有《别》《愁》《泪》《恨》四首，加上《春愁》一首，也可说有五首。二是写自然物候，有《风》《露》《云》《霞》《雨》《霜》《水》《烟》八首。三是写禽鸟，有《鹊》《燕》二首，残句有咏鹤二句："王孙若问归飞处，万里秋风是故乡。"此外有咏蝉二句："凉夜偏栖桐叶露，曙天静噪柳枝风。"古人或以禽虫并称，则此组宜有四首。四是咏兽类，仅知有《咏马》一首。五是咏草木，今知有《竹》《松》《柳》三首。六是咏器具，仅存《咏灯》一首。以上凡涉六组诗。

　　分析韩琮到底写过多少首，有两个重要的参照系。一是李峤《杂咏》，这是唐人单题诗的典范之作，也是保存完好的唯一一部。二是徐寅的存诗，如前所述应为仿韩琮诗所写。李峤诗在日本传本众多，且分白文本与有注本，中土传本稍残，敦煌文书中有几个残片。李峤诗分乾象、坤仪、芳草、嘉树、灵禽、祥兽、居处、服玩、文物、武器、音乐、玉帛十二组，每组各十首，共一百二十首。韩琮写情感各诗，李峤没有，知韩琮没有遵循李峤的知识谱系来写作。按照李峤的分类，韩诗存乾象部七首，坤仪部一首，嘉树部三首，灵禽部三首，祥兽部一首，服玩部一首，居处、芳草、文物、武器、音乐、玉帛各部没有，咏蝉者没有计入。徐寅所存单题诗有三十多首，写乾象有月、雨、霜、风、云、露、霞、烟、晓、夜，坤仪有泉、水，嘉树有柳，灵禽有鸿、鹤、鹊、燕、鹰五首，芳草有草、苔、萍、蒲四首，虫类写到萤、蝉。情感除误收韩诗，尚有愁、别、恨、闲、梦、忙诸题，另写帆，可能属于服玩，方位写到东、西、南、北，则韩存诗没有对应作品。据此分析，韩琮必然受过李峤之影响，但所构建的是另一层的知识谱系。前举徐寅诗，与韩琮同题者有十多首，其他部分，韩琮也应有写作。此外，徐寅还有《剪刀》《纸被》《纸帐》《蜀鞭》《咏帘》《咏扇》《咏笔二首》《咏钱》一类诗，还有咏朝代的单题诗。这里之所以特别提到徐寅，因为其存诗中很可能即有为其编集之宋人，取韩琮诗充数之可能。

李峤的单题诗都是五言律诗，艺术造诣并不太高，但后世流传极广，主要原因是他每首诗均选取六到八个关于此一主题的常见典故，略作构思铺排，学诗者可据以掌握这些常见典故，起到诗学初阶的作用。韩琮所作都是七律，他所处时代，写诗靠堆积典故语辞的风气已经过去，他之所作虽也有写诗教科书的目的，却不太讨喜。如《燕》："对语春风翠满衣，碧江迢递往来稀。远空尽日和烟去，深院无人带雨飞。珠箔下时犹脉脉，画堂深处正依依。王孙尽许营巢稳，惯听笙歌夜不归。"如果读者读过南宋史达祖的名篇《双双燕》，就会惊叹早于史氏四百年，韩琮已经用这一技法写燕了，全篇用拟人化的手法，写燕的生活姿态，每一句都写燕，每一句都写人，能说不是好诗吗？再如《愁》："来何容易去何迟，半结衷肠半在眉。门掩落花人别后，窗含残月酒醒时。浓于万顷连天草，长却千寻绕地丝。除却五侯歌舞外，世间何处不相期。"人生失意，亲友分别，无端愁绪，颍洞万端，对一般人来说，愁苦多而欢乐少，但如何写好，委实不易。韩琮此诗写得很用心，首两句破题，愁绪无故涌来，要排遣则很困难，在眉头是别人看得见的，郁结衷肠只有自己能够体会。中间两联连写四个令人愁恼的特定场景的具象，每句都很有画面感，可以看到写愁高手韦庄、秦观、贺铸名篇的雏形。虽不长，确是一篇《愁赋》之含量。此诗宋元间多次被他人冒名，到《十抄诗》出，方得正名归主。

七　余说

在唐一代，韩琮没有达到一流诗人的成就。生前身后有一些时名，但始终没有成为主流。他早逢家难，凭才学入仕，做到了节帅，似乎行政能力有欠缺，甫上任就被驱逐，所幸得享天年。他的作品涉及时事很少，个人的文学圈也很狭窄，活到六七十岁，没有什么曲折的故事流传，诗中也很少可发掘的秘闻或史料。他最好的是写杨柳的一批通俗小词，用当时兴起的乐府新声，写怀古伤今的情愫，流行了近百年。他写的数量很大的应该是单题诗，用当时最流行的七律诗体，写特定情感，写人间百物，达到很高成就。风气转变，他的作品逐渐沉寂，始终没有大热，这很遗憾。更不幸的是，他的诗集没有得到完整保存，至迟到宋初，有不少已经归在他者名下流传，甚至被编入别人文集。他的存诗文献之混乱，是唐诗文献亟待系统考订的一个样本。好在今日秘本纷出，检索手段多样，加上科学鉴别、精密考证，有机会较近距离地逐渐还原真相，看到他生命的轨迹，以及诗歌的成就。这是韩琮的幸运，也是今日读者的幸运。

贯休在唐末乱世中的奔走与归宿

诗僧贯休在唐末是僧界宗师、诗坛领袖，也是书画名家。他在光启三年（887）时主婺州戒坛，时年五十五。他几乎与唐末所有诗人皆有来往，且对唐一代的多数诗家有所评论，读其诗更能体会他为诗之戛戛独造，不随世俗。他的书画当时有名，且有画迹存世。在唐末大乱之际，他远离故土，几乎走遍了南方所有的割据政权，最后以七十二岁高龄远赴西蜀，依附前蜀王建。他如此不平凡的经历，以往未有人作完整勾勒，知者甚少。今人胡大浚撰《禅月大师贯休年谱稿》（收入《贯休歌诗系年笺注》，中华书局，2011），基本厘清了他的生命轨迹，读来唏嘘不已。

一 贯休投谒钱镠不能见容

贯休，字德隐，俗姓姜，婺州兰溪（今属浙江）人。七岁于兰溪和安寺出家。二十岁受具足戒，移住婺州五泄山寺。其后漫游江西、吴越。僖宗乾符（874—879）初，返居故乡婺州。这时天下已乱，战火遍及大江南北，二十年间，贯休虽也曾避乱居常州、杭州新城，曾居住庐山较长时间，于信州怀玉山建寺，大多时间可知均在浙中。他的诗中写到与前后担任婺州刺史的郑镒、王镇与蒋瓌，睦州刺史冯岩、宋震，衢州刺史杜某，都有很深的交往，得到众多关照。其中尤其是王镇，交往尤其深厚，在王镇离任后，贯休仍密切关注，迁后有诗悼念。如果秩序恢复，相信他愿意在故土终老。

天下越来越乱，越中也一样。昭宗乾宁元年（894），贯休往杭州晋谒已经完成地方割据的钱镠。贯休诚意投谒，如果钱镠给以充分的优待，相信贯休是愿意留下的，毕竟是故土。然而最终没有契合，贯休也远离浙中。比一过程细节难以复原，但可以推知一个大概。

《吴越备史》卷一云："又周宝莅丹阳，州人凡有期，必曰'待钱来'，斯之应也。蜀禅月大师休公尝上诗曰：'今日再三难更让，谶辞惟道待钱来。'"《吴越备史》出于钱氏子孙之手，所据主要为吴越官方档案。《青箱杂记》卷七载"待钱来"是唐末丹阳民戏语，近乎为谶词，预言钱镠会有王者之命。贯休以此谶入诗，劝进迎合之意十分清楚。

《北山诗话》载贯休《上钱司空》："郭尚父莫夸塞北，裴中令休说淮西。"二句又见《野客丛书》卷八，是说钱镠的功绩已经超过曾在安史乱间挽救危局的郭子仪和中唐平定淮西的裴度，溢美之词，渲染过度，亦可理解。

据说引起钱镠不快的那首诗，有两个版本。其一见南宋李龏编《唐僧弘秀集》卷六："贵逼人来不自由，龙骧凤翥势难收。满堂花醉三千客，一剑霜寒十四州。鼓角揭天嘉气冷，风涛动地海山秋。东南永作金天柱，谁羡当时万户侯？"其二见北宋末释文莹《续湘山野录》"禅月贯休尝以诗投之曰：'贵极身来不自由，几年勤苦踏山丘。满堂花醉三千客，一剑光寒十四州。莱子衣裳宫锦窄，谢公篇咏绮霞羞。他年名上凌烟阁，岂羡当时万户侯？'镠爱其诗，遣客吏谕之曰：'教和尚改十四为四十州，方与见。'休性褊介，谓吏曰：'州亦难添，诗亦不改，然闲云孤鹤，何天而不可飞邪？'遂飘然入蜀。"傅璇琮撰《点校本〈五代诗话〉序》认为此诗出于伪托，依据一是《禅月集》无此诗，二是钱镠乾宁二年四月方请讨董昌，至次年五月克越州，斩董昌，而据贯休与吴融之交往，可知乾宁二三年间贯休一直在荆南，据其与韩偓过从诗，至光化元年（898）仍居江陵，钱镠则至天复间（901—904）仍仅有十三州之地。镠册为尚父，更晚至乾化二年（912），贯休即卒于此年。然《宋高僧传》卷三〇本传载："乾宁初，赍志谒吴越武肃王钱氏，因献诗五章，章八句，甚惬旨，遗赠亦丰。王立去伪功，朝廷旌为功臣，乃别树堂立碑，记同力平越将校姓名，遂刊休诗于碑阴，见重如此。"贯休曾献诗钱镠，应无问题，所献为七律五首，与献蜀中王建者同，完整存下来的仅一首，前录《吴越备史》《北山诗话》所存二残句，应为其他四首之残零。诗题之"尚父"，不免为后人误加；诗中之十四州，述其成数而已。钱镠亦知事理者，且曾将五诗皆刊于功臣碑阴，未必有要求改"十四州"之事。贯休此组诗本多溢美之词，给王建可以写，给钱镠又何必要拒绝呢？本集不收，则因本集编成于蜀中，不必要也不方便将投谒他处之文字收入。此诗虽文本流传有歧说，曾投诗钱镠则无问题。至浙中难以居留原因，肯定不会仅因个别文字之修改，只是就目下来说，尚难遽断。

　　贯休离浙后，与浙幕诸人时有来往。《怀钱唐罗隐章鲁封》："二子依公子，鸡鸣狗盗徒。青云十上苦，白发一茎无。风涩潮声恶，天寒角韵孤。别离千万里，何以慰荣枯？"有关心，有担忧，彼此安慰。称主人为"鸡鸣狗盗徒"，值得玩味。

二　贯休依江陵成汭之曲折隐情

　　贯休离开浙中时，江淮一带干戈相寻，战火不熄。他只能溯江西行。在乾宁元年冬已经抵达江陵。唐代江陵的地位相当重要，是东西南北四达之地，交通便捷，工商兴盛。这时割据江陵的是军阀成汭。成汭早年曾为僧，乱中从军，招集流亡，训练士伍，乘乱占有荆南，朝廷遂以节旄授之。江陵经大乱之后，破败为甚，成汭"抚辑凋残，励精为理，通商训农，勤于惠养"（《旧五代史》卷一七），在乱世中堪称难得。贯休在江陵前后近九年，成汭"优待之，馆于龙兴寺"，很加照顾，生活亦稍得安顿。江陵为南北通衢，来往官员、文士、僧道都很多。贯休其间留下大量与各种人等交往之记载。其中较重要的交往是与著名诗人吴融。贯休时居龙兴寺，吴融贬官到江陵，经常造方，二人多谈性理，甚至从早到晚，日入忘归，有相知恨晚之感。贯休也将自己的诗稿相授，托吴融作序。此外所见文人还有王贞白、姚泊、赵观文、刘崇鲁、张道古等。

　　贯休长期居住江陵，是成汭的客人。成汭虽地方治理得卓然有声，对来往或寄住之官员、文士也还客气，但气量不大，性格偏激，本性凶暴，好加猜疑。其子偶有微过，他居然亲手杀之，以致绝嗣。他更"好自矜伐，骋辩凌人"，即自视甚高，好自我标榜，好高谈阔论，以言词凌忽客人，凡事更多好臆断。《五代史补》卷一载成汭生日："有献歌诗颂德者，仅百余人，而贯休在焉。汭不能亲览，命幕史郑准定其高下。准害其能，辄以贯休为第三。贯休怒曰：'藻鉴如此，其可久乎！'"郑准是成汭信任的书记，早年应试时贯休曾有诗相赠。生日颂德虽属人之常情，还要加以评骘分等，本属多余。贯休是心气很高的人物，诗被评为第三，更增不快。另一件事，见《唐诗纪事》卷七三载：曾有客人投宿于寺，与贯休说到时政不治，贯休作《酷吏词》云："霾雨溟溟，风吼如劚。有叟有叟，暮投我宿。吁叹自语，云太守酷。如何如何？掠脂斡肉。吴姬唱一曲，等闲破红束。韩娥唱一曲,锦段鲜照屋。宁知一曲两曲歌,曾使千人万人哭。不惟哭,亦白其头,饥其族。所以祥风不来,和气不复。蝗乎贼乎,东西南北。"诗似乎泛说时事,未必即指成汭,但流传开来,仍不可避免地引起猜疑。贯休曾作《砚瓦》诗,云:"浅薄虽顽朴,其如近笔端。低心蒙润久,入匣更身安。应念研磨苦,无为瓦砾看。傥然仁不弃,还可比琅玕。"诗咏造型拙朴之砚台,借喻自己之不受重视,被弃作瓦砾,寓含幽怨之意。"低心蒙润久,入匣更身安",既说砚与笔之关系,也借说自己蒙成汭许多照顾,却始终没有安顿放心的感觉。

其间有一段,贯休曾被成汭放逐于黔中,原因不甚明了。《北梦琐言》卷二〇说贯休"精于笔札,举止真率",经常"诋讦朝贤"而不自知。成汭向他请教笔法,贯休告:"此事须登坛而授,非草草而言。"仅说要庄重传授,成汭因此而记恨,就有些见小了。

虽然与成汭有些不快,但贯休从黔中仍回到江陵,并作诗《上荆南府主三让德政碑》,赞颂成汭的治绩,有"荆州化风何卓异,寡欲无为合天地。虽立贞碑与众殊,字字皆是吾皇意",认为黄巢败灭至此已近二十年,荆州治理的成就非常特出,立碑是皇帝圣意,成汭谦让是美德。他离开江陵入蜀,也在成汭兵败身死后。虽有龃龉,但终有许多感念。

居江陵期间,贯休曾入湖南,与湖南幕中文士裴说有交往,也曾在南岳衡山长期居住。割据湖南的马殷幕下多文士,但似乎对贯休之入湘并未给以特别关心。湖南马氏割据政权在五代乱世,始终没有称帝自立,幕府虽多文士,但绝无大家,似乎也可解释贯休不作久留之想的原因。

其间,贯休也曾到岭南,在韶州参六祖惠能故迹,有《题曹溪祖师堂》:"皎洁曹溪月,嵯峨七宝林。空传智药记,岂见祖禅心。信衣非苎麻,白雪无知音。大哉双峰溪,万古青沉沉。"贯休不是禅僧,但对六祖有真诚的礼敬。他曾到广州,有《南海晚望》:"海上聊一望,舶帆天际飞。狂蛮莫挂甲,圣主正垂衣。风恶巨鱼出,山昏群獠归。无人知此意,吟到月腾辉。"这时岭南的割据者为刘隐,贯休是否曾礼谒,没有留下记录。从这首写于海边的诗看,他对天下纷乱,狂獠恶斗,感到极大殷忧,更感到无人理解自己。五代各割据政权中,文化最弱者一是北汉,二是南汉,贯休是否感觉到一些什么,不便揣测。

三　贯休入蜀受到前蜀君臣的隆礼宠遇

天复三年(903)初冬,贯休抵达成都,受到蜀主王建的莫大礼遇,这一年他七十二岁。

贯休有《闻知闻赴成都辟请》:"文翁还化蜀,帝幕列鸳鸾。饮水临人易,烧山觅士难。锦机花正合,棱薴火初干。知己相思否,如何借羽翰?"知闻指关系密切之友人。此诗不知作于何时,但显然对友人入戎都幕表达极大期待。首句从文翁化蜀写起,次句说蜀幕人才济济,最后问友人还记得自己否,能否给自己以援助,希望友人推荐的意思非常直白。

这位知闻很可能就是韦庄。韦庄,比贯休年幼四五岁,早年因一首《秦妇吟》名满天下,后游江南,小词为一时冠杰。光启间到婺州,与贯休结识。贯休晚年有《和韦相公话婺州陈事》回忆二人交往:"昔事堪惆怅,谈玄爱白牛(自注:《法华经》中以白牛喻大乘)。千场花下醉,一片梦中游。耕避初平石,烧残沈约楼。无因更重到,且副济川舟。"从"千场"句看,当年同游多次,意气相投。初平石指东晋皇初平的遗迹，沈约曾在东阳为官，遗迹有八咏楼，皆二人同访之地。韦庄后辗转各处，到天复元年入蜀幕，很快成为王建最倚重的副手。韦庄更崇信佛教，由他推动并接引贯休入蜀，是很合理的解释。在蜀期间，贯休一直与韦庄保持很密切之交往。集中有多首寄和诗，如《和韦相公示闲卧》《酬韦相公见寄》等，彼此有相知之感。

当然最重要的还是蜀主王建的接纳与礼遇。王建虽出身卑微，但能礼敬文士，中原士大夫避难趋蜀，都得到很好接纳，加上此时领有全蜀已近十年，政权稳固，心态良好，对贯休西来亟表欢迎，贯休在此期间也写了许多颂德之诗，赞美王建的文治武功。贯休门人昙域《禅月集后序》云："后隐南岳，□□□□□（缺文，四库本作"深居不出先"，恐为后人臆补）。先聘为备者曰：'吾闻岷峨异境，山水幽奇，四海骚然，一方无事。'遂乃过洞庭，趋渚宫，历白帝，旋闻大蜀开基创业，奄有坤维，叹曰：'不有君子，宁能国乎！'遂达大国，进上先皇帝诗，其略曰：'一瓶一钵垂垂老，千水千山得得来。'高祖礼待，膝之前席，过秦主待道安之礼，逾赵王迎图澄之仪。特修禅宇，恳请住持，寻赐师号曰'禅月大师'，曲加存恤，优异殊常。十年以来，迥承天眷。"用前秦符坚礼敬释道安，后赵石虎尊礼佛图澄，比喻王建之礼敬贯休。后蜀何光远《鉴诫录》卷五云："上人天复中，自楚游蜀，有上王蜀太祖《陈情诗》云：'一瓶一钵垂垂老，万水千山得得来。'太祖曰：'寡人尚筑金台以师名士，广修宝刹用接高僧。千山万水之言，何以当此！'于是恩锡甚厚，上人遂居蜀焉。"二书所引诗，《禅月集》卷二〇题作《陈情献蜀皇帝》："河北江东处处灾，唯闻全蜀勿尘埃。一瓶一钵垂垂老，万水千山得得来。奈苑幽栖多胜境，巴歈陈贡愧非才。自惭林薮龙钟者，亦得亲登郭隗台。"

当时王建还未称帝，诗题为结集时改。"得得"二字，《释氏稽古略》引作"特特"，意同。诗说天灾人祸，举世动乱，惟有蜀地因王建的善于经营，一片升平气象。自己已年过古稀，早就该归隐林泉，僧人生活也很简单，一瓶一钵，蔬食淡饭，不觉已垂垂老矣，不惮路途遥远，万里化缘，得以入蜀。蜀主给以隆遇，自己何堪得此，只能理解是如当年燕昭王筑台以待贤士之雅意。"奈苑"句，指王建为他提供东禅院居住，环境幽雅，所给礼数也超乎寻常。至天祐三年（906）专建龙华禅院，请他住持。同时在蜀的道士杜光庭也得到相当待遇，并得缘编纂历代道书，新辑《道藏》。贯休与杜光庭时相调侃，彼此相善。王建给贯休在蜀所领僧官的全称，清初影宋写本《禅月集》卷首所载是："大蜀国龙楼待诏、明因辩果功德大师、祥麟殿首座引驾内供奉讲唱大师、道门子使（按：疑当据《游宦纪闻》卷六作'经律论道门'）选链教授文章应制大师、两街僧录封司空太仆卿云南八国镇国大师、左右街龙华道场对御讲赞大师兼禅月大师、食邑八千户赐紫大沙门贯休。"华衮隆礼，优渥如此，唐一代僧人所受尊崇，似无有过此者。更难得的是，王建鼓励并容忍贯休对政事的批评与建议。《蜀梼杌》卷上载：永平二年（912）"二月朔，游龙华禅院，召僧贯休，命坐，赐茶药彩段，仍令口诵近诗。时诸王贵戚皆赐坐，贯休欲讽之，因诵《公子行》曰：'锦衣鲜华手擎鹘，闲行气貌多轻忽。艰难稼穑总不知，五帝三王是何物。'建称善，贵倖皆怨之"。王建带诸三贵戚到寺庙看和尚，礼貌地问他有何新作，和尚偏要说权贵们搞特殊化，没有教育好自己的子女，王建不以为忤，不断称善，可称难得。其实，诗的后二句包含王业艰难的意思，王建当然理解。

贯休在蜀，遇到许多相得可交的人物。如词人毛文锡，能诗文，解奏琴，更钻研茶道，所著《茶谱》为陆羽《茶经》的赓续之作。贯休作《和毛学士舍人早春》，赞其忠于王事，品位高雅，"丹心空拱北，新作继《周南》。竹杖无斑点，纱巾不着簪"。他与蜀中几位宰相也相交颇密。除韦庄外，还有三位：一是张格，为唐旧相张浚次子，贯休与张浚本就有交往，有《绣州张相公见访》为证。他致诗张格："但似前朝萧与蒋，老僧风雪亦相寻。"以作太平宰相相勉。二是王锴，互相有唱和，锴《赠禅月大师》："长爱吾师性自然，天心白月水中莲。神通力遍恒沙外，诗句名高八米前。寻访不闻朝振锡，修行惟说夜安禅。太平时节俱无事，莫惜时来话草《玄》。"三是周庠，早年在邛州幕府曾发现女扮男装的才女黄崇嘏，成为后代《女驸马》一类故事的初声。他写贯休的日常生活云："水田铺座时移昼，金地谭空说尽沙。傍竹欲添犀浦石，栽松更碾味江茶。"诸相诗，皆因附入贯休诗集而得传。

四　贯休居蜀开创人生新的辉煌

今人习惯以为五代十国是一个战乱的时代，大体不错，但具体来说，全国性大乱是在广明（880—881）之后二十多年，即因黄巢之变引发的全面动乱。五代称帝或十国割据者，多数是出身草莽的下层军旅人物，其对人才之招揽与部内之治理，则各有眼光与胸怀之不同。就贯休来说，他有较多接触的吴越钱镠、江陵成汭、蜀中王建，以及他近距离观察过的湖南与岭南，情况各不同。钱镠就个人来说，有优点也有缺点，他与罗隐相处尚可，但如吴仁璧等稍有违忤即遭屠戮，足见其不能容人。成汭割据江陵十来年，地方治理曾为海内瞩目，终于没能形成气候，与他的胸襟气度直接有关。王建开创前蜀，他治蜀二十多年，无论军事实力、文化建设、地方治理皆可称道。今成都永陵博物馆地宫尚有他的全身石像，俨然作文士状，可惜继嗣非人，二世而灭。蜀中文化虽历经变故，至后蜀而不衰，《花间集》在中国文学史上占据重要地位，溯源有自，不能说与王建时期的人才招揽没有关系。

贯休虽生在乱世，但他的格局气象远超同时的其他人。他是僧人，政治上无所干求，但他的文学追求与艺术创造，显然希望有更大的舞台来表达，他更希望有不平凡的表现。对此，钱镠不能理解他，成汭仅将他看作一般俗僧，都未能契遂机缘。王建显然更理解他，将他尊为僧界领袖，文坛星斗，蜀中掌权的文士宰相也没有排斥他，他的生存环境为之完全改变。居蜀近十年，贯休开创人生的第二段辉煌，不仅留下诸多诗篇，书画艺术也登峰造极。宋初黄休复《益州名画录》卷下云："师之诗名、高节，宇内咸知，善草书、图画，时人比之怀素师、阎立本画。"他在蜀中最著名的画迹有应梦十六罗汉："师阎立本画罗汉十六帧，庞眉大目者，朵颐隆鼻者，倚松石者，坐山水者，胡貌梵相，曲尽其态。或问之，云：'休自梦中所睹尔。'"此外还画过释迦十弟子。这些画当时均曾极其轰动，词人欧阳炯作长诗称赞其绘画之出神入化："西岳高僧名贯休，孤情峭拔凌清秋。天教水墨画罗汉，魁岸古容生笔头。时捎大绢泥高壁，闭目焚香丛禅室。忽然梦里见真仪，脱去袈裟点神笔。高抬节腕当空掷，窸窣毫端任狂逸。逶巡便是两三躯，不似画工虚费日。怪石安排嵌复枯，真僧列坐连跏趺。形如瘦鹤精神健，顶似伏犀头骨粗。一倚松根傍岩缝，曲绿腰身长欲动。"无论他作画过程之纵狂飞逸，不循常格，所画诸画之人各异貌，精神飞扬，在这里都可加以体会。长歌最后说："唐朝历历多名士，萧子云兼吴道子。若将书画比休公，只恐当时浪生死……瓦棺寺里维摩诘，舍卫城中辟支佛。若将此画比量看，总在人

间为第一。"虽然夸张稍过，当时确为中外瞩目。入宋，宋太宗也搜
访古画，曾让人将此罗汉十六帧携至京城。贯休的诗不循常格，多造
奇语，傲兀诡奇，自成品格。虽稍显粗豪，但足名家，乱世能臻此，
更属不易。今存逾七百首，可称富矣。

韦庄作《秦妇吟》之前后

　　韦庄的《秦妇吟》无疑是唐末大乱中的伟大史诗。它的写成年代，诗中第一句就有交代，即"中和癸卯春三月"，这一年是唐僖宗中和三年（883），黄巢军攻破长安的第四个年头。此时黄巢建立的大齐金统政权已成强弩之末，接近恢复秩序的唐王朝则面临更大规模的全国动乱。这首诗的出现曾经风靡一时，作者也获得"《秦妇吟》秀才"的雅号。此后这首诗却命运多舛，具体原因，《北梦琐言》卷六所载如下：

　　　　蜀相韦庄应举时，遇黄寇犯阙，著《秦妇吟》一篇。内一联云："内库烧为锦绣灰，天街踏尽公卿骨。"尔后公卿亦多垂讶，庄乃讳之。时人号"《秦妇吟》秀才"。他日撰《家戒》，内不许垂《秦妇吟》幛子。以此止谤，亦无及也。

其实，已经流传的作品，无论个人还是官方都无法禁绝，"庄乃讳之"也只是自己不再提起，结集时不予收入，民间则一直有流传，入宋也有人读到过。更幸运的是敦煌遗书中居然发现十多种写本，让今人得以重温这篇史诗。从宏观的立场来说，此诗正面直接地叙述唐末战争引起天崩地坼般的巨大变动，在整个中国文学史上，少有能与其媲美的作品。当然，如果了解作者写此诗前后的经历、思想与作为，可以更进一步加深对此诗的理解。

一　早年经历与用世抱负

韦庄（836？—910）家出望族，到他的父祖辈已经没落，乃至没有具体事迹流传。他的先世，有韦应物四世孙与玄宗相韦见素后裔两说。韦庄诗文中没有涉及韦应物的记录，应物之外孙杨敬之及其子杨戴，大和、咸通间文名颇盛，彼此也无交集。今人多否定为应物后人，可以定说。韦见素在天宝末入相，随玄宗入蜀，又奉传国宝至灵武，一时有重名，其后人则居官不显，也是事实。从韦庄诗中可以看到，他家有别业，也有田亩，但官场无强援，科场道路十分辛苦。他从二十多岁赴举，至少在咸通初年就有落第记录。虽然仕途无望，用世之心却未曾稍减。

他写《放榜日作》，云"一声天鼓辟金扉，三十仙材上翠微"，感受到别人的喜悦。也有因朋友成功而祝贺的，如《寄薛先辈》："悬知回日彩衣荣，仙籍高标第一名。瑶树带风侵物冷，玉山和雨射人清。龙翻瀚海波涛壮，鹤出金笼燕雀惊。不说文章与门地，自然毛骨是公卿。"薛先辈是咸通二年（861）状元薛迈，诗是祝贺而作，末二句的意思很特别。正面理解，是说文章、家世、容貌都很好，仔细体会，则似乎有些嘲讽。更让他始料不及的是他本人的成名登第，居然是在此后三十多年，真是情何以堪啊！

《关河道中》作于再次科场失意以后："槐陌蝉声柳市风，驿楼高倚夕阳东。往来千里路长在，聚散十年人不同。但见时光流似箭，岂知天道曲如弓。平生志业匡尧舜，又拟沧浪学钓翁。"诗作于春末夏初，又见春榜，仍然无缘，他不能不感叹，时光倏忽，十年匆匆，长路仍在，人事已非。所谓"天道曲如弓"，就是说世上无公道、无直行。他抱有宏伟抱负，有匡佐君王、治理天下的追求，然而只能继续退归江湖。

沦落科场沉浮，韦庄得有机缘冷静地观察社会之畸形发展，特别是主流社会的奢侈享乐和不思作为。《贵公子》道："大道青楼御苑东，玉栏仙杏压枝红。金铃犬吠梧桐月，朱鬣马嘶杨柳风。流水带花穿巷陌，夕阳和树入帘栊。瑶池宴罢归来醉，笑说君王在月宫。"靠近御苑的豪宅，马嘶狗吠，歌舞升平，又一次豪宴以后，公子贵为华胄，一切奢华都显得稀松平常。

《观猎》则是看到太平时代的军将在纵情享乐："苑墙东畔欲斜晖，傍苑穿花兔正肥。公子喜逢朝罢日，将军夸换战时衣。鹘翻锦翅云中落，犬带金铃草上飞。直待四郊高鸟尽，掉鞍齐向国门归。"猎场是在御苑中，战时的军马戎衣，都只是游戏的道具，纵情玩乐，将苑中和四郊的飞鸟都消灭，公子和军将终于可以尽兴而归了。

乱后，韦庄作《咸通》回看往事："咸通时代物情奢，欢杀金张许史家。破产竞留天上乐，铸山争买洞中花。诸郎宴罢银灯合，仙子游回璧月斜。人意似知今日事，急催弦管送年华。"咸通是懿宗的年号，长达十四年，社会已经危机四伏，然而显官不思作为，豪家纵情声色。最后两句说得很沉痛，那样不思作为，有谁想过以后的大乱吗？但他说的却是，当时的人们可能也知道今后会乱，因而抓紧一切时机尽情享受。

二　在黄巢占据长安期间的遭际

唐末之乱，始于咸通九年桂林戍卒之叛，到乾符间发展为席卷全国的王仙芝、黄巢起义。特别是乾符六年（879）到广明元年（880），一年多，黄巢军横扫大江南北，攻陷洛阳、长安，唐僖宗被迫再次幸蜀。时事变化如此之速，事前韦庄似乎全无认识，这年秋天，一如既往地入京应试。皇帝走了，他留了下来，在黄巢占领下的长安生活了近两年。此时，他虽然有诗名，但一不为官，二不富有，并没有引起黄巢军特别的注意，得以冷静地观察京城发生的急剧变化。

韦庄困居长安期间所作的第一首诗是《雨霁晚眺（自注：庚子年冬大驾幸蜀后作）》："入谷路萦纡，岩巅日欲晡。岭云寒扫盖，溪雪冻黏须。卧草跧如兔，听冰怯似狐。仍闻关外火，昨夜彻皇都。"皇帝走了，入蜀道途艰难，身在变化的城中，更感到胆怯。这里的兔、狐都是自喻，是无法把握命运的惊恐。战火纷纷，皇都最不太平。

次年春作《立春日作》："九重天子去蒙尘，御柳无情依旧春。今日不关妃妾事，始知辜负马嵬人。"天子走了，杨柳遇春，景色依旧，引人许多联想。作者将眼前之事与安史乱后的马嵬之变相比较，当时说是女祸，这次皇家还能说什么呢？

《辛丑年》仍写于中和元年，更看到诗人忧时之切："九衢漂杵已成川，塞上黄云战马闲。但有羸兵填渭水，更无奇士出商山。田园已没红尘里，弟妹相逢白刃间。西望翠华殊未返，泪痕空湿剑文斑。"韦庄诗学杜甫，这样的诗放在杜集中也毫不逊色。长安城内早已血流成河，四边战云密布。军队没有战斗力，战死众多，为国谋划者没有人拿出好的对策。这里，有巨大的忧患，这是为国。而自家，产业沦没，弟妹失散，皇帝不归，报国无门，含泪抚剑，气结无言，这些都表达得十分强烈。

《长安感怀》应该也是其间所作："长年方悟少年非，人道新诗胜旧诗。十亩野塘留客钓，一轩春雨对僧棋。花间醉任黄莺语，亭上吟从白鹭窥。大盗不将炉冶去，有心重筑太平基。"诗题据《鉴诫录》，知在围城中作。经过战乱，诗人体会到少年时的孟浪，诗风经世乱而遽变，人也有许多新的感悟。乱中他还能任意闲适，但他也看明白了，新建立的大齐政权难有作为，自己今后仍当为国开创太平。虽然他的身份只是没有及第的进士，但这种雄心大志，是他一生的主调。他后来奔走南北，最后依附蜀中王建，成为前蜀的开国宰相，正是这一目标的局部完成。

此时韦庄也不断写诗反省往事，除前引《咸通》，还有一首《忆昔》："昔年曾向五陵游，子夜歌清月满楼。银烛树前长似昼，露桃花里不知秋。西园公子名无忌，南国佳人号莫愁。今日乱离俱是梦，夕阳唯见水东流。"他也曾是醉生梦死者中的一员，那时哪会想到天下大乱，似乎醉舞豪奢必将永恒持久。遭逢世乱，往事如梦，一切都已无法挽回。

中和二年，韦庄逃出长安，暂居洛阳，其间有《洛阳吟（自注：时大驾在蜀，巢寇未平，洛中寓居作七言）》对时局的关切。据今人任海天《韦庄研究》（人民文学出版社，2005）分析，此间韦庄曾有清河、颍阳和商南之行，是否仅为排遣消闲，还很难说，但他时时关心国之安危，则有许多诗篇可以证明。如《又闻湖南荆渚相次陷没》："几时闻唱凯旋歌，处处屯兵未倒戈。天子只凭红旆壮，将军空恃紫髯多。尸填汉水连荆阜，血染湘云接楚波。莫问流离南越事，战余空有旧山河。"今人根据时事，以为作于乾符末黄巢掠地荆湘时，但韦庄《浣花集》是以年序编次的，此诗在辛丑以后，则是对大乱中南方战乱的殷忧。"紫髯"是指出身胡族的军人，战斗力较强。最后一句就是杜甫"国破山河在"的意思。《喻东军》："四年龙驭守岷峨，铁马西来步步迟。五运未教移汉鼎，《六韬》何必待秦师？几时鸾凤归丹阙，到处乌鸢从白旗。独把一樽和泪酒，隔云遥奠武侯祠。"写于僖宗奔蜀后第四年，与《秦妇吟》是同时之作。东军指山东的勤王之师，天子西狩已四年，拥有铁骑的东军仍行动迟缓，不思作为。大唐国运未尽，但车驾什么时候方能归京呢？作者想到了尽忠王事、死而后已的诸葛亮，换句话说，他已经看到黄巢败亡后乱局无法收拾的必然结果，看到了各路诸侯乘乱保存实力，以图割据的野心。

韦庄笔下的官军，也有许多不堪的记录。《睹军回戈》："关中群盗已心离，关外犹闻羽檄飞。御苑绿莎嘶战马，禁城寒月捣征衣。漫教韩信兵涂地，不及刘琨啸解围。昨日屯军还夜遁，满车空载洛神归。"群盗指黄巢军，这时已呈败势，但屯军仍不见起色，所谓回戈、夜遁，都是官军之奔溃逃离，而夜遁之时，还劫掠许多妇女，更显得不可思议。《闻官军继至未睹凯旋》："嫖姚何日破重围？秋草深来战马肥。已有孔明传将略，更闻王导得神机。阵前鼙鼓晴应响，城上乌鸢饱不飞。何事小臣偏注目，帝乡遥羡白云归。"官军是来了，但只闻战鼓响，不见破重围，说起来都有诸葛亮、王导之神机妙策，但毫无胜敌战绩可言。死者无数，掠食死尸的鸢鹰饱到飞不动了，但王师仍然捷报无闻。希望在哪里呢？

三 《秦妇吟》对唐末动乱的表达力度与真实感

就以上所述，可知韦庄出身世族大家，但家境已衰落，只能说是统治阶层的边缘人物。在科场盘桓多年，一事无成，但始终充满自信，从来没有放弃致君尧舜的理想。他目睹咸通以来统治集团的奢华，有时也参与其中，又很冷静地知道这样必致大乱。面对乾符、广明之际的世乱，他当然站在统治集团的立场，不赞同起义军的作为，但他又毕竟身居底层，有机缘很仔细地观察大乱中的世相，看到种种惨烈与破坏，恶行与痛苦，并认真考虑国家的未来。在他笔下，造反的群氓当然粗俗暴烈，与之对立的官军又何尝不是如此。对世变的惨状，他展开一幅人间地狱之长卷，借秦妇的叙述逐一铺开，展示了非凡的笔力。

具体说到《秦妇吟》，是从洛阳郊外偶遇的一位女子的叙述说起。该女身份，从称主人为主父，可知是某豪家之妾侍。时间起点在广明元年腊月初五日，女子仍如常地梳洗，突然得报皇帝已经出奔，黄巢军已经破城。在"轰轰昆昆乾坤动，万马雷声从地涌"的剧变中，先写四邻的仓皇失措，接着是"家家流血如泉沸，处处冤声声动地"的惨状，再接着分写东、南、西、北四邻女子的悲惨命运，东邻女被军士劫持上马，见良人而不敢认；西邻女遇暴而不从，反抗中被杀；南邻女刚订了婚，在绝望中与姐妹投井而死；北邻女欲逃而不得，在大火中被活活烧死。秦妇本人庆幸在三年中苟且得活，日常遭际是"夜卧千重剑戟围，朝餐一味人肝脍"，完全是非人的生活。虽然没有具体说明，从诗意可以体会秦妇是在沦为新贵玩物后方得存活。此下一节，借女子之口，叙述起义军头领的生活与容貌、行为，虽然极尽诋毁，乃是很难得的叙述文字："衣裳颠倒言语异，面上夸功雕作字。柏台多士尽狐精，兰省诸郎皆鼠魅。还将短发戴华簪，不脱朝衣缠绣被。翻持象笏作三公，倒佩金鱼为两史。朝闻奏对入朝堂，暮见喧呼来酒市。一朝五鼓人惊起，叫啸喧争如窃语。"所述为金统朝的高官，尚未订立朝章，行为粗俗，朝服破敝，容饰凌乱，立朝论政时喧哗争议，黄昏时叫嚷着去酒市纵乐。这样的新朝，没有建立规矩与秩序，很难维持长久，也就可以理解了。待到官军合围京城，城中供应断绝，出现了空前的危机："四面从兹多厄束，一斗黄金一升粟。尚让厨中食木皮，黄巢机上刲人肉。"这里有夸大扭曲，但围城之中，大军要吃饭，粮从何来，任何时代都会如此。此下以秦妇逃出长安，回望旧京的叙述，写长安的极端破败残颓。"内库烧为锦绣灰，天街踏尽公卿骨"两句，是全诗的诗眼，在此作了强烈的概括。

如果长歌仅写到此，思想意义仅限于对黄巢军在京城行为的控诉，似乎一切的恶行都由此而成。韦庄对此有更全面深刻的认识，他借秦妇的眼睛，再写出华阴金天神庙与新安老翁的两段故事，写出与黄巢军作战的官军的种种暴行。华阴距长安仅百余里，本来很繁华，华岳庙供奉金天神，以庇护生民为职志。此时"百万人家无一户"，"破落田园但有蒿，摧残竹树皆无主"，一片荒凉。诗人借金天神的口气，说"我今愧恧拙为神，且向山中深避匿"，又说："旋教魔鬼傍乡村，诛剥生灵过朝夕。"神也救不了世人，只能选择逃避，听任鬼魅横行，残虐生民。神是人创造并供奉的，当神已经不能佑护人民的时候，尚且感到惭愧，那官府呢，皇帝呢，是否也有失职，能不感到愧赧吗？作者寄意显而易见。

《秦妇吟》接写此女得出潼关，赞誉陕州与蒲州守将能治军安民，让她觉得"如从地府到人间，顿觉时清天地闲"，是两大段中间的平夷处，似乎让读者可以松一口气了。再东行到新安，遇到一位面有菜色的老翁，老翁自述本为当地殷富之家，先遭黄巢军劫掠，其后的官军恶行更甚："千间仓兮万斯箱，黄巢过后犹残半。自从洛下屯师旅，日夜巡兵入村坞。匣中秋水拔青蛇，旗上高风吹白虎。入门下马若旋风，罄室倾囊如卷土。家财既尽骨肉离，今日垂年一身苦。一身苦兮何足嗟，山中更有千万家。朝饥山上寻蓬子，夜宿霜中卧荻花！"诗人对黄巢是有敌意的，但如老翁所述，黄巢虽也夺粮，还给老翁及乡民留下活路，官军则更甚，以讨叛的名义，不断搜刮民间，以致殷实人家也全被搜刮殆尽。"山中更有千万家"一句，更将老翁一人之苦难，推及中原民众普遍之灾难，造成这些灾难的并不全是叛军，讨叛的官军较之更过分。史称广明以后，中原久经战乱，千里无人烟，韦庄可以说是最早的观察者和记录者，也让他这首长诗具备了记录时代惨剧的特殊意义。

读过《秦妇吟》的读者会有所疑问，秦妇是真有其人吗？其实联系韦庄本人的经历，可以理解他本人就是亲历者，从长安到洛阳的一切，都是他曾目睹的。多半秦妇只是他虚构的人物，或者说秦妇是他将自己和无数大乱中受尽苦难的人民的经历结合起来写出的典型人物。他将一切苦难集中到一个女子身上，因此更具震撼人心的力量。

四　为何要写《秦妇吟》

答案应该在全诗的最后一节："适闻有客金陵至，见说江南风景异。自从大寇犯中原，戎马不曾生四鄙。诛锄窃盗若神功，惠爱生灵如赤子。城壕固护效金汤，赋税如云送军垒。奈何四海尽滔滔，湛然一境平如砥。避难徒为阙下人，怀安却羡江南鬼。愿君举棹东复东，咏此长歌献相公。"这段仍借秦妇的口气，写对江南的向往。此前还有一节说汴路不通，徐州不靖，而客人从金陵带来的消息，则是在浙西节度使周宝治下的金陵、润州一带，难得地维持了地方治安，没有动乱，民生安好如故。

周宝（814—887），《新唐书》卷一九一有传，他出身神策军，曾任泾原节度使。广明、中和间与黄巢军作战有功，中和二年任浙西节度使。他很快因与镇守扬州的淮南节度使高骈势如水火，内部也出了问题，事实并非如韦庄所说的那样理政得法。这首诗可能最初是献给周宝的见面礼，因此而有最末一节。韦庄大约在写完此诗后，即入周宝幕府，诗集中有《观浙西府相畋游》《陪金陵府相中堂夜宴》，是在幕随侍周宝而作。有两首诗可以看到韦庄的希望和失望，一首是《上元县（自注：浙西作）》："南朝三十六英雄，角逐兴亡尽此中。有国有家皆是梦，为龙为虎亦成空。残花旧宅悲江令，落日青山吊谢公。止竟霸图何物在？石麟无主卧秋风。"《鉴戒录》收此诗题作《南国英雄》，是从正面理解，但仔细读诗，不难发现此诗借南朝说事，是曾寄希望，而今则深深失望。都有过梦想，也有过英雄情结，最后一切成空。"残花旧宅悲江令，落日青山吊谢公"两句真好，可与李白"西风残照，汉家宫阙"媲美。另一首是《台城》："江雨霏霏江草齐，六朝如梦鸟空啼。无情最是台城柳，依旧烟笼十里堤。"这是韦庄有名的诗篇，仅从文字看，是对六朝往事的怅惘，联系他对周宝的期待与失望，则此诗所写正是他曾经寄望的破灭。

五　写出《秦妇吟》后的曲折经历

写《秦妇吟》时，韦庄四十八岁，此后他的道路仍然曲折漫长。浙西两年后，他欲往陈仓（今陕西宝鸡附近）迎驾，但路途不顺，行至相州（今河南安阳）折返。这时周宝被部将驱逐，不久被杀，润州难以停留，他继续南行，寄居婺州（今浙江东阳）。此后更是奔走南北，但亦未放弃科举。昭宗乾宁元年（894），他五十九岁，终于得偿所愿。韦庄饱尝屡试不第之苦，更知有才名者未必能登第折桂，几年后，在任左补阙时，在编选有唐一代诗人选集《又玄集》后，干脆上一奏章，请求为有唐最著名的一批诗人追赐进士及第，其中包括李贺、温庭筠、陆龟蒙、贾岛、方干、李群玉、罗邺等。虽然没有实际意义，也算是为才名之人做了件畅快的好事。天复元年

（901），他第二次出使蜀中，此后即留蜀，辅佐已经完成割据的蜀王王建，从掌书记到开国宰相，为前蜀成立及制度建设恪尽责任。

富有戏剧性的是，他遇到的主君王建，居然与《秦妇吟》也有一些干系。王建起自底层，早年有贼王八之号。世乱从军，渐升至忠武八都之都校，中和二年驻屯洛郊。当时的统帅是监军杨复光，《秦妇吟》所记新安官军之恶行，未必是王建所为，但肯定是王建所属的忠武军所为。王建经过血战，拥有全蜀后，难得地尊重文人，重视地方民生，这是韦庄愿意辅佐他的原因。但《秦妇吟》所涉新安官军之一段，在王建治下，显然不合时宜，韦庄晚年避讳，原因在此。

蜀中偏在一隅，管不到全国，敦煌最早有天复间写本，时在韦庄生前。今人一般认为除《北梦琐言》引及两句，宋时未有全篇流传。最近偶然发现，《吟窗杂录》卷三五引王安石《胡笳十八拍集句》，指出王安石"更鞴雕鞍教走马""在野只教心胆破"二句集自韦庄句，在《秦妇吟》中，前句作"才上雕鞍教走马"，后句作"终日惊忧心胆碎"，虽稍有不同，应即据《秦妇吟》摘出，即王安石当时曾见此全篇。这首诗那么有名，宋时有存而很少为人所知，我觉得是因宋人对唐时的叙事长诗没有太大兴趣，《秦妇吟》如此，另一首曾为杜甫所特别推重的李邕《六公咏》也如此。此为另一问题，在此不做展开。

南唐宰相李建勋的诗酒风流

世所周知的《韩熙载夜宴图》，写出了南唐士人私生活之纵乐闲雅。这种生活状态在当时并非个案，是普遍的存在，在这种状态下方能出现冯延巳之典雅，和南唐二主之隽永。可惜韩熙载文集没有得到保存，难以窥见他的文学追求。这里介绍南唐另一位年资稍高，偶有诗集存世的宰相诗人李建勋，借以展开南唐士人之生活画卷。

一 安排唐祚挫强吴，尽见先生设庙谟

李建勋（？—952），字致尧，广陵（今江苏扬州）人。他的父亲李德诚（863—940），初为宣州小吏，追随淮南杨行密征讨，以军功历显宦，仕杨吴为镇南军节度使。杨行密是杨吴政权的奠基者，称吴王，未称帝。他的长子杨渥、四子杨溥皆颇黯弱，逐渐权归宰执徐温。徐温诸子不及养子知诰才干，杨溥居王位及称帝期间，实权先后掌控在徐氏父子手中。

建勋出身军家，因其父居显位，从小皆按士族家庭接受教育。他少好学，遍览经史，尤工诗。他在杨吴环境中成长，似乎并没有经历太多的战乱。入仕后，一直是徐氏家臣，后来又与徐温之女（南唐时称广德长公主）结婚，成为徐氏集团之核心成员，在徐氏废杨自立的过程中起了重要作用。

徐知诰（889—943），一般认为是徐州人，或作海州或湖州人，

少孤，流寓濠泗间，为吴王杨行密所获，寻为大将徐温收为养子，代吴自立后改姓李，名昇，世称烈祖或先主。他自称太宗子吴王恪之后人，显出假冒。当时有"东海鲤鱼飞上天"的谣言，也认为他出自海州东海郡。李建勋既为徐氏懿戚家臣，其一切行为都以徐家利益为主，具体作为不可考，吴、唐易代之际，肯定参与过最核心的机密，故李昇即位后即以他为宰相。

吴、唐禅代，李昇称帝，问题是如何安置杨家旧帝，即吴让皇杨溥及杨氏家人。《十国春秋》卷一五《南唐·烈祖本纪》载，李昇即位次年，"夏四月，让皇屡请徙居，南平王李德诚亦引汉、隋故事以请。五月戊午，改润州牙城为丹阳宫，以平章事李建勋充迎让皇使"，"徙让皇居丹阳宫，以严兵守之"。至十二月，让皇殂。其后囚禁杨氏家人逾二十年，在后周攻取淮南时，全部灭口。另说让皇被囚处为泰州永宁宫。让皇徙居路上，有诗云："江南江北旧家乡，二十年来梦一场。吴苑宫闱今冷落，广陵台榭亦荒凉。烟凝远岫愁千叠，雨滴孤丹泪万行。兄弟四人三百口，不堪回首细思量。"一代枭雄杨行密之后人，命运如此凄惨，四房连仆侍三百口，就此被囚禁至死，可为浩叹。从前列记载看，李建勋父子显然参与了所有之决策，为李昇祖孙三代之帝业永固，铲除了潜在威胁。此事也曾遭时人鄙夷，但一般归咎权相宋齐丘。据说当时有布衣李匡尧，借着齐丘丧子之痛，作诗以讽云："安排唐祚挫强吴，尽见先生设庙谟。今日丧雏犹自哭，让皇宫眷合何如？"说的是宋齐丘，其实也可包括李建勋父子。

二　幸有山公号，如何不见呼

李建勋参与烈祖李昇代吴之事，对政治之惨酷亦深有体会。据说烈祖总结吴亡教训在权落大臣，因而更防备大臣专权。偶因事有更张，建勋奏烈祖从之，未有中旨，即命舍人草制，因遭弹劾，烈祖乘便免其职。虽经公主入请，以早年兄弟之情动之，烈祖让建勋复相，相信对他触动很大。中主即位，建勋备享尊荣，退隐之意也渐增。他在中主时生活十年，先出镇临川（今江西抚州），后退居钟山，自称钟山公。其存诗多为退归后所作。

中主前期，建勋地位与宋齐丘相当，但性格差别很大。宋几起几落，终因祸被杀，建勋则一旦远离朝廷，即不以进退为意。据说宋齐丘再起时，李建勋作诗以嘲："桃花流水须相信，不学刘郎去又来。"刘郎是唐代诗人刘禹锡，被贬多年后，应召回京，在京城玄都观，说"玄都观里桃千树，尽是刘郎去后栽"。后再遭贬，复归京，再到玄都观，又说"种桃道士归何处？前度刘郎今又来"，在刘是自述倔强，李建勋则借此以嘲宋之热衷仕宦。

建勋退闲，中主仍礼敬不衰，先加司空，再加司徒，皆三公之显秩。建勋皆不在意。后辈殷崇义致状贺之，建勋率尔作诗以答："司空犹不作，那敢作司徒。幸有山公号，如何不见呼？"这里所谓山公，既说他自己有钟山公之雅号，退闲不以高官为意，同时也以西晋山简自喻，醉酒忘事，疏俊高雅，不以俗务萦怀。

朝中人事更迭，新进后辈不免对退闲前辈有所索取。《南唐近事》卷二载一事，云李建勋镇临川，与僚属会饮，有送九江新帅周宗书札者，告以赴镇日近，器用仪注尚阙，求李建勋在临川为其准备。李乘醉书一绝以答："偶罢阿衡来此郡，固无闲物可应官。凭君为报群胥道，莫作循州刺史看。"阿衡是说旧日为相，罢相而来守郡，郡中一切都为此州衙门准备，并无多余之物。循州刺史指唐代牛僧孺，罢相贬官南方，多受恶吏欺凌。群胥指小吏，是代周宗传信者，这里是指群胥而骂周宗，我是有意闲退，你可不要以为我失势，居然欺负到我头上来了。这当然是醉后的率性，也见他不堪小人之欺凌。

南唐既以李唐之继承者自命，在南方各国中实力稍强，世事变化中，时时窥测机会，以求扩展。李建勋及见者，一是乘湖南马氏内乱，出兵占湘，后陷入湘人内战而退出；二是乘闽中王氏诸王内乱，出兵攻闽，最后为吴越乘机出兵而击败。李建勋虽退隐，但毕竟是显宦，对国事仍然相当关切。据说攻闽之际，他曾有诗给当局者，云："粟多未必全为计，师老须防有伏兵。"军队之后勤保证，是军事行动的先决条件，他警告不要倚仗粮多而肆意妄为。出军贵在速战速决，如果久战不决，难免会有其他军事力量参与。南唐攻闽，就因久战不胜，吴越出兵而遭惨败，建勋算有先见之明。建勋死于后周伐淮南前四年，也就是宋灭南唐前二十三年，他似乎已经看到南唐王朝之最后结局，临终前告家人门吏："时事如此，吾得保全，为幸已甚。吾死，不须封树立碑，冢土任民耕凿，无延他日毁断之弊。"意思是国事如此，亡国不免，我得善终，极其幸运，身后不立碑，不封土起坟，坟地任人耕作，以免国亡之日被人开掘羞辱。南唐亡国之际，许多显贵墓皆遭盗掘曝骨，唯建勋墓不知所在，其先见如此。

三　城中隔日趋朝懒，楚外千峰入梦频

现在要说说李建勋的文集与其集中诗。

《崇文总目》卷五著录《李建勋诗》二卷、《钟山公集》二十卷。后者虽《通志·艺文略》《宋史·艺文志》尚称及，可能只是据他书转引，未必自宋至元代尚存。今存《李丞相诗集》二卷，为南宋临安刊本，卷末署"临安府洪桥子南河西岸陈宅书籍铺印"，款式皆同书棚本。清末为常熟瞿氏铁琴铜剑楼所藏，借商务印书馆影印收入《四部丛刊续编》，流布始广。原书今存中国国家图书馆，近年《中

华再造善本》收入，较近原书面貌。

此集收诗凡上卷四十四首，下卷四十一首，总八十五首。上卷以五言律诗为主，间有一两首五言古体及排律；下卷则皆七言，凡七律三十六首、七绝五首。诗多为怀人感时、流连风物之作，性情闲雅，多数应为退归山中后所作。有《殴妓》一首特别刺目："自为专房甚，匆匆有所伤。当时心已悔，彻夜手犹香。恨枕堆云鬓，啼襟揾月黄。起来犹忍恶，剪破绣鸳鸯。"这里的妓指家妓，私家豢养既备声乐之娱，也为满足私欲，地位低于侍妾。诗首云"专房"，是说此妓颇得主人宠爱，因恃宠而骄，为主人所不喜，因此拳脚顿施，暴力横加。殴打后又后悔，生出怜惜之情。此后写二人同枕，写女子伤怀，最后似乎怜悔后此女又发作，有剪破绣鸳鸯之举。所述不堪如此，史称建勋年轻时为人放荡，或即其时所作，足见其时士大夫私生活之一端，可与《韩熙载夜宴图》相参看。

但就全集言，上举诗仅属偶见，多数如明田艺蘅《留青日札》所称"虽居极品，然惜花怜酒，解吐婉媚辞""得花酒风味"。清贺裳《载酒园诗话》认为"李建勋诗格最弱，然情致迷离，故亦能动人"。均是较有识之归纳与评价。更为难得的是，他很少打官腔，也不做作，故颇有真切感怀。《十国春秋》本传说他晚年自言："自知不寿，欲求数年闲适耳。"无所求，故不矫饰，笔力是能力所致，达此即有真情怀。

说他的诗较少官气，是就大端言。毕竟他是显宦，应酬必是不可免的。中主作诗，当然要应和，其中有一首《和元宗元日大雪登楼》："纷纷忽降当元会，着物轻明似月华。狂洒玉墀初放仗，密沾宫树未妨花。迥对双阙千寻峭，冷压南山万仞斜。宁意晚来中使出，御题宣赐老僧家。"元日是一年的开始，雪下兆瑞，老臣当然陪着高兴。诗人在钟山，不妨仍按唐人习惯以南山即终南山称之。有趣的是他自称老僧，寔闲居之意吧。另一首有趣的是《春日东山正堂作》："身闲赢得出，天气渐暄和。蜀马登山稳，南朝古寺多。早花微弄色，新酒欲生波。从此唯行乐，闲愁奈我何。"退闲后的春日，稍有暖意，于是骑马上山，流连春光，也略有闲愁。但他抱定宗旨，退闲后不再复出，咋求适意。问题是东山所在，即东晋谢安曾卜居之土山，在上元县外二十里。谢安东山本在会稽，迁居建康后以土山拟东山，李建勋当然明白于此。故他特别声明："从此唯行乐，闲愁奈我何。"告别人事，不必再求苦恼。

当然，他与官员仍有来往，似乎多是人家来访他，非他有求于人。《赠赵学士》："常钦赵夫子，远作五侯宾。见面到今日，操心如古人。醉同华席少，吟访野僧频。寂寂长河畔，荒斋与庙邻。"你为侯门宾佐，让我起敬，认识许久了，仍能保持古风，可称难得，我这里很寂寞，荒斋与野庙相邻，难得的是你经常找我吟诗，是以朋友相视。当然朝中的高官偶然也要问候一声："雨雪正霏霏，令人不忆归。地炉僧坐暖，山柿火声肥。隔纸烘茶蕊，移铛剥芋衣。知君在霄汉，此兴得还稀。"（《宿友人山居寄司徒相公二首》之一）山间雨雪霏霏，但地炉取暖，可以烹茶，可以煮芋，无限乐趣，你身居高位，云霄烦嚣，大约很难体会这样出世的乐趣吧？

他的朋友，多是山僧与诗人。《夏日酬祥松二公见访》："多谢空门客，时时出草堂。从容非有约，淡薄不相忘。池映春篁老，檐垂夏果香。西峰正清霁，自与拂吟床。"彼此多闲，二僧未约而来访，当然很高兴。看池边竹篁渐老，也品尝夏果甜香。西峰仍指钟山，夏日澄霁，景色宜人，恰可吟诗。可惜二僧诗无存。当然二僧不来，他也会想念："秋光虽即好，客思转悠哉。去国身将老，流年雁又来。叶红堆晚径，菊冷藉空罍。不得师相访，难将道自开。"（《闲居秋思呈祥松二公》）悲秋是觉得一年渐过，人生易老，然后以雁来、叶落、菊冷、罍空，写自己的逢秋寂寞无聊，最后表达相邀之意，不说破而意自明白。

他来往较多的诗人是沈彬。沈彬（约874—961），估计比李建勋年长十岁以上，唐末就应进士试，归南唐后曾辅世子（即中主李璟），世子即位就以年老乞归，与建勋意气相投。沈彬最好的诗是《再过金陵》："《玉树》歌终王气收，雁行高送石城秋。江山不管兴亡事，一任斜阳伴客愁。"南唐定都金陵，再读此诗，说的是六朝，似乎又在眼前，味道就不同了。沈彬洞察世情，急流勇退，也算清醒。沈存诗中看不到与李来往者，李则有三诗赠沈。《中春写怀寄沈彬员外》："省从骑竹学讴吟，便殢光阴役此心。寓目不能闲一日，闭门长胜得千金。窗悬夜雨残灯在，庭掩春风落絮深。唯有故人同此兴，近来何事懒相寻？"觉得春夜景色美好，自述与沈从少年起就醉心于写诗，乃至精力光阴皆消磨于此。"窗悬夜雨残灯在，庭掩春风落絮深"一联特别好，取意于杜甫与大历诸子，但对偶亲切，景色如画，借以传达伤春情怀。最后说你的感怀当与我相同，何故最近不来访我呢，嗔怪中自存真情。《重戏和春雪寄沈员外》："谁道江南要雪难，半春犹得倚楼看。却遮迟日偷莺暖，密洒西风借鹤寒。散漫不容梨艳去，轻明应笑玉华乾。和来琼什虽无敌，且是侬家比兴残。"江南大雪很难得，春雪更让人惊喜。中主君臣曾有咏雪唱和诗，前已录。他与沈彬更惊叹于此，彼此唱和了多遍，这是仅存的一篇，写景中用了许多譬喻，接近于宋人写雪之所谓白战体，当时似无此意识。他认为沈诗堪称无敌，自己寄意比兴，也别有感受，正是诗友坦率的态度。《和致仕沈郎中》："欲谋休退尚因循，且向东溪种白蘋。谬应星辰居四辅，终期冠褐作闲人。城中隔日趋朝懒，楚外千峰入梦频。残照晚庭沉醉醒，静吟斜倚老松身。"沈在他之前休致，先有诗述怀，他作此应和，说休退是一直的规划，居然还迟滞官场，实属因循无聊。"谬应星辰居四辅"是自述位极人臣，偶然机缘，终究希望布衣青衫，退作闲人。当官很辛苦，上朝日天不亮就得趋谒，他以慵懒表达厌烦，乃至梦中也会想到回归自然的乐趣。末句写沈之退闲，也是自己的理想，酣醉沉睡，黄昏方醒，闲居吟诗，独倚老松，真令人向往。

李建勋此外还有很多好诗。如写春感云："家山归未得，又是看春过。老觉光阴速，闲悲世路多。风和吹岸柳，雪尽见庭莎。欲向东溪醉，狂眠一放歌。"（《早春寄怀》）因春暮而思乡，联想到时光过尽，人世多歧，一切都无可奈何，只能沉醉东溪，狂眠放歌。写春病："才得归闲去，还教病卧频。无由全胜意，终是负青春。绿柳渐拂地，黄莺如唤人。方为医者劝，断酒已经旬。"（《春日病中》）春光如此美好，无奈病疾相侵，想走近自然，想借酒遣怀，一切都不能自如。写饮酒而不爽："甚矣频频醉，神昏体亦虚。肺伤徒问药，发落不盈梳。恋寝嫌明室，修生愧道书。西峰老僧语，相劝合何如！"（《中酒寄刘行军》）饮酒是为了放任，为了遣愁，然而神昏体虚，肺伤发落，真不知如何是好。写怀人："佳人一去无消息，梦觉香残愁复入。空庭悄悄月如霜，独倚栏干伴花立。"（《独夜作》）后两句写景写情都称妙绝。

《南唐近事》卷二载，进士李冠之子善吹中管，妙绝当时。中主曾欲召见聆听，可惜朝政多故而耽搁。李建勋赠诗云："韵如古涧长流水，怨似秋枝欲断蝉。可惜人间容易听，新声不到御楼前。"前二句形容管箫类丝声之悠长绵远，哀怨曲折，真似神来之笔。

《全唐诗》卷七三九收李建勋诗一卷，除据本集外，另补十首又若干残句。笔者所辑《全唐诗补编》（含《全唐诗外编》诸前辈所辑），复自《江南余载》《吟窗杂录》《咸淳临安志》《六朝事迹编类》《舆地纪胜》等书中补诗数首。仅存诗题者，如《嘉定镇江志》卷一五引《酬己公见寄》（己公应是荆南僧齐己），《嘉定镇江志》卷一七引《润州类集》有其《赠丹徒段明府二首》，《至顺镇江志》卷一九引《润州类集》有其《寄甘露寺栖松上人》《酬松公以新藕并诗见寄》，《景定建康志》卷一七引陈轩《金陵集》有其《春日紫岩山期客不至》，卷一八引《金陵集》有其《迎担湖诗》，《舆地纪胜》卷一三一有其《寄龙山圆寂禅师》诗。盖建勋风流自命，所作甚多，《李丞相诗集》仅收一时之作，二十卷本《钟山公集》不传，散佚尤多，是足可惜。

四　尽日凭阑谁会我，只悲不见韩垂诗

南唐归宋，李建勋已去世二十多年，但宋人笔记诗话，记其诗事逸闻较多，这里述他对前贤后学尊崇奖掖的故事。

李建勋《金山》诗云："不嗟白发曾游此，不叹征帆无了期。尽日凭阑谁会我？只悲不见韩垂诗。"金山在润州北面的江中，现在已经与江南相连。润州有金山、焦山、北固山称京口三山，虽不高，但当南来北往之孔道，地形险要，名胜汇集，唐人多留诗以争胜。据说诗人韩垂有《题金山》："灵山一峰秀，岌然殊众山。盘根大江底，插影浮云间。雷霆常间作，风雨时往还。象外悬清影，千载长跻攀。"韩垂生平不详，仅靠此一首诗留名诗坛。此诗极写金山形胜，夸张生动，得其精神，李建勋初游时即喜欢。据说他衰年再访此寺，诗已经为不知诗之庸僧毁去，他亟感可惜，写下这首诗。前两句说不为再游衰颓而伤感，也不为千帆过尽人世变迁而叹息，拍尽栏杆，只为喜欢

的前人题诗再也不见而失望神伤。不知韩垂此诗是否因他记忆而得存世，他的这篇题诗无疑是唐人名胜题诗的一段佳话。

建勋也乐于提携才士。《诗话总龟》卷三引《郡阁雅谈》载，他出守临川时，方观赏白牡丹，见旁有"小吏手捧砚，举止有士人风"。因问："学诗乎？"小吏答："粗亲笔砚。"于是命其口占一篇，其警句云："三月莫辞千度醉，一生能得几回看。"建勋大为赞赏，认为："他日定成器。"于是"勉令就学"。当时官、吏分途，吏的地位很低。建勋发现小吏能诗，借用自己的权力，让他从学进业，从而改变了小吏的命运。据今人曹汛《从一联逸句的考证看〈全唐诗〉辑佚鉴辨的艰难》考证，这首《白牡丹》在宋佚名类书《锦绣万花谷·前集》卷七中，收作唐人诗，引六句："红开西子妆楼晓，翠揭麻姑水殿寒。三月莫辞千度醉，一生能得几回看。晓槛竞开花世界，夜阑频结醉因缘。"可能仍非全篇，可体会确是好诗。《诗话总龟》引这位小吏还有一首《题水心寺水轩》："分飞南渡春风晚，却返家林事业空。无限离情似杨柳，万条垂向楚江东。"也是好诗，可能是另献给宋齐丘的。《吟窗杂录》卷二九引《江表志》，引了后一首诗，作者为王操。今存《两宋名贤小集》本《讷斋小集》，就是王操的诗集。现知王操字正美，归宋后，太平兴国间上《南郊颂》，授太子洗马。又曾奉使陇右，仕至殿中丞。其诗集一卷，著录于《崇文总目》卷五。《全唐诗》卷七九五仅收"三月"二句，作临川小吏诗。现在通过曲折考证，为这位由南唐入宋、由小吏入仕的诗人录出一卷诗，约二十首，既为李建勋存一段发现人才之雅事，也为南唐文学存一组佳作。

五　江山不管兴亡事，一任斜阳伴客愁

南宋以后，将五代视为唐一代的余闰，将唐五代作为整体来看

待，五代十国诗也是唐诗的一部分，偶有如此认识者，多数人并不循
此处理唐诗。显然的例子是洪迈《万首唐人绝句》为拼得万首之数，
误收了六朝到宋初的诸多诗，当时得见的几种五代十国大集，居然没
有采及。明中期以后，为编录唐一代全部诗作，以五代十国为唐余
闰，得成共识，如胡震亨《唐音统签》，以《戊签》存晚唐诗，特列
《戊签余》存五代十国诗，就是如此。这一习惯延续至今，本文也是
如此。虽然南唐皇家与大唐皇室可能并无血缘上的联系，南唐诗又确
承唐风而有所变化。李建勋是大官，也属大官中的异类。将他的诗与
二主一冯词联系起来读，当可理解风雅之道，弥漫朝野，君臣相得，
温雅风流，文学之盛，足可想见。至于治国如何，那就另当别论了。

《夜宴图》为外的韩熙载

南唐顾闳中的不朽名画《韩熙载夜宴图》，家喻户晓，驰声海内外，似乎已经没有再介绍或讨论的余地，其实不然。如画家为什么要画这组画，后人都认为是画师受国主李煜之派遣，偷窥其家庭生活之真况，甚或认为韩熙载故意做出沉迷歌乐，拒绝入相。还有其他各种推测，似乎皆不准确。就我之认识，韩是南来北人，一生都怀经济之策，有卓越识见，他在南唐官显，始终忠于南唐，绝无二意。同时，他又是一位疏狂自负的文人，家富乐妓，享受声色之欢，从不隐瞒，也不在意迁黜荣废。李煜之派人作画，不过有意分享他的私密生活而已，或者作是否任他为相的参酌，未必有什么恶意。因此而留下一幅名画，更难得的是留下中世士大夫家居私密生活的场景，可解读的空间非常之大。

一　《韩熙载夜宴图》中的韩熙载

今存《韩熙载夜宴图》，一般认为是南宋摹本，忠实于原画。画之卷首有一段残题，存"熙载风流清""为天官侍郎以""修为讨论所诮""□著此图"。不知何人所题，肯定是此图的最早记载。其中"修"字前可推测为"帷箔不"三字。"为天官侍郎"提供了此画绘制的相对年代。天官侍郎即吏部侍郎。韩在后主即位以后，任吏部侍郎。寻改秘书监，不久复任吏部侍郎。吏部管官员除授，当然是繁剧之职，与秘书监之清闲不同。此画之绘制，以建隆三年至四年（962—963）的可能性为最大。韩熙载其时刚过六十，在古人，已经是高龄了。

《韩熙载夜宴图》凡分五段，画出不同场景中的人物状态，每一段的中心人物都是韩熙载。

第一段，韩熙载与友人在听弹琵琶，除韩与弹琵琶女子，凡六男四女，男子多穿官常服，女子中则似有韩之眷属，多为侍女。韩头戴纱帽，身穿宽松黑色纱袍，盘腿坐榻上，一手轻垂，仪态闲雅。众人目光皆聚焦于坐于画面左侧的琵琶女之手上，画面安静，琵琶声声，似可听闻。

第二段，韩熙载改穿黄纱袍，站立一侧，手拿双鼓槌，为跳舞的女子击鼓伴乐。画面中心是一位正在跳舞的女子，今人多认为所跳为《六么》舞，也即《绿腰》舞。靠近跳舞女子者，一男子手持拍板，一女子双手鼓掌，都在为舞女击拍助兴。另三男子，以不同姿态在欣赏舞蹈，另有一僧人，背对舞女作沉思状，画出僧人在声色场所之规避姿态。

第三段，韩熙载侧坐在床榻上休息，一女子手持水盆，让韩洗手，另有六女，或举扇，或献食，或围坐交谈，似为夜宴休息之时，服侍韩小憩。

第四段为全画篇幅最大的一段，也可以说是夜宴的高潮。韩熙载在画面右侧，盘腿坐一交椅之上，仅穿一类似今日睡袍之内衣，胸前完全敞开到肚腩，接近古人所说裸裎的状态。他的正面有一蓝衣女子，仪容庄重，似乎在听他交代事务，身旁另两女子，一持扇，一侍立，应属近身服侍者。此段中间则是五位女子在吹奏乐器，横吹为笛，竖吹为箫，神情不一，专注认真。左侧则有两组男女，除一人手

拿拍板，参与演奏，相当今之指挥，另几位或坐或立，情绪似随乐声
而为之变化。

　　第五段一般认为是送客，其中韩熙载侧身站立，戴纱帽，穿黄
袍，一手轻举，以做分别状。他身后有一对年轻男女可以看作将离开
状态。但韩所面对的，则是背身在听乐的一男二女，画面似不太能连
接。很怀疑原画在此有残缺，今本已经重新装裱，最后一段很可能并
不完整。

　　整卷《夜宴图》的中心人物无疑是韩熙载。从画面看，他身形
高大，可称伟岸，已经明显发胖。五段皆戴纱帽，看不出他是否发落
而秀顶。从面容看，他无疑是一位美男子，不仅修髯及胸，而且眉眼
疏朗，相貌堂堂。入宋以后，他的正面标准相非常流行，大约都姓
韩，很快就成为韩愈的画像。沈括《梦溪笔谈》即加以纠正，但到近
代以来编次《辞海》仍相沿成习。

　　《夜宴图》之男宾、僧人，身份不难确定，对这些舞蹈、奏乐
的女子，今人或尊称为演奏家、舞蹈家或艺术家，实是很大的误解。
在笔者理解，这些女子的身份，应该都是所谓家妓，是韩家所蓄姬妾
中身份较低的一批。唐代人口可以贩卖，一些豪富之家常购买男女幼
童，从小加以培养，以备宴客遣兴之欢。白居易家的小蛮、樊素，就
是这种身份。白诗有《感故张仆射诸妓》："黄金不惜买蛾眉，拣得
如花三四枝。歌舞教成心力尽，一朝身去不相随。"张仆射花费重金
买进这些如花少女，长期费尽心力教她们歌舞，目的当然是养在家中
满足个人声色之娱，只是可惜他未得长寿，中途夭殂。白居易同情的
不是这些女子的命运，而是张仆射培养了乐妓，自己没能享用。韩熙
载当然没有这一遗憾。他在内室，宽衣半裸，怡然指点诸女，神态从
容，因为这些女子都是他的私有物，一切也早就习惯了，对常来的熟

客也不加掩饰。

二　韩熙载的南来经历与政治抱负

韩熙载的生平经历，有几份最重要的记录，一是徐铉为他所撰墓志，是后主敕撰，收入《徐公文集》，题作《唐故中书侍郎光政殿学士承旨昌黎韩公墓志铭》；二是《宋史》卷四四一本传，韩卒于宋灭南唐前，当时南唐久奉宋正朔，也可称宋臣；三是两《南唐书》皆有其传，宋初几种写南唐往事的笔记也都载他的逸事；四是《十国春秋》卷二八本传，网罗前此各种记载以成篇。各书内容丰富，错误亦有，如《宋史》说他卒年六十，肯定不如墓志所云六十九为可靠。他出使北方的时间，可以确认在建隆二年（961），或作后周时，未允。

韩熙载（902—970），字叔言，或称南阳人，那是韩家郡望，几百年前的事，作不得数。他的曾祖韩均任太仆卿，祖韩殷为侍御史，属中层文官，并无事迹存留。其父韩光嗣，后唐同光间以秘书少监为淄青观察支使。世称韩熙载为潍州北海人，是就其父任官地点而言。后唐庄宗同光四年（926），韩熙载进士登第，时年二十五岁，前途一派大好。这年发生一系列变乱，先是后唐灭蜀，蜀中变乱，继而庄宗疑忌功臣，导致魏博兵变，最终庄宗被杀，明宗即位。淄青是山东重镇，中原的变故导致地方冲突，韩光嗣被军民所推，曾权留后，被明宗指为叛逆，派兵剿灭。韩熙载坐父事，在中原难以立足，只好仓皇南奔。临行，他与朋友李谷话别，自誓："江左用吾为相，当长驱以定中原。"李谷回敬："中国用吾为相，取江南如探囊中物尔！"朋友还是朋友，政治立场决定了彼此的选择。韩熙载南依后，一直在窥探攻取中原的机会，后来李谷辅佐周世宗，讨伐南唐，仅取江北之地。虽皆未完成约定，但各有成就。

当时淮河以南，包括江东、江西之地，为吴国所有。吴帝暗弱，权归徐温、徐知诰父子。韩投南不久，即入徐知诰幕府，渐掌文案，旁观了南唐废吴自立的过程。南唐烈祖时，他被派往东宫掌书翰，成为储君幕僚。中主李璟即位，他年辈稍晚，还进不了权力核心，但深受信任，官次渐升。在议烈祖庙号、确定丧制时，因他博通经史，所论为时采纳。这样他进任知制诰，起草文书，据说有元和之风，可惜没有保存。

李璟是一位优秀的文士，绝非有雄才远见的君主。保大二年（944），闽中因王审知诸子争权，发生动乱，北方则后晋与契丹交恶，战事也不利。李璟听信宋齐丘、陈觉、冯延巳等所见，出兵闽中，久踞其间，后因吴越出师，狼狈败归。韩熙载在援闽之初，就持反对意见，当契丹入汴，后晋灭亡，中原空虚，他认为是一举克服中原的最佳机会，强烈希望南唐北伐，占据中原，可惜李璟没有这样的魄力与眼光。最后太原刘知远以一旅之力，轻松底定中原。韩熙载长期等待，唯一一次看到的希望，就这样破灭了。后周初，又有人建议侵扰中原，韩熙载认为后周政权已经稳固，不必做无意义的行为。

三　为国效力与北行感受

中主李璟在位的漫长时期，主持政事的是宋齐丘一派，韩熙载经常提出激烈的批评意见，被宋指为使酒疯狂，曾被贬为和州司士参军，改宣州节度推官，在地方低徊多年。其间后周世宗振刷军政，发兵南讨，经两年多攻守，以南唐献淮南之地，南北以长江为界确定和议。南唐也自贬制度，退称国主，用中原年号，此后再无北进之实力。后来韩熙载曾因与后主游园，君臣皆作闲适小诗，唯韩献诗云："桃李不须夸烂漫，已输了春风一半。"严厉提出警告，再不要自我感觉良好，国土半数已经沦亡，总该有几分冷静的认识吧。

中主在割江以后，抑郁不快，曾考虑金陵已在前线，一度迁都南昌，世称南都。韩熙载的朋友史虚白，曾作《渔父》诗写当时的国家危机："风雨揭却屋，全家醉不知。"韩熙载在宋齐丘一党被逐后，回到朝廷，做过大量实际工作。后主时，他曾任户部侍郎，兼铸钱使，主张发行铁钱，改善国家经济状况。二是长期担任吏部侍郎，主管人才选拔，此下节再说。

建隆二年，因宋太祖母亲去世，韩熙载以户部侍郎的身份，北使吊唁。这是他逃离中原、南依江南后的首次也是最后一次北归。使命之完成当然很顺利，据说宋人以其人才难得，有意扣留，但也很快放行。只是在韩熙载内心之触动，特别的强烈。离家三十多年，始终对中原魂牵梦萦，及至成行，却发现以往熟悉的人事、环境都不在了，感到极度失落。他有诗题壁云："未到故乡时，将谓故乡好。及至亲得归，争如身不到。目前相识无一人，出入空伤我怀抱。风雨萧萧旅馆秋，归来窗下和衣倒。梦中忽到江南路，寻得京中旧居处。桃脸蛾眉笑出门，争向门前拥将去。"这是第一首。毕竟几十年没回故乡，梦中的故乡什么都好。亲身回来了，真感到极大的失望。往日的朋友早已不在，往日的风景不复可见，一切都伤感失落，如果不回来能有多好。在东京的旅舍和衣而睡，风雨愁苦，一片凄凉。梦中还是回到江南，回到旧居，有笑脸相迎，有人情冷暖，多么美好！这组诗在《马氏南唐书》中分拆为三首，这里据《钓矶立谈》录作一首。另一首："仆本江北人，今作江南客。再去江北游，举目无相识。金风吹我寒，秋月为谁白？不如归去来，江南有人惜。"一直以为自己是北方人，在南方是客人，但回到北方，举目无亲识，连金风秋月都显得与自己毫无关系，还是回去吧，至少江南有人在挂念，在怜惜。

四　韩熙载的为国抡才与鄙夷俗富

《钓矶立谈》："初，熙载自以羁旅被遇，思展布支体，以报人主，内念报国之意，莫急于人材，于是大开门馆，延纳隽彦，凡占一技一能之士，无不加意收采，惟恐不及。虽久病疲薾，亦不废接对，至诚奖进后辈，乃其天性。每得一文笔，手自缮写，展转爱玩，至其纸生毛，犹不忍遽舍。"韩先后事南唐三主，感早年烈祖知遇之恩，恪尽报国之责，加上他的禀赋与才华，对同样有才华的年轻人，尤加汲引奖进。如萧俨、江文蔚、常梦锡、徐铉、徐锴、潘佑、舒雅、张泊等，皆出其门下。

徐铉被贬舒州时，他有诗赠行："昔年凄断此江湄，风满征帆泪满衣。今日重怜鹡鸰羽，不堪波上又分飞。"（《送徐铉流舒州》）想到往事，更同情眼前的遭遇。鹡鸰指徐氏兄弟徐铉、徐锴，二人不仅文学政事皆好，在《说文》研究方面尤为当行出色。这首诗后来收入《徐铉行状》，可见所受重视。韩熙载贬官和州时，徐铉寄诗《寄和州韩舍人》："急景骎骎度，遥怀处处生。风头乍寒暖，天色半阴晴。久别魂空断，终年道不行。殷勤云上雁，为过历阳城。"寄予同情与关切。他在江文蔚宅邸听到歌妓唱韩熙载歌辞，感而赋诗遥寄："良宵丝竹偶成欢，中有佳人俯翠鬟。白雪飘飖传乐府，阮郎憔悴在人间。清风朗月长相忆，佩蕙纫兰早晚还。深夜酒空筵欲散，向隅惆怅鬓堪斑。"（《江舍人宅筵上有妓唱和州韩舍人歌辞因以寄》）他因听乐而引起对韩熙载的怀念，所谓"歌辞"应该即是词，虽未存而知当时很流行。"阮郎"指韩熙载，关心他因贬黜，以"佩蕙纫兰"比喻韩熙载如屈原般，君子受屈，希望他早日归还，不要过于愁苦。

左偓曾有诗投韩熙载。《寄韩侍郎》："谋身谋隐两无成，拙计深惭负耦耕。渐老可堪怀故国，多愁反觉厌浮生。言诗幸偶明公许，守朴甘遭俗者轻。今日况闻搜草泽，独悲憔悴卧升平。"这是一位年轻而有才华的诗人，不仕，居金陵，有诗千余首，韩特别称道。这时韩任吏部侍郎，志在为朝廷搜访人才，即所谓"搜草泽"，左偓感谢遇到知己者，为自己病重憔悴而既惭且愧。据说韩见诗后，为左担忧而不愉快，仅月余左即去世，年方二十四。

另一位诗人李中也曾投诗于韩："丹墀朝退后，静院即冥搜。尽日卷帘坐，前峰当槛秋。烹茶留野客，展画（按：宋本《碧云集》作"尽"，据《全唐诗》改）看沧洲。见说东林夜，寻常秉烛游。"（《献中书韩舍人》）似乎还不熟，因此设想韩退朝后的生活状态，即冥搜诗情，揣摩景物，卷帘看山，烹茶接客，即便借居东林，也常秉烛夜游，兴味不减。

韩熙载另一位特别提携的学者是陈致雍。《江南余载》卷上载："陈致尧（按：尧字为衍文）雍熟于《开元礼》，官太常博士，国之大礼，皆折衷焉。与韩熙载最善，家无担石之储，然妾妓至数百，暇奏《霓裳羽衣》之声，颇以帷薄取讥于时，二人左降者数矣。熙载诗：'陈郎不着世儒衫，也好嬉游日笑谈。幸有葛巾与藜杖，从呼宫观老都监。'其厅中置大铃，大署其旁曰：'无钱雇仆，客至请挽之。'"陈致雍最先仕闽，后归南唐，晚年入宋，时称博学，见于宋人著录的著作有《闽王列传》一卷、《晋江海物异名记》三卷、《新定寝祀仪》一卷、《州县祭祀仪》一卷、《五礼仪镜》五卷、《曲台奏议集》二十卷等十多种。他与韩熙载性格、兴趣都相投，连"帷薄取讥"的丑闻也相同。韩诗笑他不愿受世俗的束缚，建议他何妨葛巾藜杖，嬉游笑谈。陈时任秘书监，末句指此。

韩熙载对于官场俗物，则是另一副态度。时仆射严续官位高而没有学问，为时人所鄙视，江文蔚甚至作《蟹赋》以讽之。时国主文采风流，严续乜想改变自己的形象，因欲借韩熙载之才名以装饰家世。据说他"以珍货几万缗，仍辍未胜衣一歌鬟质冠洞房者，为濡毫之赠"，不仅赠予一大笔钱，还送一未成年歌女，以为润笔。韩熙载是糖衣照收，就是不愿美言。当时习惯，是丧家提出死者家世、生平、褒赠之基本情况，由著名文士润饰成文。韩熙载交稿，"但叙谱裔、品秩及葬、褒赠之典而已，无点墨道及续之事业者"，就是不领情，不歌颂。严续不高兴，退回要求重新写，韩熙载坚决拒绝，将美女、财物全数退回，还在歌妓衣带上留一首诗："风柳摇摇无定枝，阳台云雨梦中归。他年蓬岛音尘断，留取尊前旧舞衣。"女子是好女子，云雨梦断，当然欢喜，但因纳贿而改文，门也没有，只能原件退回，与女子另约他生吧！宁可戏谑游戏，绝不自玷清名，在此大是大非面前，韩熙载似乎一点也不含糊。

五　韩熙载之风流成性与帷薄不修

《夜宴图》所绘韩熙载之私密生活，在南唐时似乎是公开的秘密。与他私交甚好的史虚白家人述《钓矶立谈》云："后房蓄声妓，皆天下妙绝，弹丝吹竹，清歌艳舞之观，所以娱侑宾客者，皆曲臻其极。"即韩家家伎不仅声色冠绝，其弹琴吹笛、清歌艳舞，皆有可观，目的是自娱，更重要的是与宾客分享。郑文宝《南唐近事》云："韩熙载放旷不羁，所得俸钱，即为诸姬分去。乃着衲衣负筐，命门生舒雅执手版，于诸姬院乞食，以为笑乐。"俸钱平分给诸姬，自己反往诸院乞食，似乎有些过分搞笑，或许也正是实际情况。《江南余载》卷上所载"家无担石之储，然妾妓至数百"，即其财分藏于诸妾妓之院，他本人并不掌控。有宾朋或享宴，则各房姬妾聚而为雅集，无事则各守其本分。

《旧五代史》卷一三四本传云："晚年不羁，女仆百人，每延请宾客，而先令女仆与之相见。或调戏，或殴击，或加以争夺靴笏，无不曲尽，然后熙载始缓步而出，习以为常。复有医人及烧炼僧数辈，每来无不升堂入室，与女仆等杂处。伪主知之，虽怒，以其大臣，不欲直指其过，因命待诏画为图以赐之，使其自愧，而熙载视之安然。"《旧五代史》撰成于开宝七年（974），在南唐亡国前，熙载卒方四年，东京所闻如此。这也是有关《夜宴图》的最早记录，画图的目的是要韩知愧。

《宋史》本传说："熙载善为文，江东士人、道释载金帛以求铭志碑记者不绝，又累获赏赐，由是畜姬妾四十余人，多善音乐，不加防闲，恣其出入外斋，与宾客生徒杂处，（后主）煜以其尽忠言事，垂欲相之，终以帷薄不修，责授右庶子，分司洪州。熙载尽斥诸妓，单车即路。煜留之，改秘书监，俄而复位。向所斥之妓稍稍而集，顷之如故。煜叹曰：'吾亦无如之何！'"《宋史》虽成于元代，但宋初传记则源出五朝国史，十分可靠。所记事主要在后主朝，认为他畜妓的来源主要是润笔与赏赐。所谓"不加防闲"，还有段有名故事。《南唐近事》载："韩熙载北人，仕江南，致位通显，不防闲婢妾，有北齐徐之才风，侍儿往往私客。客赋诗有云'最是五更留不住，向人枕畔着衣裳'之句。熙载亦不介意。"可能每天早晨还是要点名或整理内务，故私客天亮前必须离开。后主认识到韩熙载具备治国才具，且信任他忠忧国事，欲重用而又畏人言。一旦贬官，韩很快就将诸妓分遣，大约诸妓皆拥有财富与生活能力。一旦归京，诸妓又纷纷来集，这似乎更像一个演出团体了。

更不可思议的是，他的朋友徐铉为他撰墓志，也说："公少而放旷，不拘小节。及年位俱高，弥自纵逸。拥妓女，奏清商，士无贤愚，皆得接待。职务既简，称疾不朝。家人之节，颇成宽易。虽名重于世，人亦讶其太过。"又说："审音妙舞，能书善画。风流儒雅，远近式瞻。向使检以法度，加以慎重，则古之贤相，无以过也。俸禄既厚，赏赐常优。忘怀取适，不事生计。身殁之日，四壁萧然。"墓志本为歌颂志主而作，何况出自亲近友人之手，虽也赞赏他的才艺，更批评他纵逸放诞，不循法度，名重于世，与名相终隔一间。

不过韩熙载的姬妾也有为国立功时。据说后周时文士陶穀以翰林学士奉使江南，旧友李穀致信熙载，说"吾之名从五柳公，骄恣喜奉，宜善待之"，也就是说与我名同的那位陶姓朋友，高傲而喜奉承，你可要好好接待。意要韩让陶出出洋相。陶到南唐，果然容色凛然。熙载遣歌女秦弱兰，诈称驿卒之女，敝衣竹钗，扫洒驿庭，陶穀为之情动，还作淫曲相赠。到离开时，中主为他送行，他仍毅然不顾。中主让秦弱兰出唱前阕，陶穀大惊，倒载吐茵，颜面尽失。此事若实，虽似恶作剧，也是难得的女谍故事。

六　余说

数风流人物，韩熙载不算独特个案，历代都有，但有画卷形象保存至今，他的形象独立千古，罕有伦比。对他来说，是幸运吗？道学家肯定要斥其淫逸，革命家更要贬其腐败。但这确实是历史的真实记录，韩熙载本人对此始终坦荡，绝不掩饰，南唐二主既惜其小节有亏，又重其人才难得。《夜宴图》编绘的最初目的不管如何，其艺术成就在后世几乎绝无争议。韩熙载不仅是一位风流名臣，他有才干，具识见，在乱世中曾有雄才大略，但终究没能得到施展的机会。他的诗文写作，书法绘画，赏音观舞，乃至待友之道，都有许多可以称道之处，可惜那些都随时间而烟消云散，只有那一晚夜宴的欢愉，长久为人们所记忆，应该为他感到庆幸。

乱世诗人李山甫的绝望与沉沦

李山甫是唐末很有才气的一位诗人，可惜命运多蹇，屡试不第，徘徊河朔，依附叛镇，写下人生诡异的踪迹。存诗一卷，不足尽其才，然亦可见其曾经的梦想与豪纵，见其屡试屡败的绝望，以及最终选择的不计得失。他有诗云："劝君不用夸头角，梦里输赢总未真。"是他对世人之警喝，却成为他一生的写照，可为浩叹。

一 名相王铎之死

广陵王氏是中唐崛起的文化世家，王起曾三知贡举，会昌三年（843）得人之盛，曾轰动一时；还有王播之长掌盐铁，晚年归镇扬州，在木兰院留下两首不朽的诗篇："三十年前此院游，木兰花发院新修。而今再到经行处，树老无花僧白头。""上堂已了各西东，惭愧阇黎饭后钟。三十年来尘扑面，如今始得碧纱笼。"早年落魄应试时，寄舍寺院，常随僧人蹭些斋饭，僧人嫌他烦，常吃完饭再敲钟，待他赶来，饭桶早已见底。三十年后以旧相出镇扬州，当年留在寺庙中的题写痕迹，被寺僧用碧纱围护，珍若拱璧。前一首说以前寺院新建，木兰花开灿烂，三十年后再来，树老花不再开，以前的少年沙门，也已满头白发。次首更有趣，说随僧上堂后，各自分别，人各异途，想到自己随僧蹭饭被作弄，真感惭愧。是说自己惭愧，不是讥讽僧人。三十年间经历了多少人生坎坷，当年留题也被僧人小心呵护。

多少人生感慨，更将寺僧之势利与自己的得意，尽情传达。

王家地位更显赫的还有王铎（？—885）。他在懿宗和僖宗时三度为宰相，只是那时因为王仙芝、黄巢先后举兵，天下大乱，为相的首要责任就是恢复秩序。乾符五年（878），黄巢陷江陵，王铎自请以宰相领荆南节度使，兼诸道行营都统，负军事之主要责任。战争持久而残酷，王铎尽了最大努力，最终失败而贬官。其后黄巢下岭南，席卷大江南北，进据京洛，僖宗奔蜀。王铎再次被起用，以宰相兼中书令，充诸道行营都都统。后面这官名很特别，岑仲勉曾有专文考释，是指所有都统的总管，即负全国军事的首责。过程仍然持久而残酷，王铎仍失败了。朝廷虽觉遗憾，也知王铎尽了职责，改派他为义武节度使，改镇滑州。王铎当时也以善诗有名，他在蜀中领命，途中有诗题梓潼张恶子庙云："夜雨龙抛三尺匣，春云凤入九重城。"有皇帝御赐之三尺龙泉，相信定能收复京师。又说："为报关东诸将相，柱天功业赖阴兵。"有自信，更寄希望于阴兵，即神鬼之助。罢都统移镇滑州作诗，最后几句说："三尘上相逢明主，九合诸侯愧昔贤。看却中兴扶大业，杀身无路好归田。"三次为相，九合诸侯，却未完成使命，他希望国家中兴，且愿意随时为国捐躯。末句一语成谶，很快应验，真相却过于残酷。

次年，王铎自滑州改镇沧景，即从今日豫北到今河北沧州任职。王铎起行，行李辎重浩浩荡荡，家眷随从更有三百来人。路程不算远，但要路经魏博（在今河北大名），乃河北三镇中最强的一镇。魏博割据自立已一百三十多年，名分上还认可唐廷，加上王铎地位之显赫，节度使乐彦祯热情款待，承允保证道途的平安。王铎放心了，继续迤逦前行。行至漳南高鸡泊，也即历史上有名出强盗的地方，数百伏兵一时杀出，王铎猝不及防，家属僚佐及他本人全部被杀，所有财富悉被劫掠。时为中和四年十二月，按公历计算，已经是885年的年初了（以上参黄清连《王铎与晚唐政局——以讨伐黄巢之乱为中心》，《史语所集刊》六十三本二分册，1993）。此案一时轰动朝野，当时朝廷式微，天下大乱，无谁有能力来查出真相！几年后魏博兵变，真相方得逐渐显明，劫杀王铎的兵甲，来自沧州前使杨全玫的部下；负责具体指派的，则是魏博节度使乐彦祯的儿子乐从训；策划整个行动，并提出具体计谋的，则是在魏博幕下供职的文士李山甫。李的另一身份，则是著名诗人。

二　李山甫的人生理想

李山甫的传记资料很零散，难以复原他的完整人生。他是哪里人，先世为谁，出生何时，早年生活经历如何，全部无从知道。他的朋友也很少，特别密切的有张孜。张孜是京兆人，"耽酒如狂，好诗成癖"，努力了二十多年，就是写不出好诗。与李山甫友善，也常被山甫鄙视。鄙视归鄙视，朋友仍是朋友。据说张孜找来一张李白的画像，挂在家中，"日夕虔祷"，忽梦见一人"飒曳长裾"，自天而降，自称李白，授张孜以写诗之法，此后张孜诗艺大进，所作"悉干教化"。张孜诗仅存三首，如《庚子年遇赦》："时清无大赦，何以安天下。直到赤眉来，始寻黄纸写。草草蠲赋舆，忙忙点兵马。天子自蒙尘，何曾济孤寡？"庚子年为广明元年（880），黄巢陷京、僖宗奔蜀那年。诗意很激烈，直指皇帝平日不修善政、不恤民力，直到起义军攻破长安，才想起大赦天下，蠲除赋税，目的只是聚兵御敌，何曾想到孤寡之人需要关心。据说这是李白指导后的作品。李山甫这回改鄙视为表彰了，他写了一首《代张孜幻梦李白歌》：

天使翰林生我前，相去殁来二百年。英神杰气归玄天，日月星辰空蘬然。我识翰林文，不识翰林面。上天知我忆其人，使向人间梦中见。瑞光闪烁天关开，五云着地长裾来。华山秀作英雄骨，黄河泻作纵横才。巍峨宛是神仙客，一段风雷扶气魄。低头语了却抬头，指点胸前称李白。梦中一面何殷勤，高吟大语喧青云。白言天府偶闲暇，与我握手论高文。一论耳目清，再论心骨惊。豁如混沌初凿破，天地海岳何分明。利若剑戟坚，健如虬龙争。神机圣法说略尽，造化与我新精灵。不问尘埃人，不语尘埃事。尊前半日空，归云扫筵起。自言天上作先生，许向人间为弟子。梦破青霄春，烟霞无去尘。若夸郭璞五色笔，江淹却是寻常人。

李山甫出手就是不凡，将张孜的一段梦游，渲染得似真有其事一般。"瑞光"二句写李白现身，"华山秀作英雄骨，黄河泻作纵横才。巍峨宛是神仙客，一段风雷扶气魄"，四句写李白的精神容貌，用语也模仿李白。然后说李白握手论文，温语指点，使张孜耳目清爽，心骨惊变，天地顿开，造化全新。李白将归，还有"自言天上作先生，许向人间为弟子"，先生仅一梦而已，愿意称弟子随便。诗里的"我"是张孜，但把张孜梦会李白感受写出来的，却是李山甫，笔者觉得原因还是两人才分不同，朋友的梦就是自己的梦。在这首诗里，更多可以体会李山甫的心气与梦想。他自负才华，是才分很高的诗人，李白当然是最理想的偶像。李山甫写此诗时，李白去世最多一百二十年，写诗不求准确，二百年仅说很久以前。李白的精神，是读李白的诗歌可以体会的，李山甫应该读得很熟。以写诗为人生志业的诗人，谁不愿意追随李白的足迹呢？然而，李山甫生活的时代完全变了，他必须在自己的时代，找到自己的位置。

三　李山甫的科场困境

　　李山甫进入科场，不知道开始于哪一年，在他的诗中可以读到的，是他一次次的失落与怨怼。每次赴举都怀抱希望，也有官场的显要加以挂荐。如《赴举寄别所知》："腰剑囊书出户迟，壮心奇命两相疑。麻衣尽举一双手，桂树只生三两枝。黄祖不怜鹦鹉客，志公偏赏麒麟儿。叔牙忧我应相痛，回首天涯寄所思。"前两句写自己装束与临行心情，雄心壮志与命运乖违，似乎永远纠缠着自己。应试举子那么多，最后成功者那么少，心存感谢，也怕是又一次失落的开始。

　　再如《寒食二首》之一："柳带东风一向斜，春阴澹澹蔽人家。有时三点两点雨，到处十枝五枝花。万井楼台疑绣画，九原珠翠似烟霞。年年今日谁相问？独卧长安泣岁华。"唐代进士放榜在春日，寒食在公历四月初，在长安已经是春光旖旎的季节，李山甫也感觉到了，诗的前六句都写景，"有时"两句尤好，把时令的特点与自己的心情都写活了。最后两句，写明自己的失落与悲哀，已经记不清是第几次了，年年今日都是如此。

　　当然还是有朋友邀他出游，想给他以慰藉。《下第卧疾卢员外召游曲江》："眼前何事不伤神，忍向江头更弄春。桂树既能欺贱子，杏花争肯采闲人。麻衣未掉浑身雪，皂盖难遮满面尘。珍重列星相借问，嵇康慵病也天真。"触景伤情，更不忍在江头寻春中遭遇更多不堪。在他眼中，桂树是登第的象征，似乎也在有意欺负自己，花开灿烂的杏花，未必有雅兴理睬自己。"列星"指各位春风得意的朋友，谢谢你们的雅意，就让我享受孤独吧。

　　朋友邀请不去，但自己寻隙还是常去走走的。《曲江二首》写他

看到春景如画，更看到"千队国娥轻似雪，一群公子醉如泥"，美女
贵介，映衬自己的无聊："南山低对紫云楼，翠影红阴瑞气浮。一种
是春长富贵，大都为水也风流。争攀柳带千千手，间插花枝万万头。
独向江边最惆怅，满衣尘土避王侯。"富贵风流，只属于王侯贵胄，
自己厮混数年，满身尘土，心情惆怅，见到贵人，避之唯恐不及。他
见到落花也会自怜心境。《落花》："落拓东风不藉春，吹开吹谢两何
因。当时曾见笑筵主，今日自为行路尘。颜色却还天上女，馨香留与
世间人。明年寒食重相见，零泪无端又满巾。"这里借落花伤怀好景
不长，寄寓自己命运，似乎也包含美好不常的感慨。他写残菊："篱
下霜前偶得存，忍教迟晚避兰荪。也销造化无多力，未受阳和一点
恩。栽处不容依玉砌，要时还许上金尊。陶潜殁后谁知己？露滴幽丛
见泪痕。"(《菊》)篱落边上，严霜过后，偶然残存的菊花，本来就
被冷落，更没有得到特别的照顾，自从陶潜死后，有谁能真正以菊为
知己？冷落见弃，是无法逃避的命运。

这些诗，可以看到李山甫深深的绝望，看不到任何希望的绝望。

四　李山甫的侠义性格与他的咏史诗

如果仅读李山甫的上述诗作，会以为他是一位内向孤独、忧郁
寡欢的失意诗人，但他的另一些诗作，则向我们展示了他个性中的
自负与侠义性格。如《游侠儿》："好把雄姿浑世尘，一场闲事莫因
循。荆轲只为闲言语，不与燕丹了得人。"此诗缘起不详，但他称誉
游侠的雄姿，更强调游侠应负有更重大的使命，不要因为人生琐事，
耽搁了自己的责任。荆轲刺秦，受太子丹重大托付，但为儿女小事，
姿态细节，未能完成使命。再如《送刘将军入关讨贼》："世人多恃
武，何者是真雄？欲灭黄巾贼，须凭黑矟公。指星忧国计，望气识

天风。明日凌云上，期君第一功。"天下大乱，只有从军方能为真英雄。诗昌为送军将的一般套路，但他的认识是明确的。

李山甫写得最好，在他生前身后广泛流播的，是他的咏史诗。以下试分析几组。

《阴地关崇徽公主手迹》："一拓纤痕更不收，翠微苍藓几经秋。谁陈帝子和番策，我是男儿为国羞。寒雨洗来香已尽，淡烟笼着恨长留。可怜汾水知人意，旁与吞声未忍休。"《代崇徽公主意》："金钗坠地鬓堆云，自别昭阳帝岂闻。遣妾一身安社稷，不知何处用将军？"两诗咏同一事。公主为名臣仆固怀恩之女。怀恩平安史之乱有大功，受到权宦猜忌，愤而叛入回纥，家人没入后宫。到大历四年（769），回纥请婚，封为崇徽公主，下降可汗。公主行经汾州灵石阴地关时，"托掌石壁"，留下手痕，宋董逌《广川书跋》卷七认为"怨愤之气盘结于中而不得发，遇金石而开者"。李山甫诗是自己正书题于石壁旁，赵明诚《金石录》卷八有著录。前一诗写自己的感慨，认取手痕，几经风雨，香泽已尽，怨恨长留，更有汾水相伴，恨流不已。"谁陈帝子和番策，我是男儿为国羞"两句，掷地有声，震铄古今，为千古咏和亲诗之绝唱。次首代公主传意，让一个女子承担社稷安危之责任，满朝文武，内外军将，都在干什么？也是极其决绝的发问。

《上元怀古二首》："南朝天子爱风流，尽守江山不到头。总是战争收拾得，却因歌舞破除休。尧行道德终无敌，秦把金汤可自由。试问繁华何处有？雨苔烟草石城秋。""争帝图王德尽衰，骤兴驰霸亦何为？君臣都是一场笑，家国共成千载悲。排岸远樯森似槊，落波残照赫如旗。今朝城上难回首，不见楼船索战时。"也是痛快淋漓之作。上元为金陵别名，南朝四代定都之地。前一首起句极其直率，直斥诸君因风流而亡国。夺得天下靠战争，却因歌舞而亡国。颈联议论，对比尧因修德而享国长久，秦恃武力而终遭败亡。最后写繁华何有，眼前落寞。次首的中心是"君臣"二句，虽有唐末诗歌之流易，语意却很畅达。立意与前首不同，是对当年修武不修德的讥讽。二诗盛传一时，据说南唐中主时，乐工将前诗谱为《水调》词，反复唱"南朝天子爱风流"一句，中主因有所感悟。

李山甫还作过两首《代孔明哭先主》："忆昔南阳顾草庐，便乘雷电捧乘舆。酌量诸夏须平取，期刻群雄待遍锄。南面未能成帝业，西陵那忍送宫车。九疑山下频惆怅，曾许微臣水共鱼。""鲸鲵翻腾四海波，始将天意用干戈。尽驱神鬼随鞭策，全罩英雄入网罗。提剑尚残吴郡国，垂衣犹欠魏山河。鼎湖无路追仙驾，空使群臣泣血多。"设想古人之某一情景，代古人立言，是中唐后较常见的写法。二诗用诸葛亮的口气哀悼先主刘备去世，追忆南阳三顾，感慨君臣遇合，遗憾功业未竟，追随无从。诗写得未必出色，刘备、诸葛亮之君臣道合，知遇恩深，正是李山甫所无限向往者。

咏秦汉史事者，有《项羽庙》："为虏为王尽偶然，有何羞见汉江船？停分天下犹嫌少，可要行人赠纸钱。"有《读汉史》："四百年间反覆寻，汉家兴替好沾襟。每逢奸诈须援手，真遇英雄始醒心。王莽弄来曾半破，曹公将去便平沉。当时虚受君恩者，谩向青编作鬼林。"前诗大约作于乌江项庙，认为英雄争夺天下，胜败皆有可能，何必如项羽般之在意如何见江东父老。后诗总述汉室兴替反覆，读史惊心，英杰奸雄，皆入鬼籍。寄意虽有不同，但有一共同点，即是为虏为王皆偶然，奸诈英雄皆成鬼，何必在意是非忠邪，何必在乎手段途径。

在这些诗中可以看到，李山甫在人生长期不得意后，深深的绝望加上不计得失地寻求功名事业的冲动，再有他性格中尚侠义而不屑平庸，希冀建立功业的愿望，使他最终迈出了人生的转折一步。

五　李山甫的河北从军与人生结局

李山甫所处时代之天下大乱，在他诗中也有记录。《别杨秀才》："因乱与君别，相逢悲且惊。开襟魂自慰，拭泪眼空明。故国已无业，旧交多不生。如何又分袂，难话别离情。"故园已无产业，旧友多已身亡，与朋友又将分别，悲惊交集，不知何时可见，更非别后离情可尽。《乱后途中》："乱离寻故园，朝市不如村。恸哭翻无泪，颠狂觉少魂。诸侯贪割据，群盗恣并吞。为问登坛者，何年答汉恩？"似乎他在乱中还回过故园，看到一片破败，欲哭无泪。"诸侯贪割据，群盗恣并吞"两句，说尽官盗一家，天下分崩。诗末虽然还提醒登坛拜将者应尽辅佐朝廷之责任，恐怕他在内心更多地已经不抱什么希望。

李山甫进入魏博幕府的时间不详。如果说张孜作《庚子年遇赦》时李山甫也在蜀，估计在此后一二年他即从徘徊河朔，进而独事魏博。他策划对王铎的劫杀，从二人关系上看不到有什么交集点，似乎更多是在他沦落科场之际，王铎已出将入相，王铎之专权与富有，更为他所嫉恨。眉中期以来，在唐廷求出身求功名而不可得的士人，屡遭挫折后，常往河北寻找机会。诗人李益去过，后拔身归朝。董邵南"连不得志于有司，郁郁适兹土"，韩愈作序宠行，下落不明。李山甫久怀愤恨，旁成怨怼，机会出现时，将屠刀挥向了王铎，将他反社会、怨唐廷的情绪发挥到极致。比他更过分的还有李振，鼓动朱全忠将满朝大臣投入黄河，最终灭唐。

李山甫初依魏博、乐彦祯为判官。光启二年（886），嗣襄王李煴乱，乐彦祯使山甫往见镇州王镕，欲合幽、邢、沧诸镇同盟，卒未有成。文德元年（888），魏博镇兵变，衙兵拥罗弘信为节度使，山甫似乎没有受到什么牵累，仍在幕府供职。光化元年（898），弘信卒，其子绍威为节度使，山甫仍在幕府。绍威好为诗，尤其崇敬诗人罗隐，山甫也应有更多发挥的机会，可惜没有留下记录。《太平广记》卷二〇三引《耳目记》载，山甫曾在河北遇到宫廷供奉琴师王敬傲，同席李处士亦善琴，山甫请二客奏《幽兰》《绿水》之曲，命笔题诗为赠："《幽兰》《绿水》耿清音，叹息先生枉用心。世上几时曾好古，人前何必苦沾襟。"王敬傲回忆早年曾在内廷演奏于皇帝前，不意沦落至此，乃更弹一曲，非寻常品调。山甫疑其音韵殆似神工，问之，王告乃嵇康《广陵散》，山甫乃足成全诗。明刊《李山甫诗集》所收，题作《赠弹琴李处士》："情知此事少知音，自是先生枉用心。世上几时曾好古，人前何必更沾襟。致身不似笙竽巧，悦耳宁如郑卫淫。三尺焦桐七条线，子期师旷两沉沉。"与前《太平广记》所引，应为一诗之前后二稿。这里看到李山甫对琴曲的熟悉，以及知音难遇的感慨。这是李山甫存世最后的诗作。李山甫在河北任职约计在十五年以上，何时去世没有留下记录。他的文章没有一篇存世。从零星记录看，他在唐末诗名甚盛，后来高丽人编《十抄诗》，录他为中晚唐最有成就的三十家之一。他的诗存留不多，绝大多数为到河北以前所作。

最后录李山甫《寓怀》："万古交驰一片尘，思量名利孰如身。长疑好事皆虚事，却恐闲人是贵人。老逐少年终不放，辱随荣后直须匀。劝君不用夸头角，梦里输赢总未真。"这里有看破红尘的憬悟，有对势利奔走者的警告。但他本人，也在梦里输赢中角逐一生，留下一些诗，记录他特殊的才华；留下一些痕迹，记录他的失落与恶迹。读其诗想见其人，感觉不免五味杂陈。

乔驸马家的儿女

乔师望是唐高祖的女婿，循例拜驸马都尉。他有三子一女，皆有诗传世，其中乔知之最有名，这种状况在唐代诗人中并不多见。

一　乔师望：文武兼资的驸马爷

《新唐书》卷八三《诸帝公主传》载高祖有十九女，其第八女封庐陵公主，"下嫁乔师望，为同州刺史"。两《唐书》都没有为乔师望立传，他的生平只能依靠零星记载拼凑出来。

乔师望先世不详。《旧唐书》卷一九九下《铁勒传》载他贞观二年（628）为游击将军，"从间道赍册书拜夷男为真珠毗伽可汗"。这是有关他的最早记录。太宗即位后第三年，与突厥战事进入关键时期，乔师望地位虽不高，但对瓦解突厥别部铁勒做了重要努力，不久太宗击败突厥，获四夷推为"天可汗"。

《新唐书·太宗本纪》载，贞观二十年（646）正月辛未，"夏州都督乔师望及薛延陀战，败之"。对此，《资治通鉴》卷一九八"唐太宗贞观二十年"记载稍详："正月辛未，夏州都督乔师望、右领军大将军执失思力等击薛延陀，大破之，虏获二千余人。多弥可汗轻骑遁去，部内骚然矣。"夏州是长安以北的重镇，乔师望此时获膺重任。前一年太宗率师伐辽，薛延陀乘势入侵，乔与名将执失思力等合作，大获全胜，对守护京城贡献巨大。

　　庐陵公主生卒及婚嫁年皆不详。从高祖诸子女的年龄推测，她大约生于武德（618—626）中后期。现知高祖长子即太子建成生于开皇（581—600）中期，较太宗年长近十岁。大业间（605—618）高祖几乎没有子女出生，即位后广纳妃嫔，广诞子女，第五子汉王元昌的年龄，与太宗年长诸子接近。据此推测，庐陵公主生于武德中后期，到太宗贞观（627—649）中后期出嫁，择婿是由太宗做主，应该没有问题。与乔师望同立军功的执失思力娶高祖另一女九江公主，或许即与前述战功有关。

　　乔师望在高宗时期，担任一系列地方要职。《唐大诏令集》卷六二有显庆三年（658）十月《册乔师望凉州刺史文》，此前他为"正议大夫守凉州都督"，改称"使持节八州诸军事凉州刺史"。凉州地扼河西走廊起点，为长安西北重镇。《元和郡县图志》卷三一和《太平寰宇记》卷七二皆载，龙朔三年（663）乔师望为益州大都督府长史，即全蜀的军政长官。其间卢照邻曾使蜀，与乔因此熟悉。

　　上元间，乔师望任华州刺史。郁贤皓《唐刺史考全编》卷三引《续华州志》卷三载："《小华西峰秦皇观基浮图铭》，唐上元五年（上元无五年，疑为二年之讹），银青光禄大夫、检校华州刺史、襄邑县开国子、驸马都尉乔师望制文。"这里知道了乔师望的勋爵。最后官至同州刺史，当不晚于高宗仪凤间（676—679）。卒年不详，享寿应在七十以上。卢照邻作《驸马都尉乔君集序》时他还在世，称"荣期三乐，君实四之"，《列子·天瑞》载荣启期曾以生而为人、为男及行年九十为三乐，当然不能据此认为乔师望年登九十，但得享长寿是肯定的。"序"述乔退闲后，"欣然命驾，吊曲江之陷渊；兴尽而归，聆伊川之笙吹。三朝庆谒，趋剑履于南宫；五日归休，闻歌钟于北里"。居于长安与洛阳，既入朝陪礼，也归休歌闲。乔师望长期从军，但读书作文皆有追求。《序》称他"凡所著述，多以适意为宗；雅爱清虚，不以繁词为贵"，适意是说多写日常的闲情，"不以繁词为贵"是在骈俪文风下没有特别的讲究。卢《序》说其集有若干卷，历来不见著录，可能未流传。乔诗无存，文仅可见前述华山留铭一篇，不长，录如下：

> 岩岩灵岳，峻极氛氲。下飞悬布，遥横阵云。雄峰异立，观起秦君。即高因远，岂然出群。讵假祇园？无劳孤给。乘基表列，载怀兴葺。月桂岭松，参差相及。天歌人梵，往来谣习。伊初就列，走冥驰名。晚行应止，何为振缨？匈奴乐猎，关塞道清。越裳奉贽，风尘不惊。纵诞务闲，归依净域。莲池化造，削成神力。绘彩无施，烟霞无饰。以斯庄敬，回资动植。今之建塔，昔者沉碑。桑田不定，陵谷须移。有非真有，离非久离。思超彼岸，愿入禅枝。

（据《全唐文》卷一八七《华山西峰秦皇观基浮图铭》）

凡五换韵，整齐可诵。

卢《序》讲到乔师望持家训子："君教训子弟，不读非圣之书；抚爱家僮，常恐名奴之辱。"包括两层意思，一是对子弟有规诫，鼓励读书，且引导得当，儿女纷然有成可得证实；二是对家中僮仆奴婢，给以抚爱，不使骄纵。"名奴之辱"，祝尚书《卢照邻集笺注》以为用班固纵奴受辱事，甚是。乔师望这一行为，深深影响了乔知之，乃至其与家婢私爱而不婚，遭杀身之祸，为卢照邻不幸言中。当然，无论乔师望还是卢照邻，应该都没有看到那一天。

二　乔知之（上）：诗歌才情与朋友圈

已知乔师望诸子中，以乔知之（？—690）年岁为长。知之行十二，未必即嗣爵之长子。知之生年不详，与陈子昂同游时称将近五十，较大可能生于贞观中期。

知之早年经历无法复原。他的行迹，较详细的一段是与诗人陈子昂、王无竞共同从军，以及与沈佺期的唱和。

司马光《资治通鉴》卷二〇六据卢藏用《陈氏别传》、赵儋《陈子昂旌德碑》，认为知之在万岁通天元年（696）随建安郡王武攸宜北讨。罗庸《陈子昂年谱》认为在垂拱二年（686）春夏间，引陈子昂《燕然军人画像铭序》《观荆玉篇序》作丙戌事为证，可以信凭。事情源起于前一年同罗、仆固等部叛于河西，朝廷命左豹韬卫将军刘敬同发河西军，出居延海以讨之，知之以左补阙为护军，即以侍御充监军职，陈子昂以麟台正字为副，王无竞时为监察御史，位亦在子昂上。三人随军路线是四月次张掖，五月至同城，出居延，子昂七月自大散关归长安。此期间三人交往密切，唱酬频繁。其间知之存诗一首，子昂有六七首，且存代知之起草的表奏。王无竞存诗有《北使长城》《灭胡》，可能作于此一阶段，但不涉及互相交往。

子昂时年二十六岁，无竞三十五岁，知之最长。子昂是后辈，故初行之诗稍有些生分。如《度峡口山赠乔补阙知之王二无竞》，先写漠南异色："峡口大漠南，横绝界中国。丛石何纷纠，小山复翕赩。远望多众容，逼之无异色。"续写彼此之责职："岂伊河山险，将顺休明德。"最后是对二人才识之认识与期待："之子黄金躯，如何此荒域？云台盛多士，待君丹墀侧。"这里看到彼此的认识在加深，子昂特别看到知之之才具，可辅佐君主以致治。《题祀山烽树赠乔十二侍御》："汉庭荣巧宦，云阁薄边功。可怜骢马使，白首为谁雄？"子昂开始明白知之在朝廷并不受重视，显宦多为巧于钻营而得，为知之感到可惜。《题居延古城赠乔十二知之》："闻君东山意，宿昔紫芝荣。沧洲今何在？华发旅边城。还汉功既薄，逐胡策未行。徒嗟白日暮，坐对黄云生。桂枝芳欲晚，薏苡谤谁明？无为空自老，含叹负生平。"友谊在加深，诗题也仅称行第。东山是说退隐，紫芝是说求道，薏苡是指猜嫌，功薄是指失意，从诗中体会知之向子昂敞开心扉说到自己的志向与追求，也说到失落与蒙谤，以这样的年纪，出行边地，功名难立，退隐无状，子昂再三规劝，其实也没有好办法。两人始引为知己。

　　其间曾闹出一段笑话。乔、陈二家皆信奉道教，服食芝草和丹砂。远到西边，偶见丛生的仙人杖，以为即芝草，兴奋选食，认为"神明嘉惠，将欲扶吾寿也"（《观荆玉篇序》）。十五天后，遇到知药草者，指明这是苦棘，毫无药性。王无竞忽悟草味太甜，早该明白，知之亦笑言子昂曾作《采玉篇》，自以为能分清宝玉与珉石，乃至误食。子昂更作《观荆玉篇》诗："鸱夷双白玉，此玉有缁磷。悬之千金价，举世莫知真。丹青非异色，轻重有殊伦。勿信玉工言，徒悲荆国人。"真正的宝玉没有人赏识，即便和璞出世，荆国也没有识玉的人，为他与乔、王之负才学而不为世用，感到深深失望。

　　临别之际，知之有诗《拟古赠陈子昂》：

　　　　悄悄孤形影，悄悄独游心。以此从王事，常与子同衾。别离三河间，征战二庭深。胡天夜雨霜，胡雁晨南翔。节物感离别，同衾违故乡。南归日将远，北方尚蓬飘。孟秋七月时，相送出外郊。海风吹凉木，边声响梢梢。勤役千万里，将临五十年。心事为谁道，抽琴歌坐筵。一弹再三叹，宾御泪潺湲。送君竟此曲，从兹长绝弦。

他说自己一直孤独，有心事不知向谁诉。因公务与子昂同行同宿，自春及秋，成为知己，可以将心事向子昂倾诉。临别之际，奏琴道别，满座皆为之泣下，甚至有此曲弦绝、知音不再的伤感。

此行以后，二人再无文字交集。知之冤死，子昂也无悼伤。无他，环境严酷使然。

沈佺期七律名篇《独不见》，原题《古意呈补阙乔知之》："卢家少妇郁金堂，海燕双栖玳瑁梁。九月寒砧催木叶，十年征戍忆辽阳。白狼河北音书断，丹凤城南秋夜长。谁知含愁独不见，使妾明月照流黄。"前人解读甚多，可以确定的是，诗题《古意》，明确为寓言之作，不是实写。为什么一定要呈给乔知之，这不可避免地与乔上述的从军经历有关。如果友人间知道乔因恋一女婢而不娶，则此诗或有调侃意味。笔者愿更申一解，即此诗是对乔知之《古意和李侍郎》的改写。乔诗云：

　　妾家巫山隔汉川，君度南庭向胡宛。高楼迢递想金天，河汉昭回更凄然。夜如何其夜未央，闲花照月愁洞房。自矜夫婿胜王昌，三十曾作侍中郎。一从流落戍渔阳，怀哉万恨结中肠。南山累累菟丝花，北陵青青女萝树。由来花叶同一根，今日枝条分两处。三星差池光照灼，北斗西指秋云薄。茎枯绿谢叶憔悴，香消花尽色零落。美人长叹艳容萎，含情收取摧折枝。调丝独弹声未移，感君行坐星岁迟。闺中宛转今若斯，谁能为报征人知。

乔诗是古体歌行，反复叙述男女分别后的相思之情。女子为嫁给如此杰出的六婿而矜叙，然而因男子北戍渔阳，分隔南北，可望而不可即。乔诗用许多比喻，如菟丝花、女萝树，申言男女之不应分离，然而现实却是分离太久了，乃至星转斗移，叶谢花枯，仍看不到团聚的日子。女子仰望遥天，寂寞凄然，独弹琴曲，无人领会，更增许多失落。乔诗将古诗反复婉转的特点发挥到极致。然而沈诗将同样的场景、同样的思念，用当时新起的近体七律，非常强烈地写出，音节与图像集中而强烈，沈诗改写更胜乔诗。

三　乔知之（下）：与家婢私情遭遇杀身之祸

乔知之之死，文献记载颇为纷杂，最重要的有以下三则记录。一是《太平广记》卷二六七引生活在武后至玄宗时代的张鷟《朝野佥载》所载："周补阙乔知之，有婢碧玉，姝艳能歌舞，有文章，知之特幸，为之不婚。伪魏王武承嗣暂借教姬人妆梳，纳之，更不放还。知之乃作《绿珠怨》以寄之焉。其词曰（诗略）。碧玉得诗，饮泣不食，三日，投井而死。承嗣出其尸，于裙带上得诗，大怒，乃讽罗织人告之，遂斩知之于南市，破家籍没。"这是同时代人的记录。二是刘餗《隋唐嘉话》卷下载："补阙乔知之有宠婢，为武承嗣所夺。知之为《绿珠篇》以寄之，末句云：'百年离别在高楼，一旦红颜为君尽。'宠者结于衣带上，投井而死。承嗣惊惋，不知其故。既见诗，大恨，知之竟坐此见构陷亡。"作者是史家刘知幾次子，记载简略，与前说并无大的不同。三是唐末孟棨《本事诗》："唐武后载初中，左司郎中乔知之有婢名窈娘，艺色为当时第一。知之宠爱，为之不婚。武延嗣闻之，求一见，势不可抑。既见，即留，无复还理。知之愤痛成疾，因为诗，写以缣素，厚赂阍守以达。窈娘得诗悲惋，结于裙带，赴井而死。延嗣见诗，遣酷吏诬陷知之，破其家。诗曰（诗略）。时载初元年三月也。四月下狱，八月死。"细节更丰富，影响也更大，但细加分析，错讹较多。侍婢名，《旧唐书》卷一九〇《文苑传》、《太平广记》卷三六一引《甘泽谣》、《太平御览》卷三八〇引《唐书》、《说郛》卷三八乐史《绿珠传》皆作窈娘，《绀珠集》卷三、《类说》卷四〇及《资治通鉴考异》引《朝野佥载》、《唐诗纪事》卷六、《侍儿小名录》则作碧玉。夺婢者，《本事诗》作武延嗣，沈亚之《上九江郑使君书》作武三思，显误。知之被杀时间，《本事诗》作载初元年（689）八月，《资治通鉴考异》引《唐历》作天授元年（690）十月，《新唐书》卷四《则天本纪》作天授元年八月壬戌。司马光《资治通鉴》卷二〇六误将陈子昂两次从军误作一事，乃以乔被杀作神功元年（697）六月事。对此，岑仲勉《通鉴隋唐纪比事质疑》考证详尽，断在天授元年八月，可做结论。

武后在高宗死后，先后立二子为帝，抓紧做女帝即位改朝的准备，从垂拱到天授的六七年间，重用酷吏，鼓励告密，连兴大狱，祸及宗室，这是乔知之被诬杀的大背景。武承嗣是武后兄子，武后临朝时屡次以其为宰相，掌实权，乃武后近亲中最凶恶之人，其夺人诬杀，皆属可能之事。从乔知之这边说，五十岁左右，早过婚配年龄。若说从年轻时就因此婢而不婚，此女当已有一定年龄。《朝野佥载》说"暂借教姬人"，可知此女已非少艾者。唐代是士族时代，根据家族姓氏、郡望、婚姻来判定士人的社会地位。同时又有一个贱民社会，出身卑下者没有人身自由，男女都可以买卖。士人可以纳妾，但不能与出身卑贱者成婚。就此而言，乔知之喜欢出身卑下的婢女而为之不婚，确实很另类。前引卢照邻序说乔师望"抚爱家僮"，对奴婢有某种程度的平等意识，这种家庭环境深刻影响到乔知之。与婢女成婚既为家族和社会所不容，但可以为之而不娶妻啊！估计他的这一情况，应为不少人所了解。

这里要特别讨论这首《绿珠怨》，谨据宋本《初学记》卷一九录如下："石家金谷重新声，明珠十斛买娉婷。此日可怜只自许，此时可爱得人情。君家闺阁不曾难，恒持歌舞借人看。意气雄豪非分理，骄矜势力横相干。辞君去，终不忍，徒劳掩面伤铅粉。百年离别在高楼，一代红颜为君尽。"绿珠是西晋石崇爱妾，据说出身岭南，石崇暴富，带归金谷园。八王乱中，孙秀依傍赵王伦而欲夺绿珠，石崇不给，遭致杀身之祸，绿珠也为之跳楼殉情。石崇、金谷、绿珠是六朝以来的流行故事。前代有许多吟咏，乔诗内容也只是歌咏绿珠，不涉其他，没有超出绿珠故事的范围。相信在夺婢事件发生前，已经有一写定之文本，他本人之命运，几乎是石崇故事的另一翻版，此诗得以传诵一时，故事也形成多种文本。

今存乔知之诗中，多写男女之情，立场各有不同。《折杨柳》曰："可怜濯濯春杨柳，攀折将来就纤手。妾容与此同盛衰，何必君恩能独久。"认为青春年少，美容短暂，不图君恩长久，但求及时行乐。《弃妾篇》云："妾本丛台右，君在雁门陲。悠悠淇水曲，采燕入桑枝。不因媒结好，本以容相知。容谢君应去，情移会有离。还君结缕带，归妾织成诗。此物虽轻贱，不用使人嗤。"说男女欢好，本来就是以容色相知，待花容衰谢，情移分离，命运就该如此。这里的见解，都是"有花堪折直须折"的及时行乐之想，不见特别的高明。他的《定情篇》，是致敬曹魏繁钦《定情诗》之作，借女子之口，写女子对爱情的执着，对男子之移情表示不满："君念菖蒲花，妾感苦寒竹。菖花多艳姿，寒竹有贞叶。此时妾比君，君心不如妾。"用许多比喻写男女情感之落差，最后强调"赠君泪潺湲，相思无断绝""今日持为赠，相识莫相违"，歌颂男女间坚定不移的相思之情。其间是否含有他本人陷入男女情爱与社会不容的寄托，只能依靠读者的主观想象和猜测了。

再说《绿珠怨》，将绿珠对石崇的知遇之恩、生死相报的知己之感以及男女之间当爱情遇到黑恶势力阻挠时的坚持与决绝，表达得极其畅达而强烈。武后时期之恐怖政治，许多文士显官惨死，并没有留下太多故事。乔知之这首诗，因私事牵扯政治诬陷而被杀，与石崇、绿珠命运相类，更使这一事件增添了悲剧色彩。

两《唐志》皆载知之有集二十卷，后不存。今传诗仅十六首。

四　乔侃：经历世变后的领悟

乔知之弟乔侃，仅有一首《人日登高》诗传世："仆本多悲者，年来不悟春。登高一游目，始觉柳条新。杜陵犹识汉，桃源不辨秦。暂若升云雾，还似出嚣尘。赖得烟霞气，淹留攀桂人。"写人日登高的感受。新年第七天，人们还没有从严冬的寒意中苏醒。作者首句就说自己本就是逢秋多悲的性格，季节转换，还没有悟到春天已经来临。直到登高骋目，看到柳枝上新芽绽放，才有春归的感受。接下来两句，说到城南杜陵，发现汉代众多遗迹。人们已经习惯了避秦之乱而逃遁到桃源之地，无论魏晋，何论秦汉。当时习惯以汉喻唐，这里的隔世之感，富有政治寓意。后几句写登高而远离世俗，有升仙出世之感，有亲近美好之愿。此诗写人日登高，充满万物昭回、天地一新的喜悦。此诗作年不详，相信是作者经历一个时代变化后的直接感受。

乔侃，高宗末任符玺郎，那时还应是位少年，或因家荫而仕。陈子昂《洪崖子鸾鸟诗序》，说晋人洪崖子（很可能是张氲）作《鸾鸟篇》，寄出世之想，"时尚辇奉御梁国乔侃闻其风而悦之。乃刻羽剪商，飞毫捺牍，扣归昌之律，协朝阳之音，率诸君子，属而和之者十有五"，乔侃为首，约了十五位朋友共同唱和，约陈子昂作序以光大之。这时大约在武后初期。久视间（700—701），他与乔备参与修纂《三教珠英》，崔融编《珠英学士集》，应该有他的诗，可惜敦煌残卷中，没有这部分内容。沈佺期有《送乔随州侃》云："结交三十载，同游一万里。情为契阔生，心由别离死。拜恩前后人，从宦差池起。今尔归汉东，明珠报知己。"此诗作于景龙初（约707），沈佺期从驩州遇赦北归后，乔侃可能也因武后末年与二张交往密切而被贬岭南。由此回推三十年，两人结交始于高宗末，以后死生契阔，共得生还，沈仍归朝为学士，乔则受任为随州刺史。《旧唐书》卷一九〇中《乔知之传》称乔侃"开元初，为兖州都督"，达到他父亲曾经担任的层级，是乔家兄弟中唯一活到玄宗初年的。从高宗末到玄宗初之三十多年，唐王朝经历了武后称帝改制的剧变，高祖、太宗、高宗子孙经历了动荡不安的时期。玄宗初年，方回归正道。乔侃人日登高的感受，因春归而想到秦汉往事，寄寓政治上的拨乱反正。虽属推测，应当不远。

五　乔备：《珠英学士集》保存的诗作

《旧唐书·经籍志》载乔备集六卷，不存。《全唐诗》卷八一存其诗二首、卷八八二补一首，为清人发现于残本《分门纂类唐歌诗》卷二二，敦煌遗书伯三七七一存崔融《珠英集》残卷，有乔备诗四首，前述三首诗皆在，新补佚诗《杂诗》一首。该卷署："蒲州安邑县令宋国乔备四首。"是他完成修书后所授新职。张说曾与他同事修书，有《送乔安邑备》送他赴任："书阁移年岁，文朋难复辞。欢言冬雪满，恨别夏云滋。外尹方为政，高明自不欺。老人骖驭往，童子

狎雏嬉。日茂西河俗，寂寥东观期。遥怀秀才令，京洛见新诗。"安
邑在蒲州，从大的范围说可用西河指代，张说虽为他离去而遗憾，但
也希望他在地方治理方面能敦厚风俗，常有新诗寄来。《旧唐书》说
乔备长安中终于襄阳令，长安为武后最后一个年号，跨了四个年头，
虽不能确定何年，但知乔备从安邑仅一迁官即卒，其间也就三四年。

　　崔融无疑是武后后期的文坛领袖。当一批重要文士参与修书
时，他将各学士的诗作编选为《珠英学士集》五卷。此集久不存，敦
煌发现二残卷，经徐俊整理，收入《唐人选唐诗新编》（中华书局，
2014）。据笔者分析，这些诗不是这些学士修书期间所作，很可能是
各人自选若干首，由崔融编定。乔备诗虽有存世文献与新见文献所载
之不同，但最初皆因崔融编辑而得存，可视为乔备的代表作。

　　乔备诗四首，二首为乐府，另二首不以乐府命题，但风格接近
乐府。乐府二首，一首为《出塞》："沙场三万里，猛将五千兵。旌
断冰溪戍，笳吹铁关城。阴云暮成雪，寒日昼无晶。直为怀恩苦，谁
知边塞情？"写边塞生活，首二句很有气魄，中间四句写边地生活之
艰难，结尾二句，写感恩而从军，但边塞艰难并不为人理解。用意尚
好，多带了一层意思，但减退了感染力。另一首为《长门怨》："秋
入长门殿，木落洞房虚。妾思宵徒静，君恩日更疏。坠露清金阁，
流萤点玉除。还将闺里恨，遥问马相如。"此题前人写得很多，写女
子幽怨，"坠露"两句渲染环境甚好，但毕竟难超谢朓、李白写过的
场景。

　　另二首其实也接近乐府诗。其一《杂诗》云："暂借金锤秤，衔
涕诉恩波。君情将妾怨，称取谓谁多？秋吹凌纨素，空闺生网罗。不
期《流水引》，翻作断肠歌？"写一个女子的控诉。君情妾意，疏远以
后，情怀谁诉？起句很突兀，以往的情、现在的怨，真想借一杆秤，

作一番彻底的清算。"秋吹"两句写现实的凄凉。《流水引》是琴曲的名篇，两人相爱时有知遇之感，分开后再听，只有愁肠寸断。《秋夜巫山》："巫峡徘徊雨，阳台淡荡云。江山空窈窕，朝暮自氛氲。萤色寒秋露，猿啼清夜闻。谁怜梦魂远，肠断思纷纷。"巫山云雨语出宋玉《高唐赋》，后世诗人吟咏很多。从诗题说，似乎是行经巫山而作，从内容看，则不脱《巫山高》一类乐府诗的机杼，即因巫峡秋景，写山雨绵绵，引人愁思，最后落到男女之情。大约作者习惯写乐府诗，即便真有此次行旅，也如乐府般写出。

乔备的诗在当时不算杰出，但初唐一般作者，大约都是这样的面貌，在六朝延续的氛围中，寻求变化，略有新意，但故习难改，旧痕仍深。

六　乔氏：才女未必守节操

乔知之有妹，也能诗。明蒋一葵《尧山堂外纪》卷二三："乔知之有妹能诗。《咏破帘》：'已漏风声摆，绳持也不禁。一从经落节，无复有贞心。'"这是目前有关乔氏的最早记录。有些晚，大体可信。据我推测，此诗最早来源应该是唐李康成《玉台后集》，该集今不存，明代有人见过，摘录过一些诗，为后来各种书多次征引，最初文本已经无法追踪。唐初有二三十家存诗中可以读出此一线索，连带推测乔氏诗应属可信。

乔氏所作为一首咏物诗。帘是古代居处内外分隔之物，对女子居处来说，更是内外有别、礼仪有在的象征。破帘就无法起到防范的作用，故此诗句句说破帘，句句写女子之失节。诗不难理解，在此不展开。唐代闺门礼教不严，女子也多有非分之想，时风如此，不必用后世道学家眼光来否定。

此外,《永乐大典》卷六五二三引《玉台后咏》还引一首署乔氏的《临镜晓妆》:"宿鸟惊眠罢,房栊乘晓开。凤钗金作缕,鸾镜玉为台。妆似临池出,人疑月下来。自怜终不见,欲去复徘徊。"唐宋时期有多种书证说此诗为杨炯侄女杨容华诗,作乔氏属误传。

七 余说

唐人有山东世族不愿与皇族结亲之说,乔师望选尚公主,主要是因军功,成为驸马后更易得到皇家信任。他之历任大州,原因在此。他重诗文读书,泽及子女,三子一女皆以诗闻名,可以看到家风的变化。然而他的诸子女成长在高、武之际,武后以女主掌政,有各种考量,其中一种措施即弱宗支,打击李唐皇家之宗室势力。诸乔在武周时期之不得志,乃至乔知之受诬而死,皆与此有关。师望三子一女,有才分而未能臻于大成,原因也在此吧。到他的孙辈,乃至终唐之世,乔家再无有名的人物出现,可为叹息。

述桐庐三章

唐代睦州桐庐有三位章姓诗人：章八元、章孝标及章碣。或云章孝标是八元子，章碣是孝标子，出处记录很晚，唐人无此记载，时代也不尽相接，只能视为传说。他们是否为一家人，还需要更可靠的文献来加以证明。三人都有些很不错的诗作，人生也各有特别的故事可以说道。称为"三章"，全出我之杜撰，前人并无此说，是否合适，敬待方家指正。

一　章八元

章八元的名字，今人读起来显得有些突兀，其实《左传·文公十八年》说高辛氏有才子八人，"忠肃共懿，宣慈惠和"，民谓之八元。这是基本经典的记载，不算僻典。八元排行十八，生卒年皆不详，仅知他于代宗大历六年（771）登进士第，如果这一年他三十岁，也即可能出生在玄宗天宝元年（742）。也就是说，他少年时还是太平盛世，十五岁遇到安史之乱，天下秩序崩坏，好在他生活在南方，受到的影响相对较小。他早年学诗，有一传说，高仲武《中兴间气集》卷上载：

> 八元尝于都亭偶题数言，盖激楚之音也。会稽严维到驿，问八元曰："尔能从我学诗乎？"曰："能。"少顷遂发，八元已辞

家，维大异之，遂亲指喻。数年，词赋擢第一。如"雪晴山脊见，
沙浅浪痕交"，此得江山之状貌极矣。

都亭泛指设在都城或陪都的驿站，长安、洛阳、太原皆有此称，八元
偶题者不知在何处。严维（约727—780）是越州山阴（今浙江绍兴）
人，比八元年长十多岁。安史乱后在江淮选补使崔涣下登进士第，又
擢辞藻宏丽科，授诸暨尉。代宗前期入浙东节度幕。很怀疑严维见八
元的地方应该在越中，即他任诸暨尉与在浙东幕府期间，只有这样，
才有"少顷遂发，八元已辞家"之可能。严维在浙东幕府期间，曾组
织大规模之联唱，《兰亭考》卷一二说预唱者凡五十七人，台湾存澹
生堂旧抄《会稽掇英总集》卷一四卷首恰好有此五十七人名单，没有
章八元，南宋姚宽《西溪丛语》卷上录唱和者有章八元，不知孰是。
严维在肃宗、代宗之间，诗风雅丽，名重东南，他对八元有所赏识，
八元也毫不犹豫地相随学诗，应可得许多进益。诗僧清江有《宿严维
宅简章八元》云："佳期曾不远，甲第即南邻。惠爱偏相及，经过岂
厌频。秋寒林叶动，夕霁月华新。莫话羁栖事，平原是主人。"这里
可以看到章八元之学诗，很可能即住在严府。八元之话及羁栖事，或
许是因长期寄居而感到不安，或许是应试无成而感到不快，清江劝慰
他，主人如同战国时平原君那样好客，不必有所不安。被张为《诗人
主客图》尊为瑰奇美丽主的元和名相武元衡，早年也随严维学诗。

八元告别严维时，有《归桐庐旧居寄严长史》："昨辞夫子棹归
舟，家在桐庐忆旧丘。三月暖时花竞发，两溪分处水争流。近闻江左
传乡语，遥见家山减旅愁。或在醉中逢夜雪，怀贤应向剡川游。"称
严为夫子，显执弟子礼。诗写得很流动，颔联两句尤好，似乎心情不
错。最后两句用王子猷雪夜访戴典故，诉说离别之惋惜以及相思还会

再来的感受，淡淡地表达对严维的感谢。

被高仲武极力赞赏且誉为"得江山之状貌极矣"的两句诗，见八元《新安江行》："江源南出永，野渡暂维梢。古戍悬渔网，空林露鸟巢。雪晴山脊见，沙浅浪痕交。自笑无媒者，逢人即解嘲。"八元是桐庐人，其地即在新安江边，诗人写家乡山水之美，平和中观察细致，平静中写出山水精致细节之真实。最后两句感慨科举无成，逢人解嘲也属自己释放情绪，并不十分激烈。

八元进士登第后，复应制举未第，寻归睦州，恰好诗人刘长卿出任睦州司马。长卿当时诗名极盛，有五言长城之誉。他在鄂岳任上被贪官诬陷，虽减罪，但遭长贬睦州，心情的确很不好。八元是当地人，彼此来往渐多，成为好友。长卿有《月下呈章秀才》："自古悲摇落，谁人奈此何。夜蛩偏傍枕，寒鸟数移柯。向老三年谪，当秋百感多。家贫惟好月，空愧子猷过。"诗写于他在睦州的第三年，秋风摇落，引起诗人的愁绪。夜蛩就是蟋蟀，加上寒号鸟声，一切都让他不快。他以子猷，即东晋书法家王羲之第五子王徽之来比喻章八元，虽是用典，也可看出他对八元之推重。八元《酬刘员外月下见寄》云："夜凉河汉白，卷箔出南轩。过月鸿争远，辞枝叶暗翻。高谣闻丽曲，缓步接清言。宣室思前席，行看拜主恩。"接着刘长卿的诗写月夜景色，特别赞誉刘长卿的丽曲清言。最后两句宽慰刘长卿，贬谪是暂时的，皇上不久就会召见问政，不必太在意眼前。八元返乡，刘长卿有《送章十八归桐庐》（诗题中"章"传本作"张"，据杨世明《刘长卿集编年校注》改）："归人乘野艇，带月过江村。正落寒潮水，相随夜到门。"还是写月夜，也说到寒潮，应作于咏月唱和后不久。

八元传诵最广的诗作是《望慈恩寺浮图》："十层突兀在虚空，四十门开面面风。却怪鸟飞平地上，自惊人语半天中。回梯暗踏如穿洞，绝顶初攀似出笼。落日凤城佳气合，满城春树雨濛濛。"慈恩寺是高宗为太子时为母亲文德皇后追福所建，三藏高僧玄奘曾驻寺译经。寺内有十层的高大佛塔，今习称大雁塔。塔为十层四方形高大砖塔。此诗先写十层高塔突兀眼前，直插云天的气势，再写十层高塔每层每面皆有门打开，景象独特。此后写登塔。颔联两句极写浮图之高耸，飞鸟如在平地，人语传在半空。塔内的登塔回梯是贴着塔壁而建，且因诸门洞开，有不断穿洞而行的感受。攀上最高处，令人有出世之想。这里说出笼，是说远离尘世，切合佛教拯救世人的主张。最后两句写登塔北望长安城全貌，尤其具有画面感。至今登塔，此景尤苍茫可见。前引诗题据唐末韦庄《又玄集》卷上，但诗意显然非望塔而是登塔，《唐诗鼓吹》卷七题作《登慈恩寺浮图》，可能出于后改，但符合诗意。《唐诗纪事》卷二六题作《题慈恩塔》，《全唐诗》卷二八一题作《题慈恩寺塔》，则相对稳妥些。

据说中唐元稹、白居易曾游慈恩寺，见到章八元所留此诗，"移时吟咏，尽日不厌"，白居易更感叹："不谓严维出此弟子。"于是二人皆束手不为题寺诗，"诗流自慈恩息笔矣"，也就是说此诗为题寺之绝唱。事见五代后蜀何光远著《鉴诫录》卷七《四公会》，此书多载诗人逸事，不免偏颇夸大。以上故事虽非实录，而此诗当时影响之大，则可以想知。

章八元存诗仅六首，几乎每首都好，只能遗憾所存太少了。

二 章孝标

章孝标，睦州桐庐（今属浙江）人，家于钱塘（今浙江杭州）。《万历严州府志》云其为八元子，后出不知所据。《唐才子传》卷六说他字道正，乃是误读朱庆余《题章正字道正新居》，道正乃长安坊名。

宪宗元和中，孝标入京应试，屡不第。至元和十三年（813）下第，赋《归燕诗》献主司庾承宣云："旧垒危巢泥已落，今年故向社前归。连云大厦无栖处，更绕谁家门户飞？"（《归燕词辞工部侍郎》）此诗其实是模仿李义府名诗"上林许多树，不借一枝栖"的，但语意更委婉。他以筑巢的燕子自处，首句说自己的功课还有欠缺，次句说今年已经较往年更为努力了。他迅速地跳过自己再次落第的不幸，直接叙述朝廷如同连云大厦，应可接纳更多的人物，自己却没有得到机会，然后请教，今后该何去何从？此诗深得诗人温厚之旨，引过在己，无怨无怒，眷恋情切，使庾承宣深有遗才之憾。次年庾复知贡举，乃擢之及第。这时恰巧朝廷用兵淄青胜利的消息传来，国家与个人双喜临门，章孝标喜不自胜，有诗《及第日报破东平》："王师二月破东平，喜气今朝满帝城。三十仙人谁得听？含元殿角管弦声。"（《全唐诗》不收，据日本多种文献拼合而成，此不详述。）三十仙人指这年及第进士人数。在国家是大庆，喜庆遍及京城，举行朝会的含元殿也高奏管弦。个人喜事也包含其间，今后人生应该有所不同。

孝标有《及第后寄广陵故人》："及第全胜十政官，金汤镀了出长安。马头渐入扬州郭，为报时人洗眼看。"《唐摭言》卷一三云此为"寄淮南李相"，即李绅，且言此诗有些兴奋过度，李绅乃以诗诚之云："假金方用真金镀，若是真金不镀金。十载长安得一第，何须空腹用高心？"镀金者尚非真金，且十年方得一第，又何必如此忘形呢？这里有个问题，李绅任淮南节度使镇扬州，始于开成五年（840）九月，已经是孝标及第后二十一年事，显属误传。孝标及第当年及次年镇淮南者，是李夷简，很可能即孝标诗的寄达者。

孝标与李绅间还有一段传说。孝标《淮南李相公席上赋春雪》：

"六出花飞处处飘，粘窗着砌上寒条。朱门到晓难盈尺，尽是三军喜气消。"《唐摭言》卷一三《敏捷》谓"短李镇扬州，请章孝标赋《春雪》诗，命题于台盘上。孝标唯然，索笔一挥"云云，很可能也是李夷简时事。殆元和后期淮西、淄青用兵，淮南虽非前线，也有充分的战备。《唐摭言》作者王定保见诗题出现淮南李相公，仅知李绅曾任此，不知李夷简更为贴切也。

唐范摅《云溪友议》卷下《巢燕辞》云：

> 孝标及第，正字东归，《题杭州樟亭驿》云："樟亭驿上题诗客，一半寻为山下尘。世事日随流水去，红花真笑白头人。"初成，落句云："红花真笑白头人。"改为"还似白头人"，言我将老成名，似花芳艳，讵能久乎，及还乡而逝。

范摅的许多记载都来自传说，似乎曲折有趣，按验皆不可靠。今知孝标为正字后东归，尚多有事迹可考。

穆宗长庆间（821—824），孝标迁校书郎，旋归杭州。这时恰好诗人元稹任浙东观察使，孝标有诗投谒："婺女星边喜气频，越王台上坐诗人。雪晴山水勾留客，风暖旌旗计会春。黎庶已同猗顿富，烟花却为相公贫。何言禹迹无人继，万顷湖田又斩新。"（《上浙东元相》）看来他是专程到越州投谒，很高兴大诗人坐镇越台，特别赞美元稹在越州的政绩。元稹镇越的时间，在长庆三年（823）至大和二年（828）间。

《唐诗纪事》卷四一载："孝标，大和中山南东道从事，试大理评事。"山南东道在襄阳，今存孝标诗作于襄阳者，《千载佳句》卷下载《游檀溪》："通传胜事因风月，打破愁肠是酒杯。"雍陶有《寄襄阳章孝标》："青油幕下白云边，日日空山夜夜泉。闻说小斋多野意，枳花阴旦麝香眠。"

孝标诗才敏捷，时名颇盛，张为《诗人主客图》将其列为瑰奇美丽主武元衡之及门者。目前看不到他与元衡交往的记录。他有《钱塘赠武侍御翊黄》："曾将心剑作戈矛，一战名场造化愁。花锦文章开四面，天人科第上三头。鸳鸿待侣飞清禁，山水缘情住外州。时伴庾公看海月，好吟诗断望潮楼。"翊黄为元衡子，庾公即指元衡，似乎张为还别有所据。

孝标名下好诗颇多，在此略举两三首。《客中书情》："徙倚仙居绕翠楼，分明宫漏静兼秋。长安夜夜家家月，几处笙歌几处愁？"诗题据《千载佳句》，是他客居长安时所作，写出长安的繁华与苦乐不均，末句是后代戏文"几家欢喜几家愁"之滥觞。《田家》云："田家无五行，水旱卜蛙声。牛犊乘春放，儿童候暖耕。池塘烟未歇，桑柘雨初晴。岁晚香醪熟，村村自送迎。"（《笺注唐贤绝句三体诗法》卷一五）写农村生活，朴实如画，充满生活气息。《上西川王尚书》："人人入蜀谒文翁，妍丑终须露镜中。诗景荒凉难道合，客情疏密分当同。城南歌吹琴台月，江上旌旗锦水风。下客低头来又去，暗堆冰炭在深衷。"这位王尚书是王播，早年在扬州寺庙中也曾频遇冷落，身份高晋后，也未能善待贫士，偏偏章孝标不吃这一套，当场直言回击。"城南歌吹琴台月，江上旌旗锦水风。"这两句很漂亮，是表面繁华。孝标要说的，是这位王尚书待人之疏密厚薄，做得太过分了，"我"虽然愿意低头委曲，匆匆来去，但人情冷暖，深衷自知。道不同不相为谋，"我"是贫士，分当如此，也没什么好说的。这里看到孝标强烈的个性，所向不偶也是可以预料的。

《新唐书·艺文志》、《直斋书录解题》一九皆著录孝标诗一卷。

《宋史·艺文志》八独作七卷，今人或以为有误。其实朱警《唐百家诗》本《章孝标诗集》存诗五十六首，《全唐诗》另收此集外诗九首，韩国存《十抄诗》有孝标诗十首（九首为佚诗），日本存《千载佳句》等书有孝标佚诗残句逾二十首，今存孝标诗已经接近百首。宋时曾有七卷本存在，当可相信。

三　章碣

章碣原籍也是睦州桐庐，到他时已经迁居钱塘（今浙江杭州）。或云为章孝标子，但前节已经说明孝标可靠之生平活动以文宗大和间为最晚，会昌间的故事仅属传闻。从大和末到章碣懿宗咸通末以诗著名，其间相差四十年。如碣为晚生儿，再加成名偏晚，也属可能，但毕竟没有可靠的证据。碣虽有诗名，但累举不第。僖宗乾符二年（875），库部郎中韦岫出刺泗州，碣有诗送行云："玉皇恩诏别星班，去压徐方分野间。有鸟尽巢垂汴柳，无楼不对隔淮山。旌旗渐向行时拥，案牍应从到日闲。想忆朝天独吟坐，旋飞新作过秦关。"（《文苑英华》卷二八二《送韦岫郎中典泗州》，《章碣诗集》题误）这是中规中矩的赠行诗。泗州是淮上名州，控南北通道，在庞勋乱后，军事上尤显重要。赠诗先说皇命下达，责任与分野都非常重要。其次两句写泗州景色，鸟巢杨柳，楼对淮山，写成"有鸟""无楼"，平和中增加了变化。再次说韦岫到泗州后，治理有成，政事清明。最后说在泗州可以多写新诗，好作品不久就可以传到京城。这时章碣仍在京城应试。

章碣在科场也不知盘桓了多少年，他有《下第有怀》："故乡朝夕有人还，欲作家书下笔难。灭烛何曾妨夜坐，倾壶不独为春寒。迁来莺语虽堪听，落了杨花也怕看。但使他年遇公道，月轮长在桂珊珊。"在京多年，一点希望也没有，也不知如何向家人交代，连写家书都怕。中间四句，写自己的孤独多愁，春来更觉无聊。黄莺鸣叫，知道春天来了，但杨花飘零，更似自己的命运，也触动不断落第的神经。最后还抱一点点的希望，世间总还应该有些公道吧！

乾符四年，礼部侍郎高湘知贡举。高湘咸通间（860—874）曾坐事贬官高州，这次得缘知举，遂以在岭南认识的连州邵安石召至京而及第。章碣困守科场多年，还是一点希望也看不到，愤而作《东都望幸》加以讽刺"懒修珠翠上高台，眉月连娟恨不开。纵使东巡也无益，君王自领美人来。"诗以在东都冷宫失意的嫔妃口气写出。唐分西京、东都，各有宫苑。东都的妃子久盼君王，懒、恨二字写出她们的精神状态。好不容易有君王东巡的消息，以为会有机会得到宠幸，却不料君王居然自带美人而来，那也就彻底绝望了。这当然是寓言。高湘在懿僖间还算有些清名，举子们希望他能主持公道，拔擢真有才能者，不料却如此。

乾符末年，黄巢军横扫岭南，复渡江淮而北，广明元年（880）居然占领了京城长安。这些，章碣都看到了。乱后，他流落毗陵等地而终，大约卒于中和三年（883）以后。其后命运，有一些推测。宋初孙光宪《北梦琐言》卷五载进士章鲁封与罗隐齐名，亦浙中人，钱镠时表奏孔目官。后典苏州，著《章子》三卷。《唐诗纪事》卷六九载："隐与桐庐章鲁封齐名。钱镠初起，以鲁封为表奏孔目官，不就，执之。"贯休《禅月集》卷九有《不钱唐罗隐章鲁封》："二子农公子，鸡鸣狗盗徒。青云十上苦，黑发一茎无。风涩潮声恶，天寒角韵孤。别离千万里，何以慰荣枯？"贯休也曾欲投靠钱镠，知道其为人，诗中对二人命运之担忧，即有鉴于此。今人曹汛撰《章鲁封与章碣》（《古籍整理与研究》第六期）以为鲁封为碣字，或即为钱镠执而杀之。陶敏《全唐诗作者小传补正》承其说。虽尚不足作结论，但提供了章碣下落的另一种可能。

章碣为诗，尤工七律。曾创变体诗，于七律八句中平仄皆用韵，严羽《沧浪诗话》列其为一体。录其诗如下："东南路尽吴江畔，正是穷愁暮雨天。鸥鹭不嫌斜雨岸，波涛欺得逆风船。偶逢岛寺停帆看，深羡渔翁下钓眠。今古若论英达算，鸱夷高兴固无边。"诗见《苕溪渔隐丛话前集》卷一四引《蔡宽夫诗话》，仅称"变体诗"，原题不详。诗写东南行至吴江的感受，鸱夷指吴越名臣范蠡，他助越王勾践平定吴国后，及时引身而退，没有像文种那样遭致杀身之祸。章碣经过吴越旧地，看到斜风细雨，鸥鹭不惊，波起浪涌，渔翁高卧，忽然有人生的憬悟：世人都迷恋入世，建立功名，享受荣华，只有范蠡识时知退，全身葆真，真是古今达人。到章碣的时候，近体诗的各类作法变化几近穷尽，他尚且能够自开新格，委实不易。

章碣最好的诗，还是那首古今传诵的《焚书坑》。此诗有两个文本。《章碣诗集》所收作："竹帛烟销帝业虚，关河空锁祖龙居。坑灰未冷山东乱，刘项元来不读书。"《唐摭言》卷一〇《海叙不遇》作："竹帛烟销帝业虚，昔年曾是祖龙居。坑灰未冷关东乱，刘项从来不读书。"关东与山东意思接近，差别主要在第二句，"关河空锁"的诗境当然远胜别本，很可能《唐摭言》所录为作者的初稿。此诗写作缘由不详。唐末流行作系列咏史诗，不知此诗是组诗中的一首还是特别有感而作。但若放在章碣生活的时代来看，此诗应该有特殊的寓意。就在章碣疲于科场之际，另一个失意士子黄巢已经领导叛军，席卷南北，最终导致军阀割据局面之出现。如果章鲁封就是章碣，他有可能活到乾宁前后，看到如楚汉之际割据局面之形成。诗仅写秦始皇，后世称他为祖龙。始皇统一全国后，奉行严厉法制，鼓励农战，灭绝文化，以愚黔首，最著名的事件就是焚书坑儒。然而真正的造反者，并不是读书的儒生，而是民间的豪杰不逞之徒，秦末如此，唐末又何尝不是如此呢？这首诗是唐人咏史诗的空前杰作，一首超过胡曾的一百五十首。今人分析已多，不再赘述。

四　余说

睦州在杭州以南，唐代以桐庐、建德、淳安三县最著名。其地在富春江中游，山水名胜，冠绝一时。严子陵钓台纪念东汉"以足加帝腹"之名士严光，历代题咏很多，是古代隐逸文化的典型。唐代睦州文学、文化皆盛极一时，作者很多。至宋则其州名改为严州，复改建德府，致其同为古州，知名度远不能与杭、越、温、台诸州媲美。南宋人修《严州图经》，存者仅书首二三卷，致一州文献不能完整保存。晚近更因修造水力发电站，淹没千年古城。念此数端，深感可惜。

桐庐三位章姓诗人，生平家世多有尚不能尽明者。其中章孝标存诗包括完残，大约有九十六七首，且曾远播韩、日，如《十抄诗》即以其为中晚唐七律最为擅长者三十家之一。章八元存诗最少，仅六首，但几乎每首皆佳，无愧《中兴间气集》曾收其诗，吉光片羽，弥足珍贵。章碣身当乱世，卓然名家，感慨往昔，自伤身世，有不能泯灭者。各地类似诗人尚多，学者当努力发掘，使其潜光重现，各显灿烂。

说甘露四相

　　唐文宗大和九年（835）十一月二十一日，唐王朝发生重大政变。任命不久的宰相李训据说受文宗嘱托，谋诛宦官，然计谋未密，遭宦官反噬。秉朝政的四位宰相王涯、贾𫗧、舒元舆和李训全部以大逆的罪名被族诛，后世习称甘露四相。四相中有三位有诗存世，在当时颇以文名。听闻此变，早已退居洛阳不问世情的白居易作《九年十一月二十一日感事而作》："祸福茫茫不可期，大都早退似先知。当君白首同归日，是我青山独往时。顾索素琴应不暇，忆牵黄犬定难追。麒麟作脯龙为醢，何似泥中曳尾龟。"诗不作于事变当日，但明确为此日之事而作。"早退"当然指王涯，七十多岁了，离初次为相已近二十年，还不知退。"白首同归"用潘岳、欧阳建故事，黄犬用李斯故事，诗有惋惜，更自感庆幸于早退而避祸。读者尤应注意者，四相中，与白居易交往密切者为贾𫗧和舒元舆，王涯名气很大，但在白居易早年被贬江州时，彼此多有不快，故离得较远。李训为新进人物，一二年间暴得大名，骤荣遽跌，彼此并无往来。白诗中若有为朋友惋惜的意思，那只能是为贾、舒二人。

　　甘露四相的平反是在事发六十多年后，那时唐王朝也快灭亡了，因此有关他们的评价及文学成就，带有很强烈的时代烙印。通过对存世文集中一些隐性作品的解读，以及一些新出土文献的阐发，还是可以看到一些不同于正史叙述的内容。

一　李训

李训与郑注是谋诛宦官的关键人物，如此大事而所虑未周，说他们咎由自取，并不为过。

李训家世，《旧唐书·李训传》称他是"肃宗时宰相李揆之族孙"，又称为李逢吉"从子"，并没有揭示具体的谱系。二李本传皆言为唐初秦府学士李玄道后人，似李训也是。近年出土李训本人撰写《唐故泉州刺史陇西李府君夫人河东裴氏墓志铭》（《秦晋豫新出墓志蒐佚三编》六八五号）发表，李训家世与生平情况得以清晰呈现。墓志撰写于大和六年七月，李训自称"孤子仲言生四十四年"，知他生于贞元五年（789），卒年四十七岁。李家先世，墓志称其父"自远祖后魏司空姑臧公凡十一代，代修婚姻，非五姓相姻联，无点于他氏者"，是极其讲究婚姻门第的家族。训父初婚卢氏，生仲文、仲宣二子；后婚裴清，生四子二女，四子为仲京、婴甫、仲言、仲褒，仲言即李训。训父官至泉州刺史，卒于贞元癸未，即贞元十九年，那时李训不足十五岁。李训兄弟之成长，多得益于其母，故墓志中强烈地表达了对母亲之崇情，以及守护礼法、卫护家族传统之激情。李训本人早期经历，墓志云："仲言举进士，比年擢第，与婴甫更为诸侯从事。"他自述此前官职为"前河阳节度推官、试秘书省校书郎"，并不突出。按照当时三年为母守服的惯例，李训应该要到大和八年八月方可释服。结合史传与墓志，特别是傅璇琮先生《唐翰林学士传论·晚唐卷》之考证，李训之登进士第是在王起知贡举时，在长庆二年或三年（822或823）间。其后依附权相李逢吉，列名八关十六子。长庆四年李绅被贬端州司马，据说李训颇加倾陷，具体事实并不特别清楚。据说李训曾长流岭南，会赦得还。对此，墓志没有述及，称官仅举河阳一衔，即他在进士擢第后的近十年间，仅有一段短暂任官经历，说其地位不显，缺乏行政经验，却是可以相信的。

《资治通鉴》说李训除服在大和八年八月，与墓志合。在此后一年多的时间内，李训始为翰林侍讲学士，大和九年七月为翰林学士，十月拜相，次月因事败死。李训何以能如此迅速地得到拔擢，或云曾以奇计动李逢吉，与郑注相结，以货贿结权宦，甚至有精《易》道的说法。其实最关键的还是文宗本人对他的信任，或者说急于摆脱宦官掌控的文宗轻信了李训有奇计可以清除宦官的说辞，因此而不循旧格地用人，让缺乏实际政事历练的李训来操持此非常之事，其不旋踵而败亡，几乎从谋议之初就可以知道结果。

李训是旷世奇才还是躁进小人，这里不作讨论。应该说明的是，李训是史书斥为奸党的李逢吉一系人物，事变发生那年的年初，李逢吉去世，但他的许多亲信，都卷入事变。如王璠与李逢吉"亲厚"，"恃逢吉之势，稍横"，李训欲举事，让他"召募豪杰"（参《旧唐书·王璠传》）。逢吉另一亲信张又新，事变后也被贬官。其实，史书所载忠奸，很大程度上取决于撰写时的评判，与各人之实际行事并无关系。奸臣李逢吉为自己门人刘栖楚撰写墓志时，写到这样一件悲壮的往事："初，公为左拾遗，尝言事，未即用。后朝紫宸，进谏恳直，因顿伏文石之上，奋身连击，自誓以死。余与奇章公（指牛僧孺）方立侍左右，惧遂殒踣，遽前请罢，遭命扶而去之，犹蒙袂疾趋，朱殷四流。上骇甚，使医奔视，则骨已糜而血方注。"（《唐故桂管都防御观察等使桂州刺史兼御史大夫赐紫金鱼袋赠左散骑常侍刘公（栖楚）墓志》，《全唐文补遗·第四辑》，三秦出版社，1997）为改善朝政，誓死进言，居然如此悲壮。李逢吉也在铭词中赞其："残吾躯骸，保吾邦家，折而不挠，思而无邪。英风壮气沉山阿，朱汲之游乐如何？"可以说，不同的政治派别，施政举措与用人遴选会有很大不同，此派不顾生死希望有所作为，在他人看来总有些不择手段，古今概莫如是。即如李训，事败后逃依名僧宗密，宗密被捕后抗言："贫僧识训年深，亦知反叛。然本师教法，遇苦即救，不爱身命，死固甘心。"（《旧唐书·李训传》）宗密大约是唐自玄奘后最博学的大德，他对李训评说如此，李训之不同凡人，也可理解。

二　王涯

甘露四相中，王涯年纪最长，任职资历也最突出。王涯，字广津，排行二十，温州刺史王晃子，大约生于代宗宝应年间（762—763），德宗贞元八年进士及第，与韩愈、李绛等为同年。贞元二十年，入为翰林学士。到宪宗元和三年（808），因为甥皇甫湜对策切直，忤宰相李吉甫，遂罢学士，再贬虢州司马。这是他仕途第一次蹉跌。元和十一年，入充翰林承旨学士，年底拜相。任相不到两年，罢为兵部侍郎，迁吏部侍郎。此后历镇剑南、山南，更曾长期担任诸道盐铁转运使，主持榷茶课盐。大和七年（833），再入相。他长期主掌利权，所得归朝廷，苛急招天下怨恨。甘露事变，他肯定没有参与密谋，但被杀后议论纷起，门生故吏痛惜悼念，民间却一片欢呼，以为罪有应得。

其实，无论文学与学术，王涯皆卓然有成就。他早年受知梁肃，博学好古，文辞温丽，长于制诰。善为诗，尤长于绝句。聚书数万卷，多藏法书名画，著述尤富。《新唐书·艺文志》著录其《循资格》五卷，可能是职务著作。他是有唐一代对扬雄《太玄》最有研究的学者，曾注《太玄经》六卷，可惜久已失传，仅宋司马光引及数则。其集十卷，可能是后来搜集，也久不传。今日可见其诗一卷，六十多首，主要来源于偶然保存下来的一本小书，即《元和三舍人集》。此书存本，复旦大学图书馆和日本静嘉堂文库有抄本，笔者的整理本收入中华书局2014年出版的《唐人选唐诗新编》中。据笔者分析，此集收王涯与令狐楚、张仲素元和间所作歌辞，应该就是《新唐书·艺文志》著录的《翰林歌词》一卷，是三人所撰诗之结集。此时王涯为承旨学士，书中他所作排在第一位。宋人发现此书时，后半已经断烂不可读，但王涯所作多数得以保存。

王涯前述歌辞中，最突出的是《宫中行乐词》三十首（今存二十七首），所作其实就是《宫词》，写作年代大约早于王建的《宫词百首》。与王建从宦官处了解内宫生活有所不同，他的诗料是从正规渠道获得，即要为内廷撰写歌辞，得到部分素材。"白人宜着紫衣裳，冠子梳头双眼长。新睡起来思旧梦，见人忘却道胜常。"写宫女的懵懂生活，很传神。"各将金锁锁宫门，院院青娥侍至尊。头白监门掌来去，问频多是最承恩。"内宫森严，无数宫女皆侍奉至尊一人，头白内侍掌控一切，问答皆是套话。"一丛高髻绿云光，官样轻轻淡淡黄。为看九天宫主贵，外边争学内家妆。"这里写内家妆，也就是市井以宫中官样为时尚。"永巷重门渐半开，宫官着锁隔门回。谁知曾笑他人处，今日将身自入来。"写到宫中的永巷，也就是冷宫。得意时嘲笑别人，自己最后也是这个结果。"碧绣檐前柳散垂，守门宫女欲攀时。曾经玉辇从容处，不敢临风折一枝。"细致传达宫人的思念，既欲折柳以传情，更忌讳君王到过的地方，怕会带来意外。"白雪猧儿拂地行，惯眠红毯不曾惊。深宫更有何人到，只晓金阶吠晚萤。"借宫中娇惯小狗的行为，映衬宫人之百无聊赖。"百尺仙梯倚阁边，内人争下掷金钱。风来竞看铜乌转，遥指朱干在半天。"季节变换，宫中生活也有小的乐趣，平静中有无奈，指画间可以体会寂寞。"教来鹦鹉语初成，久闭金笼惯认名。总向春园看花去，独于深院笑人声。"久闭金笼的是鹦鹉，语成认名给宫人带来乐趣，笑声中有宫人之寄托。

此外，在孟郊、羊士谔、韩愈等人诗集中，亦有与王涯来往的记录。

三　贾𫗧

贾𫗧，《全唐诗》未列其传。《全唐诗》卷七九〇收裴度等《春池泛舟联句》，为裴度、刘禹锡、崔群、贾𫗧、张籍五人联句。贾𫗧所作存"澧洞送仙府，烟霞认醉乡"（原注：𫗧送张司业）、"杯停新令举，诗勾彩笺忙"四句。张司业指张籍。今人研究，此诗为大和二年（828）春末作于长安，贾𫗧当时任太常少卿。宋阮阅《诗话总龟》卷三六载："金沙池泉在常州宜兴县罨画溪之东，有寺，寺有碑，载当时杭、湖、常三州贡茶唱和。乐天云：'十只画船何处宿？洞庭山脚太湖心。'常州太守忘其姓名，和云：'殷勤为报春风道，不贡新茶只贡心。'"所引白居易二句见其所作《宿湖中》，同时白居易有诗《赴苏州至常州答贾舍人》及《自到郡斋仅经旬日方专公务未及宴游偷闲走笔题二十四韵兼寄常州贾舍人湖州崔郎中仍呈吴中诸客》，可知这位常州太守就是白居易诗题中的"常州贾舍人"，也就是贾𫗧。

贾𫗧，字子美，排行二十四，河南（今河南洛阳）人。徐州录事参军贾宁子。德宗贞元十九年登进士第。宪宗元和三年，中贤良方正、能直言极谏科，授渭南尉；十五年，累迁礼部员外郎、转考功员外郎。穆宗长庆二年，以本官知制诰，进库部郎中；四年，出为常州刺史。文宗大和元年，入为太常少卿；三年，迁中书舍人；五年，权知贡举，正拜礼部侍郎；其后二年再知贡举，擢诗人李远、许浑等登第；七年，转兵部侍郎；八年，迁京兆尹；九年，授浙西观察使，未行，四月改中书侍郎、同平章事，加集贤学士，监修国史。这一年的宰相任免异乎往常，除挂名而不问事的中书令裴度，仅再度入相的王涯得留，资深者如路隋四月免，李宗闵六月免，李固言七月任、九月免，贾𫗧在相位七个月，算资深了，事变发生，他似乎没有卷入阴谋，仍遭诛杀，只能感叹世事无常。

贾𫗧是白居易的资深诗友。据朱金城《白居易交游三考》（收入氏著《白居易研究》，陕西人民出版社，1987）梳理，白、贾订交于贞元中期，那时白居易还住符离，为举业刻苦攻读。《醉后走笔酬刘五主簿长句之赠兼简张大贾二十四二（据金泽本《白氏文集》补二字）先辈昆季》云："张贾弟兄同里巷，乘闲数数来相访。雨天连宿草堂中，月夜徐行草桥上。"元和四年白居易成名不久，长安朋友不多，自述："出门可怜唯一身，弊裘瘦马入咸秦。冬冬街鼓红尘暗，晚到长安无主人。二贾二张与余弟，驱车逦迤来相继。操词握赋为干戈，锋锐森然胜气多。"二贾指贾𫗧与其兄贾𫗦。宝历元年（825），白居易除苏州刺史，发东都，经常州。《赴苏州至常州答贾舍人》曰："杭城隔岁转苏台，还拥前时五马回。厌见簿书先眼合，喜逢杯酒暂眉开。未酬恩宠年空去，欲立功名命不来。一别承明三领郡，甘从人道是粗才。"老友相逢，再加邻郡为刺史，喜何如之。其间两人唱和颇频。唐时常、湖二州相邻，皆以产茶著名，刺史定期聚会，白居易对此不胜向往，作《夜闻贾常州崔湖州茶山境会想羡欢宴因寄此诗》："遥闻境会茶山夜，珠翠歌钟俱绕身。盘下中分两州界，灯前合作一家春。青娥递舞应争妙，紫笋齐尝各斗新。自叹花时北窗下，蒲黄酒对病眠人。"前引贾𫗧《贡茶唱和》诗，也是此时所作。贾𫗧常州任满，白居易作《看常州柘枝赠贾使君》："莫惜新衣舞柘枝，也从尘污汗沾垂。料君即却归朝去，不见银泥衫故时。"内容也还是诗酒风流。此后至大和九年，贾𫗧地位步步高升。他不同于李训的一步晋相，也不似舒元舆之久怀澄清之志，而是踏实地渐次晋升，结局也在他与白居易意料之外。官场险巇，于此可鉴。

四　舒元舆

舒元舆是韩愈后唐代最有成就的古文家，也能诗。他与李训同年出生，与李训在甘露事变前一个月同制拜相，其间原因，据说因为他与李训在洛阳相识，议论颇为相投，由李训将他推荐给文宗。《旧唐书》本传说："而深谋诡算，荧惑主听，皆生于二凶也。"认为他是主谋之一。

舒元舆是婺州东阳（今属浙江）人。他的父亲舒恒，仅为武昌军校，地位很低。元舆家贫苦学，锐意进取，年十五，即通晓经术，宪宗元和三年，随父客居江夏，时鄂岳节度使郗士美数为延誉。元和八年，登进士第，即成名较李训早近十年。那年所试诗题为《履春冰》，元舆所作因《文苑英华》收录而得保存，即当时是某科举诗选收录的范本。寻授鄠县尉。穆宗长庆元年，以河东节度使掌书记从裴度征讨镇州王廷凑。长庆三年，复从裴度为兴元节度掌书记。这段经历，说明他在人事上更接近裴度一派，与李训之亲近李逢吉恰好对立。

文宗大和初，元舆入为监察御史。其间他接手有两件大案。一为劾按坊州刺史汪洌黩货罪，严毅无所纵。《唐诗纪事》卷四三载："时坊州刺史汪洌黩货，御史大夫温造署元舆往讯之，于坊州按狱。"并收录了他于路所作诗四首。一首是《桥山怀古》，桥山即今所谓黄帝陵。出使路过，所见一片荒凉："桥山突兀在其左，荒榛交锁寒风愁。"因此感慨："神仙天下亦如此，况我蹙促同蜉蝣。"有许多神迹和佳政的古帝王，身后尚且如此凄凉，自己地位卑下，真如蜉蝣那样短暂困蹙。其二为《八月五日中部官舍读〈唐历〉天宝已来追怆故事》，是到坊州（又名中部郡）后读书而作。《唐历》是著名史家柳芳名著，司马光修《资治通鉴》时曾得参考，今不存。此篇因读史而议论玄、肃间史事。如云："仰思圣明帝，贻祸在肘腋。杨李盗吏权，贪残日狼籍。"玄宗失政，在祸起肘腋，即过分重用亲近之人，特别是李林甫与杨国忠皆逾越臣节，终致大乱。他说："零落太平老，东西乱离客。往往为余言，鸣咽泪双滴。况当近塞地，哀吹起边笛。抚几观陈文，使我心不怪。"无论传闻还是读史，都使自己不愉快，即历史陈迹与眼前现实，都有不知所从之感。另二首都与按狱有关。《坊州按狱》近乎一篇结案陈词：

中部接戎塞，顽山四周遭。风冷木长瘦，石硗人亦劳。牧守苟怀仁，痒之时为搔。其爱如赤子，始得无啼号。奈何贪狼心，润屋沉脂膏。攫搏如猛虎，吞噬若狂獒。山秃逾高采，水穷益深捞。龟鱼既绝迹，鹿兔无遗毛。氓苦税外缗，吏忧笑中刀。大君明四目，烛之洞秋毫。眷兹一州命，虑齐坠波涛。临轩诏小臣，汝往穷贪饕。分明举公法，为我缓穷骚。小臣诚小心，奉命如煎熬。饮冰不待夕，驱马凌晨皋。及此督簿书，游词出狴牢。门墙见狼狈，案牍闻腥臊。探情与之言，变态如奸猱。真非既巧饰，伪意乃深韬。去恶犹农夫，稂莠须耘耨。恢恢布疏网，罪者何由逃？自顾孱钝姿，利器非能操。六旬始归奏，霜落秋原蒿。寄谢守土臣，努力清郡曹。须知听甚卑，勿谓天之高。

诗稍长，但值得一读，这是一位峻急且自负甚高的宪臣（今所谓执法官员）的自白。坊州在长安以北，接近边塞，有些荒凉，民生不易。元舆认为如果守臣能爱民如子，民众可以减少痛苦，但如怀"贪狼心"，不择手段地搜刮，不仅生态环境大受破坏，民生更加困穷。"攫拏如猛虎，吞噬若狂猋""氓苦税外缗，吏忧笑中刀"，都是写民生艰困与贪吏酷虐为政的好句。元舆说自己身负皇命，穷加究诘，终于坐成大案。"恢恢布疏网，罪者何由逃"是表彰自己，也是写对贪渎者绝不宽饶。

另一件大案是亳州刺史李繁案。李繁是名臣李泌之子，博闻强记，韩愈诗《送诸葛觉往随州读书》云："邺侯家多书，插架三万轴。一一悬牙签，新若手未触。为人强记览，过眼不再读。伟哉群圣文，磊落载其腹。"家富藏书且博鉴强记的邺侯，就是继承了父亲爵位的李繁。李繁的案件很简单，时亳州"州境尝有群贼剽人庐舍，劫取货财，累政擒捕不获。繁潜设机谋，悉知贼之巢穴，出兵尽加诛斩。时议责繁以不先启闻廉使，涉于擅兴之罪"（《旧唐书·李繁传》）。用现在的话说，就是刺史剿匪，安定地方，可能有些过分，稍加贬黜即可。李繁运气不好，碰上以酷忍著名的御史中丞温造，加上一直怀抱崇高理想而对犯事官员绝不轻饶的舒元舆，即被问成了死罪。

舒元舆有寓言小品《养狸述》，认为国多鼠窃，必然"小人道长，而不知用君子以正之"，他以勇于捕鼠之狸自喻，当其在位，即以"止遏""暴横"自任。他后来与李训走近，当皆出于此种思想行为。

《云溪友议》卷上《舞娥异》载，湖南节度使李翱曾在潭州酒席上，发现一名舞《柘枝》的女子，为已故苏州刺史韦夏卿私生女，委身乐部，乃将其赎出，选士嫁之。舒元舆在京中听闻，驰诗寄赠："湘江舞罢忽成悲，便脱蛮靴出绛帏。谁是蔡邕琴酒客，魏公怀旧嫁文姬。"将李翱比喻为从北蕃将蔡文姬赎归的曹操。这里可见舒元舆解风情的一面。

大和后半段，舒元舆与白居易来往密切。从下面白居易的几首诗中可略见一斑。《九日代罗樊二妓招舒著作（自注：齐梁格）》，内容涉及冶游，可见二人关系之密切。《菩提寺上方晚望香山寺寄舒员外》曰："曾忆旧游无？香山明月夜。"是白、舒二人曾同游香山。本文首引白诗所谓"当君白首同归日，是我青山独往时"，主要写舒元舆，于此可以证明。《苦热中寄舒员外》云："安得清瘦人，新秋夜同宿。非君固不可，何夕枉高躅？"可以知道舒元舆容貌清瘦，白居易将他视为知己。《酬舒三员外见赠长句》既云"已判到老为狂客，不分当春作病夫"，又云："头风不敢多多饮，能酌三分相劝无？"是舒有诗邀白饮酒，白以患有头风为答，说明不敢多饮，也知舒之酒量不弱。舒离开洛阳，白居易作送别诗《送舒著作重授省郎赴阙》："三岁相依在洛都，游花宴月饱欢娱。惜别笙歌多怨咽，愿留轩盖少踟蹰。剑磨光彩依前出，鹏举风云逐后驱。从此求闲应不得，更能重醉白家无？"同游三年，彼此赏花观月，纵情欢愉，分别有些不舍。希望到京高迁当然是应有之义，白居易更关心下次是否还有机会重醉白家。面对舒元舆的迅速崛起，白居易没有想到，而他最终被族诛，更出白居易意料。这件事对白居易晚年影响很大。

舒元舆文学上主要成就在古文。《全唐文》卷七五七存其文一卷，凡十六篇。著名者有《牡丹赋》，云"我案花品，此花第一。脱落群类，独占春日。其大盈尺，其香满室。叶如翠羽，拥抱比栉。蕊如金屑，妆饰淑质。玫瑰羞死，芍药自失"。《长安雪下望月记》曰：

"有月一轮，其大如盘，色如银，凝照东方，辗碧玉上征，不见辙迹。至乙夜，帖悬天心。予喜方雪而望舒复至，乃与友生出大门恣视。直前终南，开千叠屏风，张其一方，东原接去，与蓝岩骊峦，群琼含光，北朝天宫。"《悲剡溪古藤文》云："如此则绮文妄言辈，谁非书剡纸者耶！纸工嗜利，晓夜斩藤以鬻之，虽举天下为剡溪，犹不足以给，况一剡者耶？"《研琴志》云："百骸七窍，仙仙而忘，觉神立寥廓上，洞见天地初气，驾肩太古，阔视区外。乃知不知音声者，终身为胧朦。"《玉箸篆志》云："斯去千年，冰生唐时。冰复去矣，后来者谁？后千年有人，谁能待之？后千年无人，篆止于斯。呜呼主人！为吾宝之。"冰指李阳冰，斯指李斯，此文奠定了李阳冰篆书的历史地位。剞作摘引，见舒之能卓然自立，惜中夭而未能大成。

五　余说

甘露事变发生后，表达抗议最激烈的是李商隐。其《有感二首》云："如何本初辈，自取屈牦诛。"又云："古有清君侧，今非乏老成。素心虽未易，此举太无名。谁瞑衔冤目，宁吞欲绝声。"《重有感》云："岂有蛟龙愁失水，更无鹰隼与高秋。"李商隐与被难诸人并无私交，也不认为被杀诸人全是无辜，但他认为满朝宰相被杀，居然没有有力的大臣或地方实力人物出来抗议，让天子成了失水之龙，岂有此理！

另一位诗人温庭筠似乎曾为王涯门客，事后重访旧地，写诗云："花竹有薄埃，嘉游集上才。白蘋安石渚，红叶子云台。朱户雀罗设，黄门驭骑来。不知淮水浊，丹藕为谁开？"（《题丰安里王相林亭二首》之一）黄门指宦官，"淮水浊"用《汉书》"淮水浊，王氏族"的旧典，对王涯门下往日盛况和眼前衰败，于平静中做了强烈对比。

最激烈的抗议来自王涯旧客李玫。事变前，李玫因出为歙州巡官，避开大祸。事后，他写小说《纂异记》，借孝廉许生下第后经甘棠馆遇四鬼同聚，表达四相之冤情。其中最激烈的一篇是借言甘棠馆亭西楹题诗："浮云凄惨日微明，沉痛将军负罪名。白昼叫阍无近戚，缟衣饮气只门生。佳人暗泣填宫泪，厩马连嘶换主声。六合茫茫悲汉土，此身无处哭田横。"天下还是大唐的天下，如此冤情竟投诉无门。作者自奉为门生，愿意如田横五百士那样相随而去，但不知到哪里诉说主人的不幸。

甘露变起，泽潞节度使刘从谏曾向唐廷问诸相罪名，使宦官之迫害稍有收敛。四相诸子弟得逃出者，多避入泽潞。会昌间（841—846）李德裕讨伐泽潞，亦以此为罪名。昭宗天复间（901—904），唐廷宣布为甘露被难诸人平反，时距唐亡仅三四年矣。

述修行杨家

修行坊是唐代长安城东南的一个坊，其地在东市以南第三坊，南距著名风景区曲江仅隔两坊，是长安城一处名宦聚集的地方。文宗以后，来自苏州的杨姓人家，自称出自隋代越公房，也就是隋炀帝曾信任的宰相杨素的后人。杨素在隋文帝、炀帝两朝权倾天下，他的居宅在延康坊，极尽豪奢，可是在他身后，特别是其子杨玄感起兵反隋失败后，家族迅速败落，原来的豪宅也改建为西明寺，是长安城中最大的寺庙之一。两百多年后，他的后裔又登上政治和文化的舞台，有两人曾为宰相，能诗者更多得时名。这一家族时称修行杨家。

一 修行杨家的先世

陈寅恪先生曾撰文论唐前期的李、武、韦、杨婚姻集团，鼓舞风生，多得时誉，然可推敲处仍多。弘农杨氏自东汉以来虽称世家，唯至北魏末年，初则以杨播家族为盛，后则有北齐杨愔崛起。至杨隋皇室，则溯源武川，出身寒素，以外戚夺位，二世而斩，其家族入唐唯观王房为盛。杨素本为弘农杨家旁支，因缘隋室而攀升，豪极一时，盛极易衰，入唐子孙尚多，代有所称。至玄宗杨贵妃则出隋杨汪之后，与观王、越公二房皆不同。

《旧唐书》卷一七七《杨收传》云："自言隋越公素之后。高祖悟虚，应贤良制科擢第，位终朔州司马。曾祖幼烈，位终宁州司马。

祖藏器，邠州三水丞。父遗直，位终濠州录事参军。家世为儒，遗直
客于苏州，讲学为事，因家于吴。"传称自言，是难以确认。自杨悟
虚以下四代，虽仍坚守业儒，但功名、地位皆不显著。悟虚虽曾登制
科，但与其子幼烈皆仅为州佐。至藏器、遗直，官皆不显。遗直客于
苏州，肯定与安史乱后中原动荡有关，也可能在建中以后。他在苏州
因讲学而声名鹊起，当得缘于南、北文化之通融。

从杨收七岁丧父可知，遗直卒于穆宗长庆二年（822）。遗直有过
两次婚姻，"娶元氏，生发、假。继室长孙氏，生收、严"。二室皆出
汉化鲜卑家族，是否有利于兄弟四人发展，无从证实。遗直为四兄弟
取名，以发、假、收、严配春、夏、秋、冬，用意很深。四兄弟诸子
之名，则分别以五行中木、火、金、水相配，也很独特。

在杨遗直与其诸子成长的年代，杨姓最有名的诗人是杨巨源、
杨衡。最著名的家族，一是靖恭杨家，有诗存世者有杨虞卿、杨汝
士、杨汉公及汝士子知至，至五代尚有虞卿曾孙杨玢能诗。二为杨於
陵、杨嗣复父子，皆至显宦，时人撰《牛羊日历》攻击牛党，羊即指
杨嗣复。杨遗直为官不显，交游亦不广，其诸子皆以进士出身，致身
通显，是晚唐前期特殊的文化风景。

二　杨发：科场挣扎多年后踏上仕宦的坦途

杨发字至之，遗直长子，是修行杨家地位提升的第一人。杨发
生年不详，从他父亲的两次婚姻，及他与几位兄弟子嗣的年龄差距
推断，他应该比诸弟年长很多，很可能生在贞元（785—804）中后
期。他早年关系密切的朋友是诗人许浑，二人皆以旧家子弟而久居江
南。许浑有《送杨发东归》："红花半落燕于飞，同客长安今独归。一
纸乡书报兄弟，还家羞着别时衣。"时间在春暮，应该是送杨发落第

东归，事业无成，归家羞见兄弟。《下第别友人杨至之》："花落水潺潺，十年离旧山。夜愁添白发，春泪减朱颜。孤剑北游塞，远书东出关。逢君话心曲，一醉灞陵间。"这是许浑下第，东归而别杨发，自述离别旧山十年，一事无成，唯添白发，顿损朱颜。杨发是他最好的朋友，可以披露心曲，同醉灞陵。当然，杨发是否也落魄十年，尚不能确认。《崇圣寺别杨至之》云："萧寺暂相逢，离忧满病容。寒斋秋少燕，阴壁夜多蛩。树暗水千里，山深云万重。怀君在书信，莫过雁回峰。"离别的是杨发，所去处为湖南（南岳有回雁峰）。暂居处为萧寺，居室设施很差，因而离忧病容，阴寒凄苦。今人一般认为，许浑生于贞元八年（792）前后，元和间曾入岭南幕府，文宗大和六年（832）方登进士第，年已四十。杨发比他早两年及第，也应已不年轻。

杨发诗今存十余首，应多作于早年。《东斋夜宴酬绍之起居见赠》："龙门已上不知津，唯有君心匼益亲。白社追游名自远，青袍相映道逾新。十年江海鱼缄尽，一夜笙歌凤吹频。渐老旧交情更重，莫将美酒负良辰。"龙门已上还找不到方向，"鱼缄"指投谒行卷的书信，也已十年仍无成。杨发感到年纪渐增，更感觉与绍之起居之交情值得珍重。《宿黄花馆》一首是后代传诵的杨发作品："孤馆萧条槐叶稀，暮蝉声隔水声微。年年为客路无尽，日日送人身未归。何处迷鸿离浦月，谁家愁妇捣霜衣？夜深不卧帘犹卷，数点残萤入户飞。"这是秋暮独宿孤馆凄苦的悲声，几乎可以作为他对许浑送别诗的回馈。槐叶、暮蝉、迷鸿、愁妇、夜深、残萤，他将这一切来烘托自己凄苦的心境，写出多年作客之无奈愁闷，以及久不归乡的失落。

杨发进士及第后，曾为润州从事，即在距苏州不远的浙西幕府任职，这时的观察使很可能是李德裕。武宗会昌间（841—846）李德裕秉政，杨发任监察御史。后来他任福建观察使时，有《和李卫公漳浦驿留题》："南尽封邮见好山，苍苍桂岭类商颜。谁怜后夜思乡处，白草黄茅旧汉关。"对李德裕之被贬深表同情。宣宗大中新政，杨发历任礼部郎中、左司郎中，官位渐升。大中三年（849），宣宗追加顺、宪二宗尊号，议改造庙主，署新谥，杨发献议以为不可，所论可以见到他对儒家典籍与礼制的熟悉，虽然没有被采纳，但朝议多认为他所言为是。杨发寻改太常少卿，参与礼仪之执行。不久，他被任命为苏州刺史，这对古人来说是衣锦还乡的荣誉，可惜没有留下相关的诗歌。他为官期间的诗作有《秋晴独立南亭》："昼对南风独闭关，暗期幽鸟去仍还。如今有待终身贵，未若忘机尽日闲。心似蒙庄游物外，官惭许掾在人间。开襟自向清风笑，无限秋光为解颜。"内心是简淡的，觉得追求富贵不如像庄子那样游心物外，适情自在。《南野逢田客》不知作于何时："桑柘悠悠水蘸堤，晚风晴景不妨犁。高机犹织卧蚕子，下坂未饥逢饲妻。杏色满林羊酪熟，麦凉浮垄雉媒低。生时自乐死由命，万事在天管不迷。"对田家生活的赞美，也可看到他的人生态度。

杨发于大中十年任福建观察使，十二年任岭南节度使，已经坐镇一方，跻身显宦。但他毕竟是文人，处理军政的能力有所欠缺。到岭南仅二三个月，即遇军乱被囚。虽然性命得保，但毕竟是失职，因而被贬为婺州刺史，不久即逝世于任上。在婺州他遇到了年轻的诗僧贯休，贯休存诗有《和杨使君游赤松山》，称他是汉代龚、黄那样的贤官，期待杨发"终当归补吾君衮，好山好水那相容"，但最终没有实现。

杨发及第后，其弟杨假于开成五年（840）及第，杨收次年登第，小弟杨严于会昌四年（844）登第。杨严登第那年，还出了一些状况，初放名单引起非议，诏令五人重试，最后四人黜落，仅杨严一人合格。十多年间，四兄弟皆升高第，在当时是很少见的。

三　杨收：文学神童的起落人生

杨收（816—869），是杨遗直第三子，少年时就崭露头角。七岁丧父，在母亲与长兄提携下，早通经史，更解诗文，时有神童之誉。《旧唐书》本传载，杨发让他咏蛙，他即兴而成："兔边分玉树，龙底耀铜仪。会当同鼓吹，不复问官私。"连用几个典故，敷衍成诗。前两句昔蟾蜍以咏蛙，月中有蟾，与白兔、玉树共守广寒宫。铜仪是测气观时的仪器，常有龙口吐珠、金蟾承接的设计。后两句则用南朝齐孔稚珪以荒凉住处之蛙声，当作两部鼓吹，写其随遇而安，不计得失。少年能作此，知其熟于经史辞章。杨发再令其咏笔，限定韵字为钻，杨收又立即写出："虽匪囊中物，何坚不可钻？一朝操政柄，定使冠三端。"这里借用《史记·平原君列传》中毛遂自陈若得锥出囊中，自会脱颖而出的故事。这里是说笔和锥形状相似，虽然没有锥之尖刺，但若能熟练掌握运用，就能有坚必钻。后两句更显出这位少年的高远志向。只要有机会进入官场，定能做出一番成就。杨收名传一时，苏州人群而登门观神童，请他作诗，观者甚至压倒了他家的竹篱。杨收乃作诗嘲之曰："尔幸无羸角，何用触吾藩？若是升堂者，还应自得门。"这里用《周易·大壮》"羝羊触藩，羸其角""不能退，不能遂"的故事，嘲笑观看者之行为。

杨收于武宗会昌元年登进士第，归经华州、汴州，即得节度使周墀、王彦威推重。嗣后入杜悰淮南幕府，为节度推官。其后杜悰领度支，又两度出镇剑南东西川，杨收皆随府迁，地位也渐次提升。杜悰是诗人杜牧的堂兄，文学无足道，早尚公主，又是旧相之孙，老于

官场，故历任大镇，多掌一方。因此，到大中末杨收已三任郎官。到
懿宗咸通二年（861），入充翰林学士，寻加承旨，两年后入为宰相。
这一年他方四十七岁，也确实想做出些政绩。然而此时唐王朝已经处
于大乱前夕，社会矛盾与官场纷争空前复杂。杨收以庶族文士入相，
一是得到几位他入幕过的名臣的支持，二是当时掌握内廷的大珰杨
玄价因与他同姓，认为他出身寒门，容易操控，也给以支持。《旧唐
书》本传说："收以交阯未复，南蛮扰乱，请治军江西，以壮出岭之
师。乃于洪州置镇南军，屯兵积粟，以饷南海。"国家要强大必须有
军事力量的支撑，从安南、桂管开始的纷乱若不及时解决，必然引起
全国动荡。杨收的设想没有错，然而国力早已今非昔比，很难做成大
事业。加上同官纷争，宦官杨玄价需索无度，杨收居相也稍务华靡，
纵容门吏为奸利，在相位仅三年，就被罢出镇宣歙，复被劾贬端州司
马，又尽削官封，长流驩州，咸通十年被赐死。近年杨收墓志出土，
是在他得许归葬后所作，对他所涉政事的不同评价，这里不做展开。

　　应该说明的是，杨收横遭窜死，他的诗几乎没有被保存下来，
能见到的仅前举早年的几首。生活在与中国五代时期相当的日本学人
大江维时编选的《千载佳句》卷下，收录有杨收《入洞庭望岳阳》两
联诗："飞鸥撒浪三千里，暮草摇风一万畦。""黛色浅深山远近，碧
烟浓淡树高低。"估计是七律的中间两联，不知作于何时，写景气象
阔大，对偶稳切，可以看到他的诗才，但也仅此而已。

　　四　杨乘：难以确认的白居易传人

　　修行杨氏的下一代，即发、假、收、严的诸子中，杰出人物不
少。其中，杨乘是杨发子，有兄枆，名德不显。杨乘生卒年皆不详。
他在宣宗大中元年登进士第。历任陕虢观察判官，官终殿中侍御史，

仕途并无可称。他存诗仅五首，似乎也不见特出。但唐末张为著《诗人主客图》，设六主为有唐一代诗坛领袖，地位最高的是广大教化主白居易。六主以下再列举此派作者，分升堂、入室、及门加以品第。该书列杨乘为白居易之上入室弟子，接近白诗之传人。然而杨乘在白居易去世第二年方进士及第，在今存文献中看不到二人交往的痕迹。张为对诸诗人之评价，与时人后贤都有很大不同，是否有特别依据，尚不好说。善意的理解，是他曾看到的杨乘作品，几乎全部失传了，杨乘当时的成就，已全然不为后人所知。类似的例子很多，比如中唐前期的诗人刘复，晚年自撰墓志说王昌龄、李白皆期许他可以成为未来的文坛领袖，后来张祜撰《叙诗》，有"四面近刘复，远与何相追"，认为李、杜以后刘复与韦应物可称巨擘。刘复今存诗十余首，实在当不起这样的评价。杨乘可能也是这样。

　　杨乘的诗，全靠《唐诗纪事》卷四七引录得以保存，应是直接录自《诗人主客图》。《甲子岁书事》："竖子未鼎烹，大君尚旰食。风雷随出师，云霞有战色。犒功椎万牛，募勇悬千帛。武士日曳粜，飞将竞执馘。喜气迎捷书，欢声送羽檄。天兵日雄强，桀犬稍离柝。贼臂既已断，贼喉既已扼。乐祸但鲸鲵，同恶为肘腋。小大势难俟，逆顺初不敌。违命固天亡，恃险乖长策。蛊毒久萌牙，狼顾非旦夕。礼貌忽骄狂，疏奏遂指斥。动众岂佳兵，含忍恐无益。鸿恩既已孤，小效不足惜。腐儒一铅刀，投笔时感激。帝阍不敢干，恓恓坐长画。"题下有注："时上党用兵讨贼。"甲子岁即会昌四年，是李德裕讨伐泽潞叛镇之时。杨乘认为叛镇为祸已久，伐叛是皇帝决断的正义之举，且朝廷与叛镇之间优劣已分，应乘胜进取，绝不能姑息。最后几句，感既自己没有得到参与这个重大军事行动的机会，感慨激愤，很想投笔从戎，唯位卑于国无补，得不到机会叩帝阍而申报效。这样的诗，确实是白居易早年激切国事的风格。

　　杨乘还有两首怀古诗。一首是《建邺怀古》："故城故垒满江濆，尽是干戈旧苦辛。见此即须知帝力，生来便作太平人。"建邺即今南京，曾是六朝故都，数度兴废，屡经战乱。前二句说沿江所见，皆是六朝故垒，引人感慨，更知经历战争之艰难困苦。后两句感怀自己之幸运，江左已经几十年未有战乱了，由此更深信帝力，即因朝廷统治得当，为人民带来安乐升平。另一首《吴中书事》："十万人家天堑东，管弦台榭满春风。名归范蠡五湖上，国破西施一笑中。香径自生兰叶小，响廊深映月华空。尊前多暇但怀古，尽日愁吟谁与同？"杨家出于苏州，其父杨收更曾任苏州刺史，诗或即作于此时。当时十万人家已是大都会了，"管弦台榭满春风"一句，写尽姑苏繁华，足当柳永写杭州的名句"有三秋桂子，十里荷花"。"名归范蠡五湖上，国破西施一笑中"是全诗的核心，可当一部《吴越春秋》来体会，正是姑苏怀古之大手笔。范蠡为越王勾践谋划破吴大计，功成不求赏，据说携西施泛舟五湖，成就高名。"国破西施"句，则省略了主人吴王夫差，欢拥美人，何曾虑及危机？真是一笑之间，家国覆亡，何等深刻的教训。诗人之思古，再回到眼前的静好：香径兰幼，月照深院，一片祥和，何等美景。诗人感到了危机，怀古中每有愁苦之词，但是有谁理解、有谁赞同呢？从这里，可看到诗人驾驭辞章的能力与时代忧患感。虽然存诗不多，无法完整理解他的成就，仅说以上几例，张为的评价仍有一些参考价值。

五　杨涉：卖国宰相的人生困境

　　杨收虽遭贬死，后得恢复名誉，但并不影响他家人之仕进。收子鉴、钜、镳，皆登进士第。杨钜登广明元年（880）进士第，曾任翰林学士、中书舍人、户部侍郎。杨镴登乾宁三年（896）进士第，官至尚书郎。杨收幼弟杨严，会昌四年擢进士第。杨收为相时他避嫌出外，收被贬官时受累贬邵州刺史。杨收得雪后，官至兵部侍郎、判度支。杨严二子，杨涉于乾符二年（875）登进士第，哀帝时为宰相；杨注于中和二年（882）登进士第，哀帝时为户部侍郎。可以说，唐王朝的最后几十年，修行杨家进士登第者逾十人，二人入相，多人致身名宦，成为官场之一大家族。

杨涉为相时，朱全忠接近完成中原各镇之统一，且在诛杀唐廷大臣、宦官群体后，更废杀昭宗，扶立幼帝，近乎完成最后的篡夺。杨涉出身名家，世守礼法，面对江河日下的唐廷，完全无能为力。据说他拜相之日，与家人相对泣下，对其子凝式等曰："吾不能脱此罗网，祸将至矣，必累尔等。"他的生死、他一家之命运，完全操控在朱全忠手里，若有任何一点点反抗，必将招致家族覆亡。他已经看到太多了，他选择了随顺。朱全忠完成篡夺的全部准备后，他任押传国宝使，与大臣张文蔚、苏循、张策、薛贻矩、赵光逢一起，于天祐四年（907）三月末从洛阳出发，四月初一日抵汴州，恭恭敬敬地向朱全忠奉上传国宝玺，且率文武百官舞蹈拜贺。对此，欧阳修撰《新五代史》，特列《唐六臣传》一卷以羞之，谴责六臣"皆庸懦不肖、倾险狡猾、趋利卖国之徒"。杨涉之为相，似为家族之荣，终为不堪之辱。但以杨涉之立场，若图苟活，亦别无他法，是有可原谅处。

六　杨凝式：心静花圆，了悟人生

唐亡那年，杨凝式三十五岁。此前二年，他也循着先人们的道路考取进士，走入仕途。天下大乱，中原朱全忠坐大，河东则沙陀李克用、李存勖父子在拥唐的名义下与朱梁对峙，淮南、吴越、蜀中则纷纷自立。这样的乱世，杨凝式历经五个王朝的更迭，虽然一事无成，但也无灾无难到公卿，没有遭到其父预期的祸患。这是为什么呢？

杨凝式遇到一位贵人张全义。张全义本名张言，世为田农，做过畜夫，唐末战乱中占据洛阳一带。从昭宗初年为河南尹，主洛阳政事近四十年。在乱世的诸军阀中，张全义是最无野心的一位，他依附朱全忠，为朱提供后勤供给，同时在洛阳一带劝耕务农，建设地方，维持了地方平静。乱世能有一方平安，即便赋税很重，民众也能忍耐。朱全忠对他有恩，他久思报答。在张全义的大纛下，杨凝式久司文职，不存大志，也全无困扰，平安喜乐，深怀感恩，一生以张家家臣自任。后唐清泰三年（936）为全义孙张季澄撰墓志，自署"门吏中大夫尚书兵部侍郎柱国赐紫金鱼袋弘农杨凝式撰"，这时全义去世已近十年。后晋天福四年（939）为全义侄张继升撰墓志，署"门吏太中大夫守礼部尚书柱国赐紫金鱼袋致仕弘农杨凝式撰"。凝式一生历仕通显，官位弘达，似乎始终没有参与过重大决策，更无事功可言。他长居洛阳，与诗、酒、僧为伴，行草更是出神入化。时人说他"落魄不自检束，自号杨风子，终能以智自完"（《苕溪渔隐丛话前集》卷二四引《蔡宽夫诗话》），不受约束，行为疯癫，其实是最高明的自我保护方式。他生前享有盛名，据说洛阳的寺院或青楼，都愿意请他去喝酒，乘便刷白几面墙壁，让他醉后乘兴挥毫。存世真迹有《夏热帖》《韭花帖》《神仙起居法》《卢鸿草堂十志图跋》等，法帖有书韦渠牟《步虚词》等，率真纵肆，变化多姿，在五代首屈一指，在整个中国书法史上也占有重要地位。他活到八十二岁，享尽荣华，没有祸灾，一切都拜张全义所赐。当然他也谨守分际，心存感恩，超脱是非，远离世纷，与他的先人们的人生态度，取径完全不同。

　　杨凝式能诗，但非专诣，所存不多，但任意而为，时见真率，多非刻意用心之作。他写洛阳几十年间的变化，作《洛阳风景四绝句》，《全唐诗》仅收一首，近年从蔡襄法帖中补出二首（参宋珏集《古香斋宝藏蔡帖》卷一），虽然还缺一首，已很珍贵，兹录如下："洛阳风景实堪哀，昔日曾为瓦子堆。不是我公重葺理，至今犹是一堆灰。""洛阳风景实堪夸，几处楼台处处花。尽是齐王修种得，如今惆怅似无家。""洛阳风景实堪珍，到此今经三纪春。无限欢娱荣乐事，一时回施少年人。"诗中"我公""齐王"皆指张全义，经历了唐末数度大战后，重新葺理洛阳宫殿、园苑，使洛阳重有升平气象。杨诗语意直白，深存感恩，更将希望寄托于少年人。

　　当然，官场来往，免不了要逢迎应酬，杨凝式也不能免俗，但有他独特的手段。据说他从汴京到洛阳，恰遇蝗灾，给洛阳留守张从恩写诗，既有称汤："南院司徒镇洛京，未经三月政声成。四方群后皆如此，端坐庸夫见太平。"也有调侃："押引蝗虫到洛京，合消郡守远相迎。"郡守来迎接，礼数上当然要致谢，不说我来，而说我押解大群蝗虫到洛京，你是迎蝗未必专事迎我。当然是戏谑，不过杨凝式之颠狂，举世皆知，也没有人与他计较。

　　他的诗还有《雪晴》："春来冰未泮，冬至雪初晴。为报方袍客，丰年瑞已成。"这是一幅小品写景。后两句向交好的僧人传达瑞雪丰年的喜悦。

　　《题华严院》："院似禅心静，花如觉性圆。自然知了义，争肯学神仙。"这是他八十一岁时所作，久谙禅悦，此时的感悟已经出离尘俗，自成境界。

　　《题怀素酒狂帖后》："十年挥素学临池，始识王公学卫非。草圣未须因酒发，笔端应解化龙飞。"杨凝式工书而未有书论传世，这篇可作书论来读。十年挥素指的是他自己，渐臻化境后，觉得王羲之学卫夫人未必妥当。张旭、怀素皆有酒后草书的传说，杨不尽赞同，他认为善草书者应追求化龙飞舞、超脱尘世的妙境。

七　余说

科举起于隋，盛于唐，下层文士经科举跻身政治核心，安史乱后方渐成规模，且渐具规律。所谓下层文士其实是一个含糊的概念，如贞元（785—804）后闽人之借科举而入仕途，所涉诸人多出身地方豪族。元魏以来之世家大族，有若干旁落衰微之支房人物，凭借科场之优异表现，得以光大家门，重成显族，修行杨家如此，同时可说者尚有广陵王家（以王播、王起、王铎为代表）、河东柳氏之柳子温一房（以柳公权、柳公绰为代表）等。这些家族皆以礼法、政事、文学为号召，循科举、幕府、翰苑、宰执的路径，进入权力核心，成就家门之复兴。

修行杨家诸人，时谓其自称出越公房，即在疑似之间，真相也很难究诘。其家族之学问文化，符合六朝以来世家大族之基本规范，即立身有本，动循礼数，文学、政事皆有可称，得以光大门楣，成为新的主流家族。当然各人之政治事功与成就不同，文学时誉与作品存佚也有幸有不幸。就本文所述，则此一家族地位之改变，始于杨发多年艰困科场后的偶然成功，盛于杨收、杨涉之两度入相，但身处衰世，终难有所作为，且或亲历亡国，贻羞家门。杨凝式之佯狂避乱，知时识变，终能在书史上有第一流之成就，最得益于他本人之彻悟人生，亦其家族数代积荫之有以成就也。

唐代的夫妻诗人

几年前写过一本小书《唐女诗人甄辨》（海豚出版社，2014），将《全唐诗》内外可知的唐代女性诗人大体厘清了。如果有朋友进一步追问，唐代夫妻有诗存世者有多少？一时不免语塞。今日实行一夫一妻，古代可不同。那么，将妾也算在内，有多少？估计不足十对，让我选有故事者，逐一说来。

一　唐太宗李世民与长孙皇后、贤妃徐惠

唐太宗李世民于建立唐朝居功为多，玄武门政变喋血夺位做得有些难看，但在位二十三年，虚怀纳谏，政治修明，励精图治，国势渐盛，为历史上一代明君。好作诗，述志抒怀，雄浑刚健，虽未脱齐梁旧习，但于唐诗隆盛有开创之绩。又工草隶，好著述，也多可称。

太宗皇后长孙氏（601—636），隋右骁卫将军长孙晟之女。年十三，嫔于世民，那年太宗也就十四五岁吧。李渊那时快五十了，先后担任殿内少监和卫尉少卿，为他表弟隋炀帝打打杂，前途完全看不清楚。世民小时多病，今存有李渊为他求病痊愈的大海寺刻石。世事沧桑，中原逐鹿的结果将这一家推上权力巅峰。长孙皇后性俭约，矜礼法，喜图传，世称贤德，为太宗生三子，是大唐江山的有力保障。可惜中年早逝，太宗伤悼不已，有《昭陵刻石文》云："皇后节俭，遗言薄葬，以为盗贼之心，止求珍货。既无珍货，复何所求。朕

之本志，亦复如此。王者以天下为家，何必物在陵中，乃为己有。"
（《资治通鉴》卷一九四）可惜此碑原文没有保存下来。长孙皇后去世，太宗处理三子关系时有重大失误，立长子承乾为太子，又特别喜欢有才气的四子魏王泰，魏王因此有夺嫡之想，太子感到危机而联络朝臣，终于酿成家庭惨剧：太子遭废黜而死，魏王一家远逐郧乡（今湖北十堰），九子李治得立为太子。就对三子的处分来说，太宗对不起长孙皇后，但帝王家社稷为大，也属无可奈何之事。

　　长孙皇后存世有《游春曲》（《吟窗杂录》题作《春花曲》，《全唐诗》题作《春游曲》，此据《石仓历代诗选》卷一一二）："上苑杏花朝日明，兰闺艳妾动春情。井上新桃偷面色，檐前嫩柳学身轻。花中去来看舞蝶，树上长短听流莺。林下何须远借问，出众风流旧有名。"诗写春日游上苑的感受，自称"兰闺艳妾"，且云"出众风流"，与其身份不尽合。郭绍林《长孙皇后〈春游曲〉系伪作——兼论七律的形成史》（《洛阳师范学院学报》2001年第3期），认为本诗不见明以前记录，史籍不言其能诗，且此首已属拗体七律，指此诗为伪作。然宋人所著《吟窗杂录》卷二九已引及三四两句。此诗不合粘对，亦属唐初体式，六朝以来游春诗，大体如此，未可轻易判伪。当然也难说是好诗，偶一为之吧。

　　太宗后宫嫔妃众多，历代最称者为才女徐惠。徐惠（627—650），湖州长城（今浙江长兴）人，果州刺史徐孝德之女。自幼聪慧，四岁能诵《论语》《毛诗》，八岁能属文。太宗召为才人，俄拜婕妤，再迁充容。在后宫地位不高，但很有个性。据《大唐传载》记载："太宗曾召妃，久不至，怒之。因进诗曰：'朝来临镜台，妆罢暂徘徊。千金始一笑，一召讵能来？'"皇帝之于嫔妃，关系绝不平等。皇帝召妃，哪可经久不来？徐惠进诗，既庄亦谐，为皇帝解怒，也为自己找台阶，更准确说是维护尊严。

徐惠居然还曾上疏论时政。《旧唐书》卷五一载她见太宗晚年"军旅亟动，宫室互兴，百姓颇倦劳役"，希望太宗考虑"千王治乱之踪，百代安危之迹，兴衰祸福之数，得失成败之机"，"抑志裁心，慎终如始，削轻过以添重德，循今是以替前非"。看来贞观纳谏之风，也吹进了太宗后院，徐惠讲得也够直率，以前有错误，要接受教训，始终如一。

其实才女在后宫心情并不愉快。《长门怨》："旧爱柏梁台，新宠昭阳殿。守分辞芳辇，含情泣团扇。一朝歌舞荣，宿昔诗书贱。颓恩诚已矣，覆水难重荐。"这是乐府诗，按题目写汉武帝与陈阿娇故事，当然同情阿娇遭冷落后的不幸命运。旧爱新宠，反衬阿娇之失落，辞辇、泣扇，也是前人所常用。"一朝歌舞荣，宿昔诗书贱"两句，尤写君王情之变化不恒，出自徐惠笔下，更见她以文学入侍后宫未必愉快。最后两句，更见到失意绝望。这是乐府诗，所写是题中可有之意，又怎能说其中没有一些徐惠自己的感受？

徐惠在太宗去世后第二年，据说因"哀慕愈甚，发疾不自医"而逝，年二十四，追谥贤妃。

二　唐高宗李治与则天武后

第二对夫妻要说高宗李治与其妻武曌。武曌是她晚年自改名，高宗未曾得闻。她的本名，今人研读怀疑是华存，太宗时赐名媚娘，还有各种说法。今人多称武则天，是将姓与尊号连读，古代绝无此说，一套四库检索即可知。

高宗是太宗第九子，本来继位无望，两位兄长恶斗，结果他成了赢家。他当太子六年，最有成就的工作是为母亲追福，在长安城南建了一座宏伟的大慈恩寺：寺名从他自己感恩母德而起，让世人皆沐此慈惠，福泽长存。高宗在父亲病重期间，已经与父亲的才人武氏走得很近，父亲还没断气，即将宰相换成了自己的人。即位时，他二十二岁，更主意多多，既靠舅舅清除了威胁自己的兄弟，又将武氏从感业寺群尼中捞出，不在意父妾之忌讳，一路拔擢到皇后高座，又借她手将父亲留下来辅佐自己的老臣打下去。武后也确争气，为他至少生了四个儿子、一个女儿。高宗在位之中期，太太称天后，自己称大帝，大体是夫妻共理天下。高宗后期多病，权归天后，更严重的问题是天后不仅让大帝靠边，还想到大帝身后掌控儿子，续揽大政。

高宗诗风与太宗接近，但缺乏英雄气。早年所作有《谒慈恩寺题奘法师房》："停轩观福殿，游目眺皇畿。法轮含日转，花盖接云飞。翠烟香绮阁，丹霞光宝衣。幡虹遥含彩，空水迥分晖。萧然登十地，自得会三归。"诗作于贞观二十二年（648）岁末，还是太子，到寺祈福，见到在此设译场的玄奘法师。诗写得庄重严肃，表达虔恭佛法、谒寺悟脱的情感。佛语与景语交迭出现，可以看到他在两方面的良好修养。高宗即位后仍喜欢写诗，今存十多首，可惜好的不多。

武后存诗甚多，其中大多为郊庙歌辞，庄重有余，不涉情感。此外，她的诗许多出自群臣或由女官代笔，不易区分，但故事很多。如《腊日宣诏游上苑》："明朝游上苑，火急报春知。花须连夜发，莫待晓风吹。"据说在她称帝后的天授二年（691）腊月，群臣耻辅女主，欲有举动，诈称花开，请女皇游上苑。武后有所察觉，乃以此诗宣诏。到次日凌晨，名花瑞草，满苑开放，群臣因服其异。此诗此事，多可怀疑，无论百花开放随节气先后有殊，群臣谋弑，异瑞慑人，皆未必有其事。在女皇称帝时，舆情不稳，自可理解，编此类故事说明有非人力可达到者，且为她之诛杀群臣设立根据。无论真相如何，此诗霸气侧漏，决绝英断，是难得的好诗。敦煌遗书有两个写本，可见流布之广。

录一首武后有人情味的佚诗："依依柳色变，处处春风起。借问向盐池，何如濋濋水？"诗见《山右石刻丛编》卷五收河东石刻韦元晨《六绝纪文》内，说长安二年（702）命宰相姚崇考察河东盐池，姚崇将归，武后作此诗问候。前两句写春日景色，杨柳依依，春风处处，诗意很明白晓畅。接下来问，此次远行盐池，与在长安附近的濋水游历，有什么不同的感受？姚崇又是何等聪明之人，马上回答："归来朝帝（按：应补"阙"字），忽（按：应补"逢"字）钧天响。悬知濋水游，绝胜汾川赏。"说我即将归朝，忽得皇上鸿音，知道您与群臣在濋水的盛况，远胜我在汾川所见。淡淡的调侃，谨守分际，君臣相得，于此可见。

三　唐中宗李显与韦皇后、上官婉儿

中宗（656—710）是武后与高宗的第三个儿子，两个哥哥的命运他都见到，知道母亲手段之酷烈，更学会了避让与妥协。父亲去世后，他短暂即位，头脑一热，真想做事了，被母亲一巴掌打到房州（今湖北房山），苦熬了十多年。待到母亲被狡猾的狄仁杰骗得上了套，他复找回来，做了大周朝的皇嗣。他的儿女不懂事，居然议论祖母的男宠，立即被杖杀，他不敢吭声。五十岁时，终于借老臣之手将重病的母亲圈禁，他当家做主。他的夫人韦皇后出来要权，小女儿安乐公主也喊着要继承权：这家人遇到恶的就躲，一有机会就什么都要。也许中宗觉得多年对不起老妻，也许他本来就是个没有决断的退让君主，在位五年半，多数时间带领群臣游山玩水，饮宴作诗，为古诗向近体诗转型做出了重大贡献，史称景龙文馆唱和。

中宗早年诗有《夏日游石淙侍游应制》，末二句云："永愿乾坤符睿算，长居膝下属欢情。"那年他四十五岁了，仍做出膝下承欢的幼儿姿态，宣誓效忠母亲，稍显有趣。不过他的诗写得很流动，对词语把握良好。他即位后诗，可举《幸秦始皇陵》："眷言君失德，骊邑想秦余。政烦方改篆，愚俗乃焚书。阿房久已灭，阁道遂成墟。欲厌东南气，翻伤掩鲍车。"始皇陵在临潼骊山附近，中宗在景龙三年（709）岁末幸陵作此诗。登临怀古，想到秦之为政烦碎，愚民变俗，无论统一文字，焚书坑儒，他都不表赞同。当年修阿房宫，浪费巨大，而今只有遗迹为墟。所谓东南气，是说民间有不平反抗，始皇东西奔走，一无所成，死在半路，尸体发臭，只能以鲍鱼掩饰。诗没有展开议论，但历史上的失德，他有所理解，但也无意加以改变。

中宗君臣的柏梁体唱和中，有韦皇后的一句诗："顾惭内政翊陶唐。"以夫为圣君，自称内政做得还不够好，场面上很得体。据说上官婉儿常为她捉笔，也许吧。韦皇后母女皆有野心，能力远逊于武后。中宗死后不久，太平公主与临淄郡王李隆基起兵，韦后母女被杀。史称中宗是被她母女谋害，看不出有此必要啊，也许就是胜利者找出来的谋反理由吧。

中宗身边有位大才女，昭容上官婉儿。婉儿是反武后的才士上官仪的孙女，初生即配入内廷，一生都在宫中。新出墓志知她曾是高宗的才人，后来是武后的文胆，再后来是中宗的昭容，这一家真够乱的。

婉儿是罪人之女，长期在宫中生活并不愉快。据说武后对群臣奏事，让婉儿躲在案裙下记事。一日不知看到什么，武后大怒，随手拿起甲刀就扎她脸上。改朝换代，她依然服从权势者。昭容名列妃嫔，她已经年过四十，主要参与文案之事。唐隆政变，婉儿意外被李隆基所杀，今人解读，她投靠的可能是太平公主。

《全唐诗》存婉儿诗一卷，有二十多首为游长宁公主园林时所作，《万首唐人绝句》以其中十二首署景龙文馆学士作，未必是她一人所作。她虽曾品评沈佺期、宋之问等文士之作，本人传下来的好诗，其实只有一首《彩书怨》："叶下洞庭初，思君万里余。露浓香被冷，月落锦屏虚。欲奏江南曲，贪封蓟北书。书中无别意，惟怅久离居。"诗是虚构的，写独居女子的失落怅惘。秋风乍起，木叶纷飞，女子思念远在蓟北的男子。秋露渐浓，独卧孤冷，月升月落，锦屏虚设。欲起奏一曲江南相思曲，封存在寄往蓟北的书信中。书中什么都无法说，只是怅惘彼此分别得太久太久了。这里，看到她对汉代古诗"馨香盈怀袖，路远莫致之"的礼敬与升华。婉儿名气很大，作品流传有限，很是可惜。

四 吉中孚与张夫人

中唐前期的一对夫妻，都能诗，当时、后世诗名稍有不同。男子是吉中孚（？—约789），楚州（今江苏淮安）人。早年居于鄱阳（今属江西）。初为道士，代宗大历初还俗，征拜校书郎。与钱起、卢纶等文咏唱和，同游驸马郭暖门下。大历十年（775）或次年书判拔萃科及第。德宗建中元年（780），为万年尉。兴元元年（784）六月，目司封郎中、知制诰充翰林学士。寻改谏议大夫。贞元二年（787），迁户部侍郎、判度支两税。四年，以权判吏部侍郎为中书舍人。未几卒。中孚有诗名，为大历十才子之一，官也做得不小，一时交游甚广。《新唐书·艺文志》著录其诗集一卷，唐以后不传。传世诗作仅《送归中丞使新罗册立吊祭》一首，不算出色。日本存唐写本《新撰类林抄》卷四，有其诗《奉同秘书苗丞崧阳山闲居引》，不常见，抄如下："有山嵯峨兮有水潺湲，王孙独往兮春草经年。溪路独行兮到时何处？渔父相见兮水上天边。犬吠前村兮极浦，回风入林兮微月映户。白石磷磷兮迸水濡衣，哀猿啾啾兮空山半雨。谷口苍茫兮天阴，人间离别兮年月深。花迷流水不知处，心忆君家难后寻。"（参日本小川环树、粟城顺子校改）是一首骚体诗，因送友人归山，想到山居之闲适美好。作者曾为道士，体会方外生活之舒适，诗也算清通晓畅。

吉中孚妻张夫人，名字、家世、生卒皆不详。《全唐诗》卷七九九称她是楚州山阳人，乃其夫之里贯。《又玄集》卷下、《才调集》卷一〇、《唐诗纪事》卷七九皆收其诗，知有诗名。近年在俄藏敦煌文献中见到《瑶池新咏》残卷，她在大名鼎鼎的李季兰后排名第二，所收诗多达八首，可见名气不小。她的诗，以《拜新月》一首最著名："拜新月，拜月出堂前。暗魄深笼桂，虚弓未引弦。拜新月，拜月妆楼上。鸾镜未安台，蛾眉已相向。拜新月，拜月不胜情，庭前风露清。月临人自老，望月更长生。东家阿母亦拜月，一拜一悲声断绝。昔年拜月逞容仪，如今拜月双泪垂。回看众女拜新月，却忆红闺少年时。"诗分四段，写人生不同年龄段拜月的感受。第一段似是少女时，走出闺堂拜月，月初吐牙，月影笼桂，人生刚开始，前景尚不明朗。第二段妆楼拜月，象征男女爱情的鸾镜初按或未按，情愫萌动，岁月静好。第三段庭前拜月，风露清寒，生活曲折，不胜含情。月色依旧，男女渐老，能不抚今追昔，触事伤怀乎！最后写邻家老妪也出而拜月，声声含悲，愁苦欲绝。这是人生暮年的景象，一身孑存，亲人都已不在，人生只留下痛苦的回忆。老妪以前或许也是出名的美女，然而现在留下的回忆已经是那么遥远。最后两句，加入作者自己的感慨。刘希夷"此翁白头真可怜，伊昔红颜美少年"，曾引起许多人的感慨。张夫人此诗，可说是女版的《白头吟》，当然更像在一张图画中写出人生的四阶段。

五　杜羔与赵氏

杜羔（？—821），《新唐书》卷一七二有传。他是唐初中书令杜正伦的五世孙，据杜正伦生平推测他是洹水（今河南内黄）人。他是当时有名的孝子，经历离乱后，寻找失散的母亲，求父遗骨归葬，闻名于世。德宗贞元五年（789）登进士第。宪宗元和四年（809）前后，由郊官授万年令。不久，因与长安令许季同共诉京兆尹元义方责租赋不时，罪及县吏而罢官。寻起复，迁户部郎中。后转刑部郎中，历谏议大夫。元和十四年（819），为振武节度使。旋以工部尚书致仕，卒。杜羔仅存郊庙诗一首。他在万年任上，与著名诗人、中书舍人李益和诗僧广宣联句，今存《红楼下联句》《兰陵僻居联句》两首。李益、广宣在元和前后名气很大，能约杜羔联句，可见他也有诗名，可惜所存诗句太少了一些。

杜羔妻，《才调集》卷四作赵氏，《玉泉子》、《南部新书》卷丁、《唐诗纪事》卷七八、《万首唐人绝句》卷六五作刘氏。作刘氏虽记载较多，但都源自她与杜羔调侃的传说。《才调集》是总集，且有宋本，一般来说会准确一些，本文即以赵氏称呼。

赵氏诗存四首，几乎每首都关乎夫妻情感，内容精彩绝伦，是唐代罕见的多情女子。

第一首《杂言》："上林园中青青桂，折得一枝好夫婿。杏花如雪柳垂丝，春风荡扬不同枝。"因《吟窗杂录》卷三〇引录而保存，从诗题与押韵分析，肯定是残诗。上林许多树，品种不一，良莠不齐，人生择偶也如此吧。赵氏得到一位好郎君，毫不掩饰地夸耀，幸福之情溢于言表。

第二首《夫下第》："良人端的有奇才，何事年年被放回？如今妾面羞君面，君若来时近夜来。"杜羔赴京应试，赵氏居家。唐代进士虽每年会试礼部，但录取比例很低，也就是说屡试不第是常态。杜羔又落魄而归，赵氏以此诗相赠。你不是一直以为自己很有才华吗？怎么每年都铩羽而归？你好意思回来，我脸上可挂不住。真要回来，最好趁着夜色，不要让邻里看到，够丢人的。这是什么意思？如此势利冷漠吗？明白她对"好夫婿"的得意，可以理解是感情昵密的小夫妻间的调侃之作：良人，你可真是一等一的奇才，不是说好一定考取的吗，怎么又下第回家了。你好意思回来，我还真怕被邻家嘲笑。下次还是等天黑后再回家，不要让人家看到。《南部新书》说"羔见诗，即时回去"，今人甚至批评赵氏势利如《范进中举》中的屠户，都不太准确。诗肯定是杜羔到家后才写，两口子情感太好，直率调侃，无伤大雅。

第三首《闻夫杜羔及第》："长安此去无多地，郁郁葱葱佳气浮。良人得意正年少，今夜醉眠何处楼？"终于及第了，妻子送来这样的贺词：长安好地方啊，气象万千，到处都是销金窟。良人春风得意，青春年少，今晚酒醉以后，在哪儿欢度春宵啊！瞧这两口子！严肃者会发现这女子也太爱吃醋、太多疑心了吧，懂诗的也会看到诗里的正面内容。南宋一位道学者看到了正能量："羔不第而归，作前诗勉之。羔既登第，复作后诗戒之。可谓贤妇人矣。"（《竹庄诗话》卷二二引《苍梧杂志》）也许吧。我更愿理解为这仍是两人之间的游戏之作，彼此信任，彼此相爱，因此可以语无忌惮嘛。

就是不知道杜羔如何应对这位喜欢恶搞的娇妻。《唐诗品汇》卷五五有《代羔赠人》："澹澹春风花落时，不堪愁坐更相思。无金可买《长门赋》，有恨空吟《团扇》诗。"这是误收唐另一位才女张窈窕的《寄故人》，诗意也不能相接。钟惺《名媛诗归》卷一〇有《杜羔下第至家寄以二绝》，所录另一首是："传闻天子访沉沦，万里怀书西入秦。早知不用无媒客，恨别江南杨柳春。"这是唐无名氏诗，见《唐诗纪事》卷八〇引顾陶《唐诗类选》，也与杜羔无关。

第四首《东言寄杜羔》："君从淮海游，再过兰杜秋。归来未须臾，又欲向梁州。梁州秦岭西，栈道与云齐。羌虏万余落，矛戟自高低。已念寡俦侣，复虑劳攀跻。丈夫重志气，儿女空悲啼。临邛滞游地，肯顾浊水泥。人生赋命有厚薄，君自遨游我寂寞。"唐代进士及第后，多受军幕邀请，担任一段实际工作。杜羔此行似入山南西道节度使幕府，地方在今陕西汉中，在其传记中没有记录。据诗推测，杜羔春间在长安及第，先在淮海盘游，回家就是秋天。没过多久，估计是梁州聘书寄到，又匆忙远行。梁州地处长安西南，治下有羌人群落，又与藏区邻近，当时称吐蕃，与唐战和频仍。想到丈夫要去那么艰难的地方，不免有许多担心。"已念寡俦侣，复虑劳攀跻"，在那儿没有伴侣，没有朋友，生活一定辛苦，忧虞无限。还是要鼓励一下："丈夫重志气，儿女空悲啼。"男子汉就应该建立功业，不要做儿女悲苦状。不过也要提醒："临邛滞游地，肯顾浊水泥。"临邛就是司马相如遇到卓文君的地方，你也要始终想到家里还有人在等待，不要随便蹚浑水。最后是全诗主旨："人生赋命有厚薄，君自遨游我寂寞。"人生有命，男女殊途，你远行，你壮游，你的生活丰富多彩，充满挑战，你可知道我在家为你操心，每日之寂寞无聊吗？这首诗回环反复，将一位多情女子在夫君远行之际的复杂内心感受和盘托出，有关切，有鼓励，有提醒，有哀怨，当然也有器识与真情。

唐代夫妻诗人还有几例，如韩翃与其妾柳氏，前蜀主王建与其二妃（徐氏姐妹，其妹即花蕊夫人），在此恕不能一一介绍。当然也有文献传误必须纠正的，比方《全唐诗》收有杨贵妃诗，是出于唐小说的依托之作；宋若昭姐妹在后宫是女官，与嫔妃有别。